证据调查学通论

倪铁 等/著

图书在版编目（CIP）数据

证据调查学通论 / 倪铁等著. -- 北京：法律出版社，2025. -- ISBN 978-7-5197-9793-5

Ⅰ. D915.130.4

中国国家版本馆 CIP 数据核字第 2025156R34 号

证据调查学通论
ZHENGJU DIAOCHAXUE TONGLUN

倪 铁 等著

策划编辑 沈小英
责任编辑 沈小英 任 娜
装帧设计 鲍龙卉

出版发行 法律出版社	开本 710 毫米×1000 毫米 1/16
编辑统筹 法治与经济出版分社	印张 21　字数 403 千
责任校对 张翼羽	版本 2025 年 6 月第 1 版
责任印制 吕亚莉	印次 2025 年 6 月第 1 次印刷
经　销 新华书店	印刷 固安华明印业有限公司

地址：北京市丰台区莲花池西里 7 号（100073）
网址：www.lawpress.com.cn　　　　　　　　销售电话：010-83938349
投稿邮箱：info@lawpress.com.cn　　　　　　客服电话：010-83938350
举报盗版邮箱：jbwq@lawpress.com.cn　　　　咨询电话：010-63939796
版权所有·侵权必究

书号：ISBN 978-7-5197-9793-5　　　　　　　定价：96.00 元

凡购买本社图书，如有印装错误，我社负责退换。电话：010-83938349

前　言

无论是法律职业者,还是普通社会公众,我们最常听到也最常说的一句话就是"以事实为依据,以法律为准绳"。在以法律为治理维度的现代文明社会中,中国法律人所秉持的"重证据,重调查研究,不轻信口供",已经成为关于证据和证明等专业活动最为朴素的法治共识。民众根据经验和法治感受,对证据和诉讼之间的关系另有精辟且质朴的理解,"打官司就是打证据",即是人们对之所作的最为简约的语言表达。

观诸悠远的人类法律文明进程,个案处理的法律经验抽象成为体系化的法律规制,法律事实则是建立抽象信仰和具象观点的基础。在不同文明的法律生活中,证据一直都是法律事实建构的核心,在各种诉讼主体追求案件事实的漫漫征途中,证据始终扮演着至关重要的角色。从神明裁判时的文化蛮荒,到以口供为王刑讯逼供时的制度残毒,再到法治昌明后证据调查科学化的法治理性,证据调查制度与人类司法文明史形成了精彩纷呈的互文。从帝制时期缓慢积累的侦查经验,到如今科技飞速带来的日新月异的证据调查技术,证据的发现、提取、审查、判断等对不同诉讼角色的法益维护,起到了无可替代的关键作用。"证据是科学判断的灵魂和基础""真相唯一不可抗拒的武器就是事实""不管喜欢还是不喜欢,证据总是事实的伴侣"等警句,有力地阐明了证据的真谛,证据及其调查活动占据了立案、侦查(调查)、审查起诉、审判等诉讼程序、非讼程序的核心舞台,因此对证据本性及其客观规律进行深入探索和科学阐释尤为重要。

本书并不试图面面俱到,也无心打造百科全书式的系统而全面的证据调查学皇皇巨著,只是力图为法学、公安学、纪检监察学等专业背景的读者提供一个系统且实用的证据调查学科谱系。在新时代中国特色社会主义法治思想的指导下,本书以《中华人民共和国监察法》(以下简称《监察法》)、《中华人民共和国刑事诉讼法》(以下简称《刑事诉讼法》)、《中华人民共和国民事诉讼法》(以下简称《民事诉讼法》)、《中华人民共和国行政诉讼法》(以下简称《行政诉讼法》)等基本法中所涉及的证据种类以及与证据调查相关的规定为研究对象,结合相关规章、规定以及各类解释对证据调查制度进行阐释和构建,探索法治体系下不同领域中证据调查制度的完善。在写作过程中,本着理论性与实用性相结合的指导思想,各位笔者通力协作,力图尝试对深奥的学理进行平实化阐述,希望读者能够通过阅读本书对证据调查进行系统了解,希望本书为读者提供有益参考。为此,本书在以下方面尽力作了一些探索。

首先,本书的内容结构主要依据监察法、诉讼法和证据相关规定进行构建。本书的核心目标是深入剖析证据调查这一重要领域,通过17个部分对证据调查的理论基础进行阐述。在全书展开过程中,本书首先明确了证据调查制度的学理定位和行为准则,随后追溯了其历史演变过程,为后续各章节中陆续展开物证、书证、证人证言、当事人陈述、被害人陈述、口供、鉴定意见、现场勘查笔录、视听资料以及电子数据等的证据调查制度进行铺垫。本书从证据与证据调查的基础理论入手,旨在激发读者的探索兴趣,并逐步引导读者深入了解各类证据调查制度。在阐述过程中,本书严格遵循法定证据分类,对各类实物证据和言词证据在收集、审查过程中的程序、原则及注意事项进行详细阐述,旨在培养读者的规范意识和法治思维。

其次,在全书的格式体例的安排上,笔者进行了精心策划和尝试,以满足证据调查教学和研究的需要。本书不仅注重理论阐述,还在每章结尾处设计了延伸思考和延伸阅读环节,这一设计旨在将理论知识与实际问题相结合,提升读者的独立思考能力和法治思维能力。本书不仅可以作为法学专业教材,还可以作为社会公众了解证据知识的普及读物。在当前公民法治意识日益增强的背景下,本书致力于向社会公众普及证据调查的基本知识和程序,帮助公民更好地维护自身的合法权益。

最后,对于本书的定位,笔者希望本书不仅能够从法学专业的角度对证据调查制度的理论知识进行探讨,还能够将证据调查学理与实际相结合,面向社会公众进行证据知识的阐释和普及。公民守法的要求推动着公民的法治意识不断提高,任何人都可能涉入诉讼中以维护自己的合法权利,证据作为通往诉讼的必经之路,使公民的维权能力与其对证据的认识能力得以挂钩。通过严谨的学术研究与通俗易懂的语言表述,本书有望成为法学研究者和社会公众学习证据调查制度的重要参考书籍。

经过多年的深入研讨与交流,本书汇集了众多教师与本科生、研究生的智慧结晶,力求将理论知识与司法实践紧密结合。但是,本书仍不可避免地存在诸多遗憾。一方面,受限于笔者的法学、公安学和纪检监察学的学科背景,本书未能全面细致地探讨所有的证据规则及诉讼程序规则,对当前法定证据的各个环节和相关制度的研究仍有待深入。在论证各项证据调查规则和制度时,如最佳证据规则、污点证人制度、自认制度、非法证据排除制度等时,未能充分运用法学术语进行全面细致的阐述,难免有遗珠之憾。另一方面,囿于本书之初始考虑和成书定位,笔者在阐述思考与建议的同时也旨在与司法实务工作者进行多元互动,以推进证据调查等法治体系进一步平实化,为法治中国的建设贡献微薄之力。

倪铁、吴烨彬等
写于云间玉泊湖

目 录

第一章 证据调查的学理定位 …………………………………（1）
第一节 证据的语义界说 ………………………………………（2）
一、证据的词源词义 …………………………………………（2）
二、证据界定学说 ……………………………………………（3）
三、证据的特征表述 …………………………………………（4）
四、证据的类型划分 …………………………………………（6）
第二节 证据调查的科学界定 …………………………………（7）
一、证据调查的概念和特征 …………………………………（8）
二、证据调查的分类 …………………………………………（9）
第三节 证据调查的基础理论 …………………………………（12）
一、物质性原理 ………………………………………………（13）
二、信息转移原理 ……………………………………………（14）
三、同一认定原理 ……………………………………………（15）
四、相对性原理 ………………………………………………（16）
第四节 证据调查的行为准则 …………………………………（18）
一、证据调查的客观性准则 …………………………………（19）
二、证据调查的法治性准则 …………………………………（20）
三、证据调查的效益性准则 …………………………………（21）
四、证据调查的诚实信用准则 ………………………………（22）
五、证据调查的比例性准则 …………………………………（23）

第二章 证据调查的制度源流 ……………………………………（26）
第一节 神示证据时代的证据调查 ……………………………（27）
一、神示证据调查的特点 ……………………………………（27）
二、神誓法证据调查 …………………………………………（28）

三、神判法证据调查 …………………………………………（29）
第二节　法定证据时代的证据调查 ……………………………（32）
一、法定证据制度的发展脉络 ……………………………………（32）
二、法定证据调查制度的特征 ……………………………………（33）
三、法定证据调查制度的评析 ……………………………………（34）
第三节　自由心证时代的证据调查 ……………………………（36）
一、自由心证证据制度的发展脉络 ………………………………（36）
二、自由心证证据制度的特征 ……………………………………（37）
第四节　"客观真实"的我国证据调查制度 …………………（38）
一、传统证据调查制度 ……………………………………………（38）
二、当前证据调查制度 ……………………………………………（41）
三、当前举证制度 …………………………………………………（42）

第三章　物证的证据调查 ……………………………………（47）

第一节　物证调查的界定 …………………………………………（48）
一、物证及其特征 …………………………………………………（48）
二、物证调查 ………………………………………………………（49）
第二节　物证的收集与保全 ……………………………………（49）
一、物证的收集 ……………………………………………………（50）
二、物证的保全 ……………………………………………………（52）
三、物证运用程序设置 ……………………………………………（52）
第三节　手印的调查取证 …………………………………………（55）
一、现场手印概述 …………………………………………………（55）
二、现场手印的发现 ………………………………………………（56）
三、现场手印的显现 ………………………………………………（57）
四、现场手印的固定与提取 ………………………………………（59）
第四节　足迹的调查取证 …………………………………………（61）
一、现场足迹概述 …………………………………………………（61）
二、现场足迹的发现 ………………………………………………（62）
三、现场足迹的识别 ………………………………………………（63）
四、现场足迹的固定与提取 ………………………………………（64）
第五节　工具痕迹的调查取证 …………………………………（67）

一、工具痕迹概述 …………………………………………（67）
　　二、工具痕迹的发现 ………………………………………（68）
　　三、工具痕迹的识别 ………………………………………（69）
　　四、工具痕迹的固定与提取 ………………………………（70）

第四章　书证的调查研究 ……………………………………（73）
　第一节　书证调查概览 ………………………………………（73）
　　一、书证的内涵与外延 ……………………………………（74）
　　二、书证的特征 ……………………………………………（75）
　第二节　书证调查的最佳证据规则 …………………………（77）
　　一、最佳证据规则概览 ……………………………………（77）
　　二、最佳证据规则的例外 …………………………………（79）
　第三节　书证的证据调查程序 ………………………………（80）
　　一、书证收集的调查研究 …………………………………（80）
　　二、书证的保全 ……………………………………………（83）
　　三、书证调查的方式、内容 ………………………………（86）

第五章　证人证言的证据调查 ………………………………（91）
　第一节　证人证言概述 ………………………………………（92）
　　一、证人的法律定位 ………………………………………（92）
　　二、证人证言的特点 ………………………………………（93）
　第二节　证人证言的证据调查 ………………………………（96）
　　一、询问法调查证人证言 …………………………………（96）
　　二、辨认法调查证人证言 …………………………………（97）
　第三节　证人证言的审查判断 ………………………………（99）
　　一、证人证言的审查内容 …………………………………（100）
　　二、证人证言的审查方法 …………………………………（102）

第六章　当事人陈述的证据调查 ……………………………（105）
　第一节　当事人陈述的法律定位 ……………………………（106）
　　一、当事人陈述的学理界定 ………………………………（106）
　　二、当事人陈述的特征 ……………………………………（107）
　　三、当事人陈述的分类 ……………………………………（107）
　第二节　当事人虚假陈述及治理 ……………………………（108）

一、当事人虚假陈述行为的界定 …………………………………………（109）
　　二、当事人虚假陈述的分类 ………………………………………………（109）
　　三、当事人虚假陈述的治理 ………………………………………………（110）
　第三节　当事人陈述的证据调查制度的优化 ………………………………（111）
　　一、确立听取当事人陈述制度 ……………………………………………（112）
　　二、当事人自认程序的制度完善 …………………………………………（113）
　　三、建立当事人陈述的约束机制 …………………………………………（115）

第七章　被害人陈述的证据调查 ………………………………………………（118）
　第一节　被害人陈述的概述 …………………………………………………（119）
　　一、被害人陈述的概念 ……………………………………………………（119）
　　二、被害人陈述的特征与作用 ……………………………………………（120）
　第二节　被害人陈述的收集 …………………………………………………（123）
　　一、审查是否以非法方法收集被害人陈述 ………………………………（123）
　　二、审查对被害人陈述是否分别进行取证 ………………………………（124）
　　三、审查被害人陈述的证据取得是否"征得本人同意而非强制" ………（124）
　　四、审查是否充分保障被害人行使诉讼权利 ……………………………（124）
　第三节　被害人陈述的审查判断 ……………………………………………（125）
　　一、对被害人陈述的审查判断 ……………………………………………（126）
　　二、被害人陈述证据的认定 ………………………………………………（127）

第八章　"口供"的证据调查 …………………………………………………（130）
　第一节　"口供"概述 ………………………………………………………（131）
　　一、"口供"的概念 ………………………………………………………（131）
　　二、"口供"的证据特征 …………………………………………………（131）
　第二节　我国关于"口供"的相关规范研究 ………………………………（133）
　　一、非法取供及虚假供述概述 ……………………………………………（133）
　　二、口供证据审查的规范变迁 ……………………………………………（134）
　　三、口供证据审查的规范研究 ……………………………………………（137）
　第三节　非法取供治理的路径探索 …………………………………………（143）
　　一、以法治化推动口供文化转型 …………………………………………（143）
　　二、侦查讯问中实行无罪推定与权利保障 ………………………………（143）
　　三、切实贯彻非法证据排除规则 …………………………………………（145）

第九章 鉴定意见的证据调查 (149)

第一节 鉴定意见调查概述 (150)
一、鉴定意见的法律界定 (150)
二、鉴定意见的溯源 (152)

第二节 鉴定意见的法律规制体系 (154)
一、基本法中的鉴定意见调查规范 (155)
二、法规规章中的鉴定意见调查规范 (156)

第三节 鉴定意见的证据调查 (159)
一、鉴定意见的证据能力审查 (159)
二、鉴定意见的证明力审查 (162)

第十章 现场勘查笔录的证据调查 (168)

第一节 现场勘查笔录概述 (169)
一、现场勘查笔录的学术观点及概念定义 (169)
二、现场勘查笔录的特征和要求 (171)

第二节 现场勘查笔录的结构和内容、制作要求及方法 (173)
一、现场勘查笔录的结构和内容 (173)
二、现场勘查笔录的制作要求 (178)
三、现场勘查笔录的制作方法 (180)

第三节 现场勘查笔录的基本内容及其制作方法 (182)
一、现场绘图 (182)
二、现场照相 (183)
三、现场录像 (186)

第十一章 视听资料的证据调查 (190)

第一节 视听资料概述 (190)
一、视听资料的概念 (190)
二、视听资料与其他证据形式的关系 (193)

第二节 视听资料证据的调查 (196)
一、科学收集视听资料证据 (196)
二、依法收集视听资料证据 (196)
三、准确收集视听资料证据 (197)
四、有效保存视听资料证据 (197)

第三节 视听资料调查的非法证据排除规则 (198)
一、非法证据排除规则的一般适用 (198)
二、私采视听资料的证据效力问题 (198)

第四节 视听资料的审查 (201)
一、视听资料审查的内容 (201)
二、视听资料的采信规则 (202)

第十二章 电子数据的证据调查 (204)

第一节 电子数据概述 (204)
一、电子数据的法律界定 (205)
二、电子数据的类型 (206)

第二节 电子数据的收集、保全、审查 (208)
一、电子数据的收集 (208)
二、电子数据的保全 (211)
三、电子数据的审查 (212)

第三节 电子数据调查的法律体制及其优化 (218)
一、电子数据证据调查的法律体制演变 (218)
二、我国电子数据证据调查的不足 (219)
三、域外电子数据证据调查的模式 (220)
四、我国电子数据证据调查制度的完善 (221)

第十三章 经济犯罪的证据调查 (224)

第一节 经济犯罪概述 (224)
一、经济犯罪的概念 (224)
二、经济犯罪的特征 (225)

第二节 经济犯罪证据的概念及其价值 (227)
一、经济犯罪证据的概念 (227)
二、经济犯罪证据的特征 (228)

第三节 经济犯罪证据的发现与收集 (231)
一、经济犯罪证据的发现 (231)
二、经济犯罪证据的收集 (233)

第四节 经济犯罪证据审查 (235)
一、经济犯罪证据审查的内容 (236)

二、重点经济犯罪证据的审查要点 (237)

第十四章　死刑案件的证据适用 (239)

第一节　死刑案件中的证据适用 (240)
　　一、死刑案件中涉及的证据种类 (240)
　　二、死刑案件中的证据适用规则 (244)

第二节　死刑案件中证据适用的问题与原因 (246)
　　一、死刑案件中证据适用存在的问题 (246)
　　二、死刑案件中证据适用问题出现的原因 (249)

第三节　死刑案件中的证据适用问题的修正 (251)
　　一、完善讯问同步录音录像制度 (251)
　　二、加强对死刑案件中证人出庭作证的保护与救济 (252)
　　三、重视证据意识的培养以及加强各部门的协同工作 (253)

第十五章　网络犯罪的证据调查 (256)

第一节　网络犯罪概述 (257)
　　一、网络犯罪的概念界定 (257)
　　二、网络犯罪的特征分析 (260)

第二节　网络犯罪的跨境电子取证 (264)
　　一、网络犯罪跨境电子取证的方式 (264)
　　二、网络犯罪跨境电子取证的代表模式 (269)

第三节　网络犯罪跨境电子取证的优化与协调 (275)
　　一、刑事司法领域数据主权的范围厘定 (275)
　　二、刑事司法领域的数据分类分级管理 (276)
　　三、区域跨境电子取证快捷路径的构想 (277)

第十六章　涉未成年人犯罪的证据调查 (280)

第一节　涉未成年人犯罪证据概述 (281)
　　一、涉未成年人犯罪概念界定 (281)
　　二、涉未成年人犯罪证据的概念与分类 (282)

第二节　我国涉未成年人犯罪证据收集现状 (284)
　　一、我国未成年被害人作出的陈述及相关证据调查现状 (284)
　　二、我国未成年犯罪嫌疑人、被告人作出的供述和辩解收集情况 (287)
　　三、我国未成年人证人证言以及辨认笔录收集情况 (288)

第三节　我国涉未成年人犯罪证据的收集存在的问题 …………… (292)
一、我国涉未成年人犯罪证据的收集存在的共性问题 ………… (292)
二、我国涉未成年人犯罪证据的收集存在的个性问题 ………… (292)
第四节　我国涉未成年人犯罪证据的收集的优化路径 …………… (294)
一、制度层面我国涉未成年人犯罪证据的收集的优化路径 …… (294)
二、实践层面我国涉未成年人犯罪证据的收集的优化路径 …… (295)

第十七章　职务违法犯罪的证据调查 ……………………………… (298)
第一节　职务违法犯罪的证据调查概述 …………………………… (299)
一、调查取证的标准 ……………………………………………… (299)
二、调查取证的原则 ……………………………………………… (299)
第二节　职务违法犯罪的证据标准及证据证明标准 ……………… (301)
一、职务违法犯罪的证据标准概念重释 ………………………… (302)
二、职务违法犯罪的证据证明标准概述 ………………………… (305)
第三节　职务违法犯罪的非法证据排除规则 ……………………… (308)
一、监察体制下非法证据排除规则的规范体系 ………………… (308)
二、监察体制下非法证据排除规则的新问题 …………………… (311)
三、监察体制下非法证据排除规则的改善路径 ………………… (315)

后　记 …………………………………………………………………… (320)

第一章 证据调查的学理定位

本章重点内容

证据、证据特征、证据调查原则。

本章思维导图

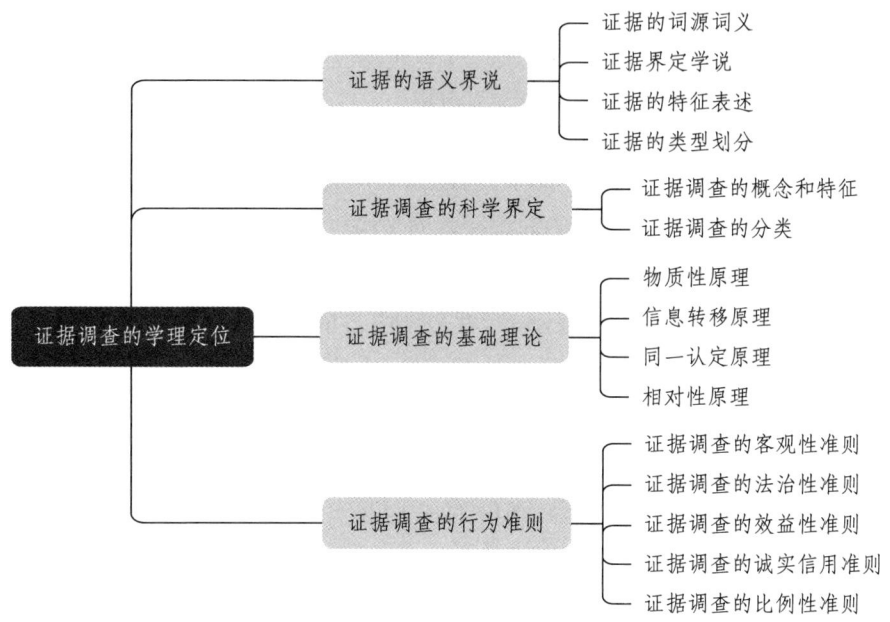

法者天下之仪也。所以决疑而明是非也,百姓所县命也。——管子《管子·禁藏》

不管喜欢还是不喜欢,证据总是事实的伴侣。——汤克林

证据及相关学科离我们的生活并不遥远,甚至连成语中都包含先人的证据智慧结晶。我们对"捕风捉影""空穴来风""立竿见影"等成语耳熟能详,如果我们把思维

从文学、历史切换到法律,从证据的角度观之,这些成语则别有一番意蕴。"风""影"是一种客观存在的事实,但"风""影"既无形,亦无色,也无味,如何证明它们的存在?用"捕"和"捉"显然是不行的,这些手段无法固定、保存和判断"风"和"影"。在长期的人类实践中,善于总结经验的中国古人非常聪明,用"空穴"的存在证明"风"所依存的空间,用"立竿"的方式证明"影"存在的事实。

当把视角从广泛的社会生活中的证据转向法律意义上的证据时,我们会发现法律意义上的证据也深刻地影响着人们的社会生活和法律活动,如我们会频繁地提及"以事实为依据,以法律为准绳","重证据,重调查研究,不轻信口供"。在社会主义法治体系日臻完善的当下,无不公认"依法治国""以证定案"的理念。证据对于诉讼活动乃至法律活动的重要性可见一斑,证据调查的地位在整个司法活动中日益凸显。因此,我们必须重视学习和了解证据及证据调查的学理展开和程序规则。

第一节 证据的语义界说

语词语义是学术术语的基本元素,而概念又构成一切学术体系的逻辑起点和基石原点。是故,我们应先从证据的词源探索词义构成,再探索证据概念的内涵与外延。

一、证据的词源词义

证据的词义正如其字面所展示的,就是证明之依据。从汉语词源上来看,"证"的名词有"凭据、证据"之义;动词,本义是告发;繁体字證。出自《说文解字》:从言,正声。最早见《大戴礼记·文王官人》:"平心去私,慎用六证。"《晋书·范汪傅甯》曰:"时更营新朝,博求辟雍明堂之制,甯据经傅奏上,皆有典证。"[1]根据郑禄教授的考察,"证与征通","征"有言行隐微但必闻达挺箸于外的意思。"言行隐微"是说,言行在客观上已经存在,只是因其隐微在常规下而不易被发现。"闻达挺箸于外"是说,无论多么隐微,只要有其言行,就必然会留下被人认知、被人把握的信息。[2]

证据的英文表述是 evidence。evidence 源于拉丁文 *evidentia*,后者又译自希腊文

---

〔1〕 汉语大字典编辑委员会:《汉语大字典》(缩印本),湖北辞书出版社、四川辞书出版社1992年版,第1674页。

〔2〕 参见郑禄:《证据概念素说——兼论中国特色社会主义证据理论的国学文化基石》,载《证据科学》2008年第5期。

εναργεια，意思是：显见性质对作为某个结论的证据事物而言，该事物须比结论本身更显见。[1] 韦氏英语词典网对证据的解释是：显示别物存在或为真的某物，某物之可见标记，出示于法庭有助于认定某事之真相的材料（something which shows that something else exists or is true, a visible sign of something, material that is presented to a court of law to help find the truth about something）。《美国法律辞典》将"证据"界定为："在审理中展示的证明材料。"[2] 在法律英语中，与 evidence 相近的词语是 proof，这两个词既有联系也有区别。evidence 通常指的是：在法律上能起证明作用的，如证明、公证书以及所有的实物东西等，多用于指法律方面的"证据"，侧重于作为充分证据所导致的结果。proof 指的是：用于证明某件事是真实的，即"证明"，用证据证明待证事实的过程。

二、证据界定学说

学者对证据的界定纷繁多元，异彩纷呈。多年来，学者对证据展开了多重研究，从不同侧面揭示了证据的特征，从而形成了纷纭各异的概念界定。[3] 对证据的含义问题，法学界出现了多种观点，有的将证据定义为"证明案件真实情况的事实"[4]，有的将证据视为"证明案件事实的根据"[5]，有的把证据界定为"证明案件事实的材料"[6]，还有些学者持一种折衷的观点，将证据看作"证据内容和证据形式的统一"。考诸我国历次诉讼法立法对证据的界定模式可知，当前流行的概念界定主要有"证据事实说"、"证据材料说"和"证据信息说"三类。

第一，"证据事实说"，又可称为证据本质说。该学说认为"证据是与案件有关的一切事实"[7]，证据不是证明材料，证明材料所承载的事实才是证明的依据。该学说侧重从内容方面界定证据，能够抽象出众多纷繁复杂的证据表象背后的证明规律，有相当完整的体系性。但是，证据事实说的理论界定忽略了法律实践中千差万别的证据载体和证据表现形态，与法律职业者和民众的证据真伪双重复杂性的普遍认知不一致。"证据事实说"虽然试图抛开证据材料的表象揭示证据的事实客观性本质，但

---

[1] 参见[美]David H. Schum：《关于证据科学的思考》，王进喜译，载《证据科学》2009 年第 1 期。

[2] [美]彼得·G. 伦斯特洛姆编：《美国法律辞典》，中国政法大学出版社 1998 年版，第 162 页。

[3] "四种说"，参见卞建林、谭世贵主编：《证据法学》（第 2 版），中国政法大学出版社 2010 年版，第 135~140 页。"十四种说"，参见高家伟、邵明、王万华：《证据法原理》，中国人民大学出版社 2004 年版，第 3 页。

[4] 陈一云主编：《证据学》（第 2 版），中国人民大学出版社 2000 年版，第 99 页。

[5] 杨荣新主编：《民事诉讼法教程》，中国政法大学出版社 1991 年版，第 210 页；何家弘、刘品新：《证据法学》，法律出版社 2004 年版，第 108 页。

[6] 应松年主编：《行政诉讼法学》（修订本），中国政法大学出版社 1994 年版，第 136 页。

[7] 樊崇义主编：《证据法学》（第 3 版），法律出版社 2004 年版，第 3 页。

是未能同时关照到证据载体和证据形式。

第二,"证据材料说",又可称为证据形式说。该学说认为,证据是能够证明案件事实的材料,可以视为证据事实说的一种"矫枉过正",它强调证据载体和形式,并不追求从理论上对证据事实的客观性进行抽象。这种界定理论的转型深刻地反映在立法实践中。2012年《刑事诉讼法》从原来的"事实说"改为"材料说",将第42条改为第48条,其第1款规定:"可以用于证明案件事实的材料,都是证据。"

第三,"证据信息说"。"证据信息说"主张:"证据由内容和形式共同构成。证据的内容即事实材料,亦即案件事实的有关情况;证据的形式,又称为证明手段,它是证据的种种表现形式。所有的证据都是事实和证明手段的统一体。"[1] 该说主张回归证据的二重性本质,证据是事实与材料的统一,是"能够证明某事物的真实性的有关事实或材料"[2]。"证据信息说"最能代表证据内容和形式的统一。作为与案件待证事实有关的信息,"证据由证人的证言、文字材料、实物对象或者任何可以呈现于感官的东西组成,用于证明一件事实的存在或不存在"[3]。

三、证据的特征表述

作为证明案件情况的事实信息,证据需具有以下特征。

(一)证据具有客观性

证据的客观性,是指证据应该具有客观存在的属性,或者说,证据应该是客观存在的东西。无论是在刑事、民事、行政等诉讼活动中,还是在仲裁、公证、监察等非诉讼法律事务中,采用的证据都必须具有客观存在性。[4] 证据的客观性又称真实性,是指证据必须是能切实证明案情的一种客观存在的事实,而非臆测、推断、道听途说。一方面,证据必须是确实存在的事实,它作为一种证明手段必须源于案件本身;另一方面,证据与待证事实之间的联系也是客观的,不能是相关人员主观臆测的、天马行空的猜想,也不能是信口胡诌,必须基于一定合理的逻辑和真实的基础而得出。

(二)证据具有关联性

证据的关联性又称关系性或联系性。关联性,指的是证据与案件事实之间存在某种程度上的客观联系,它与待证事实之间存在证明或证否的客观关系,从而在某种

---

[1] 卞建林主编:《证据法学》,中国政法大学出版社2007年版,第55、58页。

[2] 中国社会科学院语言研究所词典编辑室:《现代汉语词典》(修订本),商务印书馆1996年版,第1608页。

[3] [美]罗纳德·J.艾伦等:《证据法:文本、问题和案例》(第3版),张保生、王进喜、赵滢译,满运龙校,高等教育出版社2006年版,第79页。

[4] 参见何家弘主编:《新编证据法学》,法律出版社2000年版,第78~79页。

程度上证明某种案情的存在或不存在。[1] 从哲学的角度来说,客观事物之间的联系是普遍和绝对的。任何两个事物之间都存在一定的联系,只不过这种联系的形式和性质各不相同。从司法证明的角度来说,采用证据的关联性标准要求每一个具体的证据必须对证明案件事实具有实质性意义;换言之,一个证据的使用必须对证明案件事实或其他争议事实有确实的帮助。[2] 证据的关联性包括:一方面,证据所反映的事实必须是具有法律意义的事实,该事实为法律可调整的与案情相关的事实,事实中与本案无关的部分则不在考虑之列;另一方面,证据的关联性必须是客观存在的,证据与待证事实的关联性或大或小,或紧密或松散,但它都与待证事实之间存在某种客观真实存在的联系。

(三)证据具有合法性

证据的合法性又称法律性,证据必须是法定主体依据法定程序所收集和认定的符合法律规定形式的事实信息。证据的合法性主要包含以下三层蕴意。

1. 证据主体必须符合法律规定

刑事证据的收集和运用尤其严格,证据主体由法律严格规定,非法律确定主体不得进行证据收集和认定,非司法人员所收集和提供的材料,不能成为诉讼证据。

2. 证据类型和表现形式由法律予以确定

目前,三大诉讼法都采用列举法规定了证据的形式,如物证、书证、视听资料、检查笔录、证人证言、鉴定意见等证据形式;如明确规定了物证即通过其外在表现形式、内在物质属性、存在方位等方面证明案件事实的物体和痕迹。另外,证据也需要符合法律对该证据形式的具体限制要求,包括但不限于以下类型:证人、鉴定人的资格;证据需要记载的内容要求;证据需附带的辅助材料。

3. 证据的收集和运用程序必须符合法律规定

证据的发现、收集、提取、运输、审查、判断等程序由法律严格规定,采用暴力、胁迫或其他方式获取的证据为非法证据,必须排查,不得作为定案依据。由此可见,不具备合法性的证据包括主体不合法、形式不合法和程序不合法三种情况。然而,无论哪一种情况下的不合法证据都是证据。我们不能因为证据是非法搜查获得的就说它不是证据;也不能因为被告人供述是刑讯逼供的结果就说它不是证据。它们都是证据,只不过是不能被采用的证据。[3]

---

[1] 参见裴苍龄:《彻底清除证据问题上的盲点》,载《现代法学》2017年第5期。
[2] 参见何家弘主编:《新编证据法学》,法律出版社2000年版,第80页。
[3] 参见何家弘主编:《新编证据法学》,法律出版社2000年版,第82页。

四、证据的类型划分

对证据的内涵外延探讨,离不开对证据具体形式的类型化研究分析。在当前的证据研究中,证据类型研究普遍包括证据种类和分类。前者是从证据的外部形态或信息载体所作的法律上的划分;后者则主要指的是为便于展开理论和实务而根据某类型证据特征进行的学理划分。

(一)证据种类

对证据种类作详细法律规定的国家不多。《监察法》和三大诉讼法都对证据种类作了细致规定。《刑事诉讼法》第 50 条规定了 8 种证据:物证;书证;证人证言;被害人陈述;犯罪嫌疑人、被告人供述和辩解;鉴定意见;勘验、检查、辨认、侦查实验等笔录;视听资料、电子数据。《民事诉讼法》第 66 条、《行政诉讼法》第 33 条对证据种类的划分,除了被害人陈述,犯罪嫌疑人、被告人供述和辩解;侦查实验;当事人陈述等有差异之外,其他证据种类与《刑事诉讼法》中的证据类型基本一致。诚然,三大诉讼法中证据的法定形式并不完全相同,任何一种法定证据形式都是与特定的证据规则相联系的,不同形式的证据应当遵守对应的证据规则。[1] 在英美法系证据法中,一般只对实物证据(又称展示性证据,包括物证、书证、示意证据等)、证人证言进行简单划分。德国、法国、日本等国诉讼法中散见的证据种类,还包括被告人供述和辩解、鉴定意见等。

(二)证据分类

为了便于理解和应用,研究者从理论上对证据类型进行抽象和总结,把法律所规定的证据类型进行了分类,有助于认识不同证据的共性规律与个性差异。日本学者松尾浩也教授提出 4 种分类:证人、证据文书和证据物;有证据能力的证据和没有证据能力的证据;直接证据和间接证据;弹劾证据和实质证据。[2] 我国台湾地区林山田教授提出 5 种分类:人证、物证与书证;直接证据与间接证据;本证与反证;原始证据与传闻证据;主要证据与补强证据。[3] 物证与人证,言词证据与实物证据,直接证据与间接证据,这几种证据分类广为使用。

对证据进行分类研究,具有重要的理论与实践意义。在理论层面,有利于从不同角度探索和发现证据的属性特征,从而形成对证据的全方位、体系化认识,进而促进

---

[1] 参见何家弘、刘品新:《证据法学》(第 7 版),法律出版社 2022 年版,第 163 页。

[2] 参见[日]松尾浩也:《日本刑事诉讼法》(下卷),张凌译,金光旭校,中国人民大学出版社 2005 年版,第 25~26 页。

[3] 参见林山田:《刑事程序法》(增订 5 版),台北,五南图书出版股份有限公司 2004 年版,第 372~374 页。

理论研究的进一步深入,揭示和梳理证据审查、判断、运用应当遵循的规律,为完善我国证据制度提供理论依据。在实践层面,证据分类使表现形式各异的证据类型化,指导办案人员根据证据类型和属性科学办案,引导办案人员提高办案效率,促进司法公正。[1]

延伸思考

1. 证据学说有哪些分类?
2. 结合目前的证据类型划分,论述不同的证据类型分别有哪些特征?

延伸阅读

1. 江伟、吴泽勇:《证据法若干基本问题的法哲学分析》,载《中国法学》2002年第1期。
2. 陈瑞华:《从认识论走向价值论——证据法理论基础的反思与重构》,载《法学》2001年第1期。
3. 苏力:《是非与曲直——个案中的法理》,北京大学出版社2019年版。
4. 陈瑞华:《刑事证据法的理论问题》(第2版),法律出版社2018年版。
5. 万毅:《宽严相济政策视野下的刑事证据制度改革——基于实践的理论分析》,载《政法论坛》2009年第6期。

第二节 证据调查的科学界定

我国非常重视中国特色社会主义法治体系的建立健全,尤其重视证据相关法律规则的规范化建设,已经形成了以监察法、刑事诉讼法、民事诉讼法、行政诉讼法等为基础的证据法体系。我国证据立法为证据的发现、收集、审查、判断等提供了有效的保障,全面系统地规范监察官、法官、检察官、律师、警察以及其他执法人员的证据活动。作为一个多层次多单元的系统,证据调查在分类时表现出特有的复杂性,依据不同标准可以分为不同主体的证据调查、权力型调查与权利型调查、自行调查与委托调查等;作为一种专门的调查活动,证据调查必须遵循实事求是、遵守法制与节约成本

---

[1] 参见廖永安主编:《证据法学》(第2版),中国人民大学出版社2021年版,第62~63页。

的原则。[1] 作为一门应用法学,证据调查学研究证据调查主体、证据调查行为规律、规则和方法,研究本学科同其他学科尤其是部门法学之间存在的密切联系,有效地支撑了证据法学、诉讼法学体系的运作。

一、证据调查的概念和特征

诉讼的主要任务是定分止争,这一观点得到大部分人的认同,但同时人们容易误解:纷争平定,诉讼即可终结,事实如何并不重要。显然,这种误解甚至可能导致司法活动的偏差。因此,有很多学者和司法工作者提出,诉讼解决的不是"法律纠纷",而是基于证据进行的"事实纠纷",是需要解决"谁用什么方式在什么地方针对什么人实施了什么样的行为"。诉讼双方的争议多以事实为核心,"系争事实"决定了诉讼的走向和法律工作者的关注重心。甚至有人建议把英文中的"法律诉讼"(lawsuit)一词改为"事实诉讼"(factsuit)。对事实查明的极端重要性的关注,使证据调查尤为重要。[2]

证据调查,是指与证据的发现、收集、审查和运用有关的各种调查活动的总称,即监察人员、司法人员、执法人员及其他法律赋权的有关人员,为查明和证明案件事实而进行的调查活动。与考古调查、新闻调查不同,证据调查具有特殊性,主要体现在以下几个方面。

第一,证据调查的主体具有特殊性。调查主体是监察人员、司法人员、行政执法人员和其他法律工作者,具体包括:监察人员、侦查人员、检察人员、审判人员、律师、公证人员、仲裁人员、军队保卫人员、海关执法人员、工商执法人员、税务执法人员等。案件当事人及其委托人有时也会收集证据并进行调查,因此,也可能成为证据调查的主体。

第二,证据调查的目的具有特殊性。证据调查的目的是查明案件事实和证明案件事实。案件中需要确认的事实往往是已经发生的事件,证明的过程实质上是一种回溯性推理。对于证明主体而言,他们无法直接感知案件事件,只能通过证据"重现"事件中的"法律事实"。各方人员只有通过深入细致的调查,收集各种证据查明这些事实,从而保证程序科学性和决策正确性。

第三,证据调查的内容是一种针对证据进行的包括发现、固定、提取、运输、保存、审查判断等在内的专门性调查活动。这种专门性表现在以下几个方面:(1)证据调查往往是由专门人员实施的活动;(2)证据调查是针对案件中专门问题进行的;

---

[1] 参见何家弘主编:《证据调查》(第2版),中国人民大学出版社2005年版,第2页。
[2] 参见何家弘:《关于创建"证据调查学"的构想》,载《法学家》1996年第6期。

(3)证据调查需要按照专门的诉讼程序进行,需要采用专门的调查方法;(4)证据调查都是围绕法定证据进行的,调查所得的证据结果专门服务于各种司法活动和执法活动。

二、证据调查的分类

证据调查可以选择不同标准作出不同分类:依据调查措施和程序的不同,可以分为询问、讯问、辨认、勘验、实验、鉴定与搜查等;依据调查主体的身份不同,可以分为监察人员的证据调查、侦查人员的证据调查、审查起诉人员的证据调查、审判人员的证据调查、律师的证据调查、仲裁人员的证据调查、公证人员的证据调查、行政执法人员的证据调查以及其他人员的证据调查;依据调查主体的权限性质不同,可以分为权力型调查与权利型调查;依据调查事务是否经过委托,可以分为自行调查与委托调查;依据调查活动是否需要遵循严格的法定程序,可以分为规范调查与自由调查;依据调查主体身份是否公开,可以分为公开型调查与隐蔽型调查;依据调查的对象不同,可以分为人证调查方法与物证调查方法;依据调查任务的性质不同,可以分为探索型调查与核实型调查;依据调查涉及的领域与方式不同,可以分为国内调查与国际调查;依据是否有明确的调查对象,可以分为有特定对象的调查与无特定对象的调查;依据调查的具体功能不同,可以分为分析证据的方法、收集证据的方法、审查证据的方法和运用证据的方法。择其要者,略作展开。

(一)不同主体的证据调查

下面以证据调查主体为标准进行证据调查分类,分析其特点。依照调查主体的法律身份差异,证据调查可以分为监察人员、侦查人员、审查起诉人员、审判人员、律师、仲裁人员、公证人员、行政执法人员以及其他人员的证据调查。不同的证据调查具有自己的行业性、阶段性的特征,主要体现如下。[1]

1. 监察人员的证据调查

监察人员的证据调查,是指监察机关工作人员在查处违犯党纪、政纪案件的过程中,依据规定的程序和正确的方法,收集、鉴别与使用证据用以证明案件真实情况的活动。在职务违法犯罪案件查处活动中,收集、鉴别、运用证据查明案件真实的情况,是查处此类案件的核心问题。

2. 侦查人员的证据调查

侦查人员的证据调查,是指侦查人员在办理刑事案件过程中所进行的收集、审查

---

[1] 参见何家弘主编:《证据调查》(第2版),中国人民大学出版社2005年版,第4页。

和运用证据,查明和证明案件事实的活动。在我国法律框架下,侦查人员包括公安机关、国家安全机关、人民检察院、军队保卫部门和监狱依法行使侦查权的工作人员。

3. 审查起诉人员的证据调查

审查起诉人员的证据调查,指的是在刑事案件的审查起诉中,检察人员收集、审查证据,运用证据查明和证明案件事实的活动。

4. 审判人员的证据调查

审判人员的证据调查,是指法律规定审判机关具有审判权的工作人员在案件的审理、判决过程中进行的证据收集、审查、判断的活动。无论是民事案件、刑事案件还是行政诉讼案件,审判人员的证据调查都是在整个诉讼流程的审判阶段,其对证据所进行的收集、审查、判断与采信具有诉讼终极性的特点,因为未经法庭庭审核实的证据不能用作定案依据,这是我国刑事诉讼制度的基本原则。[1]

5. 律师的证据调查

律师的证据调查,是指接受当事人委托的律师为了获取有利于己方的证据或查明这些证据而进行的专门性发现、调取、复核等证据调查工作。律师是"为社会提供法律服务的执业人员",即是为委托人服务的,必须维护委托人的合法利益而进行证据调查行为。其证据调查具有特殊性,即查明、证明有利于其委托人的事实。[2]

6. 仲裁人员的证据调查

仲裁,是指当事人在争议发生前或发生后达成协议,自愿将争议提交中立、独立且权威的第三方作出裁决并有义务执行裁决结果的一种争议解决方式。与诉讼一样,仲裁也要经过查明事实和适用法律两个阶段,并且查明事实是适用法律的基础。所以,仲裁程序中的证据调查是十分关键和重要的。

(二)权力型调查与权利型调查

权力型调查与权利型调查是依据调查主体的权限性质不同进行的分类。所谓权力,往往与职权、职责联系在一起,即指"职责范围内的支配力量"[3],在这里指由司法权和行政执法权延伸出来的、对案件中有关证据的调查权;所谓权利,往往与义务联系在一起,即指"法律对法律关系主体作出或不作出一定行为,以及其要求他人相应作出或不作出一定行为的许可和保障"[4],在这里指由当事人的诉权等权利延伸

---

[1] 参见吴雯:《刑事被告人在庭审中翻供的原因及对策》,载《现代法学》1999年第1期。

[2] 参见何家弘主编:《证据调查》(第2版),中国人民大学出版社2005年版,第8~9页。

[3] 中国社会科学院语言研究所词典编辑室:《现代汉语词典》,商务印书馆1978年版,第938页。

[4] 中国大百科全书总编辑委员会《法学》编辑委员会、中国大百科全书出版社编辑部编:《中国大百科全书·法学》,中国大百科全书出版社1984年版,第485页。

出来的、对案件中有关证据进行调查的权利。如果调查主体拥有调查证据的权力,则其调查就具有强制性,调查对象必须予以配合;如果调查主体仅享有调查证据的权利,则其调查无强制性。由此可见,调查主体的权限性质不同,决定了其实施的调查方法的不同。

权力型调查与权利型调查的区分,有利于人们重新审视我国的证据调查制度,在这两种证据调查之间找到平衡点。这两种调查在一国的证据调查制度中处在各自不同的位置,两者不能互相代替。只有处理好这两种证据调查之间的平衡关系,一国的证据调查制度才能有效运转,满足司法与执法的需要。

权力型调查与权利型调查的区分,还提醒人们要重视权利型调查,加强这一方面的理论研究和制度建设。随着我国法治建设的发展,人们的权利意识不断觉醒,诉讼纠纷和非诉讼纠纷增多。打官司,就是打证据,首先是要进行有效的证据调查。但是,在我国有关权利型调查的理论研究和制度建设还不够完善。如"私人侦探所"应否成立,现行的商务调查机构应如何规范,权利型主体在调查证据时享有哪些权利、如何保障等,这些问题都是理论研究的当务之急,有些需要从制度建设方面予以明确。

(三) 自行调查与委托调查

依据调查事务是否经过委托,证据调查可以划分为自行调查与委托调查。自行调查,是指具有当然调查义务的各类调查机关,在自己主办的案件中具有调查事实真相的职责,若不进行调查便属失职;当事人同案件结果有直接的利害关系,他需要通过调查获取证据证明对自己有利的结果,若不进行调查便不能维护其合法权益。因此,在具体案件中以上调查主体承担当然的调查义务。

委托调查,是指调查法定主体委托他人开展的证据调查。在委托调查中,调查实施者本身不具有调查证据的权力(利)与义务,而是基于他人的委托进行调查。例如,某一鉴定机构接受司法机关的指定或聘请后开展鉴定活动,某一律师接受当事人的委托后开展证据调查,所履行的均非法定义务而是委托义务。

自行调查与委托调查的区分,有利于澄清调查事务的法律性质,从而准确界定其法律后果。例如,律师在进行调查时受到第三人的侵害后应如何处理,这一问题的解决依赖于对律师调查的定性认识。

自行调查与委托调查的区分,还有利于对委托调查进行研究,以便建立、健全我国的调查服务制度。现阶段,我国公安部明文规定不允许建立民间"民事事务调查所""社会经济事务侦探所"等私人侦探所性质的机构,[1]但是相似的"商务调查机构"蓬勃发展,而且这些商务调查机构市场运作良好。我国虽然在一些高等学校内设立了"民间"性质的鉴定事务所,使我国鉴定调查形成了双轨制,但是这些民间鉴定机构的力量相当薄弱,在管理上问题颇多。要合理解决这些矛盾,还需加深对委托调查制度的深刻认识。

延伸思考

1. 结合证据调查的概念和特征,论述证据调查的特殊性。
2. 以证据调查主体为标准进行证据调查分类,说明证据调查有哪些特点。

延伸阅读

1. 何邦武:《严格证明新论——兼议我国的刑事证据立法》,载《西南农业大学学报(社会科学版)》2008年第3期。
2. 万毅:《刑事诉讼证据制度若干问题研究——以最高法关于适用刑事诉讼法的解释为切入》,载《人民检察》2021年第19期。
3. 周成泓:《刑事证据调查与诉讼模式——一个回到原点的研究》,载《甘肃政法学院学报》2012年第1期。
4. 孙长永:《审判中心主义及其对刑事程序的影响》,载《现代法学》1999年第4期。
5. 李建明:《刑事证据相互印证的合理性与合理限度》,载《法学研究》2005年第6期。

第三节 证据调查的基础理论

证据调查的基础理论产生和发展于证据调查的社会实践,在具有全面性、逻辑性和系统性的同时又具有相对独立性的根本理性认识。科学的证据调查基础理论应该是从证据实践中来,又经过实践检验能反映客观事物的本质,是规律性的正确反映。[2] 证据调查的基础理论主要由4个部分构成:物质性原理、信息转移原理、同

---

[1] 参见《公安部关于禁止开设"私人侦探所"性质的民间机构的通知》(公安部于1993年9月7日颁布实施,公通字〔1993〕91号)。
[2] 参见何家弘主编:《证据调查》(第2版),中国人民大学出版社2005年版,第54页。

一认定原理以及相对性原理。这 4 条原理互相联系、相辅相成,分别阐明了证据调查的物质观信息论基础、方法论基础与认识论基础,共同构成了证据调查的理论根基。

一、物质性原理

(一) 物质性原理概述

物质是标志客观实在的哲学范畴,其基本特征是客观实在性。这种客观实在是人通过感觉感知的,它不依赖于人们的感觉而存在,能为人们的感觉所复写、摄影、反映。这是辩证唯物主义关于物质的基本看法,为人们分析案件构成的本质属性提供了依据。

目前,我国学术界关于案件构成理论的观点较多。有的学者认为,(犯罪)案件的基本要素是人、物、事、时间、空间;[1]有的学者则主张,从动态和静态结构两个角度考察案件结构,纵向结构包括动机形成、预备、实施、行为后活动 4 个阶段,静态结构包括主体、对象、时间、空间、手段、痕迹、工具、带离物等要素。[2] 笔者认为,各种案件都是由一些基本要素构成的,这些要素通常可以概括为"七何",即何事、何时、何地、何情、何故、何物、何人。

其实,无论如何抽象案件的构成要素,各种案件本身均具有客观实在性。因为案件的构成要素都是独立于人的意识之外而存在的客观实在;同时,虽然案件本身是社会现象,但其运动过程中掺杂着一些自然现象,其中的社会现象和自然现象都有其自身的规律性,亦不以人们的意志为转移。由此可见,案件构成在整体上具有客观实在性,即物质性。人们之所以能够认识事物的存在,就是因为客观事物在人们头脑中反映的结果。证据是可以被认识的,案件事实是可以通过证据重构的。唯物主义肯定世界是物质的,物质是第一性的,意识是第二性的,意识对物质具有反作用,客观世界不仅是可以认识的,而且是可以改造的。各种形式表现的证据是案件事实得以确定的特定物质基础,证据形式的客观性,决定了它可以被认识的,使我们对案件事实的认识具备了客观必然性的基础。

(二) 物质性原理要求尊重实践

认识论是马克思主义哲学关于认识的来源、本质及其规律的学说。它坚持反映论的观点,认为客观地不依赖于人的意识而存在的物质世界是认识的对象和源泉,认

---

[1] 参见黎明正主编:《侦查学》,华东理工大学出版社 1997 年版,第 14 页。
[2] 参见杨宗辉、王均平编著:《侦查学》,群众出版社 2002 年版,第 497 页。

识是主体对客体的反映,是客观世界的主观映像。[1] 不同于形而上学唯物主义,辩证唯物主义认为反映不是对客观世界的消极被动的直观表现,而是主体在改造客体的实践基础上发生的积极的、能动的再现客体的本质和规律的过程。

首先,实践是认识的基础、认识的来源、认识发展的动力、检验认识真理性的唯一标准、认识的归宿和目的,因此,我们应当坚持实践第一的观点,积极投身实践。其次,认识对实践具有反作用,要重视认识的反作用,发挥科学理论对实践的指导作用。再次,真理是客观的、具体的、有条件的,要求正确对待错误,在实践中不断丰富、发展和完善真理。最后,认识具有反复性、无限性、上升性,追求真理是一个过程,要求与时俱进、开拓创新,在实践中认识和发现真理,在实践中检验和发展真理。

我国在当前证据调查制度中,深刻融入了辩证唯物主义认识论原理。它要求我们在证据的收集、保全、运用、证明的过程中坚持实事求是,尊重证据的客观真实性,以此维护司法的公信力。

二、信息转移原理

(一)信息转移原理概述

20世纪初,法国科学家埃德蒙·洛卡德(Edmond Locard)在实验中发现:不仅在自然界存在物质交换现象,在刑事犯罪中也普遍存在物质的转移。在刑事案件中,作案人实施犯罪必然会在作案人、犯罪现场和被害人之间形成物质交换现象。[2] 行为人在行为的过程当中,不可避免地要将某些物质和信息遗留在现场,同时又会从现场带走某些物质。从此概念出发可以将这种物质和信息交换现象划分为3种主要类型:第一种是痕迹性物质交换,如现场遗留的行为人的指纹、足迹、作案工具痕迹和行为人之间搏斗而留下的咬伤、抓伤痕迹等;第二种是实物性物质交换,包括宏观物品交换和物质微粒的互换,前者如行为人在现场遗留的随身物品、作案工具和从现场窃取的财物等,后者如作案时在现场脱落的或从现场黏附走的砂土、纤维、灰渣、金属碎屑等微量物质;第三种是无形性物质的交换,如不同气味的互换,有毒气体与无毒气体的互换等。根据物质交换理论,所有活动本质上都可以理解为一种物质运动,无论行为人如何反侦查,在行为过程中都不可避免地会在现场遗留或带走某些物质,其中有许多是行为人意想不到的物质微粒转移,这就为把行为人与法律行为联系起来提

---

[1] 参见张改凤、闫磊:《辩证唯物主义认识论与党的思想路线的关系》,载《中共山西省直机关党校学报》2015年第3期。

[2] 参见何家弘主编:《证据调查》(第2版),中国人民大学出版社2005年版,第60页。

供了良好条件。[1]

(二)信息转移原理的指导意义

信息转移原理表明,发案过程中信息转移现象是广泛存在的,它是涉案行为的共生体,是不以当事人的意志为转移的客观规律。信息转移原理的提出,是对传统物质转移原理的横向扩展和纵向深化。

首先,信息转移原理可以更广泛地应用于证据调查学,更好地指导实践。这是因为,传统的物质转移原理局限于微量物证,适用范围狭窄,而信息转移原理适应了现代科学技术、证据调查实践的发展趋势,可以解决传统理论所无法解决的诸多问题。

其次,信息转移原理能够指导调查人员有效地利用各方面的信息。任何案件发生后,必然会出现大量的信息,其中既有痕迹、物证的物质性信息,又有当事人陈述、证人证言的意识性信息;既有反映案件事实的信息,又夹杂有大量的干扰信息、无关信息。对此,调查人员应按照信息论分析的方法,从当事人、关系人、现场与环境4个方面收集信息,研究各种信息是如何转移的、相互之间能否印证等,从而为己所用。

最后,信息转移原理决定了人们应科学地看待证据调查。在发案过程中,信息的转移是不可避免的,但这种转移不一定是对称的,而且不具有守恒性,转移活动中任何意外因素都有可能造成信息的失真、灭失。证据调查是建立在获取信息的基础上的专门活动,它只能尽可能地重现信息转移的情况,只具有相对的真理性,同样可能出错。这一点佐证了后文所述的相对性原理。当然,这并不否认人们较为准确地把握案件基本信息的可能。

三、同一认定原理

(一)同一认定原理概述

同一认定,是人类认识客观事物的一种基本方法,它普遍存在于人类的社会生活之中。例如,当你去车站、机场接人的时候,你一眼就从熙熙攘攘的人流中认出了你要接的朋友。在这一过程中,你的大脑和眼睛等器官就进行了一系列复杂但迅速地同一认定活动。你的眼睛不断地把看到的人的形象输入大脑,大脑便迅速地把每一个输入的形象与存储在里面的形象进行比对,并在多次否认之后,终于认定了同一。

在证据调查领域,同一认定是指调查人员通过对先后出现客体的特征进行比较,认定这些客体是否同一的一种原理和方法。这里所说的"同一",与哲学认识论中的"同一性"不同。哲学中的同一性,涉及两个以上事物之间的关系,所要解决的是事

---

[1] 参见杨正鸣、倪铁主编:《侦查学》(第2版),复旦大学出版社2013年版,第62页。

物的共性问题；而同一认定的同一性，是客体自身与自身的关系，所要解决的是客体的个性问题。

这里所说的"客体"，是指出现过两次以上的客体。由于第一次出现的客体往往是调查工作所要查找的客体，通常被称为"被寻找客体"；第二次出现的客体往往是调查工作所要审查的客体，通常被称为"受审查客体"。

在同一认定过程中，被寻找客体仅存在于认识主体的观念之中，不具有现实的可比对性，因此，同一认定只能通过比较其特征反映体来实现。所谓的特征反映体，即以一定形式反映客体特征的综合体，它从不同角度反映客体特征，因而可以为同一认定提供依据。[1]

(二) 同一认定原理贯穿于证据调查的全过程

同一认定是证据调查活动中一种非常重要且应用非常广泛的专门认识方法，这就决定了同一认定原理在证据调查中处于专门方法论的基础地位。

一方面，同一认定是任何案件中证据调查工作的中心内容和最终目的。案件中证据调查的中心任务往往是"何人"或"何事"。在此，我们可以把案件中的"事"看作认识活动的客体，其构成要素就是这个客体的各种特征，也就是对其进行同一认定的依据。

另一方面，同一认定渗透于各种证据调查措施和方法之中。从某种意义上讲，对行为人的同一认定和对事件的同一认定可以称为案件调查中的"大同一认定"，这个大同一认定之中往往又包含多个"小同一认定"。正是这一个个"小同一认定"有机地连接起来才构成了案件调查中的"大同一认定"。

在证据调查领域中，同一认定作为一种专门的认识方法，可以为调查人员提供线索和思路。总而言之，在证据调查活动中存在各种同一认定现象。从这些现象中抽象出一些规律性认识，并将其用于指导并贯穿证据调查工作的全过程，这就成为专门的同一认定理论。[2]

四、相对性原理

(一) 相对性原理的概述

法律事件发生之后，案件事实是否一定能查清？证据调查是否能够做到百分之百重建现场？从认识论角度和价值论角度，学者们提出了绝对说与相对说，并各执一词，讼争纷纭。从认识论的角度提出"绝对说"的，主要是苏联和我国老一辈的学者。

---

[1] 参见徐立根、何家弘：《试述犯罪侦查学中同一认定的概念》，载《法学研究》1986年第6期。

[2] 参见何家弘：《司法证明同一论》，载《中国刑事法杂志》2001年第1期。

苏联学者拉·别尔金认为:"要实现一种罪行必然实施具体方法,不管犯罪方法是重复性的还是独一无二的,都是罪犯的一种名片,都可以给破案工作提供情报,因此惩罚不可避免。"[1]著名侦查学者华东政法大学的武汉教授认为:"犯罪行为是一种物质运动,它与整个世界的物质运动一样,必取一定形态,并按一定的客观规律发生发展。因此,必须确信犯罪行为是可以认识的,刑事案件是可以侦破的。"[2]诚然,每一个证据调查人员都明确和坚信"案件是一定能够查清的",在某种程度上可能会增加工作信心。但是从实践来看,若把这种理论观点绝对化,并不顾客观实际条件的各种相对性限制,则必然会给证据调查工作造成极大的危害。

因此,相对性原理更具有合理性和科学性,主要理由如下:其一,虽然从哲学上讲"万事万物都是可知的",但"认识是相对的",就人类某一特定历史时期而言永远不可能达到绝对真理;其二,证据调查活动同人类的科学研究活动有着实质性不同,后者为实现揭示客观真理的目的可以不惜代价、不计成本、不受时空限制,而前者则不然,它是为了还原过去的事实,必须受到时间和经费的限制,因此,必然是不全面的;其三,证据调查工作的认识过程具有逆向性,而且要遵循一套严格而略显繁琐的程序与规则,因此会受到方方面面的制约;其四,从实践来看,受制于各国证据调查机构专业化水平和科学化水平,世界上没有一个国家的证据调查能做到百分之百地重建现场,因而相对性原理更具有合理性。[3]

(二)相对性原理贯穿于证据调查的全过程

相对性原理是证据调查的认识论基础。确认这一原理将有助于我们加深对调查活动中相对性现象的认识,冷静分析调查过程中各种有利和不利的主客观条件和因素,实事求是地设计调查的手段、方法和程序。它对于证据调查工作的具体指导作用是多方面的。

首先,在调查方略上应当克服不科学的方式。我国实践中的一些调查方略如"办成铁案""限期破案""命案必破"等,过分强调了调查人员的主观能动性,这导致的后果必然是冤假错案的出现。只有真正认识到证据调查只是相对的,才能冷静和科学地确立调查方略。

其次,在调查策略上应当从"扬长避短"方面选择突破口。证据调查的相对性原理隐含调查工作中双方对抗的规律,它说明在客观上分别存在对调查有利和不利的

---

[1] [苏]拉·别尔金:《刑事侦察学随笔》,李瑞勤译,群众出版社1983年版,第115页。
[2] 武汉:《刑事侦察原理》,上海人民出版社1987年版,第61页。
[3] 参见王大伟编著:《英美警察科学》,中国人民公安大学出版社1995年版,第259页。

诸多因素,而且这些因素是相对的。因此,我们在调查策略上应作"扬长避短"的选择,尽量选择对己方有利的方式。

最后,在调查评价上应当同证明责任、证据证明标准相结合。依据相对性原理,证据调查所查明的案件事实乃是经过调查人员努力"复原"的新事实,其中不可避免地渗透了调查人员的主观意志。这种新事实可能比较接近过去的客观事实,但绝不可能等同于,也无须等同于案件发生时的客观事实;在司法活动中最终为司法机关认可的事实只可能是这种新事实,也就是说,只有这种新事实具有法律意义。因此,证据调查的范围应当以证明责任为限、以证据证明标准为度。当然,这里所说的证据证明标准不是过去建立在客观真实基础上的标准,而是基于法律真实的理性标准。

延伸思考

1. 简述证据调查的物质性原理。
2. 简述信息转移原理的内涵。
3. 简述同一认定原理的内涵。

延伸阅读

1. 罗维鹏:《中国刑事证据法基本原则再认识》,载《社会科学》2020 年第 12 期。
2. 卞建林、谢澍:《刑事检察制度改革实证研究》,载《中国刑事法杂志》2018 年第 6 期。
3. 李冉毅:《刑事庭审实质化及其实现路径》,载《宁夏社会科学》2016 年第 1 期。
4. 李凯、杜建国:《庭前证据展示制度利弊谈》,载《法学评论》2001 年第 1 期。
5. 占善刚:《证据保全"保全化"之反思》,载《当代法学》2022 年第 2 期。

第四节 证据调查的行为准则

作为一项法律行为,证据调查针对的是诉讼或非诉讼法律活动中的待证事实开展的证明依据信息或材料。法律中的证据受制于一系列法治程序规制,证据调查行为也必须遵守一系列的规则和程序。在刑事案件中,证据调查所受到的程序法限制更为严格,刑事调查程序中的国家公权力和个人私权利之间经常发生抵牾,控制犯罪目标和人权保障价值取向之间存在激烈冲突。[1] 作为一种专门的诉讼性的法律活动,证据调查的程序运行必须遵循一定的行为准则,并将这些准则贯穿于证据调查的全过程,指导具体案件中的证据调查实践。

一、证据调查的客观性准则

(一)证据调查的客观性准则概述

客观性准则,是指要求证据调查者实事求是,要从客观实际情况出发调查、研究和分析待证事实问题,从每个具体证据的实际情况出发,以客观的态度收集客观真实的证据,并以该客观证据为基础判断个案中的证据与待证事实的联系,从而为确定事实和明确法律责任提供客观依据。

(二)客观地进行证据调查

在证据调查过程中,秉持客观性准则,这就需要我们在证据调查过程中做到以下几点。

1. 牢固树立依法取证的证据理念

法律规定的证据形式和取证程序,都是建立在对证据和证明规律认识之上的,也是对诉讼活动和非诉讼法律活动规律的反映,法律法规对各项证据调查活动的规定能够保证相关人员收集证据和进行各项法律活动客观性的实现。在刑事案件证据调查中,相关人员需要树立"未经法院审判任何人不得被确定有罪"的法治理念,在收集证据时不但要收集能证明涉案嫌疑人有罪、罪重的证据材料,也要收集能证明其可能无罪、罪轻的证据材料,不得要求涉嫌犯罪的嫌疑人承担证明自己无罪的责任。在刑事诉讼的过程中,如果发现犯罪嫌疑人无罪,就必须撤销案件,如果犯罪嫌疑人已经被拘捕或者采取其他强制措施,应当立即释放,迅速解除强制措施。

2. 证据收集工作中必须"重调查研究"

调查研究是收集和核实证据最主要、最关键的环节和手段。在刑事案件的证据收集中,相关人员对犯罪构成的主观、客观要件的证据都要予以充分关注,保证具有法律意义的案件事实都必须有确凿的证据予以证明。在共同犯罪的刑事案件的证据调查中,对证明各类嫌疑人在案件中各自作用的证据要全面调查和细致研究。

3. 证据调查工作中"不轻信口供"

犯罪嫌疑人、被告人的供述和辩解,俗称为口供,它是一种非常重要的证据类型和重要线索来源。口供是言词证据的一种形式,与物证相比,它具有相当大的主观性

---

[1] 参见万毅:《程序正义的重心——底限正义视野下的侦查程序》,中国检察出版社 2006 年版,"自序"第 1 页。

和易变性。同时,由于口供的提供者与待查案件的切身利害关系、精神上承受较大的压力,其往往会提供与案件真实情况有较大出入的误证、假证等,造成司法人员的误判,甚至是错判。这就要求我们在收集口供的基础上不能轻信它,也要同时重视对口供以外的证人证言等言词证据的收集,努力寻找刑事案件的物证、书证、视听资料等实物证据,为查明案件事实奠定良好的证据基础。[1]

二、证据调查的法治性准则

(一)证据调查的法治性准则概述

证据调查的法治性准则,是指在具体的证据调查过程中,证据调查人员必须通过法定的取证程序,调查符合法律规定种类的证据,综合运用各种形式的证据从而达到各类案件的证据证明标准。

作为法律活动的一个重要环节,证据调查必须维护社会主义法治,因此必须严格依法办案。证据调查既是一种规范性很强的法律活动,同时又是一种非常强调自主能动性发挥和创造性工作的专门性法律行为,因此必须强调法治性准则的贯彻和落实。在司法活动中倡导法治精神,就是要求行使国家职权的工作人员及其他诉讼参与者必须严格按照法治精神收集和使用证据,既不允许任何人在法律面前享有特权,也不能非法侵犯任何公民的人身权利和民主权利;既要明确调查人员需要遵守的法律,强调调查人员依法独立办案,也要强调严禁刑讯逼供或采用威逼、引诱、欺骗等手段获取证据。[2]

(二)在证据调查过程中须贯彻法治性准则

1. 必须遵守证据调查的法律规制

在各项法律活动中,证据调查的适用范围非常广泛,不仅涉及诉讼活动,也涉及各种非诉讼的执法活动。我国有关证据调查的法律规范的分布就非常分散。因此,必须了解这些证据调查的相关规定,才能在证据调查实践活动中贯彻遵守。从立法主体与法律效力来看,我国关于证据调查的法律规范包括以下5类。[3]第一类是基本性法律和专门性法律中规定的证据及其调查规范,主要体现为全国人民代表大会及其常务委员会制定的法律中有关证据调查的内容;第二类是司法机关颁布的相关司法解释;第三类是国务院颁布的法规中有关证据调查的条文或规则;第四类是其他部门颁布的专门规章;第五类是我国加入并经全国人民代表大会批准在中国生效的

---

[1] 参见杨正鸣、倪铁主编:《侦查学》(第2版),复旦大学出版社2013年版,第70页。

[2] 参见何家弘、刘品新:《证据法学》(第7版),法律出版社2022年版,第90~91页。

[3] 参见何家弘主编:《证据调查》(第2版),中国人民大学出版社2005年版,第22~24页。

国际条约。我国已经形成多位一体的证据调查法律体系,即以《监察法》《刑事诉讼法》《民事诉讼法》《行政诉讼法》等基本法中证据调查规范为主体框架的一切有关调查法律规范的体系。

2. 切实遵守非法证据排除规则

在证据调查的实践中,我们必须切实遵守非法证据排除规则,反对暴力、胁迫或其他非法手段获取证据的行为。这些行为虽然在形式上类似或不同于刑讯逼供,但其目的都是使调查对象按照调查人员的主观要求提供证据,都违背了调查对象的真实意愿,其结果不仅达不到弄清案件事实真相的目的,还容易导致证据失实。非法调查不但无助于查清案件事实真相,反而会使案件事实混乱,造成冤假错案。

三、证据调查的效益性准则

(一)证据调查的效益性准则概述

证据调查的效益性准则,是指证据调查人员以最少的人力、物力、财力资源的投入获取最大化的取证效果和证明效果。如果证据调查活动投入较小的成本能取得既定的效果、达到预期的证据调查目标,或是投入既定的成本能取得较大的效果,那么此项证据调查活动便是有效益的。

(二)效益性准则须贯穿于证据调查的过程

1. 树立正确的证据调查的效益观

证据调查的高效,需要树立恰当的成本——收益的法治效益观,在证明预期与取证调查投入之间取得平衡。但是,由于不正确的义利观和传统权力观的影响,一些地方的证据调查实践中片面倡导追求"上级重视""领导指示""限期破案"的政绩观,为破案树形象追求所标榜的"安全感"、不惜一切代价推动证据调查。这种做法短时间看是获得了所谓的"关键证据",惩治了罪犯,但从长远来看,这种做法无异于"驱狼搏虎",固然打击了犯罪,但也消耗了民众对司法权威的尊奉。

2. 优化证据调查资源的配置

在证据调查中,需要遵循法律行为的效益性准则,适当强调成本观念和收益意识。当然,效益性准则的贯彻并不意味着简单或僵化地理解调查投入与收益,应考虑经济成本、社会成本、伦理成本、错误成本,还应考量监察调查、刑事侦查、民事案件中的成本与收益。在民商事案件的证据调查中,遵循"谁主张,谁举证"原则,当事人一般出于利益的考量,对证据调查的投入不会超过或接近诉讼标的。在刑事案件的证据调查中,不能认为侦查人员调查一起涉案金额为1万元的盗窃案就不能使用超过1万元的办案经费,因为证据调查的收益不仅体现为经济效益,更有阻慑犯罪的巨大社会效益。总而言之,当代社会中证据调查是一种讲求效益的活动,切忌不计成本、不顾代价,而应以效益最大化的方式利用各种稀缺的调查资源。

3. 证据调查的法定程序需简约高效

任何一项法律活动都需要依据法定程序进行,证据调查也必须严格依照现有的监察程序、刑事诉讼程序、民事诉讼程序设定的规则进行;相关证据调查程序的繁简一定程度上决定着证据调查和证明工作的效益实现程度。现有的证据调查程序设置得越复杂、越烦琐,调查权受到的牵制和约束就越多,在程序的层层流转中所耗费的人力、物力、财力以及时间就越多,在这种程序框架内进行的取证和证明工作就不可能高效。[1]

四、证据调查的诚实信用准则

(一)证据调查的诚实信用准则概述

证据调查的诚实信用准则,是指各方主体在调查证据过程中客观如实提供证据,不虚构事实,不隐瞒真相,不断章取义,不欺瞒国家机关。"诚实和信用都具有否定和排斥的价值观,但是前者强调的是真实,反对的是虚假;后者则强调的是守信,反对的是食言。""离开了诚信原则,司法证明就丧失了道德底线,沦为一种崇尚'尔虞我诈'的争斗。"[2]诚实信用准则原本是在市场经济活动中形成的道德规则,后被引入实体法律规范中,上升为法律义务。[3]诚实信用准则对于规范证据调查各方主体,维护案件调查、事件调查、诉讼秩序都具有十分重要的意义。

(二)诚实信用准则在证据调查中的践行

在证据调查实务工作中,有必要进一步完善当事人、证人具结和鉴定人承诺制度以及当事人、证人虚假陈述和鉴定人虚假鉴定的制裁措施,推动诚实信用准则的落实。

1. 诚实信用的承诺制度

在证据调查前,需要当事人签署保证如实陈述的保证书并宣读。人民法院应当在询问前责令当事人签署保证书并宣读保证书的内容。保证书中应当载明保证据实陈述,绝无隐瞒、歪曲、增减,如有虚假陈述应当接受处罚等内容。

在证据调查之前,证人需要签署并宣读保证书。证人经人民法院准许,以书面证言方式作证的,应当签署保证书;以视听传输技术或者视听资料方式作证的,应当签

---

[1] 参见杨正鸣、倪铁主编:《侦查学》(第2版),复旦大学出版社2013年版,第72页。
[2] 何家弘、刘品新:《证据法学》(第5版),法律出版社2013年版,第89~90页。
[3] 参见刘荣军:《诚实信用原则在民事诉讼中的适用》,载《法学研究》1998年第4期。

署保证书并宣读保证书的内容。证人拒绝签署或者宣读保证书的,不得作证,并自行承担相关费用。

鉴定开始之前,鉴定人也应签署承诺书。承诺书中应当载明鉴定人保证客观、公正、诚实地进行鉴定,保证出庭作证,如作虚假鉴定应当承担法律责任等内容。

2. 在证据调查过程中需全面、正确、诚实举证

最高人民法院《关于民事诉讼证据的若干规定》第 2 条第 1 款明确规定:"人民法院应当向当事人说明举证的要求及法律后果,促使当事人在合理期限内积极、全面、正确、诚实地完成举证。"以促进民事诉讼诚实信用原则的落实。

3. 不诚信提供证据行为的惩戒机制

当事人对案件的事实具有真实陈述和完整陈述的义务,故意作虚假陈述,妨碍人民法院审理的,人民法院应当根据《民事诉讼法》规定的妨碍民事诉讼强制措施的规定并对其进行处罚。

证人故意作虚假陈述,诉讼参与人或者其他人以暴力、威胁、贿赂等方法妨碍证人作证,或者在证人作证后以侮辱、诽谤、诬陷、恐吓、殴打等方式对证人打击报复的,人民法院应当根据情节对行为人予以处罚。

鉴定人故意作虚假鉴定的,人民法院应当责令其退还鉴定费用,并根据情节,依照《民事诉讼法》的规定进行处罚。

当事人对欺诈、胁迫、恶意串通事实的证明,以及对口头遗嘱或赠与事实的证明,人民法院确信该待证事实存在的可能性能够排除合理怀疑的,应当认定该事实存在。[1]

五、证据调查的比例性准则

(一)证据调查的比例性准则概述

比例性准则,又称相当性准则。[2] 证据调查的比例性准则,是指在证据调查活动中,具体的调查行为应当与被调查案件和被调查对象的人身危险性、法律行为、嫌疑罪名在性质和程度上,保持基本的比例关系。证据调查行为的比例性准则,要求在具体调查过程中需遵循"三阶理论"——必要性、手段妥当性和法益相称性。第一,必要性,又称"合目的性",它要求证据调查过程中所采取的手段能够达到所追求的目的。第二,手段妥当性,则是要从"经验的因果律"考虑各种证据调查具体措施之

---

[1] 参见邵明、李海尧:《我国民事诉讼多元化证明标准的适用》,载《法律适用》2021 年第 11 期。
[2] 参见樊崇义主编:《刑事诉讼法实施问题与对策研究》,中国人民公安大学出版社 2001 年版,第 126 页。

间的相当比例进行判断,从而保证所采取的证据调查具体方法是措施体系的可选手段中最具节制性的、对权利侵害最小的一种。妥当性也是"禁止过度"原则的必然推论。[1] 第三,要考虑证据调查行为采取的法益相称性,是指在进行证据调查措施选择时,必须从宪法的价值秩序出发,对证据调查行为的实际利益与程序当事人所承担的相应损害进行衡量,进而作出利益取舍。

(二)比例性准则须贯穿于证据调查的全过程

其一,证据调查主体需坚持权力节制和谦抑,尽量不使用强制性证据调查措施。可以效仿侦查的任意性和强制性的分类方式,根据证据调查行为的强制性程度,把证据调查行为划分为任意性证据调查行为和强制性证据调查行为。任意性证据调查行为,是指那些不使用强制手段,不对工作对象的生活权利构成侵害,而由工作对象自愿配合的证据调查行为,如讯问犯罪嫌疑人、询问证人;[2] 强制性证据调查行为,则是指采用强制性手段,对工作对象的生活权益造成严重侵害的证据调查行为,如搜查、扣押、冻结等。在任意性证据调查行为能够达成法律目的时,首选侵害性最小的任意性证据调查行为,避免使用强制性证据调查行为;如果不得不使用强制性证据调查措施,则必须对它进行严格审批和控制。

其二,证据调查主体在措施种类和轻重的选择上,必须依据其所追究的犯罪行为的社会危害性的大小进行配置。任意证据调查行为较之强制证据调查行为在适用上具有优先性;必须采取强制证据调查行为的,对于轻微犯罪的案件侦查,不能采取强度较大的证据调查行为,强度较大的证据调查行为只能针对社会危害性较为严重的刑事案件;同时,对于社会危害性严重的刑事案件也不能不分差别地一律采取强度低的证据调查行为。总之,一切证据调查行为的适用应当同行为的严重性以及可能被科处的刑罚相对称。[3]

其三,证据调查主体的措施采取要与纪检监察调查对象、犯罪嫌疑人的人身危险性相适应,并根据变化的情况不断进行调整。证据调查措施的强制力度是监察法和诉讼法规定的,是一个常量;监察调查对象、犯罪嫌疑人的人身危险性则因案、因人而异,它是一个变量。需要确定衡量这一变量的标准,比例化设置监察调查措施体系,做好类型化分析,在不同的监察调查措施之间形成合理的梯度与层次,以贯彻证据调

---

[1] 参见杜宇:《法治国视野中的卧底侦查》,载《环球法律评论》2006年第2期。
[2] 参见[日]天口守一:《刑事诉讼法》,刘迪译,法律出版社2000年版,第30页。
[3] 参见杨正鸣、倪铁主编:《侦查学》(第2版),复旦大学出版社2013年版,第71页。

查的比例性准则。[1]

延伸思考

1. 简述证据工作中为什么必须"重调查研究"。
2. 简述如何反对证据调查中以偏概全的片面主义。
3. 简述证据调查坚持比例性准则的必要性。

延伸阅读

1. 皮勇:《论新型网络犯罪立法及其适用》,载《中国社会科学》2018 年第 10 期。
2. 刘韵清:《预防原则的习惯国际法地位分析》,载《国际法研究》2020 年第 4 期。
3. 袁义康:《刑事缺席审判程序的合理性及其完善》,载《华东政法大学学报》2019 年第 2 期。
4. 赵秉志:《我国刑事立法领域的若干重大现实问题探讨》,载《求是学刊》2009 年第 2 期。
5. 冯俊伟:《刑事证据分布理论及其运用》,载《法学研究》2019 年第 4 期。

本章小结

本章的主要内容是证据调查的学理定位,分别从证据的语义界说、证据调查的科学界定、证据调查的基础理论、证据调查的行为准则 4 部分展开阐述。其中,证据的语义界说从证据的词源词义、证据界定学说、证据的类型划分等展开,探索其词义构成,再探索证据概念的内涵与外延。证据调查的科学界定主要从证据调查可选择不同标准作出不同分类出发,阐述证据调查的特点。证据调查的基础理论部分着重强调了 4 个原理,它们互相联系、相辅相成,分别阐明了证据调查的物质观信息论基础、方法论基础与认识论基础,共同构筑了证据调查的理论根基,强调了其运用于证据调查的必要性。证据调查的行为准则部分介绍了证据调查需要遵循 5 个准则,证据调查行为需要遵守上述一系列的规则和程序,以保障证据调查责任机关顺利完成对案件的证据调查任务。

---

[1] 参见曹鎏:《论职务违法调查的理论逻辑、规制路径及证据规则》,载《法学评论》2020 年第 5 期。

第二章　证据调查的制度源流[1]

本章重点内容

神示证据、法定证据、自由心证、我国传统证据调查制度。

本章思维导图

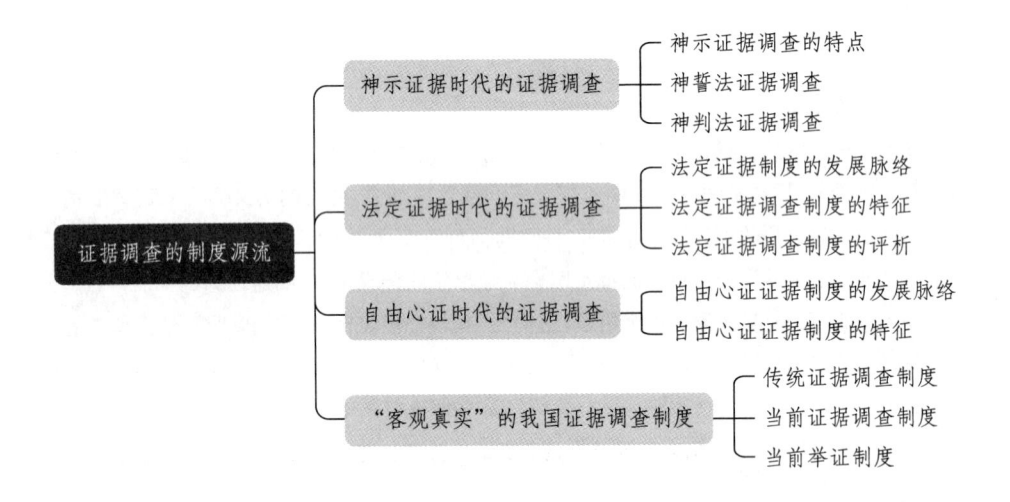

证据调查的制度源流
- 神示证据时代的证据调查
  - 神示证据调查的特点
  - 神誓法证据调查
  - 神判法证据调查
- 法定证据时代的证据调查
  - 法定证据制度的发展脉络
  - 法定证据调查制度的特征
  - 法定证据调查制度的评析
- 自由心证时代的证据调查
  - 自由心证证据制度的发展脉络
  - 自由心证证据制度的特征
- "客观真实"的我国证据调查制度
  - 传统证据调查制度
  - 当前证据调查制度
  - 当前举证制度

证据调查是与证据的发现、收集、评断和使用有关各种调查活动的总称，是法律工作者和执法人员为查明和证明案件事实而进行的专门调查活动。证据调查方法不仅运用于监察调查案件、刑事案件，也运用于民事案件、经济纠纷案件和行政诉讼之中；不仅适用于侦查人员的工作，也适用于审判人员、检察人员、律师、仲裁人员、公证人员、内部保卫人员、纪检监察人员、行政执法人员的法律工作。[2] 证据调查学是一

---

[1] 姚浩亮为本章成文提供了大力的支持。
[2] 参见何家弘：《证据调查方法探源》，载《中央检察官管理学院学报》1997年第1期。

门自然科学与社会科学交叉的新兴学科,虽然体系化的学科发展较晚,但是证据调查方法已有十分悠久的历史。当人类社会中出现诉讼活动的时候,就有了进行证据调查的客观需要,因此,证据调查行为在人类历史中有着丰厚的制度积淀和文化基础。定分止争的诉讼和惩恶扬善的司法程序逐渐成为社会的刚需,证据调查制度也迎来了高速发展。诚然,古代的证据调查方法与现代的证据调查方法之间相去甚远,但二者都是为查明案件事实和证明案件事实服务的。

第一节 神示证据时代的证据调查

在人类社会早期,由于生产力的落后,人类高度依赖对神明的信仰,因此司法人员往往会借助一定形式的神明力量判断案情,用一定方式把神灵的旨意表现出来,作为裁决的依据,这就是所谓的"神示证据"[1]。《圣经》作为深刻影响和塑造人类社会文明的古籍,也向世人展示了人类历史上的第一次"审判"过程。这一场的审判者是上帝,受审者是亚当和夏娃,证据调查活动由上帝主导,并根据所收集的证据对亚当和夏娃进行惩罚[2]。在研究神示证据制度时,我国学者通常认为神示证据制度未将审查判断证据的权力赋予法官,而是赋予根本不存在的神灵,因而它所采用的各种证明方法都是唯心主义的,不可能查清案件事实真相[3]。

神示裁判有两种主要形式:一种是"神誓法";另一种是"神判法"。二者的基本功能都是审查和判断证据的"真实性"。

一、神示证据调查的特点

(一)以信仰为其思想基础

神示证据调查制度的思想基础是建立在人对神灵、图腾的信仰之上的。在原始社会人类的认识能力还极其低下的情况下,神被奉为万物的创造者,是宇宙的主宰。

---

[1] 参见聂昭伟:《证明力与证据能力规则演变规律探究——我国证据规则立法方向的理性选择》,载《西南政法大学学报》2007年第2期。

[2] 《圣经》是一部宗教经典,它没有法学和侦查学领域的精准概念定义、制度解释、学术观点等,它距离法律教科书的规范性甚远,只是在其教义和故事中含有对证据调查制度建构和操作的一些启示。参见龙宗智:《为什么称〈圣经〉是一部诉讼法教科书——司法审判在两大文化中的意义比较》,载《法学》2003年第10期。

[3] 参见陈永生:《法律事实与客观事实的契合与背离——对证据制度史另一视觉的解读》,载《国家检察官学院学报》2003年第4期。

神无所不在、无所不知，神代表着公平和正义，违背神的意志、欺骗神必遭天谴。慑于神力，许多人在面临是欺骗神最终招致天罚还是如实交代案情以接受人间制裁的选择时，往往会选择后者。[1] 虽然违背科学常理，还可能存在以权谋私的现象，但仍不能否定其宗教信仰的强大作用。[2] 在神誓法之中，向神灵宣誓形式判案，实质上是利用人对于未知事物的恐惧获取真言，但其需要建立长期的信仰。

（二）利用心理强制实现断狱息讼

神判法实质上是通过神的威压进行的一种心理强制方法，换言之，是在利用被告人宗教信仰的基础上，让被告人觉得如果作虚假陈述会受到天罚。神示证据制度会迫使说谎的犯罪人作出真实陈述，但是也可能冤枉无辜之人，即使有了神示证据，也坚称自己无罪。但不管怎么说，从心理学角度来看，神示证据制度在某种程度上是有助于查明案件事实的。就神誓法而言，基于心理强制能够通过其是否敢于宣誓、能否正常宣誓等因素轻易揭穿说谎者的谎言而实现断狱息讼。[3]

二、神誓法证据调查

神誓法作为一种古老的审判方法，在许多社会中都曾长期使用，即一般指当原告和被告就案件事实作出互相冲突的陈述时，审判者便要求原告和被告分别对神发誓以证明其陈述的真实性。如果哪一方不敢对神发誓，或者在宣誓过程中神态慌乱或在宣誓后显示出某种报应的迹象，审判者便可以判定其说的是假话。通常来说，神誓必须在庄严的宗教仪式下进行，通过神秘感增强威慑力。在神誓仪式开始前，宣誓者须先向本部族所信奉的神灵祈祷，然后在圣物前宣读誓言，部分族群甚至要求向某种动物、武器或图腾宣誓。[4] 古典的理论在无法剥脱神誓之法律外衣的同时，也无从割裂该制度与宗教的血缘联系。无论是远古罗马法，还是古典罗马法，乃至查士丁尼罗马法，法律与宗教、道德从未有过明确的楚汉界分，一直都是"三位一体"。[5] 在神誓制度中，这种法律与宗教相交的现象得到充分彰显，如果没有宗教信仰的存在，神誓法将缺少其赖以生存的文化土壤。

（一）神誓法证据调查的地区性实践

神誓法的止讼基础在于人们心中对神的畏惧和崇拜，随着时间的推移和使用频

---

[1] 参见陈永生：《法律事实与客观事实的契合与背离——对证据制度史另一视觉的解读》，载《国家检察官学院学报》2003年第4期。

[2] 参见邱亿成：《论神示证据制度的认识论基础》，载《湖南农机》2008年第5期。

[3] 参见何家弘：《证据调查方法探源（续）》，载《中央检察官管理学院学报》1997年第2期。

[4] 参见何家弘：《证据调查方法探源》，载《中央检察官管理学院学报》1997年第1期。

[5] 参见黄美玲：《论古罗马时期的"神誓"（votum）》，载《华东政法大学学报》2013年第2期。

率的增加,争讼双方追求胜诉的欲望可能会战胜他们心中的神明信仰,因此,反复使用必定降低其威慑效果。从历史记载来看,尽管不同民族有着不同的渊源和社会背景,但均有其信奉的神灵和信仰。在远古时代,东方和西方留下了不少神誓法证据调查的记载:在公元前18世纪,古巴比伦王国的《汉谟拉比法典》第249条规定:"若有人租用公牛,该牛却因非人为原因死亡,租借者向神灵起誓自己没有过错以后可以免罪。"[1]

我国古代也曾将神誓法作为查明案情的重要手段。《周礼·秋官·司盟》中记载:"有狱讼者,则使盟诅","凡盟诅,各以其他地域之众庶,共有牲而致焉,既盟则为司盟共祈洒脯"。意谓古代诉讼有时会依靠盟诅证明自己陈述的真实性,凡举行盟诅,分别使当事人所在地的民众供给所需的牲,并把民众召集在一起。盟诅之后,又可以为司盟提供祈神所需的酒脯。

(二)神誓法证据调查的反思评析

神誓法是人类认识发展低级阶段的产物,它反映了人类在面对复杂案情时的无助和无奈。在那个时代,大多数人并不知道如何收集和评断证据,因此他们只有求助于神的力量。这种做法在当时被认为是一种神圣而庄严的方式,可以确保案件的公正和公平,但随着生产力和科学技术的发展,人们对于神誓法有了辩证的认识。

第一,神誓法是典型的唯心主义,也当然是非科学的,但它的存在不仅有历史必然性,而且有其查明案情的现实功用性,因此,需要从正反两方面正确认识神誓法。

第二,神誓法是利用人们对神的崇拜心理来查明案情。诉讼当事人对神明力量的信仰是神誓证据调查制度的文化基础,因此,在他们作出虚假陈述时便不敢对神宣誓或者在宣誓时流露出不安的神态,于是案情便不查自明了。[2]

第三,随着这种方法的反复使用,其威慑效能便逐渐减小。在一些案件中,某些人私欲熏天,对利益至上的执着给予他们敢于冒犯神灵的力量,不怯于面对神灵、信誓旦旦,令办案者难辨真伪。[3]

三、神判法证据调查

相较于神誓法,神判法既体现了人的智慧和判断力,又借助了神灵的神秘力量。在神判法中,审判者通常会选择一些具有象征意义的考验,如水淹、火烧、决斗等,并

---

[1] 潘丽华:《论宣誓制度》,载《法律科学(西北政法学院学报)》1999年第4期。

[2] 参见姜登峰:《论神判与巫术的关系及价值——人类社会早期审判裁决证据之运用》,载《证据科学》2019年第2期。

[3] 参见何家弘:《证据调查方法探源》,载《中央检察官管理学院学报》1997年第1期。

据以认定案情和作出裁决。神判法是一种直接诉诸神明的裁判方法,由审判者借用神明名义直接指明是非曲直,旨在通过对当事人实行某种肉体折磨或精神考验的方式查明案情。[1] 神判既是一种古老的人类学现象,又是一种古老的法文化现象。在原始社会里,人们凭借神力断是非、决争讼,这就是神判。可以说,神判是原始初民解决纠纷、处理矛盾的最主要方法。[2]

(一)神判法证据调查的地区性实践

《汉谟拉比法典》第 2 条规定:"若某人被告发犯有巫蛊之罪,而又不能证实,可将其投入河中进行考验。如果他没有被溺死,则意味着河水已为他'洗白',告发者应处死刑,其房屋归被告发者所有;反之,则说明被告发者有罪,其房屋归告发者所有。"该法典还规定:对于被告发与他人通奸的自由民之妻,亦应投入河中接受神的裁判。

古代日耳曼人也曾采用这种"水审法",但其检验标准与古巴比伦人恰恰相反。他们认为,河水可以检验人的品德,作为世界上最圣洁之物不会容纳有罪之人,因此,若被投入水中的嫌疑人浮于水面,则证明其有罪;反之则代表其无罪。

古印度的《摩奴法典》中规定,如果法官依证言和物证不能确定案情,则可以用"神明裁判法"审查证据和查明事实。作为《摩奴法典》之补充的《那罗陀法典》第 102 条规定:神明裁判是由火审、水审、秤审、毒审、圣水审、圣谷审、热油审、抽签审 8 种形式组成的裁判制度。[3]

在中世纪早期的日耳曼民族习惯法以及后来的"蛮族法典"中,神明裁判更是大行其道,如捞沸神判、铁水神判、浮水神判等。如《萨利克法典》第 53 条规定,"关于不放手入锅的赎买"[4]。日耳曼时期的法律则规定,在案件陷入真伪不明时解决指控的方法是双方发起一场为司法所认可并旨在止讼的决斗。现代诉讼制度的许多基本要素,如对抗制、当事人诉讼武器对等、法官的中立性和被动性、公开审判、言词主

---

[1] 参见邱亿成:《论神示证据制度的认识论基础》,载《湖南农机》2008 年第 5 期。

[2] 参见叶英萍、李春光:《论神明裁判及其影响》,载《法学家》2007 年第 3 期。

[3] 这 8 种神示证据形式包括:(1)火审,让嫌疑犯手持烙铁步行并用舌头舐之,无伤则无罪;(2)水审,让嫌疑犯沉入水中一定时间,浮起者有罪,沉没者无罪;(3)秤审,用秤量嫌疑犯体重两次,第二次较前次轻者无罪;(4)毒审,让嫌疑犯服某种毒物,无特殊反应则无罪;(5)圣水审,让嫌疑犯饮用供神之水,无异状反应则无罪;(6)圣谷审,让嫌疑犯食用供神之米,无异状反应则无罪;(7)热油审,让嫌疑犯用手取出热油中的钱币,无伤则无罪;(8)抽签审,设正邪两球,让嫌疑犯摸取,摸到正球者无罪。参见何家弘:《侦查方法史考(一)》,载《公安大学学报》1988 年第 6 期。

[4] 叶英萍、李春光:《论神明裁判及其影响》,载《法学家》2007 年第 3 期。

义、直接主义、集中主义等,皆可从司法决斗中找到对应特征。[1]

尽管在我国的正史中没有记载神示裁判的案例,但是在我国古代也曾经历过类似的神判阶段,传说中仍有一鳞半爪的遗迹可供循证:皋陶治狱时有廌[2]相助,虽然有人质疑皋陶治狱所依赖的并非神明裁判的证据制度,[3]但是在当时的社会认知条件下,皋陶没能够摆脱人类知识的有限性,其证据调查所采用的仍主要是神明裁判方法。[4]

(二)神判法证据调查的反思评析

无论在古代的东方还是西方,神判法都曾在某一时期大行其道,甚至至今在一些偏远落后地区的习俗中仍能见到。很多事例遗存在古老的典籍和口耳相传的神话中,但是总结不同地区神判法的共性,可以看到它的不确定性和偶然性。从某种程度上说,神判法是当时社会的一种产物,它的出现与当时民众的认识能力、信仰观念以及审判方式的局限性密切相关。考诸中国皋陶判案、商代占卜审判等措施可以发现其后隐藏的证据调查主线:所谓"神判",虽然"奉神之名",但实际上是判案者的主观意志在发挥支配作用。当判官是一个正直之人时,则会做出符合事实真相的正确抉择;当其心术不正之时,则会为一己私利体现个人意志。[5] 由是观之,尽管神明裁判以宗教信仰为其思想基础,把审查判断证据的权力赋予神灵,但对断狱息讼也起到了一定的作用。

延伸思考

1. 神示证据调查的思想基础是什么?
2. 简述神誓法证据调查的现代反思。
3. 简述神判法证据调查的现代反思。

---

[1] 参见徐昕:《司法决斗考》,载《法制与社会发展》2007年第1期。
[2] "廌者,一角之羊也,情知有罪,其罪疑者,令羊触之。有罪则触,无罪则不触,斯盖天生一角圣兽,助狱为验。"参见(汉)王充:《论衡·是应》。
[3] 参见汪海燕:《刑事诉讼模式的演进》,中国人民公安大学出版社2004年版,第349页。有学者对皋陶时期是否使用神明裁判持怀疑态度,对有无廌这种神羊也持怀疑态度。他的这种质疑固然非常有道理,但是我们并不以此就轻易地全盘否定相关的记载。同大部分刑事诉讼法学者一样,著者认为在原始社会末期的皋陶所代表的裁判活动中仍然使用神明裁判的证据调查方法。
[4] 参见倪铁:《中国侦查史论纲》,法律出版社2016年版,第27页。
[5] 参见徐凤侠、林嘉志:《试论神示证据制度》,载《绥化学院学报》2006年第2期。

延伸阅读

1. 徐凤侠、林嘉志:《试论神示证据制度》,载《绥化学院学报》2006年第2期。
2. 邱亿成:《论神示证据制度的认识论基础》,载《湖南农机》2008年第5期。
3. 叶孝信主编:《中国法制史》,复旦大学出版社2002年版。

第二节 法定证据时代的证据调查

随着社会形态从奴隶社会向帝制的社会转型,生产力的发展为人类认识世界和改造世界提供了新的武器。[1] 随着人类知识的不断积累,认识水平不断提高,民众对神明的敬畏逐渐被现实的功利所侵蚀。[2] 神明裁判制度源于古代人们对神明的信仰,然而这种制度在实践中暴露出许多问题。一方面,神明裁判的不确定性使审判结果难以预测;另一方面,神明裁判的不平等性表现在不同阶层的人在接受审判时的待遇上,这种现象与新兴地主阶级封建制所提倡的"刑无等级"原则背道而驰。在地主阶级逐渐崛起之际,国家权力逐渐向地主阶级转移。集权制度要求国家权力高度集中,以确保国家治理的有效性和稳定性。然而,神明裁判制度将审判权赋予了神职人员,使国家权力无法实现有效的统一和控制。因此,在步入封建社会后,神明裁判逐渐淡出犯罪调查活动,只留下些许遗迹;人的作用日益凸显,源于人的证据种类日渐繁盛,与正在定型的传统侦查模式相适应的法定证据制度获得发展机遇。[3] 对于法定证据制度,虽然人们普遍承认其反映了人类认识客观世界能力的提高,反映了人们运用证据的许多有益经验,但是对于其能否发现案件的客观事实,学界并没有统一的意见。[4]

一、法定证据制度的发展脉络

法定证据制度的核心理念,是将证据的证明力及其在诉讼中的运用纳入法律的规范范畴,使证据的取舍和证明力大小都有明确的法律依据。自13世纪起,更为精

---

[1] 参见倪铁:《中国侦查史论纲》,法律出版社2016年版,第82页。
[2] 参见汪海燕:《刑事诉讼模式的演进》,中国人民公安大学出版社2004年版,第65页。神示证据制度还导致法律适用的不平等,因此,仅依赖于形式真实而缺乏实质真实的基础使得诉讼的结果缺少信服力。
[3] 参见何家弘:《证据调查方法探源》,载《中央检察官管理学院学报》1997年第1期。
[4] 参见陈永生:《法律事实与客观事实的契合与背离——对证据制度史另一视觉的解读》,载《国家检察官学院学报》2003年第4期。

确的证据体系在欧洲主要国家的法律体系中设立,与神明裁判时代相比主要差异在于证据证明力、证据形式及证据证明力冲突时的取舍问题,法定证据制度中对于证据标准的明确规定可以有效限制法官的"自由心证"。即便法官凭借自身的主观印象对证据进行了内心确认,还必须依据诉讼法规定的客观标准才能最终确定证据的证明力。[1] 不少学者将罗马教会的证据制度概称为"法定证据制度"。这一制度与纠问式诉讼相适应,一直从16世纪延续至19世纪。在1853年《奥地利刑事诉讼法》与1857年《俄罗斯帝国法规全书》中都包含大量的法定证据制度内容。[2]

1215年,第四次拉特兰宗教会议作出了重要决策,废除了在审判过程中采用神判法的制度。这一举措标志着人类司法制度的一次重大改革,旨在减少人为因素对审判公正性的影响。此后,欧洲各国开始探寻合适的神明裁判之外的证据调查制度,其中英国、德国和法国三国分别探索出具有各自特色的证据调查制度,成为欧洲乃至世界司法史上的重要里程碑,尤其是英国的陪审团制度,对后世影响深远。

在帝制时代,我国的法定证据制度并不发达,各项刑事证据规定中没有具体的证据能力和证明力,将自由裁量空间赋予了侦查断案中的侦查人员,大多数案件的证据调查程序和采取强制措施,都由侦查人员自行决定。虽然不乏依法纠举、严格执法的"循吏",但也不乏破坏法令、无视程序性规定、严刑逼供、非法取证的刑事司法者,因此,与其他同时期东西方遵循法定证据制度的国家都不同,我国发展出高度发达的刑讯制度——这一法定证据制度的重要内容。[3]

二、法定证据调查制度的特征

(一)证据形式法定

欧洲大陆的国家作为法定证据模式的典型,在历经几百年发展后的法令中明确规定了具有证据资格的证据形式,衍生出证明力及判断证据的规则。在法定证据模式下,裁判者只需要根据证据的数量和证明力认定案件事实。这种模式限制了法官在判断证据及其证明力方面的自由裁量空间,有助于实现司法公正和公平。然而,这种模式的局限性在于,它忽视了人类在案件审理过程中的主观能动性,使案件审理过于机械和僵化。

(二)证据证明力法定

法定证据制度是围绕着预定证据形式及其证明力这一中心来建构的,关于审查

---

[1] 参见程凡卿:《我国司法人工智能建设的问题与应对》,载《东方法学》2018年第3期。
[2] 参见张保生主编:《证据法学》(第3版),中国政法大学出版社2018年版,第100页。
[3] 参见倪铁:《中国侦查史论纲》,法律出版社2016年版,第83页。

评断证据证明力的规定过于死板,法官只能机械地按照预先的"明码标价"进行认证,然后通过证明力的加减得出被告人是否有罪的结论。[1]

法定证据制度的核心特质在于对各种证据形式的证明力作预先约定,此实为约束法官在证据运用、事实认定及司法裁判过程中专权之现象,以确保公正公平地审理案件。根据证明力的强弱,证据可以分为三类:确实的证据、半证据和不完整的证据。在刑事审判中,确实的证据具有决定性作用,法官以此可以作出有罪判决,甚至是死刑判决;半证据的证明力稍微,法官仅可以作出刑讯判决、进一步查明判决和低于指控的有罪判决,不得作出死刑判决;不完整的证据证明力最弱,法官不能依据此类型的证据作出有罪判决,亦不能作出刑讯判决,仅可据此发布传唤令。[2]

(三)针对被追诉者的刑讯逼供盛行

在东西方帝制时代的法定证据制度中,口供是法定证据的规定证据形式,具有证明的直接性,可以作为主要的定罪依据。口供"证据之王"的证据地位,加上权利虚无或儒家慎刑的时代背景,通过刑讯获取口供也就顺理成章。酷刑是基督教会与世俗王权集权统治的重要手段。[3]

在我国漫长的帝制时代,法律体系虽然没有现代意义上的完整性和严谨性,但是依然有一定的司法原则和证据制度,并且延续了几千年,那就是"口供为王"。这一原则强调口供在案件审理中的核心地位,"无供不定案""无供不录罪"等原则也大行其道。我国学者虽然认为我国古代没有典型的法定证据制度时代,但是仍然可以发现在口供主义的背景之下,将通过刑讯获取的证据视为一种合法手段。《魏书·刑法志》中载明"理官鞫囚,杖限五十,而有司欲免之则以细捶,欲陷之则先大杖。民多不胜而诬引,或绝命于杖下。显祖知其若此,乃为之制。其捶用荆,平其节,讯囚者其本大三分,杖背者二分,挞胫者一分,拷悉依令。皆从于轻简也"。[4]

三、法定证据调查制度的评析

(一)理性方式应对神明裁判

面对神示证据的不确定性与司法腐败,法定证据调查制度应运而生,表明人类在证据调查领域逐渐以一种更为理性的思维调查事实。其间既有文艺复兴、启蒙运动等一系列启发理性的人文运动的作用,同时也表明人类逐渐摆脱对神灵的盲目崇拜,

---

[1] 参见何家弘:《司法证明模式的学理重述——兼评"印证证明模式"》,载《清华法学》2021年第5期。
[2] 参见施鹏鹏:《法定证据制度辨误——兼及刑事证明力规则的乌托邦》,载《政法论坛》2016年第6期。
[3] 参见张保生主编:《证据法学》(第3版),中国政法大学出版社2018年版,第101页。
[4] 倪铁:《中国侦查史论纲》,法律出版社2016年版,第340页。

而更多地将其重点置于人性之上。因此，人类的理性力量在司法证明领域逐渐强大，这是一种进步与发展。[1]

（二）自由裁量权的失位阻碍司法发展

法定证据制度通过法律规定证据的形式、证明力、证明方式，反映了对法官自由裁量权的限制与剥夺。在此制度之下，法官在处理案件时扮演的是一个简单根据法律进行机械运作的司法机器角色，进行加减乘除式的裁判。尽管这种制度在一定程度上能够保证司法裁判的客观性，但它忽略了法官的知识和经验在案件认定中的重要作用。此外，它还忽视了证据证明力的判断应更多地依赖于逻辑判断，需要针对具体情况进行具体分析。最终导致法官对证据证明力的判断缺乏主观能动性。

（三）刑讯盛行肆意侵犯人权危及证据调查的人道性和真实性

法定证据制度认为被告人口供是证据之王，尽管对被告人口供的获取和运用也设置了严格的规则，力求使案件的裁判结果符合事实真相。但是，法定证据制度的底层逻辑迫使其与纠问式诉讼程序相生相伴。在这样一种模式之下，被追诉者成为实际上的刑事侦查对象，与现代认为犯罪事实是侦查对象的理念可谓南辕北辙，在面对强大的国家机器时，被追诉者处于非常弱势的不利地位。同时，由于口供的重要性，为获取口供进行刑讯逼供最后屈打成招的案例数不胜数，这在一定程度上造成了司法天平的倾斜，不仅违背司法公正的原则，更是对人权的践踏。

延伸思考

1. 简述法定证据制度的发展脉络。
2. 为什么在法定证据调查制度下刑讯逼供盛行？
3. 简述神示证据制度和法定证据调查制度的不同。

延伸阅读

1. 倪铁：《中国侦查史论纲》，法律出版社2016年版。
2. 程凡卿：《我国司法人工智能建设的问题与应对》，载《东方法学》2018年第3期。
3. 汪海燕：《刑事诉讼模式的演进》，中国人民公安大学出版社2004年版。

---

[1] 参见张保生主编：《证据法学》（第3版），中国政法大学出版社2018年版，第102页。

第三节　自由心证时代的证据调查

自由心证证据制度,即一切证据证明力的大小及其取舍和运用,法律不预先作出规定,而是由法官根据自己的良心、理性自由判断,并根据其形成的内心确信认定案件事实的一种证据制度。在16世纪至18世纪,许多学者对法定证据制度提出批评,但主张废除酷刑的声音并不普遍。18世纪末,酷刑废除运动于欧洲兴起,并成为风靡西方世界的时髦学说。

1734年,瑞典在所制定的法典中明确废除酷刑,从而成为首个废除酷刑的国家。随后,废除酷刑的做法风行欧洲,并推动酷刑废除运动兴起,更多学者开始进一步研究酷刑及其所依托的法定证据制度。帝制集权框架中的法定证据制度亦受到批判,欧陆启蒙思想家开始对法定证据制度进行批判,认为此套程序机制和证明系统根本不能揭示案件的真相,自由心证证据制度逐渐确立,成为当时的主流学说。[1] 在法国大革命后,大陆法系国家开始在刑事司法领域中渐次建立起自由心证制度。[2] 直至19世纪下半叶,自由心证原则在大陆法系各主要国家获得普遍承认。[3]

一、自由心证证据制度的发展脉络

17世纪初期,帝制集权陷入了前所未有的历史困境,文艺复兴和思想启蒙为欧洲各国的知识精英和政治精英提供了更多的思想武器。为了反对君主专制的镇压,欧洲各国纷纷爆发了资产阶级革命,形成了一股强大的政治潮流,帝制集权及法定证据制度走进了历史的"死胡同"。

1791年1月18日,法国通过制宪会议最终通过了以陪审制、言词预审、自由心证为基础的刑事诉讼改革草案,确立了"绝对的自由心证制度"[4]。1808年《法兰西刑事诉讼法典》(又称《重罪法典》)明确提出证据制度上具有划时代意义的自由心证原则。该法典第343条规定:"在重罪法庭休庭合议前,审判长应责令宣读下列训示,并将内容大字书写成布告,张贴在合议室最显眼处:法庭并不考虑法官通过何种途径达

---

[1] 参见施鹏鹏:《"新职权主义"与中国刑事诉讼改革的基本路径》,载《比较法研究》2020年第2期。
[2] 参见施鹏鹏:《口供的自由、自愿原则研究——法国模式及评价》,载《比较法研究》2017年第3期。
[3] 参见张保生主编:《证据法学》(第3版),中国政法大学出版社2018年版,第104页。
[4] 施鹏鹏:《刑事裁判中的自由心证——论中国刑事证明体系的变革》,载《政法论坛》2018年第4期。

成内心确信;法律并不要求他们必须追求充分和足够的证据;法律只要求他们心平气和、精神集中、凭自己的诚实和良心,依靠自己的理智,根据有罪证据和辩护理由,形成印象,作出判断。法律只向他们提出一个问题:你们是否形成内心确信?这是他们的全部职责所在。"该条款也成为学术界定义自由心证时援引最频繁的内容。[1]

二、自由心证证据制度的特征

自由心证,即对证据证明力的自由评估,这就是自由判断原则。但应注意,由法官自由判断的是证据的证明力,至于证据的取舍即可采性,在法定主义原则之下有明确限制。不仅一个个孤立的证据能够证明何种事实以及证明程度如何,由法官自由判断,而且所有证据综合起来能否证明起诉的犯罪事实或其他有关事实以及证明程度如何,也由法官自由判断。在相互矛盾的证据中确定何者更为可信,同样由法官自由决断,不受其他因素的限制。然而,仅有判断自由还不够,自由的判断不能没有归依和标准,因此,自由心证还包括第二项原则,即内心确信原则,或称心证原则。[2]

(一)证据和证明实现了形式自由

相较于法定证据制度的僵化证明规定,自由心证的证据规定相当宽松。这种制度允许法官在证据调查和审查判断过程中拥有更大的自主权,使其在庭审活动中能够充分发挥主观能动性和逻辑思维能力。一方面,这一时期以当事人主义和职权主义的刑事诉讼模式为主,法律及判例原则上不对证据形式作出特别要求,犯罪事实可以根据多种形式的证据予以证明。[3] 另一方面,证据自由这一因素的确立主要基于"刑事犯罪的特殊性""自由心证制度体系的必然性""提高犯罪打击的效率性""揭示案件的真实性"4个维度。[4]

(二)自由心证需有序节制裁量

诚然,自由心证制度赋予了法官极大的自由裁量权,可以使法官充分发挥主观能动性。然而,这种自由裁量权并非无限制的,为了避免法官的裁判行为变得肆意和专断,无论是英美的当事人主义诉讼模式,还是欧洲大陆的职权主义诉讼模式,都规定了以"判决责任伦理"为核心的约束机制。"判决责任伦理"包含两个重要的方面。第一,法官不得拒绝裁判的职责要求。这意味着,在刑事诉讼中,法官不得以程序性事项、实体性事项或者其他事由为由,拒绝作出裁判。第二,法官在心证过程中存有

---

[1] 参见施鹏鹏:《"新职权主义"与中国刑事诉讼改革的基本路径》,载《比较法研究》2020年第2期。
[2] 参见龙宗智:《印证与自由心证——我国刑事诉讼证明模式》,载《法学研究》2004年第2期。
[3] 参见施鹏鹏:《刑事诉讼中的证据自由及其限制》,载《浙江社会科学》2010年第6期。
[4] 参见贾治辉、孔令勇:《"口供至上"及口供审查的转变机制研究——从司法、科技、人文三个层面展开》,载《时代法学》2015年第2期。

怀疑的,应当作出对被告有利的判决。然而,关于"怀疑"的界定,以及怀疑需要达到何种程度,各国学说与判例存在较大的争议。英美法系的主流学说以"排除合理怀疑"为依托,主要包括"情感确信说"和"量化比例说"两种理论,而大陆法系国家总体采用更高的"怀疑"标准。[1]

延伸思考

1. 简述自由心证证据制度的发展脉络。
2. 简述自由心证证据制度中的形式自由如何体现。
3. 简述自由心证制度的优缺点。

延伸阅读

1. 贾治辉、孔令勇:《"口供至上"及口供审查的转变机制研究——从司法、科技、人文三个层面展开》,载《时代法学》2015年第2期。
2. 施鹏鹏:《刑事诉讼中的证据自由及其限制》,载《浙江社会科学》2010年第6期。
3. 张保生主编:《证据法学》(第3版),中国政法大学出版社2018年版。

第四节 "客观真实"的我国证据调查制度

中国缔造了灿烂辉煌的中华法系,它曾对世界法律体系产生重大影响,尤其是对东南亚国家产生了极其巨大的影响,学术界对其给予极高的评价。日本学者将中华法系的典型代表——唐律,誉为"东方法制史枢轴"[2]。在《世界法系大全》中,美国学者韦格摩尔教授把中华法系与印度法系、伊斯兰法系、大陆法系和英美法系并称为"世界五大法系"[3]。中华法系历史悠久,经过不断地传承与完善,给世人留下了许多宝贵财富,证据调查制度就是其中之一。

一、传统证据调查制度

中华文化源远流长,三皇五帝时代并无确凿史料可以追溯证据制度,夏商周时期

---

[1] 参见施鹏鹏:《刑事裁判中的自由心证——论中国刑事证明体系的变革》,载《政法论坛》2018年第4期。
[2] [日]仁井田 升:《唐令拾遗》,栗劲等编译,长春出版社1989年版,第893页。
[3] 参见王立民主编:《中国法制史》(第2版),上海人民出版社、北京大学出版社2007年版,第189页。

制度渐成体系,但并无鲜明有特色的完整证据调查制度。帝制时期从秦到清这一时间段中,两千年文明发展史孕育了蔚为壮观的证据调查制度。

(一)证据调查奉行有罪推定

在我国的帝制时期,由于科技有限、认知有限,故证据知识、取证能力、断案能力均较低,导致大量疑案的存在。就疑罪应当按"疑罪从去"还是按"疑罪从轻"处理存在不同见解。例如,《新书·大政上》记载汉代贾谊的观点为:"疑罪从去,仁也;疑功从予,信也。"而根据《陈书·沈洙传》所载,南陈都官尚书周弘正的观点为:"夫与杀不辜,宁失不经,罪疑惟轻,功疑惟重,斯则古之王,垂此明法。"[1]"疑罪以有罪论,但处罚从轻"的原则更有利于维护统治。因此,在我国古代的证据调查制度中"有罪推定"为其主流。它赋予了古代司法官吏不以事实为根据而主观擅断的权力,导致无辜之人也可能被处刑罚。

(二)定罪必取输服供词

在我国传统的证据调查制度中,口供被赋予了"证据之王"的地位,认为它是最直接、最真实的犯罪事实来源。在绝大多数情况下,法庭审理过程中,口供都被视为至关重要的证据。除少数案件允许根据案情判断罪行、依据多名证人证言定罪外,一般情况下,都必须获得被告人的认罪供词,法庭才会对其判处罪行并施以刑罚。这种传统证据调查制度有其深厚的历史和文化根基,其始于西周,发展于秦汉魏晋南北朝,成熟于隋唐,强化于明清。在西周时,审判官强调"听狱之两辞"。无口供,不定案,确立了口供在诉讼中的地位。在秦汉时,与刑讯合法化相关的史料记载了秦汉审判几乎围绕口供开展。例如,《汉书·杜周传》记载:"会狱,吏因责如章告劾,不服,以笞掠定之。"[2]又如,《汉书·刑法志》所载:"棰楚之下,何求而不得。"可见,通过刑讯获取口供有其必要。

(三)拷讯的体系化和制度化

从秦到清,我国建构了完备的纠问式证据调查制度,形成了异常发达的刑讯制度。不但把犯罪嫌疑人作为拷讯对象,甚至是被害人、证人均可以在一定条件下成为拷讯对象。[3]

可见,我国很早就把口供作为定罪量刑的重要依据,也因此发展出了全世界独一

---

[1] 马念珍:《试析中国古代诉讼中的证据制度》,载《贵州教育学院学报(社会科学版)》2000年第5期。
[2] 郑牧民:《中国传统证据文化的哲学基础》,载《社会科学家》2010年第5期。
[3] 参见倪铁:《"讯"与"供":传统侦查中诉讼角色的互动——以中国传统"拷讯"制度为中心的展开》,载《犯罪研究》2009年第1期。

无二的拷讯体系。为了使被追诉人认罪,无论其是否真的有罪,都可能采用各种残暴手段获取口供。到秦代时,"拷掠"这一制度已经被制度化,在侦查李斯谋反案时即被大量运用。[1] 到了唐代,拷讯的弊端逐渐为人们所认识,因此,在《唐律疏议》中有通过刑讯获得的证言不得作为定案证据的规定。到了明朝,严苛的法律以及复杂的调查机构又将刑讯逼供重新推向高潮。

(四)以反坐规制被害人陈述和证人证言

在中国传统社会的证据调查活动中,历朝均特别反对和禁止诬告。禁止诬告最早见于西周器铭之上,用殷商金文标注。至秦代,秦律明文规定禁止诬告,如《睡虎地秦墓竹简·法律答问》所载:"当耐司寇,而以耐隶臣诬人,为隶臣。"又"完城旦,以黥城旦诬人,可论? 当黥"。上述是两例因诬告而被刑罚的例子。到唐代,唐律中对禁止诬告的规定较之前更为完善、具体。《唐律疏议·斗讼律》第341条、第342条、第343条、第344条、第350条,从层级、罪名、量刑等角度细化对诬告的处罚规定。唐朝之后,对诬告的禁止规定延续唐朝,但刑罚趋严,且增加了赔偿经济损失的规定。依照《大清律例》的规定,对诬告者的处罚要"加等反坐",即按被诬告者的罪名再加二等处罚诬告者与挺身硬证者。[2]

(五)礼法充分体现等级身份制

礼法贯穿于中国传统法律制度之中,即使在传统证据调查制度之中也可见其身影。中国古代法律的主要特征表现在家族主义和阶级概念上。传统证据制度作为其重要组成部分,具有维护等级特权、体现宗法家族统治的作用。[3] 一方面,古代证据制度维护等级特权,如"据众证定罪"制度仅适用于议、请、减等具有特殊身份特权之人,如此特权阶层可以免受刑讯之苦。同时,有的官员还可以免除作证义务,法律地位低下的证人需在大庭广众之下抛头露面的时候,官员享有特权可受礼遇。[4] 另一方面,为了维护家庭宗族之间的上下关系,设置了"亲亲相为隐"制度。在《论语·子罕》中就有记载,叶公语孔子曰:"吾党有直躬者,其父攘羊,而子证之。"孔子曰:"吾党之直者异于是,父为子隐,子为父隐,直在其中矣。"

---

[1] 参见倪铁:《中国侦查史论纲》,法律出版社2016年版,第62页。

[2] 参见郑牧民:《中国古代获取证据的基本特点及其理据分析》,载《湘潭大学学报(哲学社会科学版)》2009年第4期。

[3] 参见郑牧民、易海辉:《论中国古代证据制度的基本特点》,载《湖南科技大学学报(社会科学版)》2007年第2期。

[4] 参见姜登峰:《中国古代证据制度的思想基础及特点分析》,载《证据科学》2013年第4期。

二、当前证据调查制度

(一)当前中国证据调查的理论构造

1. 以"查明案件事实真相"为认识论基石

证据,承载着揭示案件事实真相的重任。在我国的证据调查制度中,运用证据查明案件事实真相被视为基础规定和主要目的。这体现了我国法律制度对公正、公平和真实的追求,强调了证据在侦查程序中的核心地位。坚实的证据基础是确保司法公正和准确的关键,一切最终的裁决都必须建立在此基础上。"查明案情真相",必须体现证据的客观真实性,这就要求在证据调查中获取的证据必须满足"确凿""充分"的标准。确凿,是对证据质的要求,即所有证据必须经过查证属实,具有证明力;充分,是对证据量的要求,即案件事实都有相应的证据证明。[1]

2. 以"调查研究"为证据调查的方法论主体

在辩证唯物主义认识论的指导下,我国当前的证据调查制度要求实事求是、重视实践调查。马克思主义指出,实践是认识的基础、认识的来源、认识发展的动力、检验认识真理性的唯一标准、认识的归宿和目的。因此,我们应当坚持实践第一的观点,在我国法治建设的发展中,法律赋予了监察机关、公安机关、检察机关、审判机关、刑事辩护人等证据收集主体的调查权,并且规定在诉讼过程之中检察机关有补充侦查、补充调查的权力,审判机关也可以在一定范围内采取证据调查的措施。这一制度设计旨在保障刑事诉讼的公正、公平和高效进行。

3. 以反对"口供中心主义"为证据调查的价值导向

帝制时代,"口供为王"的证据调查制度造成了很多的冤假错案,甚至在新中国成立之初仍有很多侦查人员奉行口供中心主义,导致亡者归来、真凶再现等冤案,直到改革开放以后,我国立法机关、司法机关决心一改传统法律文化的弊病,明确反对口供中心主义,切实维护被追诉者的人身权利,保障证据真实可靠。尽管法律监督机关严格履职,公安机关公正督察,在相当长的一段历史时期里仍然存在非法取证现象。

(二)当前中国证据调查制度的特征

1. 证据种类多元

我国证据调查制度中通过法律规定的形式,将证据种类、证明方式、证据证明力的判断标准等因素固定下来,既在客观上防范司法官员在诉讼过程之中过度行使自

---

[1] 参见叶青主编:《刑事诉讼法学》(第3版),上海人民出版社、北京大学出版社2013年版,第169页。

由裁量权,又在一定程度上赋予司法官员发挥主观能动性的空间,保证办案空间的灵活以及案件的相对公正。

现行《刑事诉讼法》第 50 条规定的证据种类分别为:物证,书证,证人证言,被害人陈述、犯罪嫌疑人、被告人供述和辩解,鉴定意见,勘验、检查、辨认、侦查实验等笔录,视听资料、电子数据共 8 类。《民事诉讼法》第 66 条规定的证据种类为:当事人的陈述、书证、物证、视听资料、电子数据、证人证言、鉴定意见、勘验笔录。《行政诉讼法》中规定的证据种类与《民事诉讼法》较为相近,依据其第 33 条第 1 款的规定主要为:书证,物证,视听资料,电子数据,证人证言,当事人的陈述,鉴定意见,勘验笔录、现场笔录。

2. 证明责任法定

《刑事诉讼法》规定,在公诉案件中被告人有罪的举证责任由人民检察院承担,自诉案件中被告人有罪的举证责任由自诉人承担。[1] 进入司法程序后,被追诉者处于被国家追诉的法律弱势地位。[2] 基于诉讼对等攻防的诉讼架构设计,立法者并没有将举证义务强加给已经处于诉讼弱势的被追诉者。在《民事诉讼法》中,明确规定:当事人对自己提出的主张,有责任提供证据。《行政诉讼法》规定:被告对作出的行政行为负有举证责任,原告可以提供证明行政行为违法的证据。

3. 未经人民法院定罪任何人不得被确定有罪

相较于国外的无罪推定原则,我国并没有在法律中明确规定无罪推定,而是将其表述为非经人民法院定罪任何人不得被确立为有罪的原则。从法律体系来看,我国的无罪推定原则尚不完善。首先,宪法中缺少对无罪推定原则的明确规定,将无罪推定原则纳入宪法是一种对公民权利重视的体现。其次,我国刑事诉讼相关法律并未赋予犯罪嫌疑人、被告人沉默权。这就导致侦查机关在取证过程中仍将口供作为破案之根本。[3]

三、当前举证制度

(一)举证责任概述

举证责任,是指当事人对自己提出的主张负有收集或提供证据的义务,以及诉讼结束之时,如果案件事实仍处于真伪不明的状态,应当由谁承担不利的事实认定甚至

---

[1] 参见彭荣、李一珊:《论刑事诉讼中的证明责任》,载《云南大学学报(法学版)》2015 年第 2 期。

[2] 参见叶青主编:《刑事诉讼法学》(第 3 版),上海人民出版社、北京大学出版社 2013 年版,第 167~169 页。

[3] 参见唐启迪:《无罪推定原则在我国刑事诉讼中的确立与完善》,载《湖南大学学报(社会科学版)》2012 年第 3 期。

是败诉的诉讼后果的责任。在我国,举证责任是由诉讼法加以规定的重要法律制度。首先,从法律上看,举证责任总是与一定的法律职责和义务相联系。比如,民事诉讼的原告向人民法院起诉时其必须承担提出证据证明诉讼事项的义务。其次,举证责任总是与一定的法律风险相联系,既包括行为责任即提供证据证明主张成立的义务,也包括结果责任即举证不能时需承担相应的法律后果。

(二)举证责任的承担

无论是监察调查、行政执法、刑事诉讼、民事诉讼还是行政诉讼,都存在举证责任承担的问题。举证责任在诉讼法中尤为重要,是诉讼法所规定的共性的诉讼制度,反映了现代诉讼制度的基本特性。[1] 基于诉讼法调整对象的不同、诉讼活动中当事人所处位置不同、控辩双方力量对比差异等因素,作为诉讼证据制度核心的举证责任机制在三大诉讼中的具体规定又有所区别。下文以三大诉讼法中的举证责任制度为例进行分析。

1. 刑事诉讼法中的举证责任承担

我国《刑事诉讼法》第51条规定:"公诉案件中被告人有罪的举证责任由人民检察院承担,自诉案件中被告人有罪的举证责任由自诉人承担。"第52条规定:"审判人员、检察人员、侦查人员必须依照法定程序,收集能够证实犯罪嫌疑人、被告人有罪或者无罪、犯罪情节轻重的各种证据。……"基于这些程序法规定,刑事诉讼中的举证责任是指:作为刑事诉讼程序中诉讼活动的公诉方、被告人、刑事诉讼自诉人等,依法向法庭提交证据印证其诉讼主张的证明责任。当控辩双方对案件事实存在争议时,诉讼双方就应当提供证据加以证明。《刑事诉讼法》规定,用于证明案件事实的材料只有经过查证属实才能作为定案的依据,这是与"未经法院审判任何人不得被确定有罪"原则紧密联系的。

2. 民事诉讼法中的举证责任承担

在民事诉讼中,"举证责任是民事诉讼法的脊梁,在整个民事诉讼制度中具有牵一发而动全身的功能"。[2] 我国民事诉讼法举证责任的法律规定主要有三个方面的内容:第一,"谁主张,谁举证"规则。一般情况下,当事人只要主张有利于自己的案件事实,就应当提出相应的证据进行证明。当事人提出相反的案件事实进行抗辩时,也负有举证责任。第二,特殊情形下举证责任倒置。在特殊的民事侵权纠纷或环境污染纠纷案件中,作为原告的被害方通常面临举证困难的处境,举证责任倒置或转换

---

[1] 参见刘红、纪宗宜、姚澜:《司法鉴定证据研究》,法律出版社2012年版,第108页。
[2] 赵信会:《民事诉讼中的证据调查制度》,载《现代法学》2004年第6期。

就作为一种调整方法而存在。[1] 第三,人民法院必要时的查证。《民事诉讼法》第67条第2款、第3款规定:"当事人及其诉讼代理人因客观原因不能自行收集的证据,或者人民法院认为审理案件需要的证据,人民法院应当调查收集。人民法院应当按照法定程序,全面地、客观地审查核实证据。"法律规定人民法院在必要情况下履行查证的责任,是为了尽可能客观真实地反映案件真相,最终得以公正裁判。

3. 行政诉讼法中的举证责任承担

行政诉讼中的举证责任承担主体区别于其他诉讼法,《行政诉讼法》第34条第1款规定:"被告对作出的行政行为负有举证责任,应当提供作出该行政行为的证据和所依据的规范性文件。"基于此,原告主张,被告举证,是行政诉讼举证责任的基本分配原则。[2] 这是因为,行政行为必须符合法律规定,遵循法定程序,依据此原则,行政机关应当对其行政行为或不作为的合法性负举证责任,这也会促进行政机关严格依法行政。同时,作为被告的行政机关比原告更具备现实的举证条件。

(三) 举证责任的程序性保障

当事人履行举证责任的行为实质上就是证据调查的过程,这包括证据的调查、收集、出示、分析和证明。为了当事人能够有效、及时地履行举证责任,平等地参与到诉讼活动中并进行对抗,诉讼程序中的举证责任制度的程序性保障应当就当事人对证据的调查、收集、出示和证明活动提供充分的程序资源和程序手段。

1. 调查、收集证据的程序性保障

举证责任是通过向法庭提交证据的方式履行的,提交证据活动的展开依赖于调查、收集证据的行为。我国《刑事诉讼法》第43条第1款规定:"辩护律师经证人或者其他有关单位和个人同意,可以向他们收集与本案有关的材料,也可以申请人民检察院、人民法院收集、调取证据,或者申请人民法院通知证人出庭作证。"《民事诉讼法》第67条第1款、第2款规定:"当事人对自己提出的主张,有责任提供证据。当事人及其诉讼代理人因客观原因不能自行收集的证据,或者人民法院认为审理案件需要的证据,人民法院应当调查收集。"调查、收集证据应当依照法定程序进行。

2. 证据出示的程序性保障

我国《民事诉讼法》第68条明确了当事人应当对自己提出的主张及时提供证据以及逾期提供证据应承担的法律后果,《行政诉讼法》第34条规定:"被告对作出的行政行为负有举证责任,应当提供作出该行政行为的证据和所依据的规范性文件,被

---

[1] 参见王亚新:《民事诉讼中的举证责任》,载《证据科学》2014年第1期。
[2] 参见刘善春:《行政诉讼举证责任分配规则论纲》,载《中国法学》2003年第3期。

告不提供或者无正当理由逾期提供证据,视为没有相应证据。但是,被诉行政行为涉及第三人合法权益,第三人提供证据的除外。"法律规定人民法院有权要求举证方提供或补充证据,这些都是对证据出示行为的规定。民事诉讼中的举证时限规定和证据交换制度以及刑事诉讼中的庭前证据开示等程序都深刻影响着当事人的诉讼权利,具有重要的程序价值和实体价值。

3. 运用证据证明的程序性保障

当事人履行举证责任的过程,同时也是运用证据进行证明的活动。证据的证明是双方当事人在法庭上进行证据的论证,从而使法官形成内心确信并据此进行案件事实判断的活动。证据是诉讼的核心,诉讼活动所涉及的证据的收集、举证、质证、采信、排除等问题,实际上都是围绕证据的运用展开的。为了使双方当事人有效和公正地进行证据的论证活动,诉讼法应当从法庭辩论制度、控辩双方权利对等、直接审理和言词审理制度以及法官心证制度等层面加强程序性的保障。

延伸思考

1. 简述传统中国证据调查制度中拷讯的特征。
2. 当前中国证据调查制度的特征是什么?
3. 简述当前中国证据制度中的举证责任。

延伸阅读

1. [美]亨利·查尔斯·李:《迷信与暴力:历史中的宣誓、决斗、神判与酷刑》,X. Li 译,广西师范大学出版社 2016 年版。
2. 郑牧民:《中国传统证据文化的哲学基础》,载《社会科学家》2010 年第 5 期。
3. 王立民主编:《中国法制史》(第 2 版),上海人民出版社、北京大学出版社 2007 年版。

本章小结

本章介绍了证据调查制度的历史起源,从神示证据时代到法定证据时代,再到自由心证时代,最后阐述了我国证据调查制度的缘起和变革,为读者厘清了证据调查的历史脉络。可以说,证据调查制度的历史就是人类文明的历史,证据调查制度的发展离不开人类社会生产力的发展。其中,可以明显感受到每个时代证据调查制度核心原则的不同,这是人类社会所处不同时代思想的缩影。在神示证据时代,对神示证据调查的深信不疑体现了人们盲目的神明崇拜,实质上在于利用人对未知事物的恐惧实现真言的获取。在法定证据时代,人们逐渐认识到神明裁判的不确定性和不平等性,开始否认法官在诉讼中的自由裁量权,认为法官只需要依据法律的规定被动、机械地计算证据的证明力和判断规则的规定并据以认定案情。在自由心证时代,帝制集权框架中的法定证据制度受到批判,欧陆启蒙思想家认为此套程序机制和证明系统根本不能揭示案件真相,自由心证证据制度逐渐确立。我国的证据调查制度,核心原则几乎是一以贯之的,西方证据调查制度的那种变革在我国不甚明显,我国的证据调查制度自成一派,以家国文化和大一统思想为主线,形成了充满东方特色的证据调查制度。

第三章 物证的证据调查

本章重点内容

物证的收集与保全、收集物证的基本规则、手印的取证要求、工具痕迹的发现与提取。

本章思维导图

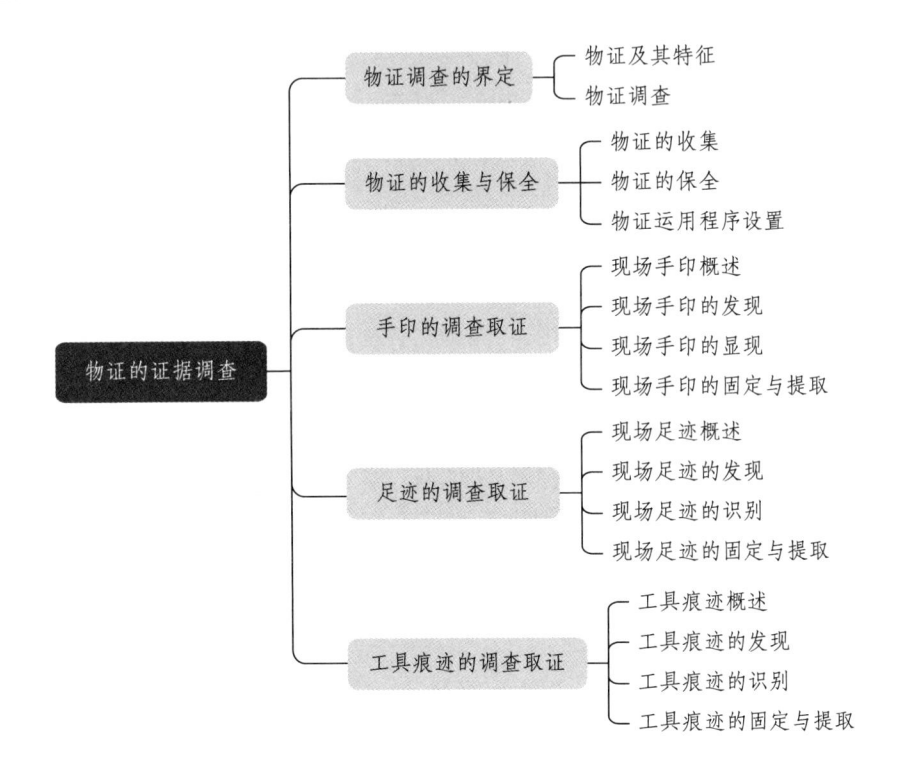

物证的证据调查
- 物证调查的界定
  - 物证及其特征
  - 物证调查
- 物证的收集与保全
  - 物证的收集
  - 物证的保全
  - 物证运用程序设置
- 手印的调查取证
  - 现场手印概述
  - 现场手印的发现
  - 现场手印的显现
  - 现场手印的固定与提取
- 足迹的调查取证
  - 现场足迹概述
  - 现场足迹的发现
  - 现场足迹的识别
  - 现场足迹的固定与提取
- 工具痕迹的调查取证
  - 工具痕迹概述
  - 工具痕迹的发现
  - 工具痕迹的识别
  - 工具痕迹的固定与提取

任何行为都发生在一定的时空之中,甚至有可能发生在虚拟的网络空间中,这些空间都依赖于种类繁多、形式各异的物质来支撑。是故,讼争发生时,需要通过各种手段回溯过去发生的事实,就必须通过收集行为所发生空间里的各种各样的物品、痕迹等证明该行为和重现案件事实。在纷繁复杂的大千世界中,举目所见的万物皆可能成为某一事实存在的证据;目力所不及之微量物质、空气、声波等也可能成为证据。大到地球,小至尘埃,只要是确实存在的物质,一旦涉入案件,都可以纳入物证的调查范围。[1]

第一节　物证调查的界定

物证,是指能够证明案件真实情况的一切客观存在的实物。广义的物证所涵盖的内容种类很多,既包括能够证明案件真实情况的物品、物体或人体,也包括由它(他)们的某个部位形成的各种痕迹;既包括能够证明案件事实的文字图案等材料,也包括有助于查明案件事实的各种音像资料等。[2] 狭义上的物证,仅指以存在方位、内在属性和外在特征证明案件事实的客观物质。本章所谓的物证指的是狭义上的物证。

一、物证及其特征

物证,通过物品和痕迹的存在方位、内在属性和外在特征证明案件事实。物证在司法活动中总是与科学技术紧密相连,因为案件中的物证所反映的信息需要具有科学知识的人去解读,物证的发现、提取、固定和鉴定等环节都需要严格按照法定程序和标准进行。多数情况下,物证离开了科学技术就无法发挥其证明案件事实的作用,因此也有人将物证及物证检验称为"科学证据"或"法科学"。[3]

(一)物证具有更强的客观性和稳定性

相较于人证,物证不会受到人的主观意识和感官的干扰及限制,更不会因此失真。物证是以其存在的场所、本身的物质属性、形态结构特征等发挥其证据作用的,

---

[1] 一般认为,物证技术所讨论的物证痕迹的范围包括物品、物体或人体,以及手、足、工、枪等痕迹。考虑我国是严格禁枪的,涉枪案件的总体数量有限,故在下文痕迹讨论中以实务中使用较为普遍的手、足、工痕迹为主要对象。

[2] 参见陈景丰、申金主编:《物证技术》,中国人民公安大学出版社2002年版,第1页。

[3] 参见陈景丰、申金主编:《物证技术》,中国人民公安大学出版社2002年版,第2页。

比人证具有更强的客观性和稳定性。如果物证鉴定意见出现偏差或错误,还可以通过补充鉴定、重新鉴定进行纠正,物证的客观性和稳定性是人证无法达到的。

(二)物证的证据价值具有更强的科学性

物证很难单独发挥作用,物证想要证明案件事实,通常需要借助一定的科学技术,尤其是在需要通过物证推断案发时间、案发地点时,需要借助生理学、生物学知识才能有所突破,因此,物证对于科学技术有很强的依赖性。对于声纹、影像这类新型物证来说,其本身就是当今科技发展的产物,是名副其实的"科学证据",因此,更需要通过现代信息技术发掘新型物证的潜在价值。

二、物证调查

物证调查,是一种针对案件中各类物证进行的专业性活动,包括发现、记录、提取、检验和鉴定等多个环节。物证调查不仅能够解决刑事案件中关于物证的专门性问题,还能在民事案件和行政案件中发挥相同的作用。因此,物证调查在整个司法活动中具有举足轻重的地位,随着科学技术的不断发展,物证调查的手段和能力也在不断提升,其在司法活动中的作用将越发显著。使用物证技术是为了得到犯罪信息,而犯罪信息既是形成侦查判断、推理、假定的前提,也是推进侦查、调整侦查的基础。[1] 物证调查在法律活动中发挥着重要作用,在刑事案件侦破中发挥着尤为重要的作用。

延伸思考

1. 简述物证的证据价值。
2. 简述物证调查的概念。

延伸阅读

1. 陈景丰、申金主编:《物证技术》,中国人民公安大学出版社2002年版。
2. 宋世杰:《证据学新论——证据运用问题研究》,中国检察出版社2002年版。
3. 陈瑞华:《实物证据的鉴真问题》,载《法学研究》2011年第5期。

第二节 物证的收集与保全

由于法律活动的复杂性,运用证据的主体并不单一,不同法律主体所承担的证明

---

[1] 参见郭晓彬主编:《刑事侦查学》,群众出版社2002年版,第18页。

责任不同,而责任的划分与配置,必须遵循一定的原则。物证从发现、提取、保管、鉴定到提交法庭的每一环节,都不可避免地会有人的参与,参与人员可能由于疏忽、偏差、个人利益等原因,致使物证不能正确反映案件的事实真相,甚至因"说谎"而误导案件的侦查方向,从而引发错案。[1]

一、物证的收集

侦查过程中,侦查人员必须考虑以下几个方面的重要因素。(1)证据的合法性:必须保证痕迹物证是依法收集的、鉴定活动是依法进行的;(2)证据的真实性:必须能够证明痕迹物证自发现后一直处于正确的保管之中;(3)证据的实质证明性:必须能够说明痕迹物证的证据效力。随着刑事诉讼法的修改,在庭审过程中,如果辩护人对物证的收集、提取过程有异议,人民法院可能会要求侦查人员出庭说明,因此,物证的收集务必小心谨慎。

(一)物证收集概览

收集物证的主体是国家机关的监察人员、司法人员、当事人及其代理人。《刑事诉讼法》第52条明确规定:"审判人员、检察人员、侦查人员必须依照法定程序,收集能够证实犯罪嫌疑人、被告人有罪或者无罪、犯罪情节轻重的各种证据……"在刑事诉讼中,收集证据的主体是司法机关的司法人员。《民事诉讼法》第67条第1款、第2款规定:"当事人对自己提出的主张,有责任提供证据。当事人及其诉讼代理人因客观原因不能自行收集的证据,或者人民法院认为审理案件需要的证据,人民法院应当调查收集。"可见,在民事诉讼当中,全面收集调查证据不再是司法机关及司法人员的职责,只有在当事人及其代理人因客观上确实无法提供证据时,或者对当事人提供的证据存在疑问时,以及双方当事人所举证据相互矛盾需要进一步查实时,司法人员才主动调查、收集证据。[2] 在行政诉讼中,作为被告的行政机关有责任对争议的具体行政行为的合法性提出证据,若举证不能,则承担败诉结果,且规定在诉讼中不得自行向原告及证人收集证据。人民法院只有认为必要时,才能收集证据。

(二)收集物证的范围和途径

证据的收集范围是每个案件中至关重要的一环,它因案件的情况和性质的不同而有所区别。在收集物证时,凡是同案件事实存在联系、可以证明案情的客观事实材料,都属于收集的范围,包括肯定案件事实、否定案件事实,以及和案件处理有关的一

---

[1] 参见曾艳:《刑事错案中物证问题的实证研究——以百例无罪案件为样本分析》,载《福建警察学院学报》2019年第1期。

[2] 参见宋世杰:《证据学新论——证据运用问题研究》,中国检察出版社2002年版,第46页。

切证据材料。在实践中,物证可以通过多种途径收集,包括:(1)现场勘查或勘验。在刑事案件中,这是普遍收集物证的途径,在民事案件中有时也采用此种方法。(2)搜查和侦查方法。搜查和扣押不仅是获取物证的重要手段,还是发现物证的关键渠道。现代科学技术手段,包括DNA技术、指纹技术、视频监控技术等在侦查中的应用,为获取物证提供了更为广阔的前景。(3)审讯被告人或询问当事人。询问和讯问主要是为了获取言词证据,同样可以通过言词证据发现物证,当事人大多是案件的亲知亲为者,知道或藏匿了一些物证。

(三)收集物证的基本规则

物证属于证据的一种,物证的收集必须符合证据收集的规则。若违反证据收集的规则,将会直接影响所收集物证的证明力。

1. 依照法律要求收集

一方面,在收集证据时,需要遵守相关规定。《刑事诉讼法》第52条规定:"……严禁刑讯逼供和以威胁、引诱、欺骗以及其他非法方法收集证据……"司法人员应当自觉遵守法律规定,认清采用非法手段收集证据的危害性。《刑事诉讼法》第56条规定,采用刑讯逼供等非法方法收集的犯罪嫌疑人、被告人供述和采用暴力、威胁等非法方法收集的证人证言、被害人陈述,应当予以排除。收集物证、书证不符合法定程序,可能严重影响司法公正的,应当予以补正或者作出合理解释;不能补正或者作出合理解释的,对该证据应当予以排除。

另一方面,除了程序上的要求,法律对物证还有质量上的要求。最高人民法院《关于适用〈中华人民共和国刑事诉讼法〉的解释》(以下简称《刑事诉讼法司法解释》)第83条规定:"据以定案的物证应当是原物。……"这对保证证据的质量具有重要意义。《刑事诉讼法司法解释》第86条还规定:在勘验、检查、搜查过程中提取、扣押的物证、书证,未附笔录或者清单,不能证明物证、书证来源的,不得作为定案的根据。这是为了保证证据的确定性而规定的,遵守这一规定就能从法律上确保证据的真实性。

2. 收集证据必须深入细致

物证,作为案件中的重要证据,往往被隐藏或覆盖,难以被发现。这些物证可能甚至细小到肉眼难以发现,需要借助专业的工具和技术才能找到。况且即使有言词证据,证人也常因担心自己的安全或受到威胁而不愿意轻易透露。为了收集这些不易被发现的物证,需要调查人员耐心细致地搜索每一个角落,不放过任何蛛丝马迹,这样才能在大量的信息中找到有用的线索。

3.收集物证必须充分运用现代科学技术

为了解决传统方式无法取得许多物证的困境,我们需要将科学技术的最新成果运用到收集物证中来,采用现代科学手段发现和提取证据。在20世纪,DNA鉴定技术尚未普及,数据库也未建立,许多物证的收集成为一大难题。许多间谍和刑事犯罪嫌疑人常常采用窃听、密写、缩微拍照、远距离摄影等技术手段窃取国家机密或实施犯罪行为,也必须运用技术手段应对这些挑战。

二、物证的保全

为了防止物证被人为因素、自然因素或其他因素破坏,必须采取必要的手段与措施对物证加以保全。需要注意的是,物证保全在民事诉讼和刑事诉讼中具有完全不同的内涵:一方面,在民事诉讼中,在证据可能灭失或者以后难以取得的情况下,诉讼参加人可以申请证据保全,人民法院也可以主动采取保全措施;另一方面,在刑事诉讼中,物证保全则指的是物证的固定和保管问题。对收集的物证,必须及时固定和妥善保管。

物证保全有诉讼前保全和诉讼后保全之分。诉讼前保全一般向公证机关提出,诉讼后保全向人民法院提出。我国《民事诉讼法》规定,人民法院接到当事人物证保全的申请后,先进行审查,然后作出裁定。

三、物证运用程序设置

(一)物证运用的程序化及其价值

物证运用程序化,是指司法人员办案中收集使用物证证明案件事实的过程,从法律上加以顺序化、规格化,司法人员不得违背的法律制度。[1] 物证运用程序化是诉讼法治化的重要内容,也是实现惩罚犯罪和保护人权相统一之目的的重要保障。在此仅就其中的基本内容进行研究,总体来看,物证运用程序化的价值主要有以下几个方面。

1.合理配置查明案件真实与保障当事人人权之间的关系,使两者间的矛盾得到一定程度的协调和缓解。

2.使国家司法机器和诉讼参与人处于相对平等的地位,以法律规范司法程序,从而使诉讼进程平稳有序。

3.使物证运用活动不至于因人而异,通过统一步骤和方法,可以确保收集运用证据,查明案件活动的质量,最大限度地确保诉讼参与人的权利。

---

[1]《刑事诉讼法》第二编第二章详细规定了物证的运用程序。

4.使立法意志和公民权利意识、司法机关职权意识法律化、具体化,使法律要求具有可操作性,便于评价和鉴别,以实现司法公正目的。[1]

(二)物证运用程序设置

一般而言,法律法规会根据诉讼的进程,在诉讼法中对物证运用的程序加以规范,但是在实践中物证的运用非常复杂,法律规范往往不够具体,无法面面俱到,因此,需要司法机关的行政规章加以规定。但是行政规章也有其弊端,因其不对社会公开,权威性较低,一般来说不受重视,作用也就大大降低。因此,通过立法途径,将物证运用程序具体化、法律化、公开化就很有必要。应在清理内部规章的基础上,加以修改、补充和完善,并通过权力机关,形成法律,提高物证运用程序的层次,使之具有更高的权威性,司法机关和司法人员以及诉讼参与人均不得违反,并追究违反者的法律责任。其主要程序如下。

1.报案登记程序。公民检举、报案或提供线索一律要由专门部门的专门人员负责登记,在初步查明情况后,上报主管负责人批准立案调查或侦查。

2.现场勘查或勘验程序。对于一切有现场的案件应迅速及时地进行勘验检查。基层单位和公民对于一切犯罪现场,或某些民事行为现场应当及时保护好。

司法机关的司法人员在接到发案现场的通知后,必须在2小时内赶赴现场进行勘验,边远地区、交通十分不便的地方最多不得超过8小时,否则应追究有关人员的责任。进行现场勘验应有见证人在场。现场情况一律保密,在破案之前任何人泄密,都应当追究法律责任。

3.确定犯罪嫌疑对象,要在掌握一定证据之后,经集体讨论决定,在没有确定之前,对一切可疑对象,实行严格保密,不得泄露,在没有查清基本事实之前,不得接触犯罪嫌疑人。第一,讯问犯罪嫌疑人必须经过主管领导批准,否则应追究法律责任。第二,在案件事实全部查清之后,应作出破案终结(侦查终结)报告。对案件事实作出准确的结论,有相反证据时,应调查清楚,严格排除,无条件排除的,一律不能定案。

4.运用证据证明案件,必须根据证据证明标准,在达到证据证明标准后,才能由检察机关提起公诉,或作出不起诉决定。

5.作为定案根据的证据,应有相关的事实证明其真实可靠性,并通过控辩双方在法庭上的辩论和质证,达到基本认识一致,经过法官确认并当庭宣布,才能作为定案

---

[1] 参见宋世杰:《证据学新论——证据运用问题研究》,中国检察出版社2002年版,第57页。

根据。对有争议,无法在法庭上取得一致认识的,可以在休庭后,对其分歧之处进行调查研究,查明疑点后,在再次开庭时作出说明,确认其作为定案根据或否认其作为定案根据。

6. 设置开庭前的证据开示程序。鉴于我国目前刑事诉讼程序设置情况,为了克服庭审中有关证据运用方面的问题,有必要在开庭前设置证据开示程序,确保庭审的顺利进行。笔者认为,证据开示程序应当在开庭审判前 5 日进行,时间不宜过长。人民法院决定开庭日期后,在 5 日前通知控、辩双方进行证据开示。对于未开示的证据,除了例外情况,在庭审时不能再提出,即使提出亦属无效。证据开示由控方和辩方签订交换协议,各自提出在法庭出示的证据,允许双方复印,但在开庭前不允许交付任何第三方,或进行透露,否则追究法律责任。协议一式两份,双方各持一份。对获得的证据信息如有异议,可以进行调查核实。但不允许进行反侦查活动,或威胁、阻碍证人出庭作证,或伪造事实,改变证据内容等,如果出现上述情形,按法律规定从严惩处。

7. 经过法庭审理对个别无法肯定或否定,或者分歧很大的证据,或经法官确认仍有异议的证据,可由司法机关或当事人或律师申请复议,证据复议委员会应在 7 日内进行调查并作出裁决,需要重新鉴定的可以适当延长时间。[1]

延伸思考

1. 简述物证收集的概念、特征和途径。
2. 简述如何运用现代科学技术收集物证。
3. 简述物证运用的程序价值。

延伸阅读

1. 万毅:《关键词解读:非法实物证据排除规则的解释与适用》,载《四川大学学报(哲学社会科学版)》2014 年第 3 期。

2. 孙锐:《实物证据庭审质证规则研究——以美国鉴真规则的借鉴为视角》,载《安徽大学学报(哲学社会科学版)》2016 年第 4 期。

3. 余静、张云、庞松颖、王继芬:《红外光谱技术在物证鉴定中的应用》,载《光谱学与光谱分析》2016 年第 9 期。

---

[1] 参见宋世杰:《证据学新论——证据运用问题研究》,中国检察出版社 2002 年版,第 59~60 页。

第三节 手印的调查取证

一、现场手印概述

(一)手印的概念

手印,是指未戴手套或未裹物品的人手接触客体时,在客体表面留下接触面外表结构的反映形象痕迹。这种痕迹是犯罪现场中常见的物证之一,对于现场勘查来说意义非凡,通常可以直接指向犯罪嫌疑人或与案件有密切关系的人。现场手印是勘查人员运用专门的技术与方法,在犯罪现场中发现、提取的一切遗留手印的总称。这些手印包括作案人、与案件有关以及无关人员在现场上遗留的指印、指甲印以及掌印等反映形象痕迹,可以为侦查工作提供重要线索。

(二)手印的特点

1. 每个人的手都不同,甚至同一个人的双手也不同。构成手印的乳突线花纹结构具有特定性和不重复性,司法实践中从未发现有手印完全相同的两个人,一个人的手也不可能具有完全相同的手印。

2. 手印终身不变。现代医学证明,人终其一生手印都不会改变,从胎儿 6 个月时完全形成手纹至死后真皮乳头层腐烂,乳突线花纹的类型特征和纹线细节特征始终不变。

3. 手印是通过汗液在物体上留下痕迹的。人手的皮肤上经常分泌出一层薄薄的汗液,这决定了触物必然留痕。

(三)手印的作用及取证要求

手印在认定作案人人身、分析犯罪过程、确定作案人数和摸底排查、排查犯罪嫌疑人等方面都具有重要的作用。因此,勘查人员在进行现场手印取证工作时,必须非常细致和认真。

一方面,勘查人员需要根据犯罪行为动作的特点以及客体的形状、体积、表面光洁度等留痕条件分析、判断手印可能出现的区域。例如,如果犯罪行为涉及开锁或撬门,那么勘查人员就需要重点查找这些区域的手印。

另一方面,勘查人员需要针对作案人可能触碰的物体以及重点部位进行反复查找,包括门把手、窗户、抽屉、柜门等容易留下手印的部位。在查找手印时,勘查人员需要使用专业的工具和技术,如指纹刷、粉末刷、紫外线灯等,以便更准确地找到手印。

二、现场手印的发现

(一)现场手印勘验的重点部位

1. 来往现场的进出口。现场进出口,指作案人在案件实施过程中,进出现场的必由途径以及相关的部位和物品。作案人为了达到实施犯罪的目的,往往选择非正常的途径进入现场。因此,作案人势必需要通过破除障碍或者攀爬逾越进入现场,这样就会留下一定的手印痕迹。实际案例表明,作案人选择的破除程度、攀爬难度高低与现场进出口遗留下的手印概率成正比。

2. 现场的中心部位。犯罪现场的中心部位,又称犯罪行为中心处所。一般是犯罪实施核心内容所涉及的场所或者地点。作案人在现场中心部位实施犯罪活动时,已处于实质高潮阶段,很难完全控制自己所有的行为,各种现场中出现的主客观因素都会令作案人思维混乱、行为失控,从而在现场中心部位遗留下较多的手印痕迹。

3. 犯罪工具及其他遗留物。作案人在实施犯罪活动中,有时需要借助一定的工具对受害人施加暴力,对现场的特定物体进行破坏。虽然各类现场中发现犯罪工具的概率较低,但还是有部分作案人在实施完犯罪活动后,将就地取材的或者自备的犯罪工具遗留在现场或逃跑途中。

(二)现场手印的发现方法

手印的种类繁多,根据其形成方式和特点,大致可以分为立体手印、平面可见手印以及平面潜在手印。立体手印主要是在人手触碰可塑性较强的物体后形成的,平面可见手印则是人手沾染有色异物后而形成的手印。这些痕迹通常与承受体表面的颜色反差较为明显,因此,可以通过直接观察法在普通的光线下发现。还有一种平面潜在手印,它用肉眼无法直接发现。这种手印通常是由于手指或其他部位在接触物体表面时留下的微小汗液、油脂等物质形成的,必须利用一定的技术手段才能发现,一般可以使用以下几种发现方法。

1. 透射光观察法。透射光观察法,是指光线从物体的背面投射于物体,观察人从物体的正面,即留有手印的一面进行观察寻找手印的方法。该观察法,主要适用于玻璃、塑料、纸张等物体。利用物体透明的特性,在光线的照射下增强物体亮度以及现场手印与物体的反差,从而提高现场手印的发现率。

2. 反射光观察法。反射光观察法,是指利用自然光或人造光源发射出来的光线从正面照射物体,观察人员从正面进行观察的方法。[1] 该观察法,主要适用于电镀、油漆、搪瓷、塑料等透明物体或者表面光泽的不透明物体。反射光观察法主要包括两类,即垂直反射法和侧光反射法。

3. 哈气观察法。哈气观察法是对物体被显现部位用嘴哈气,使手印纹线上凝上一层水汽之后再进行观察的方法。[2] 该观察法,主要适用于表面有光泽而不吸潮的物体。利用手印纹线与承受客体表面对水蒸气吸附程度以及蒸发快慢的差异,使潜在手印显现出来。

三、现场手印的显现

调查物证的勘查人员在寻找现场手印时,根据手印加层物质以及所在承受客体物理化学属性的不同,使用的显现方法也不尽相同。不仅现场潜在手印的显现是发现手印的重要途径,妥善的显现方式也是后续固定和提取手印的基础。现场勘查中,常用的手印显现方法主要有以下几种。

(一)粉末显现法

粉末显现法是现场勘验中最常用的一种手印显现方法。选择与承受客体表面色差较大的金属或非金属粉末,利用手印纹线中含有的水分与脂肪黏合粉末的能力,将无色手印变成有色加层手印后显现出来。

1. 现场勘验中,常见的显现粉末一般有以下几种。

(1)铝粉:又可称作银粉,呈银灰色、附着力强、黏性大,适用于光滑物体表面上的潜在汗液手印显现,不宜于橡胶、人造革、塑料膜等黏性表面的物品。

(2)石墨粉:由铁、二氧化硅组成,呈黑色非金属粉末状,附着力中等,适用于光滑纸张上的手印显现。

(3)磁性粉:由铁、硒静电复印墨粉混合配置,也可以由铁、钴、镍配以其他粉末混合而成,有黑、红、白、黄等多种颜色。具有磁性,粉末细腻,附着力强,吸附性好,适用于所有无油的光滑表面。

(4)四氧化三铅粉:又可称作红铅粉、丹铅,呈亮红色粉末状,附着力强,受潮后易结团,适用于少量附油物品上的油质手印显现。

2. 操作方法。粉末显现法的操作工具主要有毛刷与磁性刷两类。毛刷分圆柱形刷和扁平形刷两种。磁性刷只能用于磁性粉末,不能用于其他粉末。常见的粉末显现方法有以下三种。

---

[1] 参见苑军辉主编:《犯罪现场勘查》,中国人民公安大学出版社2005年版,第182页。
[2] 参见苑军辉主编:《犯罪现场勘查》,中国人民公安大学出版社2005年版,第182~183页。

（1）刷粉法。毛刷蘸取适量粉末后,轻弹刷柄,使粉末均匀地散落于承受客体。随后用毛刷沿手印纹线的曲线轻柔刷显,将手印清晰地显现出来。刷粉法使用的毛刷和粉末必须干燥,刷子不得沾染其他油垢类污物。

（2）抖显法。抖显法的操作不需使用毛刷,适用于在纸张、薄膜等软质物体上显现手印。将选定的显现粉末直接倒于被显物体上,用手(戴有手套)拿起该物体后来回抖动,发现有手印显现后,再将物体上多余的粉末倒回瓶内。

（3）磁性刷法。利用磁性粉末进行刷显时,应当同时配备专用的磁性刷。将磁性刷头置于粉末中,利用磁性吸引大量的粉末。将刷头上的粉末轻轻地与被显物体接触,待有手印显出后,再将刷头上多余的粉末落回瓶中。

(二)熏显法

潜在手印的熏显法主要利用某些物质升华后形成的气、雾、烟等,与承受客体表面存在的潜在手印(主要是汗渍手印)进行结合的特性,对潜在手印进行熏染显现。现场勘查中,用途最广泛的熏显法主要有以下两种。

1. 碘熏显现法。碘属于非金属元素,系紫黑色结晶体,具有金属光泽,在常温或加热状态下易升华。碘熏显现法即利用碘汽化后形成的紫色蒸气附着于潜在手印上,从而对手印进行显现。较适合于显现白色或浅色纸张、复写纸、竹器、蜡纸等被显客体上的新鲜、陈旧潜在汗液手印。

2. 烟熏显现法。常见的烟熏物质主要有松香、樟脑、煤油等,利用这类物质燃烧产生的烟雾附着于潜在手印表面,可以对手印进行显现。较适合于玻璃、瓷器、光滑硬纸、金属制品等客体上遗留的新鲜手印。

(三)溶液显现法

潜在手印的溶液显现法,主要为化学显现,即利用某些化学试剂与潜在手印中的特定物质发生化学反应,生成一种有色物质后将潜在手印显出。现场勘查中最为常见的溶液显现法主要有以下两种。

1. 硝酸银显现法。硝酸银是一种无色透明的无机化合物,有毒,腐蚀性较强,溶于水,遇光能分解出黑色的银单质。硝酸银显现法主要利用潜在汗液手印中的氯化钠与溶液中的硝酸钠发生化学反应生成氯化银与硝酸钠。氯化银遇光分解出黑色的银单质,从而显现出手印。适合于白色或浅色纸张、本色木等承受客体上的潜在汗液手印。

2. 茚三酮显现法。茚三酮又称宁西特林,是一种白色粉末。有毒,易溶于水、乙醚、丙酮等溶剂中。茚三酮显现法主要利用茚三酮与潜在汗液手印中的 α – 氨基酸发生化学反应后生成一种紫色物质,从而显现出手印。此外,茚三酮还能加强潜血手印的显现,因为血液中存在大量的氨基酸,茚三酮等氨基酸显色试剂同样适用于潜血手印的显现。特别是对于渗透性客体表面的潜血手印,苯并茚三酮、5-甲氧茚三酮以及茚二酮等均可与血液中的氨基酸反应发生变色或产生荧光物质。[1]

四、现场手印的固定与提取

手印在进入刑事诉讼程序前需要经过多道工序,手印的固定和提取是其中至关重要的环节。现场手印的固定与提取是一项技术性强、要求高的工作,为了确保获取的手印具有证据价值,必须遵循法定的程序规范和技术标准,这不仅是保证证据真实性和完整性的必要条件,也是维护司法公正的重要一环。常用的现场手印固定与提取方法主要有以下几种。

(一)现场手印记录法

手印记录是现场勘验笔录中的一项重要组成部分,目的是客观记录现场中与手印有关的事实,以及勘查人员在现场中的勘查过程。利用记录的方式将现场手印进行固定,可以直观地展现出现场发现的手印数量、具体出现手印的部位、发现手印的种类、在现场上遗留的方向以及手印与犯罪行为的关系等内容。

(二)原物提取法

现场勘查中由于受到所在环境的限制,对某些载体上的手印无法当场提取,在此情况下可以直接提取手印所在的原物,随后在实验室或其他有提取环境的地点提取手印。实践中手印存在的载体可能也难以提取,比如体积较大、重量较重等,此时应当在不破坏可能留有指印部位的前提下,分离提取留有现场手印的部分载体。

(三)摄影法

摄影法是固定与提取现场手印的重要技术手段。使用摄影法固定、提取手印,不仅能反映出手印遗留在现场中的基本情况,还能确保手印的无损提取,尤其是在面对手印难以提取的情形时,摄影法可以较为完整、清晰地反映手印的特点。利用摄影法固定手印时,应当清晰、完整地将留有手印的物体、位置以及手印本身情况反映出来。(见图 3-1)

---

[1] 参见赵雅彬、宋丹、郭威:《潜血手印增强显现方法研究进展》,载《化学试剂》2016 年第 8 期。

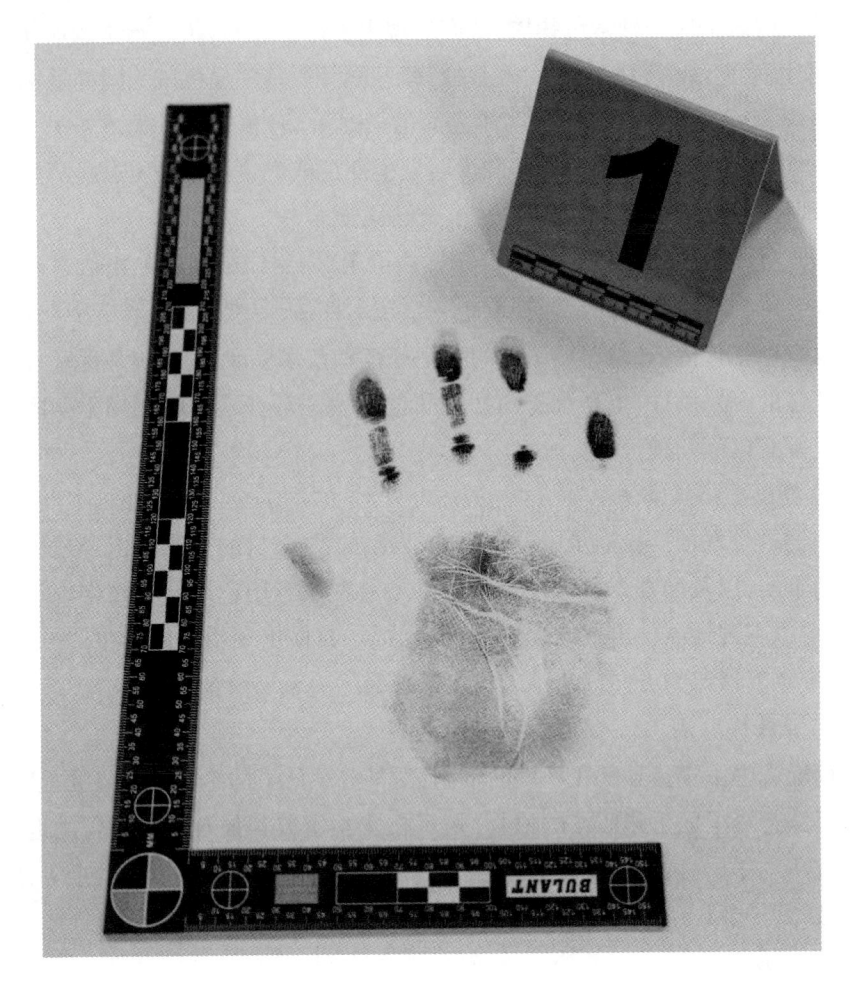

图 3-1 现场勘查中提取到的手印

(四)胶带粘取法

在现场无法提取原物时,可以用胶带粘取法固定和提取粉末显现手印。胶带粘取法的原理在于手印中的汗液中含有油脂、盐分和其他有机物,这些物质可以在特定的粉末作用下显现出手印的纹路。胶带粘取法的关键在于使用专用的透明胶带将这些显现出的手印纹路固定下来。这种胶带具有黏性强、透明度高、不易变形等特点,能够确保手印纹路的完整性和真实性。

(五)制模提取法

对于那些在现场无法直接提取原物的手印,制模提取法同样不失为一种有效的解决方案。这种方法主要用于固定和提取现场遗留的立体手印,尤其在处理复杂表面时表现出色。制模提取法常用的提取材料主要有硅胶、石膏粉等,这些材料具有良好的黏附性和稳定性,能够确保手印纹线的清晰度和准确性。

延伸思考

1. 简述现场手印的概念、特点和作用。
2. 简述勘验现场手印的主要地点。
3. 简述显现现场手印的方法。

延伸阅读

1. 陈艳、张春静、高东梅、杨帆、韩冬雪、牛利:《潜指纹显现方法研究进展》,载《应用化学》2011年第10期。
2. 仝潇、罗亚平:《茚三酮及其类似物显现汗潜手印的研究进展》,载《化学研究与应用》2018年第6期。
3. 李永、殷建平、祝恩、胡春风、陈晖:《多指纹识别比较研究》,载《计算机工程与科学》2008年第12期。

第四节 足迹的调查取证

一、现场足迹概述

(一)足迹的概念

足迹,是指人直立或者行走时,在自身重量以及肌肉收缩的作用下,赤足或者通过鞋、袜作用于地面等承受客体而形成的一种反映形象痕迹。足迹承载着人体生理和行为两种重要特征,足迹身份鉴别在刑事技术等领域发挥着重要作用,足迹生物特征识别与分析具有特定的应用优势,开展足迹生物特征识别的研究也具有重要意义。[1]

(二)足迹的分类

足迹有不同的分类方法,学界通常有以下三种分类方法。

---

[1] 参见高毅、穆治亚、张群兴、仲元昌:《基于人工智能的足迹识别与特征提取》,载《电讯技术》2020年第7期。

1. 按造型体分类，足迹可以分为赤足足迹、鞋印、袜印三种。根据赤足足迹、鞋印，可以对留痕人、留痕鞋进行同一认定。对于现场遗留的袜印，一般只能进行种属认定。

2. 按承受客体表面形态变化分类，足迹可以分为平面足迹、立体足迹两种。立体足迹多出现于可塑性较强的客体上，能够反映人足接触部位的三维结构形象。平面足迹只能反映出足底凸起部位的形象，具有二维的结构特征。

3. 按现场遗留的足迹是否具有连续性，足迹可以分为单个足迹、成趟足迹两种。现场发现的成趟足迹，可以反映出留痕人的行走动力特征。

(三) 足迹的作用

足迹的功能不亚于手印，足迹甚至更为常见，因此，在案件侦查中具有相当重要的作用。

1. 有助于分析案情。足迹的分布、方向、新旧程度都可以体现案情，通过方向，可以分析出犯罪人进入现场的路线，通过分布，可以判断犯罪中心场所，通过足迹的新旧程度，可以判断大致的作案时间，排除一些与案件无关的足迹。

2. 判断留痕人的个人特点。现场遗留的痕迹、物证中，足迹所反映的人足形态与人身关联性最为紧密，通过足迹的形态、数量、特征等，可以分析留痕人的身高、性别、年龄、体重以及行走习惯等特点。

3. 对在逃作案人员进行追踪。现场勘查中发现的作案人逃跑途中留下的足迹，可以为侦查人员追踪案犯提供重要的线索。

二、现场足迹的发现

现场中可能遗留有大量的足迹，其中有一些是犯罪嫌疑人留下的，但绝大部分是无关的人留下的。侦查人员需要在大量的无关脚印中，发现犯罪嫌疑人的足迹，并据此还原犯罪嫌疑人实施犯罪的路径。在侦查实践中，侦查人员通常从重点部位开始侦查，采用专门方法收集、提取足迹，如果重点部位的足迹较少，那就需要对犯罪现场进行地毯式搜查，全面、细致地搜寻现场中与犯罪活动有关的各类足迹。

(一) 现场足迹勘验的重点部位

不同的案件勘验足迹的重点部位并不相同，但大多数案件的重点部位都集中在案发现场，尤其是进入和离开案发现场的路径需要着重勘验。一般而言，现场足迹勘验的重点部位包括以下内容。

1. 现场进出口及来去路线。作案人常常会选择非正常的途径进入现场，这使现场的进出口地面、台阶不再是唯一的勘验重点。为了更全面地收集线索，还需要对窗台、墙面以及可能被用作攀爬的物体进行仔细搜寻。

2. 现场的中心部位。现场中心部位是作案人从事犯罪活动的具体实施地,如盗窃现场的目标物所在地,纵火现场的引燃物所在地,抢劫现场的搏斗、作案所在地,凶杀现场的陈尸所在地等。这些部位处在作案人频繁活动的必经区域,往往会遗留下作案人的足迹,需要重点进行勘验,从而发现有价值的现场足迹。

3. 作案人隐藏地点。作案人在伺机实施犯罪活动中,一般都会有特定的守候、躲藏地点。这些地点往往比较隐蔽,通常在案件实施后也不易被破坏。屋棚、墙角、地窖、树林、花坛、草垛、涵洞等阴暗隐蔽的地方均可以成为作案人隐藏的地点。这些地点只要具备留痕条件,经过勘查人员的细致搜寻,一般都能找到保留下来的现场足迹。

(二)现场足迹的发现方法

1. 配光观察法。现场遗留的立体足迹以及有色平面足迹可以借助光线,用肉眼直接进行观察。但是对于某些反差较小的足迹,如遗留在无色水泥路面上的平面灰尘足迹,不细致观察则无法发现。自然光条件下,通常采用逆光或者侧光,并不断调整观察的角度,借助放大镜俯身或者卧身进行观察与寻找。

2. 静电复印法。现场存在的潜在足迹,由于形成足迹的物质与承受客体反差较小,不易用肉眼观察,可以根据案件现场的实际情况,在重点勘查部位使用静电复印的方法,对现场遗留的平面粉尘足迹进行寻找和发现。

3. 化学显现法。利用专门的化学试剂进行显现,可以适用于与承痕客体色差较小的平面灰尘足迹、较为浅淡的潜血足迹以及潜在汗液足迹的寻找与发现。将盐酸与无水乙醇调配而成的溶液均匀地喷洒在待显客体表面,待干燥后,再将铁氰化钾(赤血盐)溶液喷洒在待显客体表面,利用溶液与灰尘中的铁元素反应,即可显现出蓝绿色的足迹。

三、现场足迹的识别

前文提到,现场的大量足迹中常常只有一小部分是犯罪嫌疑人留下的,大部分足迹是无关人员的,因此,需要侦查人员根据案件的其他证据、结合现场的环境和犯罪嫌疑人的其他特征,判断和甄别是否为犯罪嫌疑人的足迹。通常在现场勘查中,应当从以下几点进行识别和判断。

(一)分析现场足迹的分布情况与作案行为是否吻合

作案的行为会直接影响脚印的分布。例如,在翻窗入室的案件中,窗户上通常能发现脚尖向内的足迹;在盗窃案件中,被盗目标物或者在翻动物周围地面发现的足迹,可以初步判断是作案人遗留的;在凶杀案件中,尸体周围以及尸体下方的足迹多为作案人遗留,此外在掩埋尸体处周围发现的足迹也极有可能是作案人遗留。

(二)分析现场遗留足迹的特征与犯罪活动是否吻合

通过分析现场足迹,可以深入了解作案人的行走习惯特征,进而判断这些足迹是否为作案人遗留。作案人在犯罪过程中,基于心理状态的紧张,他们的行走习惯会受到影响,这使他们的足迹可能具有独一无二的特征。这种心理状态可以通过现场中遗留足迹的步态、步幅等特征反映出来。例如,作案人接近犯罪地点时,他们往往会尽量保持低调,避免引起他人的注意。因此,他们会蹑手蹑脚,步幅也相对较短。在实施完犯罪后,作案人会急于逃离现场。这时,他们的步幅会变长,而且由于内心的紧张和急迫,他们踩在地上的力度也会加大。

(三)判断现场足迹的新旧程度与案发时间是否吻合

识别现场遗留足迹的新旧程度,可以判断足迹形成时间与案件发生时间是否一致。如果现场勘查工作是在案发后的第一时间进行的,勘验中发现的足迹边缘与花纹较为清晰,则较有可能为作案人所留。反之,如果现场发现了已经干涸的陈旧足迹,则可以将其排除。足迹新旧程度的变化易受现场情况制约,现场环境的干湿程度以及天气状况等都会对足迹新旧程度的判断造成影响。

(四)分析现场足迹与其他痕迹、物证的相互关系

通过对现场足迹与其他痕迹、物证之间的相互关系进行分析判断,可以识别是否为作案人的足迹。比如,保险柜被撬破的盗窃现场,在留有手印或撬破工具痕迹的相应部位发现的足迹,可以判断是罪犯所留;罪犯逃跑途中散落的被盗物品旁边的足迹,也可以判断为罪犯的足迹。[1] 通过分析足迹附着物质的来源,我们可以确定这些足迹是否为作案人遗留,如果足迹中的附着物质并非来源于现场,如油漆、面粉、墨汁、煤灰等,那么这些足迹很有可能是作案人遗留的。

四、现场足迹的固定与提取

勘验现场足迹的过程中,发现和甄别只是准备工作,真正能够影响庭审结果的是固定和提取足迹的过程。随着我国刑事诉讼体系的不断完善,我国刑事诉讼对于足迹证据提取过程的科学性、法定性和真实性有了越来越高的要求,必须采用适当的方式予以固定及提取。通常现场足迹的固定与提取方法有以下几种。

(一)摄影法

摄影既可以对现场足迹进行固定和保全,也是一种提取现场足迹的方法。无论

---

[1] 参见徐立根主编:《物证技术学》(第2版),中国人民大学出版社1999年版,第228页。

何种足迹,都应先拍照固定,再采取其他方法予以提取,有些现场足迹只能使用摄影技术进行提取。现场足迹的摄影,主要采取比例拍摄或者比例直线连续拍摄的方法。拍照时一定要在足迹一侧水平放上比例尺,比例尺最好长于足迹,以便对照片足迹进行观察和测量,缩小误差;拍照时,相机镜头光轴与足迹平面应保持垂直,调配好光线,力争使足迹形态特征清晰完整地被拍下来。[1]（见图3-2）

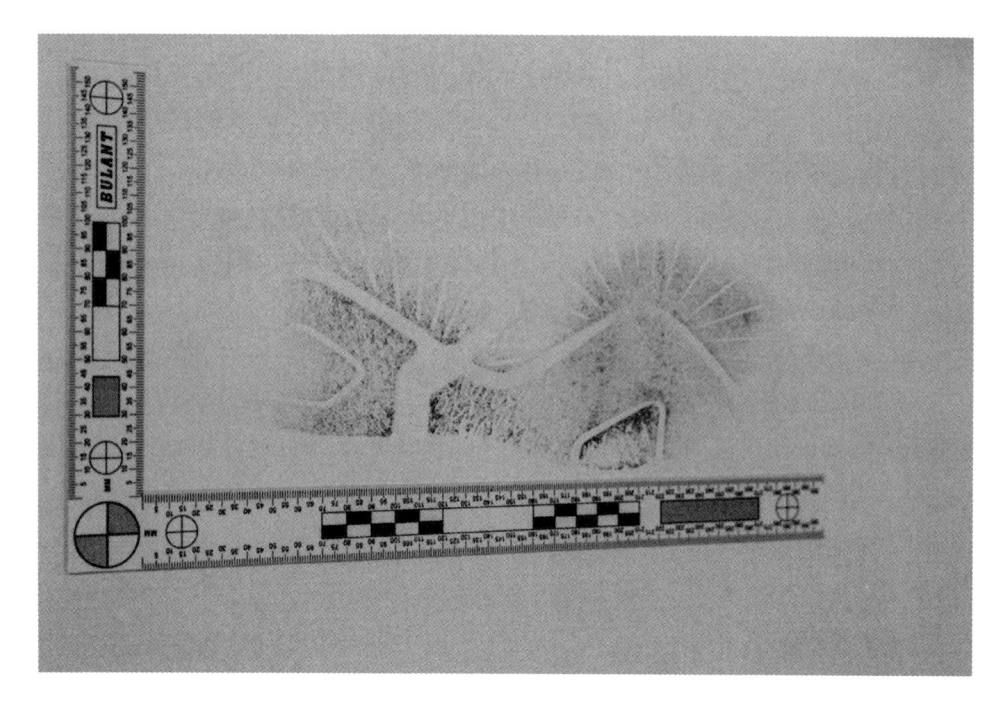

图3-2　现场勘查中提取到的脚印

(二)高压静电吸附法

高压静电吸附提取法的原理是利用高压静电作用将粉尘等绝缘物质进行激化,使其在场内产生运动,并将物质转移到吸附薄膜上,从而对平面灰尘足迹进行固定和提取。该技术方法使用的工具主要有高压静电吸附仪以及面积大于足迹的黑色塑料薄膜(聚氯乙烯)。该种方法主要用于提取砖石地面、水泥地面、木质地板、皮毛、纺织品等客体上的粉尘足迹。具体操作时,在遗留有足迹的承痕客体上覆盖一张面积大于足迹的塑料薄膜(黑色光面朝下),手持静电吸附仪在薄膜上单向滚动数次,待塑料薄膜与承痕客体吸附较为紧密后,移除电极,即可在薄膜上反映出现场遗留的粉

---

[1]　参见赵成文:《刑事相貌学侦查实用概述》,群众出版社2004年版,第209页。

尘足迹。

（三）制模提取法

现场的立体足迹经过摄影固定后，必须制作足迹模型进行提取。现场勘查中提取的足迹模型通常采用石膏粉液灌制而成。在具体操作时，应先在足迹周围用泥土或塑料薄片筑起2厘米至4厘米高的围墙，防止石膏液灌注时外溢。筑制围墙时应注意不得破坏足迹原有的形态，随后小心、细致地清理落入足迹中的树叶、沙石、土块等杂物，吸尽足迹中渗漏的雨水。清理完毕后，准备好充当"骨架"的竹筷或干树枝、调制石膏液的容器等。在调制石膏液时，将石膏与清水按照5∶3的比例进行调配，搅拌至石膏液成粥状。然后沿足迹较低处轻轻灌入石膏液，灌注至1/2厚度时，将准备好的"骨架"放入，再继续灌注石膏液直至填满整个足迹，与围墙齐平。灌模30分钟后，待石膏液凝固成型，即可从模型的一侧将其轻轻取出，用清水冲洗干净并晾干后，即可制成立体足迹的石膏模型。

（四）原物提取法

对于遗留在衣物、床单、被褥、纸张、桌椅等重量较轻、体积较小客体上的现场足迹，为了有效地保持足迹的原始状态，便于分析和检验，在条件允许的情况下，应当提取原物。在提取具体物品时，应当征得事主的同意，按照法定程序办理相关手续，载明提取物品的名称、数量、规格、价格等事项，用后应当及时归还。

📖 延伸思考

1. 简述现场足迹的概念、分类和作用。
2. 简述勘验现场足迹的重点部位。
3. 简述如何固定和提取现场足迹。

📖 延伸阅读

1. 高毅：《足迹鉴定结论在侦查过程中的证据价值分析》，载《中国司法鉴定》2009年第1期。
2. 董凯：《中美刑事错案中司法鉴定致错的比较研究》，载《政法论丛》2016年第5期。
3. 高毅、穆治亚、张群兴、仲元昌：《基于人工智能的足迹识别与特征提取》，载《电讯技术》2020年第7期。

第五节 工具痕迹的调查取证

一、工具痕迹概述

(一)工具痕迹的概念

工具痕迹,是指在外力的作用下,工具器物与承受物接触后,在承受客体上留下的形变或被破坏而形成的反映形象痕迹。在现场勘查过程中,通过分析工具痕迹的特征,尤其是形变的形状与程度,可以初步推断工具器械的种类、型号,分析作案人的习惯特征和职业特点,分析犯罪活动的过程,推测作案人的身高、体力,判断案件现场的真伪情况,在案件侦破中具有重要作用。

(二)工具痕迹的分类

工具痕迹由作案工具、被破坏客体以及作用力三大要素共同作用形成,其中作用力是工具痕迹形成的决定性要素,因此,作用力也成为分类的主要标准,以力的作用结果作为划分的依据,工具痕迹可以分为线形痕迹和凹陷痕迹两大类。

1. 线形痕迹。线形痕迹,是指作案工具与被破坏客体接触部位相对滑动后,在被破坏客体表面或断面上引起的线形变形。根据力的作用方式,线形痕迹可以进一步细分为擦划线形痕迹和剪切线形痕迹两种。

2. 凹陷痕迹。凹陷痕迹,是指作案工具与被破坏客体接触部位不变,在被破坏客体的接触部位发生塌陷而引起的凹陷变形。根据力的作用方式,凹陷痕迹亦可以进一步细分为撬压凹陷痕迹和打击凹陷痕迹两种。

(三)工具痕迹的作用

办案过程中,工具痕迹一般具有如下方面的作用。

1. 有助于分析作案方式和手段。作案人利用工具实施犯罪活动时,往往都具有特定的方式和手段。通过现场勘查推断痕迹形成的情况,可以为分析作案手段和案件性质提供依据。

2. 为分析作案人个人特征和职业特点提供依据。通过对工具痕迹的分析,可以推断使用工具者的动作是否熟练,是否具备专业知识。此外,某些特殊工具也在特殊职业中使用,从而可以分析作案人的个人特征及职业特点。

3. 有助于并案侦查。同一案犯在不同案件中常习惯采用同一种方法、手段作案,或使用同一工具作案,从而在多起案件中留下相同的工具痕迹。办案人员可以通过同样的作案手段、方式以及工具痕迹的同一性,将多起案件进行并案侦查。[1]

二、工具痕迹的发现

一般而言,刑事案件中都会有工具痕迹,无论是犯罪人在准备过程中留下的,还是在实施犯罪过程中在案发现场留下的,都属于侦查人员需要分析的工具痕迹。与一般的物证相比,工具痕迹更加稳定,不易消失,即使犯罪人事后破坏,也会留下一些痕迹,并且工具痕迹更易被发现。但是工具痕迹往往需要通过一定的技术手段,才能进行同一性认定。

(一) 工具痕迹勘验的重点部位

1. 作案人来往现场的进出口。在大多数案件中,犯罪人进入犯罪现场时需要通过一定的手段,往往是通过破坏障碍物进入现场。因此,犯罪人需要借助一定的工具,对门、窗、墙壁、管道等障碍物进行破坏。在进行现场勘查时,应当重点对这些部分进行搜寻,以便发现工具痕迹。

2. 现场中心部位及作案目标物。现场中心处所和作案目标物是发现工具痕迹的主要部位。现场中心部位的保险箱、立柜、抽屉等作案目标物,常被作案人用撬压、切割、拆卸等方式进行破坏,从而在承痕体相应接触部位留下工具痕迹,这些是勘查人员发现工具痕迹的重点部位。

3. 作案人遗留在现场的物品。作案人在实施犯罪活动的过程中,可能会将作案使用的一些物品遗留在现场,从这些遗留物中可能会发现工具痕迹。例如,在凶杀案件中,作案人用来捆绑被害人尸体的铁丝、绳索上往往留有剪切痕迹;野外凶杀现场中,作案人用来掩盖被害人尸体的树枝、杂草断面上往往留有砍削痕迹。

(二) 工具痕迹的发现方法

为了准确识别和解读这些痕迹,调查人员需要掌握正确的观察方法。需要利用自然光或其他人造光源,确保光线充足且均匀地照射在工具痕迹上,因为光线条件的好坏会直接影响观察的准确性和细节的呈现。

勘查人员在搜寻、发现工具痕迹的过程中,不仅要注意工具痕迹本身,还要关注工具痕迹周围;既要重视对待单一工具痕迹,又要将相关联的痕迹进行综合观察;既要重视损毁、破坏严重的部位,又不能忽视、遗漏破坏程度较小的部位;既要注意观察承痕客体的情况,又要关注地面上的相应情况。在寻找被破坏的设备、铁路、桥梁等

---

[1] 参见马忠红:《系列案件串并案后案情分析研究》,载《中国人民公安大学学报(社会科学版)》2013年第3期。

客体物时,应当根据这些设备的性能,有步骤地寻找工具痕迹,并邀请专家等有关人员参加,共同进行勘查。[1]

三、工具痕迹的识别

同足迹、手印一样,在案发现场通常会有大量与犯罪无关的工具痕迹,因此在保全工具痕迹之前,需要对现场的工具痕迹进行识别,剔除一些干扰性的工具痕迹。通过甄别犯罪活动形成的工具痕迹,可以分析工具与现场形成之间的关系,以此得到侦查的线索,有时还可以确定现场遗留的工具痕迹与犯罪事实之间的联系。工具痕迹的识别,主要应用于区分工具痕迹与非工具痕迹、作案遗留的工具痕迹与非作案遗留的工具痕迹两大类。

(一)识别现场遗留的痕迹是否由工具形成

在犯罪现场勘查中,侦查人员经常会发现一些看似由工具留下的痕迹。这些痕迹在外观上与工具所形成的痕迹非常相似,但实际上并非由工具所形成。非工具痕迹,通常是指并非由人在使用工具的过程中留下的痕迹。这些痕迹可能是其他原因,如自然因素、动物活动或人为破坏等造成的。在对现场遗留的痕迹进行识别时,应当重点注意以下方面。

1. 动物咬划痕迹。动物留下的痕迹主要是鼠、兔、狗、狼等动物的啃咬或者鸟类、猫、狗等动物的爪划在某些客体上留下的痕迹,这些痕迹类似于某些工具形成的刺切或者擦划痕迹。在进行识别时,应当从痕迹反映出的形态和痕迹所处的环境进行综合判断。动物咬痕断面切割不整齐,常带有凹坑或突尖,遗留的线形痕迹方向不一。而利用工具形成的剪切线形痕迹则完全相反,断面切割整齐,边缘平整,线形痕迹方向一致。

2. 自然因素形成的痕迹。自然因素形成的痕迹主要是由于自然气候环境或者物理、化学等因素的作用,引起客体变形后形成的痕迹。环境因素、物理变形、化学腐蚀等都会破坏客体的构件。某些客体由于自然因素而造成的损坏,有时会形成与工具痕迹较为相似的痕迹。勘查人员在识别这些痕迹时,应当了解现场环境中是否存在各类自然破坏因素,客体是否因金属自身疲劳而发生断离;案发时是否发生狂风、暴雨、雷击等;是否有腐蚀性液体、气体等溢出而造成客体变形。

(二)识别现场遗留的工具痕迹是否由犯罪活动形成

在分辨出现场的工具痕迹后,还需要进一步判断工具痕迹和犯罪行为之间的关

---

[1] 参见赵成文:《刑事相貌学侦查实用概述》,群众出版社2004年版,第218~219页。

联,并非所有工具痕迹都是由犯罪行为造成的。在识别现场遗留的工具痕迹是否由犯罪活动所形成时,应当从以下几个方面着手。

1. 观察痕迹新旧,排除无关痕迹。某些物品在生产、使用、维修中,在其表面也会遗留下一定的工具痕迹。如门窗、桌椅在修理的过程中,可能遗留下螺丝刀、木工锤、钢丝钳等工具痕迹。即便在案发时间较近的现场,作案人留下的工具痕迹与这些案前正常形成的工具痕迹在新旧程度、边缘轮廓清晰程度上也存在差异。同等条件下,案前形成的痕迹较旧,轮廓清晰程度差,痕迹上常有灰尘、污垢、锈垢,痕迹与其周围色泽大体一致;案中形成的痕迹较新,轮廓较清楚,痕底灰尘少,痕迹与周围色泽差别较明显。[1]

2. 观察痕迹遗留部位,判断是否与犯罪行为吻合。作案活动中的工具痕迹遗留部位,与犯罪行为联系紧密,痕迹出现的部位往往具有一定的规律性,多出现在现场的出入口以及被破坏的障碍物体表面。工具痕迹遗留部位是否与犯罪行为相吻合,是识别该痕迹是否为作案工具痕迹的重要依据之一。

3. 利用现场遗留痕迹,进行多方相互印证。将现场中发现的多处工具痕迹进行特征比对后,如发现这些痕迹系由同类工具或同一工具形成的,即可作为作案工具痕迹的有力依据。一般犯罪活动中形成的工具痕迹,往往会在多个客体表面形成同一种痕迹。而非犯罪活动中形成的正常工具痕迹,出现较为单一,往往只在某一特定部位反映出一种工具痕迹。

四、工具痕迹的固定与提取

现场勘查工作中,用以固定与提取工具痕迹的常用方法一般有以下几种。

(一)摄影法

在提取现场痕迹时,摄影法往往是必不可少的一种提取方法。利用摄影法提取工具痕迹时,应当选择适当的光线和拍摄角度,在工具痕迹旁放置比例尺,与痕迹处于同一水平面。拍摄时必须将工具痕迹所处的方向、位置,与其他客体之间的关系,痕迹特征等反映清楚。

(二)现场测绘法

由勘查人员运用制图学的技术和方法,对现场遗留的各种形态的工具痕迹进行测绘提取。现场测绘法可以直观地描绘出现场工具痕迹的分布、间隔、形态、面积、深浅等特征。

---

[1] 参见解云、张书杰、兰绍江、张春良主编:《中国刑事科学技术大全——痕迹检验》,中国人民公安大学出版社2004年版,第311页。

(三)原物提取法

提取原物能够最大限度保全和反映现场工具痕迹的所有细节特征。因此,对于体积较小、重量较轻的客体以及能够拆卸、分割实物的客体上存在的工具痕迹,应当尽量采用提取实物的方法。提取实物时应当遵守法定程序,征得事主同意,使用完毕后应当及时归还。保存实物时应当采取必要的保护措施,防止人为或自然因素对附有工具痕迹的实物造成损坏。(见图3-3)

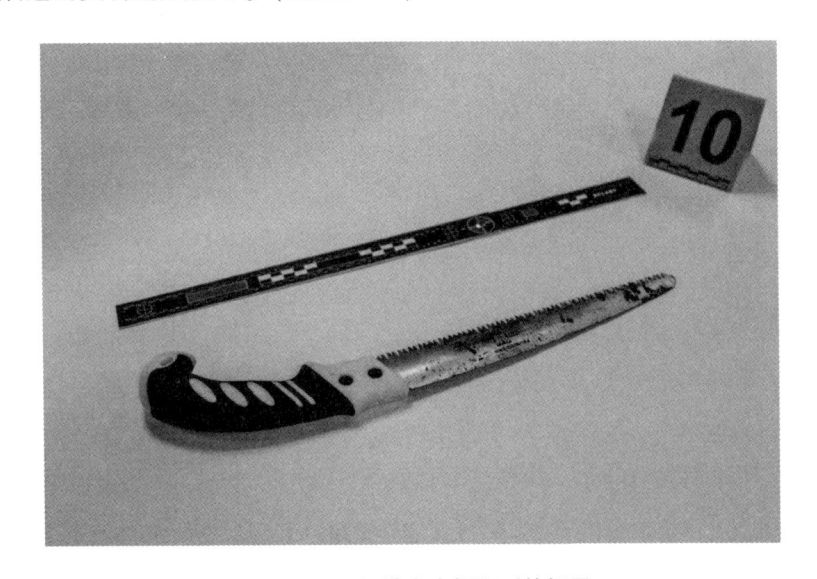

图3-3　现场勘查中提取到的锯子

(四)制模提取法

对于不能提取原物的工具痕迹,应当根据痕迹的类型、面积以及深浅程度等,使用不同的制模材料进行提取。根据常用的制模材料进行分类,制模提取法可以细分为以下几种。

1.硬塑料制模法。硬塑料是一种牙科用制模材料,又称打样膏,具有稳定性能较好、塑形能力较强的特点,适合于提取印痕较深、面积较大的工具痕迹。具体操作时,取适量硬塑料浸泡于热水中,待其软化后取出。制模前先在工具痕迹表面涂抹一层甘油,再将硬塑料直接按入工具痕迹内并压实,冷却定型后即可取出成型。

2.软塑料制模法。软塑料俗称橡皮泥,较适合于提取表面光滑且深度较浅的工具痕迹,但软塑料易于变形,需妥善保存。具体操作时,先在工具痕迹表面涂抹一层甘油,然后将软塑料揉搓成团后在光滑物体上压平,再将其按压在工具痕迹上,待软塑料与工具痕迹完全接触后,将其垂直取出即可成型。

3. 硅橡胶制模法。硅橡胶呈白色黏稠状,是一种含硅元素的有机化合物,具有弹性较好、塑型细腻、不易断裂及破碎等特点,适合于各类不同面积、不同深度的工具痕迹提取,是一种应用较为广泛的制模材料。具体操作时,可以在玻璃板上放置适量的硅橡胶,再滴入少量正硅酸乙酯和月桂酸二丁基锡,用小刀调拌均匀后,轻轻注入待提取的工具痕迹内,待硅橡胶干涸后,即可将模型取出。

4. 醋酸纤维素薄膜提取法。醋酸纤维素薄膜俗称 AC 纸,具有渗透性能较好、透明度较高的特征,适合于提取金属表面的线性工具痕迹。具体操作时,取一块面积稍大于工具痕迹的 AC 纸置于丙酮溶液中浸泡,待其软化后,取出贴于痕迹表层。用手按压,防止 AC 纸与痕迹中间留有空隙。随后在其表面再覆盖一张 AC 纸,压紧使两张 AC 纸黏合在一起。待 AC 纸干透后取下,痕迹表面的线性工具痕迹特征即可在 AC 纸上展现出来。

延伸思考

1. 简述现场工具痕迹的概念、分类和作用。
2. 简述工具痕迹的识别方法。
3. 简述如何固定与提取工具痕迹。

延伸阅读

1. 郑筱春:《痕迹鉴定结论的性质和证明价值》,载《中国刑事法杂志》2007 年第 1 期。
2. 严圣东、高树辉、唐云祁、王凯旋:《基于卷积神经网络的钳剪工具痕迹识别》,载《科学技术与工程》2019 年第 31 期。
3. 赵成文:《刑事相貌学侦查实用概述》,群众出版社 2004 年版。

本章小结

本章介绍了物证的证据调查制度和实践中比较重要的物证的发现、勘验、提取和固定方法。物证凭借其稳定性、客观性和科学性,在刑事诉讼的证据体系中具有重要地位,侦查机关常常会根据物证发现侦查线索和其他犯罪证据,审判机关常常会根据物证认定案件事实。常见的物证有手印、足迹和工具痕迹,三者各有其特征和固定提取的方法,但总体来看,发现物证的重点部位、提取和收集物证的原则是类似的,如都需要及时、主动收集,需要依靠群众和注意保密等。随着现代科学技术的发展,物证的保全措施越来越完善,但应当注意,在提取过程中仍不可避免地对物证造成一定损耗。另外,在发现犯罪现场后,一定要注意及时保护物证,避免自然因素或人为因素对物证造成破坏。

第四章 书证的调查研究

本章重点内容

书证的特征,最佳证据规则,书证的保全,书证调查的方式、内容。

本章思维导图

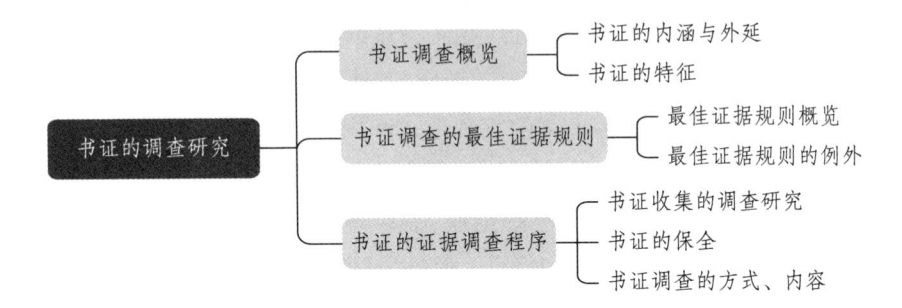

书证的调查研究
- 书证调查概览
  - 书证的内涵与外延
  - 书证的特征
- 书证调查的最佳证据规则
  - 最佳证据规则概览
  - 最佳证据规则的例外
- 书证的证据调查程序
  - 书证收集的调查研究
  - 书证的保全
  - 书证调查的方式、内容

在社会交往中,空口无凭,只有文字记录才能作为依据。这句话让我们在达成协议时能够感受到对方的诚意和诚信,也让我们在交易中更加安心。签字画押,既是我们承诺之后给对方的一份保障,也是我们对自己承诺的坚守。我国历来有重视文书和印章的传统,因为它们是我们治理庞大国家、发展文明社会的重要工具。高度发达的文书、印章体制,甚至还催生了高度艺术化的文明之花。

第一节 书证调查概览

书证有广义和狭义之分,广义的书证,是指一切书面性的证据,不仅包括狭义上的书证,还包括其他诸如调查笔录、口供笔录、书面证言、勘验报告等。狭义的书证,是指以文字、符号、图形等所记载的内容或表达的思想证明案件事实的文件和其他物品。我国法律和本章节都采用狭义书证的概念。

一、书证的内涵与外延

书证,是指以文字、符号、图形等所记载的内容或表达的思想证明案件事实的文件和其他物品。书证必须符合以下条件:首先,书证必须以书面文件或其他物品为载体;其次,书证应当是以文字、符号、图形等作为表达方式;最后,书证记载和表达的思想内容或意思表示应当与案件有关,并以此证明案件事实。前两点是书证赖以形成的基础,最后一点是书证的内部规定性。[1] 与以上三个要素相联系,书证有以下两个方面的特点。

书证,这一重要的法定证据种类,展现出多样的物质载体、制作方式和表现形式。从古至今,书证在各个领域中都具有广泛的应用,不仅在日常生活中,还在司法、商业、教育等各个领域中发挥着重要的作用。从物质载体的视角出发,人类关于书写载体的运用在不同时期是不一样的,因此,并非写在纸上的东西才符合书证的特征,[2] 它还可以是地面、布匹、竹简、木材、石头、金属、其他器物等各种各样的物质。这些不同材质的载体使书证有了更为丰富的表现形式和内容,同时也反映了人类在不同时期对于书写载体的理解和运用能力。从制作方式的视角出发,书证的生成方式同样丰富多样。从手写、打字、印刷到记录、绘制、临摹、剪拼、雕刻、涂抹等,这些不同的制作方式使书证具有了独特的个性和特点。此外,书证的制作工具也是多种多样的,包括笔、刀、棍、手指等各种可以用来书写或制作文字、图案或符号的工具。从表现形式的视角出发,书证同样具有丰富的表意形式。它既可以是文字、图形,也可以是符号等。无论是简单的文字记录还是复杂的图表绘制,只要是能够表达一定意思的形式,都可以被视为书证的一种表现形式。总的来说,书证的多样性和丰富性使它在案件调查和解决中成为一种非常重要的证据形式。无论是个人还是团体,无论是民事案件还是刑事案件,书证都以其独特的价值和作用成为解决争议和问题的重要依据。

书证的核心特征在于表意性,应当能够被人理解且具有相关性。首先,具有书证形式的证据材料应旨在表达一定的意思。如果某一证据材料虽然具有与其他书证类似的形式和特征,但是并不表意,就不能成为书证。其次,书证的表意应能被人理解。

---

[1] 参见陈一云主编:《证据学》(第2版),中国人民大学出版社2000年版,第287页。
[2] 参见[英]理查德·梅:《刑事证据》,王丽、李贵芳等译,法律出版社2007年版,第3~4页。

学者们指出,作为证据使用的书证"所记载和表达的思想内容,应按照通常标准为人们所认识和理解"[1]。一般而言,人的思想需要经过言词、神情或书写等方式予以表达,未经表达之前,是不会被其他人知晓的;同样地,试图表达思想的人虽以一定的方式表达了,但若其他人并不理解其真实意思,则该表意也不具有任何价值。最后,书证的表意应当与案件事实有相关性。若人们在实施某种行为时,用书面记载的方式将自己的行为保留起来,这只是书面材料;但是这些书面材料并不必然成为书证,只有在诉讼发生时,这些书面材料与诉讼所要证明的事实存在一定关联时,才有可能成为证据。

二、书证的特征

除具有一般证据所必须具备的客观性、关联性和合法性之外,书证还具有以下特征。

(一) 书证具有事先性和静态性

书证与其他书面材料相似,都可以通过内容或思想证明案件事实,但书证通常不是在诉讼过程中制作的,而是在诉讼开始之前或与诉讼完全无关的情况下制作的。证言笔录、当事人陈述笔录、口供笔录等是在诉讼过程中,人们对案件事实感受后向司法人员陈述的客观记录。因此,书证与其他书面材料的制作目的和使用方式存在明显差异,具有事先性和静态性。书证与视听资料都是通过内容或思想证明案情,但视听资料的内容是动态的,书证则是静态的,是人们通过对直接来源于案件事实的文字、图形或符号的认读体会出来的。[2]

(二) 书证具有较强的稳定性和客观性

书证的载体在物理属性上也具有稳定性,如书证一般记载于纸张、金属、木材、石头、布匹、塑料等,文字、图形或符号一经记载,其所表达的意思就会以一种相对稳定状态固化在物质载体之上,因此,书证的证明力也就具有了持久性和稳定性的特征。由于书证把一定的思想内容固定下来了,所以无论它存在的时间长短,只要没有污损,都能反映出某种事实。

书证的稳定性不仅体现在其物理属性上,更体现在其法律效力和证明力上。书证在法律文书中的效力较高,一般被视为原始证据,具有较强的证明力。因为书证是以文字、图形或符号等形式表达思想内容,并将其固定在物质载体之上,这种固定方式使书证的证明力具有了稳定性和持久性。证人证言等言词证据存在易变性。证人

---

[1] 何家弘主编:《新编证据法学》,法律出版社 2000 年版,第 200 页。
[2] 参见孙维萍主编:《证据法学》,上海交通大学出版社 2009 年版,第 120 页。

可能会因时间的推移而遗忘有关事实,或者因个人情感、偏见等因素影响证言的真实性。此外,证人还可能存在死亡或其他无法提供证言的情况。因此,在司法实践中,书证往往被视为更为稳定的证据形式之一。

(三) 书证量大种类多易取证

随着印刷技术的发展,再加上书证本身就是一种非常优良的表意方式,这完全契合了以意思表示为要素的民商事法律行为的需要,尤其是近代商业社会,无论是各行各业,还是各种组织机构,对文书的依赖性都越来越高,可以说,"空口无凭、立字为据"的原则在现代社会得到了极大的拓展和深化。在民商事法律行为中,书证的地位和作用显得越来越重要。书证的优点在于其具有明确、清晰、完整、连贯的特点,能够准确地表达案件事实,而且易于保存和传递。在商业社会中,书证更是不可或缺的一种证据形式。比如在合同纠纷中,合同文本就是最直接的书证,能够清晰地反映双方当事人的权利和义务,以及合同履行的情况。此外,在知识产权案件中,专利证书、商标注册证书等也是非常重要的书证,能够证明知识产权的归属和使用情况。由此,一旦发生诉讼纠纷,大量书证就会进入诉讼证明的具体环节之中。[1]

延伸思考

1. 简述最佳证据规则存在的理由。
2. 简述最佳证据规则的概念和例外。
3. 简述英美法系和大陆法系中最佳证据规则的异同。

延伸阅读

1. 曹志勋:《对当事人鉴定申请的司法审查——兼论书证真伪鉴定的特殊性》,载《法学》2020年第12期。
2. 张卫平:《当事人文书提出义务的制度建构》,载《法学家》2017年第3期。
3. 邱爱民:《实物证据鉴真制度研究》,知识产权出版社2012年版。

---

[1] 参见孙维萍主编:《证据法学》,上海交通大学出版社2009年版,第121页。

第二节 书证调查的最佳证据规则

与书证调查联系最为紧密的一项证据规则就是最佳证据规则,又称原始证据优先规则,是指在书证取证过程中,尽可能提取原件并出示书证的原始证据形态。[1] 在论及证据审查判断的相关规则和制度时,往往将书证运用与最佳证据规则合并在一起加以讨论。

一、最佳证据规则概览

(一)最佳证据规则的概念

最佳证据,又称基本证据或原始证据,指最为可靠、与需要证明的事实有最直接联系的证据。最佳证据规则又称原始书证规则,指在需要证明书面文件、录音录像、照片等的内容时,除非有法定的例外情况,当事人应当出示该文件本身或原件作为证据。最佳证据规则在我国诉讼法中有明确规定,《民事诉讼法》要求"书证应当提交原件";最高人民法院《关于行政诉讼证据若干问题的规定》中规定,提供书证应当提供原件。"原件"是指文书或记录的本身,或其制作人或签发人有意使它与原件具有相同效果的任何对应物。照片的原件包括底片或其他所冲印出来的任何照片。对于存储在电脑或相似设备中的数据信息,任何印出物或其他可以视觉阅读的输出物,如果显示正确地反映了这些数据信息,那么它们也是原件。[2]

最佳证据规则不仅是英美普通法传统上的证据规则之一,大陆法系各国也有类似规定,如书证原本优于副本或复制件。建立最佳证据规则,可以防止对事实的歪曲、当事人的欺诈,以及可能产生的误导。[3] 在原始书证还存在但未提交的情况下,若允许证人出庭就文件内容作证,或者允许出示其他形式的第二手证据,就可能因证人记忆不准确或者文件因为欺诈目的被修改等而无法查明事实真相。[4]

最佳证据规则是一种规定原始文字材料具有优先权的原则,其合理性在于原

---

[1] 参见邱爱民:《实物证据鉴真制度研究》,知识产权出版社2012年版,第329页。

[2] 参见郭华、王进喜主编:《〈办理死刑案件证据规定〉与〈非法证据排除规定〉的释义和适用》,中国人民公安大学出版社2010年版,第40~43页;张军主编:《刑事证据规则理解与适用》,法律出版社2010年版,第100~103页。

[3] 参见[美]史蒂文·L.伊曼纽尔:《证据法》(第4版),中信出版社2003年版,第474页。

[4] 参见高忠智:《美国证据法新解:相关性证据及其排除规则》,法律出版社2004年版,第221页。

始证据相对于传来证据具有独特的特点和优势。它直接来源于案件事实，未经复制或转述，与案件事实有直接联系，是过去事实的直接产物。社会常识和司法实践清楚地表明，证据传递或转手的次数越多，其真实性和准确性就越低；中间环节越多，就越有可能被有意或无意地篡改、歪曲或误解。就证据鉴真制度而言，遵循最佳证据规则、出示书证原件，一方面，提供了最直接、最原始的鉴真客体，另一方面，出示原件本身就是一种有效的鉴真方法。这种自我鉴真的方式彰显了客体的存在性，同时也展示了方法的自足性。因此，最佳证据规则的实行是"不证自明"的体现。

（二）最佳证据规则的适用

传统意义上的最佳证据规则只适用于文书证据，强调必须出示原件。书面文件包括手写、打字、印刷、影印等方式固定的字母、文字、数字或其他具有相似功能的符号等。此外，计算机打印物、计算机磁盘，以及带有标志文字的动产如路标和商品标签也属于书面文件。

在英美法系的某些场景中，既要求出示原件，也允许出示复本和拟制原件。其中提到的拟制原件也是一种有效的证据形式。拟制原件是指通过技术手段，将原件的内容进行复制、编辑、整理后，形成的电子版本或纸质版本的文件。在某些情况下，如果原件已经遗失或者损坏，或者原件的复制件已经无法满足法庭的要求，那么拟制原件可以被视为有效的证据。需要注意的是，无论是原件、复本还是拟制原件，都必须是可靠、准确的复制件，必须能够真实地反映原始文件的内容和信息。在法庭上，如果一个复制件被视为不可靠或不准确，那么它就不能被采纳为证据。因此，在进行证据收集和整理时，必须特别注意确保复制件的可信度和准确性。美国《联邦证据规则》规定，除非原件的真实性已引起怀疑，或者在特定情形下，不允许复本代替原件，否则复本与原件具有相同的可采性。这就把最佳证据规则的适用范围扩至了文书证据的"复本"。复本是指以原件的同一版本、以相同的模体、以照相的方式包括放大或缩小，以机械或电子重录的方式、以化学复制的方式或以精确地再制原件的其他相同技术所制作的对应物。

在诉讼中，最佳证据规则一般适用于以下两种情况：第一，文件本身就是需要被证明的事实。例如，在淫秽物品犯罪的指控中，影片的内容作为案件的要件是必须证明的事项，需要出示原件。第二，当事人选择使用书面文件作为证据证明事实的存在等。例如，被告人张三涉嫌杀害李四被起诉。办案警察王五曾在张三的衣服口袋里发现一张能证明犯罪动机的纸，纸条即可作为书证，而不必传刑事警察出庭作证该纸条的内容。[1]

二、最佳证据规则的例外

最佳证据规则的例外情形有：第一，允许使用文件的副本。经复核与原件无异的文件副本与原件可以作为证据被同等程度地采纳。文件副本包括：通过使用制作原件的模板或者字模制作的对应品；通过摄影技术拍摄的对应品，包括放大或者缩小；通过机械或者电子手段翻录的对应品；化学复制品；以其他同类技术对原件进行准确复制而得到的对应品。[2]

第二，法律规则明确规定不适用最佳证据规则的情形。美国《联邦证据规则》和司法判例明确规定下列7种情形不适用最佳证据规则：独立于书面文件的文件；证明某一事项并不存在于某一书面文件中；证明文件本身存在或者证明文件日期等；当文件为涉及争讼事实的附属文件时；公共记录；文件摘要；当事人的证言或书面自认。

除了以上提到的7种情形，还有一些其他情况也可能导致最佳证据规则不适用。例如，当文件是由第三方创建或控制时，或者当文件存在伪造或篡改的可能性时，最佳证据规则可能不适用。此外，如果文件是用于非诉讼目的，如用于内部管理或行政程序，那么也可能不需要适用最佳证据规则。另外，在某些特定领域，如医疗、房地产和知识产权等领域，可能会有专门的法规和行业标准规范文件的证据效力。这些领域内的法规和标准可能会对最佳证据规则的适用产生影响。

第三，特殊情况下传来证据的采纳。在以下几种情况下可以采纳原件之外的其他复制件：一是原件已丢失或毁损。所有原件都已丢失或已遭毁损；但是提出者恶意丢失或毁损的，不在此限。二是原件无法得到。用尽任何可以利用的司法程序或途径，仍不能得到原件。三是原件为对方占有，原件在反对将其提出的当事人控制之下时，声明该证据的当事人在诉讼程序或其他程序中，已向该方当事人提出通知，而该方当事人未向法庭提交。提交传来证据以代替原始文书，应当符合下列前提：该原始文件确实曾经存在；第二手证据是真实的原件复制件或者准确地描述了原件的内容；提出第二手证据的原因具有正当性或合法理由。[3]

---

[1] 参见邱爱民：《实物证据鉴真制度研究》，知识产权出版社2012年版，第331~332页。
[2] 参见高忠智：《美国证据法新解：相关性证据及其排除规则》，法律出版社2004年版，第224、230页。
[3] 参见邱爱民：《实物证据鉴真制度研究》，知识产权出版社2012年版，第333~334页。

📚 延伸思考

1. 简述最佳证据规则存在的理由。
2. 简述最佳证据规则的概念和例外。

📚 延伸阅读

1. 曹志勋:《对当事人鉴定申请的司法审查——兼论书证真伪鉴定的特殊性》,载《法学》2020年第12期。
2. 张卫平:《当事人文书提出义务的制度建构》,载《法学家》2017年第3期。
3. 邱爱民:《实物证据鉴真制度研究》,知识产权出版社2012年版。

第三节 书证的证据调查程序

在学理上,书证和物证均隶属于实物证据的范畴。书证的收集、保全不仅适用于证据收集、保全的一般性原则,而且还与物证的收集、保全在很多方面具有一致性。我国刑事诉讼法中关于法定证据种类的规定直接将书证和物证列举在一起,而关于书证、物证的收集和保全也在一定程度上等同视之。

一、书证收集的调查研究

书证的收集主体主要包括监察机关、公安机关、人民检察院、人民法院、诉讼当事人及其辅佐人。在具体收集措施方面,还包括除检查之外的所有物证收集措施,如勘验、搜查、扣押、调取、提供等。在一般要求方面,应遵循客观全面、高效及时、程序合法等原则。当然,由于监察法和三大诉讼法在调整的法律关系、准用的诉讼原则方面不尽相同,当事人之间的证明责任存有差异,以及各种诉讼参加人的功能角色有所区别,书证的收集也存在一定的差别。

(一)监察调查和刑事诉讼中书证的收集

关于书证收集的主体,适用监察法和刑事诉讼法中证据收集主体的一般原理。

第一,原则上由司法机关负责犯罪事实的证据(包括书证)收集,其他机关、团体、企事业单位和公民有提供证据(包括书证)的义务。如《刑事诉讼法》第52条规定:"审判人员、检察人员、侦查人员必须依照法定程序,收集能够证实犯罪嫌疑人、被告人有罪或者无罪、犯罪情节轻重的各种证据。严禁刑讯逼供和以威胁、引诱、欺骗以及其他非法的方法收集证据……"第54条第1款规定:"人民法院、人民检察院和公安机关有权向有关单位和个人收集、调取证据。有关单位和个人应当如实提供证据。"第137条规定:"任何单位和个人,有义务按照人民检察院和公安机关的要求,交出可以证明犯罪嫌疑人有罪或者无罪的物证、书证、视听资料等证据。"

第二,认可当事人、辩护律师及其他诉讼代理人的证据(包括书证)收集权利。《刑事诉讼法》第43条规定,辩护律师经证人或者其他有关单位和个人同意,可以向他们收集与本案有关的材料,也可以申请人民检察院、人民法院收集、调取证据,或者申请人民法院通知证人出庭作证。辩护律师经人民检察院或者人民法院许可,并且经被害人或者其近亲属、被害人提供的证人同意,可以向他们收集与本案有关的材料。除此之外,还规定了被害人、自诉人或者附带民事诉讼当事人委托的诉讼代理人的收集证据的权利。

第三,在刑事自诉案件中,根据诉讼中的证明责任原理,证明被告人有罪的书证原则上应当由自诉案件的原告及其辅佐人负责提供,必要时,公安机关和司法机关也可以收集。[1] 在刑事自诉案件中,证明被告人有罪的责任通常由原告承担。这是因为自诉案件的被告人通常是直接受到指控的人,其自身没有提供证据证明自己无罪或罪轻的可能性。然而,这并不意味着所有书证都必须由原告提供。在一些情况下,公安机关和司法机关也可以收集证据以支持自诉案件的指控。例如,当涉及犯罪现场勘验、检查、搜查等事项时,这些证据可能被发现并保存于公安机关和司法机关的档案中。在这种情况下,这些机关可以向自诉案件的当事人提供相关证据,以帮助他们完成诉讼程序。此外,为了确保公正审判和保障被告人的权利,法律也规定了某些情形下被告人应当自行收集证据的原则。例如,在涉及未成年人的犯罪案件中,法律规定未成年人有权获得自己的辩护律师的帮助,并且他们也有权在法庭上提出自己的证据。因此,即使在刑事自诉案件中,证明被告人有罪的书证原则上也应当由原告及其辅佐人负责提供,但在其他特殊情况下,可能需要公安机关和司法机关协助收集证据并提供给当事人。

除此之外,刑事诉讼法及相关司法解释还对书证的收集措施和程序要件作出了规定。公安机关、人民检察院、人民法院向有关单位收集、调取的书面证据,必须由提供人署名并加盖单位印章;人民法院向个人收集、调取的书面证据,必须由本人确认无误后签名或者盖章。公安机关、人民检察院进行搜查,必须向被搜查人出示搜查

---

[1] 参见孙维萍主编:《证据法学》,上海交通大学出版社2009年版,第130~131页。

证。在勘验、搜查中发现的可用以证明犯罪嫌疑人有罪或者无罪的各种文件，应当扣押；但与案件无关的文件，不得扣押。持有人拒绝交出应当扣押的文件、资料和其他物品的，可以强制扣押。对于扣押的文件，应当会同在场见证人和被扣押文件的持有人进行清点，并当场开具扣押物品、文件清单一式三份，写明文件名称、编号、规格、数量、重量、质量、特征及其来源，由侦查人员、见证人和持有人签名或者盖章后，分别交持有人和侦查机关的保管人员，另一份附卷备查。侦查人员认为需要扣押犯罪嫌疑人的邮件、电报的时候，经公安机关或者人民检察院批准，可以通知有关机关单位将有关的邮件、电报移交扣押。对不需要继续扣押的或者查明确定与案件无关的文件、电报、邮件等，应当解除扣押，并退还原主或者原邮电机关。

在刑事诉讼中，书证的收集和调取应以原件为原则。若取得原件有困难或者保密工作需要，可以是副本或者复制件。如果收集和调取的书证是副本或复制件，应当附有不能调取原件的原因、制作过程和原件存放处的说明，并由制作人和原书证持有人签名或者盖章。这样做是为了保证副本或复制件的真实性和可信度。在收集和调取书证的过程中，必须采取措施保护原始证据不受损坏或者丢失。如果原件是电子数据形式，应当采取必要的措施保护电子数据的安全性和完整性。

(二)民事诉讼中书证的收集

在民事诉讼活动中，书证的收集具有非常重要和独特的地位。一方面，由于现代民事法律关系基本上都是以书面材料为载体的，因此，书证的收集可以为当事人举证提供保障，为当事人履行证明责任创造前提。这一点与收集其他证据的作用基本相同。另一方面，在民事诉讼过程中，由于能够查明案件事实的书证往往不在举证人手中，这使书证的收集与"谁主张，谁举证"的证明责任分配原则形成冲突。正基于此，在民事诉讼中，书证的收集与其他证据的收集就存在一定差别，它主要不是调整当事人整理和提出自己控制的有利于自己的书证，而主要是规定在书证为对方当事人或案外第三人控制且不愿出示时，人民法院、双方当事人和第三人之间相互的权利义务关系[1]。

在我国，针对证据收集权限的分配问题，民事诉讼法律的立场基本上经历了两个阶段：第一阶段以1991年《民事诉讼法》和1992年最高人民法院《关于适用〈中华人民共和国民事诉讼法〉若干问题的意见》(已失效)、1998年最高人民法院《关于民事经济审判方式改革问题的若干规定》(已失效)为代表；第二阶段以最高人民法院《关

---

[1] 参见孙维萍主编：《证据法学》，上海交通大学出版社2009年版，第132页。

于民事诉讼证据的若干规定》为代表。在第一个阶段，当事人举证责任逐渐强化、人民法院调查取证权逐渐弱化，但总体上，我国民事证据收集制度所坚持的仍是"以法官依职权收集调查证据为主，当事人举证为辅"的原则。关于书证的收集也没有太多细化规定，只规定书证应当提交原件。物证应当提供原物。提交原件或原物确有困难的，可以提交复制品、照片、副本、节录本。在第二个阶段，最高人民法院《关于民事诉讼证据的若干规定》对举证、质证和认证等问题作出了更为具体的规定，相关条款也对当事人申请人民法院收集证据的程序要件进行了限制，基本确立了"当事人取证为主，法院取证为辅"的证据收集原则，并且，还对书证的质证和认证规则进行了一定的细化规定。为了保障一方当事人从对方或第三方手中获得有利于己方的书证，如果对方当事人无正当理由拒绝提供，而当事人又主张对方当事人持有的书证不利于己方，则可以推定该主张成立；若持有书证的第三人不愿提交，则可以由当事人向人民法院提出申请，要求人民法院依法收集有关书证。

在民事诉讼中，书证的收集应当以原件为原则，在例外情况下，可以是复制本或节录本，但需要保持书证内容的完整性和准确性，并应制作相应的调查笔录。如最高人民法院《关于民事诉讼证据的若干规定》第 21 条规定："人民法院调查收集的书证，可以是原件，也可以是经核对无误的副本或者复制件。是副本或者复制件的，应当在调查笔录中说明来源和取证情况。"

二、书证的保全

书证的保全，是指为防止因自然或人为因素导致书证丢失或损坏，或者为避免因书证难以收集而采取必要措施，对书证进行有条件的固定和保护。在刑事诉讼中，往往是由公安机关和检察机关进行书证保全的工作，有关司法机关对诉讼中收集到的书证，应妥善保管、不得毁损。如《刑事诉讼法》第 142 条规定，扣押文书时，侦查人员应当会同在场见证人和被扣押书证持有人在一式两份的清单上签名或盖章，一份交给持有人，另一份附卷备查。第 141 条第 2 款规定，对扣押的文件，要妥善保管或封存，不得使用、调换或者毁损。除此之外，犯罪嫌疑人及其辩护人认为如果不及时收集相关书证会导致将来该书证的收集或使用发生困难的，应该申请侦查机关予以收集或保全。

在刑事诉讼中，书证保全的具体措施包括原件保全、封存保全、复制保全、拍录保全、笔录保全等。各种保全方法视具体情况而定。一般情况下，应当进行原件保全，并随案移送。但除此之外，《公安机关办理刑事案件程序规定》规定，对于应当扣押但是不便提取的文件，经拍照或者录像后，可以交被扣押物品持有人保管或封存，并且单独开具登记保存清单一式两份,在清单上注明已经拍照或者录像,文件持有人应当妥善保管,不得转移、变卖、毁损,由侦查人员、见证人和持有人签名或者盖章,一份交给物品、文件持有人,另一份连同照片或者录像带附卷备查。对容易损坏的书证,应当用笔录、拍照、录像等方法加以保全。对于扣押、调取、收集到的涉及国家秘密的文件(如秘密文件、图表资料等),除在扣押的清单上注明发现和收缴的情况外,还应对文件的封面、编号、标题、全文等进行拍照、存入案卷,原件按内部规定的机要收发手续退回原发文机关。另外,有一些不宜随案移送的文件,如淫秽书刊或危害国家安全的传单、标语、信件和其他宣传品等,原物不宜随案保存,应当拍成照片存入卷中,原物由公安机关妥为保管,以防扩散。

在民事诉讼中,证据保全的采取通常是基于诉讼参与人的申请,但在人民法院认为有必要采取证据保全措施时,也可以主动采取。如《民事诉讼法》第84条第1款规定:"在证据可能灭失或者以后难以取得的情况下,当事人可以在诉讼过程中向人民法院申请保全证据,人民法院也可以主动采取保全措施。"最高人民法院《关于民事诉讼证据的若干规定》第25条第2款、第3款还对申请证据保全进行了细化规定,当事人根据《民事诉讼法》第81条第1款的规定申请证据保全的,应当在举证期限届满前向人民法院提出。法律、司法解释对诉前证据保全有规定的,依照其规定办理。由此可见,民事诉讼中的证据保全主要分为两种情况:一种是诉讼参加人申请进行证据保全,另一种是人民法院依职权进行证据保全。申请证据保全包括两种情形:一是在提出诉讼的同时提出或人民法院受理诉讼之后、开庭之前提出;二是在起诉之前申请证据保全。对于前一种情形,诉讼参加人应向受诉人民法院提出证据保全的申请。对于后一种情形,一般是由公证机关实施证据保全,所以申请人应向证人住所地、物证所在地的公证机关提出申请。在例外情况下,利害关系人也有向人民法院申请证据保全的,此时应当向有管辖权的人民法院提出。一般而言,诉中证据保全在各类民事诉讼中都可以适用,而诉前证据保全主要适用于知识产权方面的案件与海事纠纷案件,对其他民事诉讼一般不适用。如《中华人民共和国海事诉讼特别程序法》第63条规定:"当事人在起诉前申请海事证据保全,应当向被保全的证据所在地海事法院提出。"书证的保全,也准用证据保全的一般原理和规定。近年来,由于在诉讼之前经常出现书证被利害相关人毁损的情况,一些学者也提出,在书证保全方面,应当吸收《中华人民共和国海事诉讼特别程序法》中有关诉前证据保全的成功经验,以实现诉前有灭失风险的书证的固定与收集。

在民事诉讼中,人民法院可以采取书证保全措施。但是,我国《民事诉讼法》未规定法官可以单方面进行,还是要通知申请人及对方当事人到场后进行。在司法实务中,人民法院进行证据保全一般不通知双方当事人参加。证据的保全实质上是因出现特殊情况而将原来开庭后进行的法庭调查活动移到开庭前进行,并且,保全下来的证据在以后开庭时可能由于损毁或灭失等原因而无法像正常的证据材料那样进行质证,保全不宜仅仅作为人民法院单方面的证据固定或证据保存行为。在法律实践中,为了保证当事人行使诉讼权利,保证证据(包括书证)保全行为的客观公正性,人民法院有必要通知双方当事人于实施证据(包括书证)保全行为的日期按时到场。[1]

在民事诉讼中,人民法院进行证据保全,可以根据具体情况,采取查封、扣押、拍照、录音、录像、复制、鉴定、勘验、制作笔录等方法。人民法院进行证据保全,可以要求当事人或者诉讼代理人到场。书证的保全措施主要包括:复制、拍照、录像、制作笔录等。具体而言,除随案移送、交持有单位或持有人封存保管之外,还可以采取以下方法:第一,对提供原始书证确有困难的,可以采取抄录、复制、拍照等方式保全书证,如最高人民法院《关于民事诉讼证据的若干规定》第44条规定:"摘录有关单位制作的与案件事实相关的文件、材料,应当注明出处,并加盖制作单位或者保管单位的印章,摘录人和其他调查人员应当在摘录件上签名或者盖章。摘录文件、材料应当保持内容相应的完整性。"第二,对个别思想表述不准确,内容反映不直观的书证,必须询问、调查当事人或证明人,制作调查证据笔录,以保证该证据的证明力。第三,还可以通过公证的方式予以保全,即公证机构根据自然人、法人或者其他组织的申请,依法对与申请人权益有关的、有法律意义的书证加以提取、收存、固定和描述。

在存在公证文书的情境中,通常认为公证文书的效力要高于非公证的书证。然而,当涉及遗嘱公证和遗嘱书证不一致的情况时,需要具体情况具体分析。如果一个人在生前订立了多份遗嘱,那么最后一份遗嘱的效力应被视为优先。这意味着,无论最后一份遗嘱是否经过公证,只要它符合法律规定,就应以此为准。此外,对于遗嘱公证和遗嘱书证不一致的情况,还需要考虑遗嘱是否符合法律规定。如果一份遗嘱是无效的,那么无论它是否经过公证,都不具有法律效力。因此,在存在公证遗嘱和自书遗嘱的情况下,需要仔细比较两者的内容,并根据法律规定判断它们的效力。在处理公证文书和非公证的书证之间存在矛盾时,除遗嘱公证和遗嘱书证不一致的情况外,还有其他需要考虑的因素。例如,一些国家或地区的法律规定,经过公证的文书具有更高的法律效力。这意味着,在这些地区,如果存在公证文书和非公证的书证

---

[1] 参见江伟主编:《民事诉讼法》,高等教育出版社、北京大学出版社2000年版,第148页。

之间的矛盾,那么公证文书的效力将高于非公证的书证。此外,在一些情况下,非公证的书证可能会被视为原始证据,而公证文书则被视为传来证据。这意味着原始证据的效力可能高于传来证据。总之,在处理公证文书和非公证的书证之间的矛盾时,需要根据具体情况进行具体分析,需要考虑的因素包括法律规定、遗嘱的效力以及文书的具体内容等。

三、书证调查的方式、内容

(一) 书证调查的方式

一般而言,人证的法庭调查采取"询问"的方式,物证的法庭调查采取"展示"的方式,而书证的法庭调查,通常采用的方式是在法庭上全文朗读或叙述摘要。在我国,《刑事诉讼法》第195条规定:"公诉人、辩护人应当向法庭出示物证,让当事人辨认,对未到庭的证人的证言笔录、鉴定人的鉴定意见、勘验笔录和其他作为证据的文书,应当当庭宣读。……"民事诉讼法则概括性地规定是"出示",当然,这里的出示也包含了"宣读"的意思。在调查书证时,通常应采取全文宣读的方式,以确保所有诉讼参与人全面、准确地理解书证的内容及其表达的思想。只有在特殊情况下,如朗读困难或朗读时间过长可能导致诉讼进程受阻,才考虑采用摘要朗读、书面展示或投影展示等方法。当然,如果审判人员已经了解书证的全文,而且其他当事人也有机会获知,则可以省略朗读环节,以加快诉讼进程。同时,即使是摘要朗读,也应确保准确地传达书证的整体意义或核心意义。

书证的调查,应当给予其他诉讼当事人及其辅佐人充分的质证机会。例如,我国三大诉讼法均规定,在调查证据的过程中,审判人员应当听取公诉人、当事人和辩护人、诉讼代理人的意见。对外文书证的调查,一般按照调查民族语言文字的原则进行,即应当翻译成法庭通晓的语言后进行朗读,但必须同时展示该书证的原始文本,当事人对翻译的含义持有异议时,可以向翻译人提出询问,翻译人应当回答。当然,有一些特殊的书证文件,不宜在法庭上公开调查和质证,如最高人民法院《关于民事诉讼证据的若干规定》第47条第2款规定:"……涉及国家秘密、商业秘密、当事人或第三人的隐私,或者存在法律规定应当保密的情形的,提交后不得公开质证。"

(二) 书证调查的内容

第一,调查书证的真实性。在法庭审理的过程中,对书证真实性的调查是至关重要的。证据的真实性是证据的基本属性之一,只有真实的证据才能反映案件事实,为法官作出公正的裁决提供依据。书证的真实性主要包括两个方面:一是书证材料是否是真实的,即是否是当事人或相关人员亲手制作、签署或打印的;二是书证材料所表达的真实意思,即书证的内容是否真实反映当事人的意思表示。在刑事诉讼中,犯罪嫌疑人或被告人为了躲避侦查或混淆视听,可能会伪造虚假的书证,或者对原始书证进行伪造、变造、删改等操作。例如,通过改变书信内容将犯罪行为栽赃陷害给其他人,或者在经济犯罪案件中虚假制作会计报告等。这些行为都会对书证的真实性造成影响,需要仔细审查和判断。在民事诉讼中,当事人也可能会为了实现自己的利益而伪造、变造、删改书证内容。同样地,诉讼实践中也经常遇到同一书证的内容存在相互冲突的情况。这些都可能影响法官对书证真实性的判断。

具体地讲,书证的部分内容存在删改痕迹时,由于书证在诉讼证明中具有非常重要的意义,不能废弃不用或认定整个书证不具有证据能力,而是应当针对不同部分分别进行调查。对于不存在删改的部分,一般仍应认定具有证据能力,对于被删改的部分则应诉诸证明责任之分配,即如若有当事人主张该删改内容具有原件的效力,则该当事人应对此承担证明责任。当然,法律规定有例外的情况除外。如《中华人民共和国票据法》第9条第2款、第3款规定:"票据金额、日期、收款人名称不得更改,更改的票据无效。对票据上的其他记载事项,原记载人可以更改,更改时应当由原记载人签章证明。"

当书证的不同内容存在冲突时:一是某一书证的不同内容之间存在冲突,不宜将整个书证否定,对于有争议的内容应付诸法官的自由裁量权,法官需根据不同的解释规则对该书证有争议部分的文字内容进行合理解读,以确定该书证所表达的真实意思。二是当书证文件中存在两种数字表达方式时,即文字数字(如壹、贰、叁、肆、伍等)与号码数字(如1、2、3、4、5等)所表达的意思不尽相同,则通常情况下以文字数字为准。这主要是因为文字数字的笔画比较多,按照人们的书写习惯,前者也较为谨慎,并且不容易伪造、编造或删改。当然,如果法律另有规定的除外,如《中华人民共和国票据法》第8条规定:"票据金额以中文大写和数码同时记载,二者必须一致,二者不一致的,票据无效。"因此,当这种数字表达方式不尽一致的票据作为书证时,该书证就不具有证据能力。三是当手写体与印刷体的内容不尽一致时,一般不宜认定任何一种形式具有优先效力,应视具体情况和交易习惯而定。印刷体的文件内容是当事人为了重复使用而事先拟定的,具有普遍性,而且针对不同的对象都存在增添内容的情况。手写体可以认为是针对特定情况的特定条款,从而认定手写体是原件的真实内容;如果根据案件的具体情况和交易习惯,印刷体的文件内容并不具有重复使用的目的,而仅仅是针对特定情况拟定的,且其内容基本完整,那么,手写文字的可信性就值得怀疑。当然,均应允许对方当事人提出异议。

第二,调查书证的最佳性。在法庭审理过程中,书证通常遵循一种特殊的证据规则——最佳证据规则。最佳证据规则,又被称为原始证据规则,是一项要求提供原始文书证据或者原始文书证据享有优先权的证据规则,而非像"最佳"这一语词所通常表达的意思——必须提供最有分量、最强、最好的证据。按照吉尔伯特对证据等级的划分,首先,蜡封的公共档案记录是最佳证据,其次是其他公共文书如宣誓作证书和证言笔录,最后是私人文书如蜡封合同,上述三种证据之后才是口头证据。[1] 显然,在当时人们看来,虽然文字经过转抄或摘录,容易失真,但是比起口头证据而言,书证的确定性还是更强。进入现代社会,文书证据的运用范围更为广泛,最佳证据规则在各国诉讼中仍然发挥着非常重要的作用,当然,最佳证据规则的适用范围已越来越狭窄。如证据法学者理查德·梅指出的:"该规则曾经是证据法的重要部分……现在法院会采纳所有证据,而无论其是否为最佳证据。不能提供最佳证据的唯一弊端是可能会降低证据的证明力。"[2]具体而言,一方面,该规则现今只适用于文书材料或准文书材料,[3]而不适用于口头证据或物证。例如,证据学者迈考密克指出的:"只有文书要求提供'最佳证据'——文书的原件;对于不含文书的物品,法官不得排除描述该物品的口头证言而要求提供该物品本身。"另一方面,该规则存在很多例外情况,如在美国《联邦证据规则》中规定:"在下列情况下,可以不提交文书、录音或照片的原件:(a)遗失或毁坏;(b)原件无法获得;(c)原件在对方掌握中;(d)文书、录音、照片与案件中主要争议问题之间没有密切关系。"在英国,最佳证据规则也在悄然隐退。

在我国,诉讼法中虽然没有明文规定"最佳证据规则",但是对书证的"最佳性"还是有相应的类似要求。如《刑事诉讼法司法解释》第84条第1款规定,据以定案的书证应当是原件。取得原件确有困难的,可以使用副本、复制件。第3款规定,书证的副本、复制件,经与原件核对无误、经鉴定或者以其他方式确认真实的,可以作为定案的根据。如《民事诉讼法》第73条规定:"书证应当提交原件。物证应当提交原物。提交原件或者原物确有困难的,可以提交复制品、照片、副本、节录本。提交外文书证,必须附有中文译本。"最高人民法院《关于民事诉讼证据的若干规定》第61条规定,对书证、物证、视听资料进行质证时,当事人应当出示证据的原件或者原物。但有下列情形之一的除外:(1)出示原件或者原物确有困难并经人民法院准许出示复

---

〔1〕 参见何家弘主编:《外国证据法》,法律出版社2003年版,第82页。
〔2〕 [英]理查德·梅:《刑事证据》,王丽、李贵方等译,法律出版社2007年版,第8页。
〔3〕 参见[英]乔恩·R.华尔兹:《刑事证据大全》(第2版),何家弘等译,中国人民公安大学出版社2004年版,第420~421页。

制件或者复制品的;(2)原件或者原物已不存在,但有证据证明复制件、复制品与原件或者原物一致的。第 87 条规定:"审判人员对单一证据可以从下列方面进行审核认定:(一)证据是否为原件、原物,复制件、复制品与原件、原物是否相符;(二)证据与本案事实是否相关;(三)证据的形式、来源是否符合法律规定;(四)证据的内容是否真实;(五)证人或者提供证据的人与当事人有无利害关系。"

我国的法律及相关司法解释的有些规定甚至还超越了最佳证据规则的原始含义,即原始书证与派生书证之间的证据力区别,规定了一些关于何种书证最佳的条款。例如,《民事诉讼法》第 72 条规定:"经过法定程序公证证明的法律事实和文书,人民法院应当作为认定事实的证据,但有相反证据足以推翻公证证明的除外。"

第三,调查书证的相关性。书证在法庭审理过程中对于待证事实或案件事实的证明具有重要意义。书证的相关性是决定其能否成为诉讼证据的关键因素,这包括两个方面:首先,书证必须与待证事实存在联系,才能具备成为诉讼证据的资格,从而获得证据能力。这意味着,如果书证所表达的意思与案件事实或系争事实无关,那么它就不能作为证据使用。其次,书证与待证事实的相关性程度会影响审判人员对书证证明力大小的审查和认定。不同记述内容或不同记述方式的书证所表达的意思与待证事实之间的相关性程度是不一样的。例如,在合同纠纷诉讼中,甲乙公司签订的买卖合同作为处分性书证,明确记载着甲乙公司曾针对某一标的物发生过一定的法律行为,因此,它的相关性较强,证明力也更大。相反,甲公司自己的公司记载账簿对于证明两公司之间曾发生过买卖关系这一待证事实来说,相关性相对较小,证明力也显得更弱。

延伸思考

1. 简述监察调查和刑事诉讼中书证收集的异同。
2. 简述民事诉讼中书证的收集与保全措施。
3. 简述书证调查的具体方式和内容。

延伸阅读

1. 高星阁:《民事诉讼中公文书证之证据效力研究》,载《证据科学》2016 年第 5 期。
2. 张海燕:《推定在书证真实性判断中的适用——以部分大陆法系国家和地区立法为借鉴》,载《环球法律评论》2015 年第 4 期。
3. 曹志勋:《书证搜集裁判:模式比较与本土改造》,载《现代法学》2011 年第 5 期。

本章小结

本章详细阐述了书证的概念、应用规则以及调查、收集和提取的程序。书证具有与物证相当的客观性和稳定性,但也有其独特的特点,比如可以作为直接证据,并且具有事前性。最佳证据规则是与书证应用密切相关的证据规则,它强调在取证过程中,应尽可能提取原件并展示书证的原始证据形态。然而,由于特殊情况下收集书证原件可能存在困难,法律条款为此设定了一些例外情况。在书证调查程序方面,监察调查、刑事侦查以及民事诉讼和行政诉讼中的规定有所不同。其中,监察调查和刑事侦查对书证收集和保全的规定较为详尽,主要以国家机关收集为主,保全措施包括原件保全、封存保全、复制保全、拍录保全、笔录保全等。各种保全方法的适用视具体情况而定。通常情况下,应当进行原件保全,并随案移送。在收集保全后,必须对书证进行调查和审查,以确认其是否真实、是否经过删改以及能否与其他证据相互对照等。只有经过审查的书证才能作为定案的证据。

第五章　证人证言的证据调查

本章重点内容

证人的适格性、证人证言的调查方法、证人证言的审查。

本章思维导图

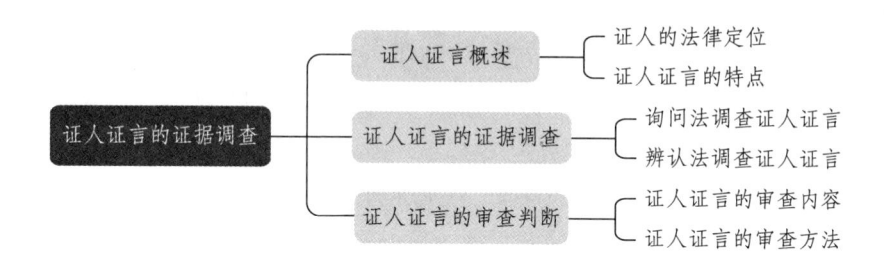

```
                        ┌─ 证人证言概述 ──┬─ 证人的法律定位
                        │                └─ 证人证言的特点
证人证言的证据调查 ──────┼─ 证人证言的证据调查 ──┬─ 询问法调查证人证言
                        │                      └─ 辨认法调查证人证言
                        └─ 证人证言的审查判断 ──┬─ 证人证言的审查内容
                                              └─ 证人证言的审查方法
```

边沁曾言："证人是正义的眼睛和耳朵。"每一个知悉案情的人都有义务作证，这是我国《刑事诉讼法》的规定。除此之外，我国《刑事诉讼法》还建构起较为完整的证人作证豁免制度、出庭作证制度和保护制度等，为司法活动的顺利进行和公平正义夯实了基础。在证人证言立法方面，为证人证言留下了法律空间供司法实践的进一步探索，但是对于证人而言，作证更多的是一种法律义务和负担，不仅要付出时间、经济成本，甚至还可能有生命风险。书面证言频频现身法庭，证人席常常空置，审判的直接言词原则所支撑的庭审实质化难以落实。证人证言的证据调查制度仍有进一步的完善空间。

第一节　证人证言概述

证人证言从本质上来说,是证人将头脑中所形成的客观事实映像通过语言表达出来的一种信息,也就是将自己所知道的案件情况向专门机关所作的表述。它是我国《监察法》和三大诉讼法都同时确立的一种法定证据种类,在法律活动中发挥极其重要的作用。同时,因为证人证言是由人表达出来的,其形成过程易受各种主客观因素的影响,缺乏稳定性,会导致一定的偏差,因此,在具体案件中适用时应当格外慎重。

一、证人的法律定位

(一)证人的适格性

证人的适格性,即证人的资格条件,在法律上可以成为证人的条件。"一切有理智的人,也就是说,自己的思想具有一定的连贯性,其感觉同其他人相一致的人,都可以作为证人。"[1]《刑事诉讼法》第62条规定:"凡是知道案件情况的人,都有作证的义务。生理上、精神上有缺陷或者年幼,不能辨别是非、不能正确表达的人,不能作证人。"只要能够辨别是非,并能够将自己所了解的案件情况准确表达出来的人,即便是讲述案情真实情况的盲人也可以作为证人提供证言。此外,最高人民法院、最高人民检察院、公安部、国家安全部、司法部《关于办理死刑案件审查判断证据若干问题的规定》(以下简称《死刑案件审查判断证据规定》)第12条第2款规定:"处于明显醉酒、麻醉品中毒或者精神药物麻醉状态,以致不能正确表达的证人所提供的证言,不能作为定案的根据。"在具体案件中,对于证人是否能正确表达、分辨是非,如儿童、间歇性精神病患者等,还应当认真审查,特殊情况下还要申请鉴定或检查其是否具有作证能力。

(二)证人的权利和义务

凡是知道案件情况的人,都有作证的义务。《刑事诉讼法》第61条规定:"证人证言必须在法庭上经过公诉人、被害人和被告人、辩护人双方质证并且查实以后,才能作为定案的根据。法庭查明证人有意作伪证或者隐匿罪证的时候,应当依法处

---

[1] [意]贝卡利亚:《论犯罪与刑罚》,黄风译,中国大百科全书出版社1993年版,第22页。

理。"第 192 条第 1 款规定:"公诉人、当事人或者辩护人、诉讼代理人对证人证言有异议,且该证人证言对案件定罪量刑有重大影响,人民法院认为证人有必要出庭作证的,证人应当出庭作证。"司法实践中,证人不出庭作证、拒绝出庭作证的现象十分普遍,其原因除了和证人的法律意识淡薄、经济补偿不到位、保护制度不完善有关之外,关于证人出庭作证制度的法律规范不完善也是重要的原因。

为了保证证人尽可能出庭作证,《刑事诉讼法》第 193 条规定:"经人民法院通知,证人没有正当理由不出庭作证的,人民法院可以强制其到庭,但是被告人的配偶、父母、子女除外。证人没有正当理由拒绝出庭或者出庭后拒绝作证的,予以训诫,情节严重,经院长批准,处以十日以下的拘留。被处罚人对拘留决定不服的,可以向上一级人民法院申请复议。复议期间不停止执行。"

此外,《刑事诉讼法》还在证人及其近亲属的保护、证人作证的经济补偿等证人权益保护方面作了规定,以期从更大程度上保障证人的权利,促使证人积极作证。如《刑事诉讼法》第 63 条和第 64 条规定了对证人及其近亲属的保护性措施,第 65 条对证人因作证支出的费用和相应工资福利予以保证,这些法律规定都为证人证言的获取提供了保障。

二、证人证言的特点

(一)证人证言具有不可替代的特定性

证人是以自然感官感知案件事实的,具有案件事实的亲历性,这就使其证人的法律身份不能由其他普通公民代替行使。根据《刑事诉讼法》第 62 条第 1 款的规定,"凡是知道案件情况的人,都有作证的义务"。这是以法律的形式将证人予以法定化。在案件发生之前,证人与案件事实之间没有发生任何联系,他在法律上就是普通公民。然而,一旦其有意或无意、主动或被动地参与或见证了案件,以自身感官感知了案件事实,他就客观地成为该案件的证人,此时他从普通公民转变成了特定案件的潜在证人,从而获得了特定的法律角色。

如果某人知悉案件的真实情况,但是有关国家机关没有将他纳入调查对象和范围,官方没有在案件侦查、起诉、审判过程中得到过他关于案件情况的陈述,那么他是不是证人?客观上讲,他所了解的情况的确是案件事实,这不以他人的意志为转移,应当承认其证人的法律资格,即他具有证人的适格性。但他知悉案件事实的情况有关国家机关及其工作人员并不知情,也无从向他询问进而获得他的事实陈述,他虽然具有证人的适格性,但是不具有证人的诉讼角色。只有通过特定法律程序进入诉讼轨道的关于案件事实的陈述,才能算是证人证言,才能作为诉讼过程中用以侦查终结、提起诉讼、定罪量刑的一种依据。

证人不能由任何其他的人指派或任命，也不能由别人代替，他凭借自己的身体器官感知案件，向司法人员陈述，这种陈述，身临其境者反映得更为真切。在证人证言形成的过程中，离不开人的感知、记忆、陈述，这都是每个人的心理活动所特有的，也正说明了证人证言的不可替代性。这种不可替代性，同证人与案件关联的客观事实分不开，没有这种关联，也不可能成为证人，其证言也无从谈起。

（二）证人证言具有证明案件事实的直接性

证人是亲身感知案件事实的人，他的证言能够直接反映或证明案件事实的某一部分或全部，证人所作证言直指案件情况。《刑事诉讼法》第62条第1款规定："凡是知道案件情况的人，都有作证的义务。"证人证言，可以是证人在现场亲自听到的或看到的，也可以是别人听到或看到后转告证人的，但不允许掺杂对案件事实的个人判断。现场目击证人的证言，往往可以清楚地描述案件事实的整个发生过程；经别人转告而知道案件事实的证人，也可以根据其了解的案件情况，说明案件事实的大体脉络，将整个案件事实与查证的各种证据、发现的各类线索建立起联系，呈现案件事实的完整性。

通常来说，物证、书证等实物证据与案件事实之间的联系只能通过其他证据佐证才能建立起来，孤立的、单纯的实物证据只能说明特定的事实发生过，但难以说明特定事实就是犯罪嫌疑人的犯罪行为所导致，证据与事实之间需要细致周密的逻辑推理和详尽说明。案发现场收集到的犯罪嫌疑人的脚印或者指纹，只能说明嫌疑人曾经到过案发现场，至于是不是嫌疑人实施犯罪行为时留下的，单纯靠一枚指纹或者一个脚印无法直接证明，只能结合其他证据才能证明。实物证据一般只能反映案件事实的某个场景、片段而无法反映案件的主要事实、主要部分，物证对案件事实的证明往往具有间接性特点，而证人证言能够直接反映案件事实。

（三）证人证言具有相对客观性和不稳定性

证人证言源于证人，证人与本案没有利害关系，其陈述具有相对客观性。同时，证人也是自然人，他的陈述受到感知能力、记忆能力和表达能力等多重因素的影响，具有不稳定性。证人证言并不是特定的人坐在房间里凭空杜撰出来的，而是案件运动过程中作用于证人大脑皮层后，经其感知、回忆再原封不动地重述。案件的客观性制约着证人证言的客观性。[1] 作为言词证据的一种，证人证言与被害人陈述，犯罪

---

[1] 参见陈光中、江伟主编：《诉讼法论丛》（第2卷），法律出版社1998年版，第570页。

嫌疑人、被告人供述和辩解等统统可以被称为人证,但在我国《刑事诉讼法》中,将证人证言单独归类,不难看出对证人证言适用的重视。在司法实践中,往往会将证人证言与其他利害关系人的陈述、供述和辩解进行比较。被害人、犯罪嫌疑人和案件的利害关系,决定了其对案件事实可能会有意无意地进行利己的夸大、隐藏或虚构,从而导致陈述、辩解内容与客观事实背离,审查判断难度加大。证人一般与案件没有利害关系,其证言相对客观真实,可能会更加接近事实真相,尤其是在双方当事人各执一词的情况下,无利害关系的证人的证言会对当事人的陈述进行补强。

同时,证人证言也易受各种主客观因素影响,因而可能出现虚假、夸大、隐匿、臆断等不稳定特征。一方面,尽管证人可能不像被害人一样直面犯罪嫌疑人,但处于犯罪现场或情境这一高压状态下,人体会进入一种"生存模式",即思维的关注点在于生存而非犯罪嫌疑人或犯罪现场,此时证人的准确观察和回忆能力都会有所降低;除此之外,一般人的记忆是零星存于脑中的,会随着时间的推移而分解最终消失,呈不稳定趋向。[1] 另一方面,证人证言相关规则制度的不完善可能使证人作证无法完全排除外来不当干扰。作为社会人、自然人,证人无法绝对排除可能由于个人品质、个人私利、社会价值观、外界威胁利诱等因素的影响,出现拒不作证、作伪证等现象,既有基于亲友关系主动包庇犯罪嫌疑人的,也有受人指使作虚假陈述的,导致证言易变、不稳定,可信度降低,影响诉讼的公正进行。此外,侦查机关的不当讯问方式也是产生虚假证言的一大原因。在普遍认知中,犯罪嫌疑人是非法取证行为的主要受害对象,因而对证人证言取证程序合法性的关注较少。

延伸思考

1. 试结合证人的狭义与广义的定义思考其各自范围的合理性。
2. 根据证人证言的特点,思考证人证言的劣势为何。

延伸阅读

1. 王永杰:《从讯问到询问:关键证人出庭作证制度研究》,法律出版社 2013 年版。
2. [美]伊丽莎白·洛夫特斯:《目击者证词》,李倩译,中国人民大学出版社 2022 年版。
3. 乔成杰:《"监狱警察证人"问题研究》,载《犯罪与改造研究》2022 年第 10 期。

---

[1] See Aratrika Manhas, *The Reliability of Eye Witness Testimony*, Jus Corpus Law Joutnal 2, 2022, p. 896 - 897.

第二节 证人证言的证据调查

收集证人证言,是指取证主体按照法定的程序和要求,运用法律许可的手段和方法,发现、提取和固定证人证言的诉讼活动。收集证人证言不但可以固定证据,还可以发现其他证据线索。证人证言的特点决定了及时、细致、全面取证的重要性以及运用心理学知识和科学技术手段收集证人证言的必要性。结合司法实践经验,收集证人证言的过程中可以使用询问法、辨认法、实验法、测试法等方法,较为常用的是询问法和辨认法。

一、询问法调查证人证言

(一)证人询问主体和地点法定

在刑事诉讼中,除依法享有侦查权的国家侦查机关的侦查人员作为询问主体以外,依法接受犯罪嫌疑人、被告人和被害人委托的辩护律师,在征得证人同意后,也可以对证人进行询问。侦查人员对证人询问时必须两人以上共同办理,但辩护律师询问证人时的人数没有相关规定。在法律并无禁止性规定的情况下,从执业效率、降低被告人诉讼成本的角度来看,应当对辩护律师一人询问证人予以肯定。询问取证的地点是"证人所在单位、住处""人民检察院或者公安机关""现场""证人提出的地点",这样既便于取证,又满足了证人的选择自主性。在现场询问证人时,应当出示工作证件,到证人所在单位、住处或者证人提出的地点询问证人,应当出示人民检察院或者公安机关的证明文件。

(二)证人询问时间酌定

询问证人的期限没有相关法律规定,但从证人证言的性质特点和固定证据的角度来讲,对证人证言的收集、记录应当及时进行,避免因各种主客观因素造成证人证言失真、打折,从而影响案件侦查、审理。关于单次询问的时间长短,虽然没有如讯问犯罪嫌疑人、被告人那样有严格的限制,但从保障证人基本权利的角度出发,不能单次过长时间或者短周期内多次询问证人,要保障证人的必要休息和正常生活。如果证人出现伤病等情况,在不影响证人证言收集、固定的情况下,一般应当先保障证人的医药治疗,待其康复后再进行询问。司法实践中,有的侦查机关为了尽快破案而忽视证人基本权利的情况时有发生,因此,应当参照对犯罪嫌疑人、被告人进行讯问的规定,对询问证人的期限以及单次询问时间长短、两次询问时间间隔等内容进行明确规定。

(三)证人询问步骤法定

询问前需进行权利义务告知。一是告知证人应当如实作证,有意作伪证或者隐匿罪证要负的法律责任。二是就证人在刑事诉讼中的权利进行告知,包括:询问地点选择、本民族语言文字的使用、未成年证人作证时法定代理人到场的权利;寻求相关保护措施、排除非法取证行为的权利,有阅读询问笔录,在笔录记载有遗漏或差错的情况下提出补充或改正的权利;对于侦查人员、检察人员、审判人员侵犯自己诉讼权利和人身侮辱的行为有提出控告的权利;等等。与讯问中的权利义务告知程序一样,对证人的权利义务告知也应当采取口头和书面两种方式。询问主体应当首先宣读证人权利义务告知书,在证人明确知晓其权利义务之后,由证人在告知书上签字确认。告知证人其权利义务,一方面,告知其要进行真实陈述,另一方面,告知其享有的权利和相应保障措施,以使其放下思想包袱,能够如实、准确地阐述案件事实。

二、辨认法调查证人证言

(一)证人辨认的定位

在证人证言的证据调查中,辨认是指专门机关工作人员组织证人对与案件有关的人、物、场所进行的识别、指认活动。

第一,辨认的主体是证人,其通过感知现场、留存记忆、再现表达完成辨认活动。辨认必须在侦查人员的主持下进行,且侦查人员不得少于两人,同时满足正常辨认的要求。第二,辨认的目的是查明辨认对象与案件中的人、物、场所是否同一,是否与案件存在某种联系。第三,辨认的对象是可能与案件有关的人、物品或场所。第四,辨认的影响因素复杂多元。从客观方面来看,证人对辨认对象的认知以及辨认过程都是在一定的客观环境中进行的,各种自然条件如光照、气温、距离,证人与辨认对象接触的时间、次数,案件发生地和辨认地点,辨认对象的特征是否独特、外貌是否改变等都会对证人的感知、心理产生影响。从主观方面来看,证人的年龄、性别、种族、文化程度、记忆能力、职业经验、自信心、压力、信仰、价值观念等,都会在辨认活动中有所表现。

(二)证人证言的辨认法调查准则

第一,依法辨认原则。在辨认活动中必须严格按照法律规定和程序进行,不允许有违法组织、操控辨认活动的情况。辨认活动要在两名以上检察人员或侦查人员的主持下进行,以避免个人主持辨认可能发生的主观臆断现象。在辨认活动开始之前,侦查人员应当履行告知义务,告知辨认人有意作虚假辨认应当承担的法律责任。

第二,独立辨认原则。在辨认中要保证证人独立自主辨认,严禁任何人采取任何方式对证人进行暗示或诱导。侦查人员不能以语言、表情、眼神或动作暗示或诱导证人作出某种不符合证人意志的辨认。在辨认过程中,一切与证人的语言、肢体交流都应当是中性的、不含任何暗示的,即便对证人作一些必要的解释,也要注意语言的使用。

第三,及时辨认原则。基于公平对待犯罪嫌疑人、被告人和证人的考虑,避免证人受到更多的外界舆论以及案情进展的影响,在需要证人进行辨认时,如果条件允许应当及时进行,以免时间推移等多种因素影响证人的回忆,导致辨认结果失去参考性。

第四,混杂辨认原则。无论辨认对象如何,都要按照同类混杂的原则,把辨认对象夹杂在类别相同、特征相似的对象之中,不能将辨认对象单独提供给证人进行辨认。辨认对象是人时,要选择不少于 7 位体貌近似的陪衬人;通过照片辨认人物时,要注意不仅照片中的人物要具有相似性,照片的规格、边框、背景、新旧程度、是否过胶等也要具有相似性,照片的数量不得少于 10 张。侦查人员在安排辨认对象的顺序时,不得有意地以一定规律或顺序排列辨认对象与陪衬人或物,以免给证人造成错觉或诱导。

第五,分别辨认原则。若干证人对同一辨认对象进行辨认或同一证人对若干辨认对象进行辨认时,要按照一个证人对一类辨认对象进行辨认的原则分别进行。[1] 为了防止多个证人相互干扰、影响,保持证人的自我感知和记忆,尽可能保证辨认结果的可靠性,在遇到多个证人辨认或多个辨认对象时,应当严格坚持分别辨认原则。

(三)证人辨认笔录规范化

第一,辨认过程要全面记录。辨认笔录包括辨认的过程及结果,过程占据很大一部分,是笔录正文部分的重点,辨认的原则也是在辨认过程中得以体现的,一旦笔录过于简单,将无法判断侦查人员在组织辨认过程中是否遵循了辨认的原则要求。因此,制作辨认笔录时应当按照辨认的程序全面翔实地记录。首先,应记录辨认的目的、方法、要求,重点记录辨认现场的人员情况,包括辨认的组织者、证人、辨认对象、陪衬人或物、其他侦查人员、在场律师等。其次,要记录侦查人员询问证人并向其告

---

[1] 参见何家弘主编:《证人制度研究》,人民法院出版社 2004 年版,第 314 页。

知法律责任的情况,尤其要载明辨认前询问证人时证人对辨认对象的特征描述,以便在辨认后进行比对。最后,要记载好辨认过程的具体情况,包括具体步骤、时间、方法,要体现辨认原则。

第二,辨认结果要记录得客观完整。记录辨认结果主要体现在辨认结论和辨认所用时间长短方面。辨认结论,无论是肯定性结论还是否定性结论都要按照证人的描述原原本本地记录,这一点,侦查人员会受到自身思维定式的影响,辨认结果与其期望不符时,可能会出现不记录真实的辨认结论,不断向证人暗示或施加压力等情况,这显然是违背辨认原则的。辨认所用时间长短也可以说明辨认结果,因为证人所用时间的长短会与其感知、记忆有关,这与证人证言的可信度有直接关系,因此,要记明证人辨认时所用时间的长短。客观完整的辨认结果,无疑是增加了辨认笔录作为证据的证明力。

第三,形式要件必须齐备,不得缺少签名。辨认活动结束后,参加辨认的侦查人员、证人、见证人、记录人应当在辨认笔录的结尾处签名。实践中,往往会出现缺少部分人员签名的情况,使辨认笔录在形式上存在瑕疵,影响了证明力。除签名外,还应让证人在辨认笔录上注明"上述笔录我已看过,记录和辨认过程、辨认结果一样"的内容,并注明日期,对整个辨认活动进行确认,以免为以后质证时带来不便。

延伸思考

1. 结合我国《刑事诉讼法》解释"亲亲得相首匿"。
2. 假设你是一名民警,试为一起抢劫案设置一场辨认,你认为需要注意哪些要点?

延伸阅读

1. 陈晓云:《目击证人辨认问题研究:法学与心理学之双重视角》,中国检察出版社 2015 年版。
2. 王喜:《庭审实质化视野下的证人保护》,法律出版社 2022 年版。
3. 杨世昌:《证人作证心理及其不利作证心理之矫正》,载《公安研究》2023 年第 7 期。

第三节 证人证言的审查判断

证人证言作为言词证据的一种,反映案件事实比较客观,同时又易于收集,针对性强,在各类刑事案件中被广泛使用。一方面,证人证言是言词证据,基于心理和认知规律的制约,受到一系列主客观方面的影响,这些制约因素影响了证人对案件事实的感知、记忆和陈述,从而使证言在某种程度上偏离了事实的真相,导致证人证言失实。另一方面,现阶段我国关于言词证据的规则有不完善之处,直接言词原则尚未得到有效执行,加之其他方面的原因,司法实践中收集到的证人证言多是以证言笔录的形式作为证据使用。证人出庭率低的司法现状也导致大多数情况下庭审围绕的是证人的庭前证言笔录进行审查判断,而证言笔录是经过取证主体的主观加工后形成的,同时庭审中对证言笔录多是有选择地宣读部分内容,而非按照询问证人时的一问一答式宣读,这些都与通常所讲的刑事证人证言规则有一定的出入。因此,对证人证言尤其是证言笔录的审查一定要认真、细致、全面,必要时应当强制要求证人出庭,以当面询问的方式对重点证人、证言中的疑点进行复核、质证。对于收集的证人证言进行分析研究和鉴别,找出它们与案件事实之间的联系,分析证据材料的证据能力和证明力,从而对案件事实作出正确认定。[1] 证人证言必须在认真审查判断之后,才能作为定案的依据。

一、证人证言的审查内容

在证据调查过程中,对证人证言的审查内容也主要围绕证据的三性即合法性、关联性、客观性三个方面展开。

(一)合法性审查

第一,审查证人、资格、取证主体是否合法。在司法实践中,法律工作者作为被告人单位推荐的人参加刑事辩护和代理的情况较为普遍,法律工作者不享有《刑事诉讼法》规定的收集或申请调取证据的权利,由其制作的书面证言也不能作为证据使用。

第二,审查取证程序是否合法。一方面,审查是否存在法律规定的导致该证人证言应被排除的暴力、威胁等非法的取证方式;另一方面,还要审查证人证言的收集过程中有无其他程序瑕疵。例如,《刑事诉讼法》第43条第1款规定:"辩护律师经证人或者其他有关单位和个人同意,可以向他们收集与本案有关的材料,也可以申请人民检察院、人民法院收集、调取证据,或者申请人民法院通知证人出庭作证。"这一规定是对辩护律师调取证人证言时程序上的要求。对此类书面证言,应当审查是否存在律师向人民检察院或者人民法院提出取证的申请,是否留有人民检察院或者人民法院签发的准许调查令,如无申请书或者准许调查令,即视为取证程序不合法,不能

---

[1] 参见刘金友主编:《证据法学》,中国政法大学出版社2001年版,第318页。

作为证据使用。

第三,审查证言笔录是否完备合法。与询问的同步录音录像、见证人笔录等比对,对笔录起止时间、询问人姓名等加以补正,如果不能进行补正,可以由取证人根据实际情况作出合理解释,如果瑕疵不能补正或者作出合理解释,除非程序瑕疵并不足以影响证人证言的使用,否则不得将此证人证言作为定案的依据。

(二)关联性审查

证人证言要作为刑事诉讼证据使用,关键的一点是要与待证事实有关联,对于与待证事实无关联的证人证言,无论其是真是假、是否合法,因其不能证明案件事实,没有继续进行其他方面审查的必要。而某一证人证言与待证事实有无关联,需要审查主体运用经验法则进行逻辑推理判断。我国《刑事诉讼法》中的证据关联性强调的是某一证据与个案的具体联系,关注的重点是证据的证明力问题,而非证据能力的问题,即某一证据必须在个案中针对证据与个案的具体联系予以个别审查,有无关联性更多地取决于证据审查主体的逻辑判断,而非预先确立的证据排除规则。目前,我国法律中没有明确的规定要排除品格证据,相反,关于证言被告人品格的证据,在实践中法官通常会强化被告人有罪的心证,这一点尤其值得注意,即关于被告人具有的不良品格的证人证言与其是否实施了犯罪行为之间究竟有无关联以及有多大关联,需要慎重地判断。

(三)客观性审查

对证人证言的客观性审查要遵循逻辑理性和经验法则。要对证人证言本身的逻辑性、同一证人前后证言的一致性、不同证人证言之间的关系、证人证言与其他证据之间的关系等予以全面、细致、客观的判断。由于个体在感知、记忆、理解、判断等方面存在差异,证人产生记忆误差具有一定的必然性,此外,证人如果与案件当事人存在利害关系,故也存在证人故意作伪证的可能。因此,证人证言与物证、书证、其他言词证据之间存在矛盾,同一证人的前后证言之间存在矛盾,多个证人的证言之间存在矛盾的情况比较常见。如果出现证人在时隔数日或数月甚至数年的情况下仍作出完全一致的证言,多名证人对案件事实的描述完全一致的情况,需要引起注意,这不仅不符合客观规律,也会使人产生证人证言取证程序不合法的怀疑。在承认证人证言出现差异具有必然性的基础上,要对证人证言中的不一致进行合理解释和分析。若出现影响对案件事实的认定,那么不能作出合理解释和补正的,则必须排除。

对于特殊证人,由于其生理、心理上的缺陷或者其与案件当事人具有的某种特殊关系等原因,可能导致其证言的可靠性降低,对这类证人的证言,要特别慎重地对待。

应当慎重使用以下证据,有其他证据印证的,可以采信:生理上、精神上有缺陷,对案件事实的认知和表达存在一定困难,但尚未丧失正确认知、表达能力的被害人、证人和被告人所作的陈述、证言和供述;与被告人有亲属关系或者其他密切关系的证人所作的有利于被告人的证言,或者与被告人有利害冲突的证人所作的不利于被告人的证言。

二、证人证言的审查方法

对证人证言的审查判断贯穿整个调查取证的全过程,根据不同的审查主体,结合证人证言的特点,可以通过以下方法进行审查。

第一,单个审查。单个审查,是指对每一份书面证言逐个进行审查,判断证言的可靠性以及与案件事实的联系,看其证明价值的大小,以便为了解证人证言之间的相同点、不同点以及与其他证据之间的联系做准备。单个审查是基础性的审查方法,司法实践中一般会按照证人证言的时间先后顺序或者内容的主次顺序进行审查。

第二,对比审查。对比审查是在单个审查的基础上,对一个证人的多份证言、多个证人之间的证言或者其他证据进行比较和对照,看其内容和反映的情况是否一致,看能否共同证明案件的主要事实。运用对比审查可以发现证据之间的矛盾或者印证某一证据,通常有纵向和横向两种对比形式。

第三,综合审查。综合审查是在单个审查、对比审查的基础上,根据证据规则的具体规定,对案件中的所有材料进行整体的综合分析研究,看其内容和所反映的情况是否一致,能否相互印证和吻合,确定案件的基本事实,从而在整体上评断证人证言,以便得到更有价值、更加可靠的证人证言。

第四,实验审查。实验审查中的实验,通过重演或再现等方式验证案件中的某些情节或事实。实验审查要求实验现场情况必须与案发当时的周围环境基本一致,这样才能得出相对科学、有说服力的结论,这种方法也经常被用来验证犯罪嫌疑人供述、被害人陈述等。

第五,常识审查。常识审查,是指根据社会经验、众所周知的事实、自然规律及定理、人民法院先前裁判确定的事实或者公证文书所证实的事实,在没有充足证据反证的情况下,用以检验证人证言的合理性和可能性的一种审查判断的方法。运用这种方法时要特别注意,不能将个人或小范围的经验当成放之四海而皆准的社会经验、自然规律进行审查。

第六,交叉询问审查。交叉询问,是指出庭作证的控方证人在控方进行询问后再由辩护方进行盘诘式询问,或辩方证人在辩护方询问后再由控方进行盘诘式询问。

证人出庭作证接受交叉询问,是审判人员审查判断证人证言的一个常用方法。

第七,质证审查。当事人及其诉讼代理人在庭审中围绕证据的关联性、合法性、真实性,针对证据证明力大小,进行质疑、说明与辩驳。[1] 对证人证言的质证审查主要围绕证人的资格、证人获知事实的途径、证言的真实性、合法性及证言的价值等方面进行,通过质证,法官对证人证言的审查判断更加具有内心倾向。

第八,对质审查。对质审查,是指就某一案件事实提出相反陈述的两个或多个证人或当事人互相质询和盘诘以判断证人证言的真伪。使用对质的前提,是两个或多个证人或与当事人就某一案件事实的陈述出现尖锐矛盾而且很难确认真假,一般先让双方对某一案件事实分别进行陈述,然后双方再进行互相质问并回答,这样可以帮助法官查明证人证言的真实性、可靠性以及证明价值。

延伸思考

1. 如果一场车祸的目击者为一名 9 岁小朋友,要对其作证能力进行审查应当注意哪些方面的问题?

2. 思考证人豁免制度与不得强迫自证其罪特免权的关系。

延伸阅读

1. 王统:《制度与实践:未成年证人证言审查问题研究——以〈刑事诉讼法〉司法解释第 74 条为中心展开》,载《南海法学》2017 年第 4 期。

2. 于辉:《言词证据语用审查方法研究》,载《政法论丛》2021 年第 4 期。

3. 侯晓焱、邢永杰:《我国证人证言排除的刑事司法实务观察》,载《国家检察官学院学报》2019 年第 4 期。

本章小结

本章的主要内容是证据之一的证人证言。本章结合证人证言的相关法律规定从证人证言的基本概念与特点、证人证言的证据调查以及审查判断三个方面对这一证据形式进行了解读。从概述来看,重点在于证人证言具有何种特点,其形式上的独特形式使其与其他证据类型相区分,此处注意思考证人证言在证明方面具有哪些优点和缺点。从证据调查的角度来看,重点在于证人的适格性与证人证言的调查准则,证人的适格性决定了能够判断案件实施情况的表达能否进入诉讼程序,而证人证言的调查准则则决定了证人证言能否尽可能真实准确地对案件事实进行表述。关于证人

---

[1] 参见何家弘主编:《证人制度研究》,人民法院出版社 2004 年版,第 366 页。

证言的审查判断,其作为证据形式接受诉讼过程的审查对于诉讼的进行极为重要,决定了案件事实能否被还原。此外,对于一些特殊人群如未成年人的证人证言,不能仅通过其年龄断定其是否具有作证所需要的"明辨是非""正确表达"的能力,还要对其证言的逻辑性设置前置条件予以判断,并对其证言的法律关联性加以审查。

第六章　当事人陈述的证据调查

本章重点内容

当事人陈述证据调查的实践问题、自认制度、当事人陈述的约束机制。

本章思维导图

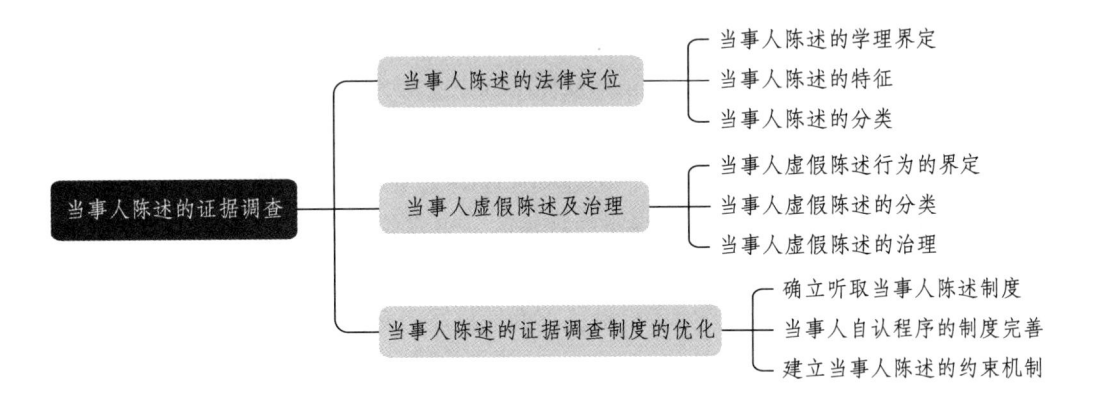

```
当事人陈述的证据调查
├── 当事人陈述的法律定位
│   ├── 当事人陈述的学理界定
│   ├── 当事人陈述的特征
│   └── 当事人陈述的分类
├── 当事人虚假陈述及治理
│   ├── 当事人虚假陈述行为的界定
│   ├── 当事人虚假陈述的分类
│   └── 当事人虚假陈述的治理
└── 当事人陈述的证据调查制度的优化
    ├── 确立听取当事人陈述制度
    ├── 当事人自认程序的制度完善
    └── 建立当事人陈述的约束机制
```

当事人陈述是民事案件中的特有证据种类。当事人是自身利益涉入案件的自然人或法人，自身合法权益已经或即将受到损害，有强烈的动机追求诉讼过程中的优势地位。基于此，当事人陈述的"一面之词"的属性，使中立裁判者或其他司法人员对其客观性和真实性存在较大的存疑空间。

第一节 当事人陈述的法律定位

当事人在诉讼中就案件事实向人民法院所作的陈述,称为当事人陈述。在诉讼程序中,当事人会多次向人民法院进行陈述,其中既包含对案件事实的说明和陈述,也包含对自己诉讼请求的表达。当然,当事人陈述的内容可能较为庞杂,其中能够作为证据使用的只有对案件事实的陈述部分,那些与案件事实无关的诉求等内容则不应当纳入证据体系。

一、当事人陈述的学理界定

对于当事人陈述概念的界定,因其理论内涵丰富,学界对此持有不同看法,学说众多,包括当事人权利保护说、当事人利害关系说、当事人程序说、当事人程序与实体双重适格说等。

对当事人陈述的理解,不能简单地从民事诉讼法律关系的角度,以当事人向法院提出的书面或者口头陈述为标准,而应当从民事诉讼证明和认定案件事实的角度对当事人陈述进行界定。据此,当事人陈述即民事诉讼当事人就案件事实向人民法院所作的陈述。当事人向人民法院提出的具体的民事实体权利要求,有非常重要的意义,可以体现不告不理的原则,并能够实现对法院裁判的约束,但是其不属于证据法上的民事诉讼当事人陈述;当事人针对证据的证据能力和证明力所作的陈述,虽然可以影响裁判者对证据的评价以及据之展开的事实认定活动,但是当事人对证据的证据能力和证明力的陈述无法约束法院的证据评价,特别是不能以之实现对案件事实的证明,也不能限定民事诉讼证明对象的范围。为此,也应当将之排除于民事证据法上所界定的民事诉讼当事人陈述。[1]

当事人陈述必须是当事人在案件审理的过程中向法庭所作的陈述,当事人在法庭上的陈述看似针对对方当事人的请求或者事实主张,但从民事诉讼法律关系的角度看,当事人的陈述应是向法庭作的陈述。当事人在庭外就案件事实所作的陈述对裁判者的事实认定活动无法产生影响,不能作为这里所谓的当事人陈述。当然,当事人于法庭之外向其他人或者对方当事人所作的关于案件事实的陈述,并非没有任何

---

[1] 参见赵信会、张海燕主编:《民事证据法学原理》(第2版),中国人民公安大学出版社2022年版,第78~80页。

法律效力。如果当事人在庭外所作的陈述,能够被一定的形式固定,则固定该陈述的形式即可以演变为一种证据。同时,在直接原则和言词原则已经成为民事诉讼法的基本原则的情况下,当事人向法院所作的陈述既可以以书面形式作出,也可以以口头方式作出,而且从发展的趋势看,当事人陈述主要是以口头方式作出。[1]

二、当事人陈述的特征

第一,当事人陈述具有主体特殊性。当事人陈述是由当事人就案件事实所作的陈述,证人证言的提供主体虽然同属于以言词方式的作证方式,但是证人是诉讼主体以外的其他诉讼参与人,不属于与案件处理结果有直接利害关系的诉讼主体。

第二,当事人陈述具有证据形成的事实性。这是当事人陈述产生的时间上的特点,与物证等证据相比,当事人陈述并非形成于法律事实形成过程中。当事人陈述是在诉讼过程中产生的,无诉讼程序即无当事人陈述。

第三,当事人陈述具有内容广泛性。当事人陈述的内容可能包含很多方面,信息量比较大,除了当事人对有关事实的描述、相应的观点,还可能涉及相关的证据线索以及当事人的观点和情感世界。

第四,当事人陈述具有真伪交织的二重复杂性。当事人陈述本身具有一定的主观性,这就决定了当事人陈述表达时的主观自我认同和客观性表述要求之间的矛盾。一方面,作为证据类型之一的当事人陈述必须客观地表述,客观真实性要求当事人在对案件事实进行陈述的时候,应当原原本本地按照事情的原貌予以还原。基于当事人对案件的亲历性,若能客观表述和陈述,则可以反映案件最真实的情况。另一方面,诉讼的本质是一种利益的对抗关系,很多时候人们为了自身的利益或者是出于某些方面的特殊考虑,可能会对案件事实进行虚假的描述,或者为了隐瞒某些事实而对与案件无关紧要的部分进行大肆渲染,以达到自己法律利益最大化的诉讼效果。

三、当事人陈述的分类

由于当事人陈述的内容不同,会对相关的证据调查活动产生直接的影响,因此有必要对之进行分类。

第一,以内容范围为标准,可以把当事人陈述分为反映案件主要事实的陈述和反映案件次要事实的陈述。[2] 按照此种划分标准,在调查过程中,我们首先要做的就是对案件的事实进行主次划分,以案件事实的主次为标准对应地判断当事人陈述的

---

[1] 参见赵信会、张海燕主编:《民事证据法学原理》(第 2 版),中国人民公安大学出版社 2022 年版,第 78~80 页。

[2] 参见李祖军、王世进主编:《民事诉讼法学》(第 2 版),重庆大学出版社 2006 年版,第 260 页。

主次。

第二，以时间为标准，可以把当事人陈述分为诉讼中的陈述和诉讼外的陈述。当事人诉讼中的陈述，在时间上又可以分为庭审前的陈述和法庭审理中的陈述。[1]

第三，以方式为标准，可以把当事人陈述分为书面陈述和口头陈述。对于口头陈述而言，由于并不像书面陈述那样具备可见的书面形式，因此其变动性和主观性较大，这也使当事人随着客观情况的变化而改变自己的陈述成为可能。对此，可以考虑通过再次听取当事人陈述进行判断。

第四，以当事人陈述是否对陈述者有利为标准，可以分为利己的陈述和利他陈述。所谓的利己的陈述，包含两个方面的内容，一是对自己有利的事实的承认；二是对自己不利的事实的否认。相对应地，利他陈述就是指对另一方当事人提出的对自己不利的事实的承认。

延伸思考

1. 如果要为我国当事人陈述设计一项宣誓制度，你认为应该有哪些要点必须具备？
2. 试思考当事人陈述与证人证言之间的异同。

延伸阅读

1. 陈文曲：《民事诉讼当事人陈述理论重构：以哈贝马斯的交往理性为视角》，法律出版社2010年版。
2. 毛雨洁：《我国当事人陈述的困境及出路——基于新〈民事证据规定〉第90条的体系化考察》，载《东南大学学报（哲学社会科学版）》2022年S2期。
3. 司吉梅：《反思与重构：当事人陈述分化的中国进路》，载《学术探索》2018年第6期。

第二节　当事人虚假陈述及治理

虚假陈述即当事人故意违背其真实意思而作出的陈述。当事人的虚假陈述不仅会打乱另一方当事人的正常举证、影响法院正常的审理过程，还会造成对司法资源的

---

[1] 参见李祖军、王世进主编：《民事诉讼法学》（第2版），重庆大学出版社2006年版，第260页。

浪费,因此,需要对此进行治理。

一、当事人虚假陈述行为的界定

理论上对当事人虚假陈述行为进行界定,主要有以下几种:第一,认为当事人虚假陈述是指诉讼当事人和其他诉讼参与人在参加民事诉讼活动时违背其诚实信用义务,为达成有利于己方的利益或者损害对方利益的目的,故意陈述虚假内容或者形成、提供虚假的证据材料;第二,认为当事人虚假陈述是指当事人向法院作出违反真实情况的不实陈述,以期获得不当利益或者影响对方当事人诉讼利益的实现;第三,认为当事人虚假陈述是指当事人与委托诉讼代理人以推卸己方自认或者为获取不法利益为目的,在民事诉讼进行过程中故意回避、歪曲事实,进而导致影响对方当事人的诉讼利益和法院司法审判的行为;第四,认为当事人虚假陈述是指当事人及其诉讼代理人在明确知晓案件事实的情况下,以获取有利于己方的裁判为目的或者以阻却对方诉讼利益实现为目的,故意在民事诉讼过程中陈述与案件客观事实不一致的事实的行为。[1]《美国法典》(United States Code, USC)第 18 卷第 1001 条将虚假陈述行为定性为刑事犯罪,并列明构成犯罪的 5 个要素分别为:第一,被告作出了陈述或隐瞒;第二,该陈述或隐瞒是虚假的;第三,该陈述或隐瞒是被告在"知情且故意"的情况下作出的;第四,该陈述或隐瞒是实质性的;第五,该陈述或隐瞒属于"联邦政府管辖范围"。[2]

从以上表述来看,这些对当事人虚假陈述的不同界定概括出此类行为的主要特征:第一,作出与客观事实不一致的表述或有提供虚假材料的行为;第二,作出虚假陈述的目的在于"损人利己";第三,当事人主观上为故意。

二、当事人虚假陈述的分类

由于实践中当事人虚假陈述的表现多样,要对其进行治理就有必要对其进行分类研究。主要可从以下几个角度出发,对当事人虚假陈述进行分类。[3]

第一,积极的虚假陈述和消极的虚假陈述。积极的虚假陈述,是指当事人对积极事实进行不实陈述,通常表现为捏造事实、无中生有,因而可能会造成其事实陈述中的前后矛盾。消极的虚假陈述,是指当事人对消极事实进行的不实陈述,具体表现为当事人对应当知道的事实予以否认,往往发生在不负证明责任的一方当事人。

---

[1] 参见赵信会、张海燕主编:《民事证据法学原理》(第 2 版),中国人民公安大学出版社 2022 年版,第 95 页。

[2] Giroux, William et al., *False Statement and False Claims*, American Criminal Law Review, 2018, p. 1161-1192.

[3] 参见刘丹:《民事诉讼中虚假陈述的类型化分析》,载《湖北工程学院学报》2020 年第 2 期。

第二,针对主要事实的虚假陈述和针对间接事实的虚假陈述。这里的主要事实即直接事实,是当事人就具体诉讼中对应的事项应当进行主张的事实;而间接事实则是指证明主要事实成立的事实。

第三,书面形式的虚假陈述和口头形式的虚假陈述。这是根据形式进行的划分,书面形式的虚假陈述即指虚假陈述是当事人在书状中进行的,而口头形式的虚假陈述则是通常出现在审前阶段和审理阶段中。

第四,作为的虚假陈述和不作为的虚假陈述。作为的虚假陈述,是指当事人捏造事实,作出与实际情况不相符的陈述;不作为的虚假陈述则是指当事人隐瞒事实真相,对其知道的案件事实没有尽到完全陈述义务。

以上几种对当事人虚假陈述的划分形式,既有利于对当事人虚假陈述进行更加深入的了解,又便于法官在司法实践中针对不同情况采取相应的治理措施。

三、当事人虚假陈述的治理

对当事人虚假陈述的治理,首先,应当完善事前的预防机制,如可以在当事人陈述之前的保证书签署宣读制度基础上,探索建立当事人宣誓程序。我国民间有宣誓或者发誓作为日常生活或者互相交往中保证其诚信行为的传统,因此,在民事诉讼中设置这一程序有一定的文化和传统基础,能为民众接受。我国司法实践中,已经对如何保障证人证言的真实性进行了许多有益探索,如证人宣誓书、具结书或如实陈述担保书等,这些经验对保障当事人真实陈述具有很好的先行意义。为了强化法治的信仰,可以让当事人手持宪法宣誓,保证所讲情况真实,对不愿口头宣誓者,则由当事人签署书面的如实陈述的保证书,法官在询问当事人的时候,应当责令当事人宣誓或者出具保证书。

其次,在审理过程中法官应当对当事人陈述予以判断,决定其是否可采。蒂莫西·W.弗洛伊德(Timothy·W.Floyd)在其文章中就虚假陈述究竟是一个应当由陪审团决定的事实问题还是由法院决定的法律问题展开了讨论,[1] 笔者认为,虚假陈述是对当事人陈述这一证据材料的真实性进行了破坏,即证据材料为虚假,应当属于法律问题的范畴,进而由法院和审理案件的法官对其可采性进行判断。因此要对当事人的虚假陈述进行治理,最基本、最常用的方法仍然是强调法官在案件审理过程中主动性、能动性的发挥。法官通过对其知识和经验的综合运用发现、识别当事人所作的虚假陈述,最终形成不采信这样的虚假陈述打消虚假陈述当事人获取不当利益的

---

[1] See Timothy·W. Floyd, *Determining the Materiality of False Statement: Whose Job Is It the Judge's or the Jury's*, Preview of United States Supreme Court Cases,1994(7),p.327-330.

企图。如此,虽然可能会增加具体案件中的诉讼成本,但是从超出个案的角度出发,此种温和的虚假陈述治理方法,可以从侧面促使潜在的诉讼当事人在民事实体法律关系中增强证据意识和法治意识,从而促进整个国家法治化水平的提高。[1]

最后,对虚假陈述的规制还应加大对当事人的事后惩戒力度。对于已经通过签署保证书承诺真实陈述的当事人在诉讼中作虚假陈述的,应适用罚款乃至拘留的强制措施。对当事人的经济处罚,除罚款外,还应包括相应诉讼费用的承担。因为一方当事人的虚假陈述势必加重对方当事人的证明负担,亦阻碍了诉讼程序的顺利进行,因此,产生的诉讼费用理应由虚假陈述方承担。事后惩戒的目的在于规训和警醒,因此也可以为当事人创设"改过自新"的机会。如此,有利于鼓励、督促当事人主动承认并改正错误,符合设立当事人真实义务的初衷。值得注意的是,训诫亦是我国《民事诉讼法》对妨害民事诉讼的强制措施之一,在当事人诉讼行为出现偏差时,法院通过训诫对其教育,亦应适用于对当事人虚假陈述的规制。[2]

延伸思考

1. 找出我国法律法规中关于当事人陈述的规定中互相矛盾的地方,思考这种矛盾对当事人的权利是否有所损害。

2. 思考当事人陈述在司法实践中难以发挥其预想作用的原因。

延伸阅读

1. 廖梦圆:《当事人虚假陈述的认定与规制——以〈民事证据规定〉第六十三条、第六十五条为基础》,载《黑龙江人力资源和社会保障》2021年第14期。

2. 丁朋超、覃玉华:《论在线诉讼中当事人陈述权的保障》,载《探求》2023年第4期。

第三节 当事人陈述的证据调查制度的优化

面对当事人陈述这一证据形式可能存在的诸多影响案件审判的因素,当前有关

---

[1] 参见赵信会、张海燕主编:《民事证据法学原理》(第2版),中国人民公安大学出版社2022年版,第99页。

[2] 参见熊跃敏、陈亢睿:《当事人虚假陈述的认定与规制——以司法裁决为中心的考察》,载《山东大学学报(哲学社会科学版)》2018年第6期。

当事人陈述的立法以及证据调查实践中都存在不足。从立法上看,现行立法不仅程序规定层级较低,而且有关当事人陈述的规范较简单;从证据调查的实践上来看,则存在作为证据的当事人陈述与当事人的主张和辩论相混同的问题。对此,需要从制度层面进行优化。

一、确立听取当事人陈述制度

确立听取当事人陈述这一制度的目的在于让法官能与当事人本人进行直接沟通,充分利用当事人的见闻知识,全面掌握案件情况,进而消除当事人事实主张的不清楚、不完整和矛盾之处,并确认哪些问题存在争议。从法官的角度来说,这种做法也是对当事人陈述进行的一种直接而细致的"调查"。听取当事人陈述这种做法的行为性质,只是法官了解案件真实情况的一种方法途径,属于法官的查明事实的审判权的权能之一,也是法官为了了解案件真实情况的职责之一。

职权主义诉讼模式的大陆法系的主要国家大多确立了听取当事人陈述的做法,如德国《民事诉讼法》中审判长应该使当事人就一切重要的事实作充分说明,并且提出有利的申请,特别是在对所提事实不够充分时加以补充,还要表明证据方法,为达此目的在必要时,审判长应与当事人共同从事实和法律两个方面就事实关系和法律关系进行阐明,并且提出发问的规定;日本《民事诉讼法》也对此进行了规定:"审判长为了明了诉讼关系,在口头辩论的期日或者期日之外,就有关事实上及法律上的事项对当事人进行发问,并且催促其进行证明。"大陆法系国家在听取当事人陈述的具体措施上并未制定严格的程序要求,相反,对于如何听取当事人陈述,采取了相对灵活的态度:法官在审前阶段即可发布当事人到场命令,听取当事人本人陈述,而且对此往往既没有特殊程序要件的要求,也没有时间上的限制,甚至哪些事项需要发问都没有在立法上预先设定。一般可以理解为法官可以对当事人作广泛的、有弹性的、无固定方式的发问,甚至在庭审中法官和当事人以讨论和协调的方式进行。法国、俄罗斯、希腊等国家的民事诉讼都有类似的制度规定。

根据对不同听取当事人陈述制度的了解,并结合我国的本土情况,我国听取当事人陈述制度可从以下几个方面展开。

第一,听取当事人的程序存在于整个民事诉讼的过程中,既可在审前准备程序中,也可在庭审程序中。对于发问的主体和范围,由承办法官根据具体的案情自行决定。法官的发问也需要进行适当的节制,必须在当事人提出事实资料的范围内进行发问。当事人在言词辩论中没有提出的事实主张,法官不得主动发问。

第二,在程序的启动方式上,法官可以依职权主动发问,也可以由当事人申请法官进行必要的发问。当事人听取制度的功能就在于确立法院裁判之基础事实,赋予法官主动发问权和当事人申请发问权便于弄清当事人的主张,消除不清楚、不完整及矛盾之处。

第三,当事人申请发问时,如果法官予以驳回,当事人有提出异议的权利,法院应当以裁定的方式对该异议作出裁判。无救济亦无权利,在赋予当事人申请发问权利的同时给予相应的保障措施,才能使该项权利名副其实。

第四,我国未实行律师强制代理制度,在当事人委托代理人代为进行诉讼时,如若该代理人了解案情,知晓案件事实,则该代理人可代为陈述。当然,若委托代理人代为陈述的事实能够对诉讼的胜负产生重大影响时,该代理人必须被特别授权。

第五,在当事人陈述案件事实时,不管是依职权还是依申请而为,必须坚持"对席、口头、直接"原则,这样可以防止法官受一方陈述的信息的影响而先入为主,也便于沟通交流、信息疏通,从而使纠纷得以公正、有效地解决。

二、当事人自认程序的制度完善

在民事诉讼中,对于一方当事人自己承认的对己方不利的事实,另一方当事人无须证明。当事人承认对己方不利的事实,谓之"自认"。"自认"将产生免除对方当事人举证义务的法律后果。一系列条文形成了当事人自认规范体系。相比于现行的民事诉讼法相对比较粗糙的当事人陈述的证据条文,司法解释中较为细致的当事人自认体系制度在一定程度上弥合了当事人陈述制度留下的"条文之间的巨大缝隙"。

(一)科学把握当事人自认的非证据特质

对自认程序进行制度完善,必须科学地把握自认的本质,不再将自认的性质定位为证据,而要还原其免证事实的性质。"一方当事人陈述的于己不利的事实,或者对于己不利的事实明确表示承认的,另一方当事人无需举证证明。"从立法上将自认规定于言词辩论中,贯穿于整个民事诉讼程序之中,即自认既可存在于审前准备程序之中,也可存在于庭审的辩论程序之中。同时,将自认的事实与显著事实、推定等并列规定在通常的诉讼程序之中,具体而言,规定于证据章节的总则,即作为指导性规则对证据调查起指引作用。

(二)明确当事人自认的构成要件

当事人自认的构成要件中,应当进一步明确"于己不利"要素。根据最高人民法院《关于民事诉讼证据的若干规定》的相关规定,"于己不利"的构成要件已经入法,有利于明确免证事实的范围,提升了证明和确认事实的诉讼效率,却忽视了诉讼的公正。通常来说,当事人对于对自己不利的陈述,如果不是真实的就必然会竭力证明该事实的虚假性,因此,当事人于己不利的事实陈述真实度较高,可以免除对方当事人的举证责任。但是,必须进一步明确"于己不利"事实要素,以及"国家利益""公序良俗""人身关系"等的例外。双方串通诈取法院判决的案例已经屡见不鲜,必须防止有人利用当事人自认的制度危害公共利益和他人的合法权益。

(三) 完善当事人自认的效力规定

在现行民事诉讼法中没有关于自认的体系化规定,自认效力并不绝对化。一方面,自认效力对法院的约束力有限。自认本身被包含于当事人陈述之中,法院将其视为一种证据资料,对于其效力的认定具有自由裁量权。最高人民法院《关于民事诉讼证据的若干规定》第7条规定:"一方当事人对于另一方当事人主张的于己不利的事实有所限制或者附加条件予以承认的,由人民法院综合案件情况决定是否构成自认。"一方当事人自认时,另一方当事人无须举证,但没有明确自认对法院形成刚性的拘束力,即法院仍然需要综合案件情况进行审查,并判定其能否作为认定案件事实的根据。另一方面,当事人自认对另一方当事人的免证力支持度也相对有限,对方当事人并不因一方自认而完全获得"免证"之利。法律排除了自认在身份关系上的效力,但是规定并不全面。除身份关系以外,法院依职权调查的事项、与司法认知的事实及显著事实相矛盾的事实、必要共同诉讼中一方的自认及在调解或和解中的让步,当事人的自认也不发生法律效力。

(四) 拟制的当事人自认

最高人民法院《关于民事诉讼证据的若干规定》第4条规定:"一方当事人对于另一方当事人主张的于己不利的事实既不承认也不否认,经审判人员说明并询问后,其仍然不明确表示肯定或者否定的,视为对该事实的承认。"显然,该规定关于拟制自认奉行的仍然是立法宜粗不宜细的指导方针,对于当事人在言词辩论中作"不知道,不记得"陈述和言词辩论期日缺席的情形没有规定它们的效力。对其进行完善应从以下几点出发:首先,当事人能否为不知陈述,不完全取决于是否涉及本人的行为与认识范围内的对象,还要考虑当事人在客观上是否有资讯探知的可能性。一般而言,当事人毫无困难即可接近、取得或认识的事实及资料即具备资讯探知的可能性,如医疗纠纷中,医生对其所执业的医院场所设备容易探查。其次,法官在当事人为不知陈述时,应充分行使阐明权,告知当事人是否应当进行资讯探知,以防止法官突袭性裁判。最后,对于当事人于言词辩论期日不出庭的情形,鉴于我国答辩制度与缺席判决制度尚有待完善,在现有的状况下,将当事人于言词辩论期日不出庭视为自认,在理论和实务上还有较大障碍,因此,对其可暂不予以规定。

三、建立当事人陈述的约束机制

一个完善的制度设计,不仅应该有权利义务规范,有责任设计,而且应该有罚则,设置救济机制。在当事人陈述的证据调查领域中,也需要建立当事人陈述的约束机制,若当事人故意虚假陈述造成严重后果,就赋予他相应的法律责任或者采取相应的处罚措施,这也是为了使当事人陈述能够负有责任,从而提升证据调查的诉讼效率,更高效地服务于国家诉讼政策和公平公正。

(一)增加诚实信用原则

可以遵循《民法典》的立法循例,在民事诉讼法基本原则中明确增加诚实信用原则,将当事人陈述真实义务确定为一项法律义务而非道德责任。将诚实信用原则作为统摄整个民事诉讼法的基本原则,所有诉讼参与人的诉讼行为以诚实信用原则为指导,并以此原则指导民事诉讼程序制度立法,在法律条文中明确当事人陈述是一项基本法律义务。当事人在进行陈述之时便有所考虑,使陈述的真实性提高,也方便了对当事人陈述的内容进行调查。

(二)建立完善的法律制裁体系

对违反当事人真实陈述义务的,应规定不同的制裁措施进行惩戒:第一,程序性处罚,对经过宣誓仍然故意虚假陈述的当事人,造成严重后果者处以一定数量的罚款,可以根据各地收入情况设定阶梯性的额度。第二,侵权损害赔偿责任。因当事人虚假陈述而侵害对方当事人合法权益,情节严重的,承担损害赔偿责任。赋予当事人向人民法院提起侵权损害赔偿之诉,请求法院救济的权利,可以对受损当事人提供完整的救济措施,也结合实体法的规定弥补了现行实体法将侵权损害赔偿仅限于实体法律关系的局限。第三,刑事处罚,"当事人故意作虚假陈述妨碍人民法院审理的,人民法院应当根据情节,依照《民事诉讼法》第一百一十一条的规定进行处罚"。这也是对当事人虚假陈述可能造成的严重后果所进行的最后也是最为严厉的处罚,对于情节特别严重,后果危害性很大的,应当予以适用。

(三)明确当事人的客观陈述义务

禁止当事人在不知情的情况下提出相应的主张,也就是强调主观上的真实,在当事人自己对客观情况都不了解的情况下,即使其提出了自己的主张并进行陈述,那也是没有丝毫价值的。但是,只要当事人陈述并没有违反其对客观事实的主观认识,就不应当认定其违背了真实陈述的义务。此外,当事人真实陈述义务的限度与处罚措施应当相适宜。从民事争议私权纠纷的性质特点和民事诉讼当事人的心理特征而言,对违反当事人真实陈述义务加以处罚,必须慎重考虑,只有对那些显而易见、损害他方利益、欺骗法庭、情节特别严重的谎言,才能考虑使其承担一定的法律责任。如何确定谎言与严重后果之间的因果关系,也是需要依靠逻辑理性和经验积累进行权衡的非常棘手问题。

(四)建立真实陈述义务的保障程序机制

第一,建立真实陈述义务的程序机制,以程序限制恣意,确保其适用。诉讼主体违反真实陈述义务,滥用诉讼权利,实施不正当的行为的时候,可以赋予对方当事人一定的权利进行对抗,对方当事人因此可以表示反对或者提出不同的意见。如果一方当事人认为其他诉讼主体的诉讼行为违反了真实陈述的义务,可以在法庭辩论程序终结之前向法院提出异议。法院对当事人的异议应当进行认真的审查。若当事人异议成立,则决定由该行为的实施者承担相应的法律后果。如果异议不成立,那么就驳回当事人的异议。第二,设立相应救济程序,即赋予当事人对适用真实义务时程序上的救济权利。真实义务赋予法院对当事人诉讼行为的效力进行评价的裁量权,法院可以以违反真实义务为由对当事人的诉讼行为作出否定性评价。若当事人因此遭受不利判决,应允许当事人以适用法律错误为由提出上诉或者再审。[1]

延伸思考

1. 结合听取当事人陈述制度,思考如果对该制度进行规定和设置有何种益处。
2. 研究我国法律对自认规定制度的修改,思考这种完善的现实意义。
3. 结合自认制度,思考若对其进行进一步完善,还需要从哪些方面进行。

延伸阅读

1. 李浩:《新〈民事诉讼证据规定〉的主要问题》,载《证据科学》2020 年第 3 期。
2. 李雨桐、谢文哲:《我国拟制自认制度的反思与完善——基于新〈民事证据规定〉第四条的思考》,载《金陵科技学院学报(社会科学版)》2022 年第 1 期。
3. 刘文魁:《民事限制自认酌断定规则研究》,载《政法学刊》2023 年第 4 期。

本章小结

本章的内容是民事诉讼中的当事人陈述,分别从当事人陈述的法律定位、当事人虚假陈述及治

---

[1] 参见柯阳友、吴英旗:《民事诉讼当事人真实义务研究》,载《北京科技大学学报(社会科学版)》2005 年第 3 期。

理以及当事人陈述的证据调查制度的优化三个方面进行阐述。当前学界对当事人的学理定位有不同意见,通过对各家所言进行学习理解加深对当事人法律地位的认识,进而对当事人陈述进行一定程度上的理解。对于当事人可能存在的虚假陈述问题,要明晰地判断其界定和构成要件,并从事前、事中和事后三个方面进行虚假陈述的治理。当前,我国当事人陈述调查的不足主要体现在立法和司法实践中,无论是立法缺陷还是实践中该证据形式与其他证据之间的混同,都是需要进一步思考的问题。要对当事人陈述的证据调查制度进行优化,一是思考听取当事人陈述制度的可行性,二是对当前自认制度进一步完善,自认制度作为当事人陈述的重要内容之一,需要对该制度的设计初衷进行理解,思考相关法律法规的规定是否符合当前诉讼实践需求。

第七章　被害人陈述的证据调查

本章重点内容

被害人陈述的特征与作用、被害人陈述的收集、被害人陈述的审查判断。

本章思维导图

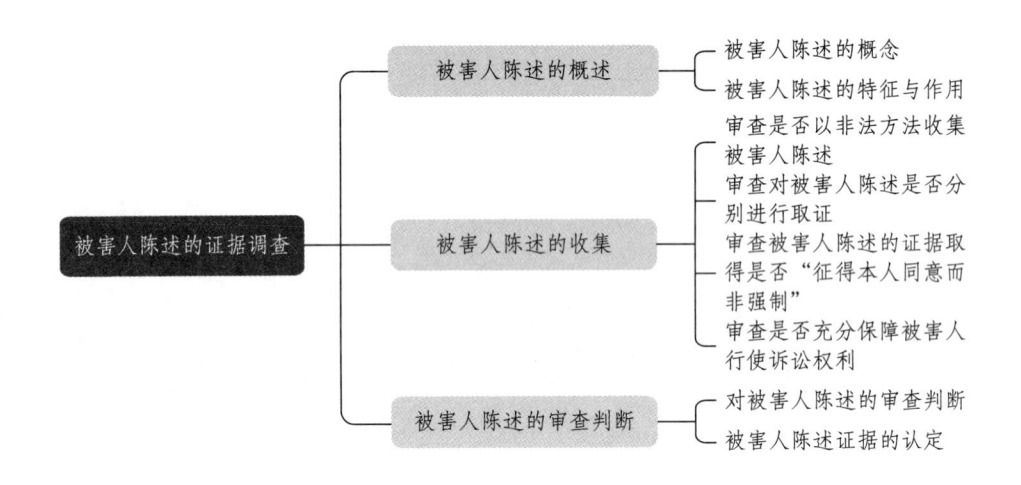

```
                          ┌─ 被害人陈述的概念
         ┌─ 被害人陈述的概述 ─┤
         │                └─ 被害人陈述的特征与作用
         │                ┌─ 审查是否以非法方法收集被害人陈述
         │                │
被害人陈  │                ├─ 审查对被害人陈述是否分别进行取证
述的证据 ─┼─ 被害人陈述的收集─┤
调查     │                ├─ 审查被害人陈述的证据取得是否"征得本人同意而非强制"
         │                │
         │                └─ 审查是否充分保障被害人行使诉讼权利
         │                    ┌─ 对被害人陈述的审查判断
         └─ 被害人陈述的审查判断─┤
                              └─ 被害人陈述证据的认定
```

被害人陈述是我国《刑事诉讼法》规定的 8 种法定证据之一，它在刑事案件处理中具有独立性，与证人证言、被告人的供述和辩解等言词证据相区别。被害人是直接受到犯罪行为侵害的人，其陈述直接反映了遭受犯罪人侵害的经历和情况，对于准确确定案件事实和合理配置司法资源起着至关重要的作用，是证据中不可或缺的组成部分。在刑事犯罪中，调查被害人陈述的证据对于揭露犯罪、抓获犯罪嫌疑人、确定案情具有重大影响，也会影响被告人的定罪和量刑。因此，有必要对被害人陈述制度进行探讨，准确理解被害人陈述证据的意义和效力，以便规范地进行证据审查。

第一节 被害人陈述的概述

一、被害人陈述的概念

（一）被害人陈述的术语界定

被害人陈述，就是刑事被害人就其所感知的案件事实情况，向公安、司法机关工作人员以及办理案件的人员所作的陈述。对于被害人陈述的概念，有以下不同看法："犯罪行为的直接受害者就其了解的案件情况，向公安司法机关所作的陈述"[1]；"作为自然人的刑事被害人就其所感知的案件事实在刑事诉讼的审前程序以及审理程序中依法向公安司法机关所作的陈述"[2]。"被害人陈述，是指被害人就其了解的与案件有关的事实及其个人意见依法向公安司法人员所作的陈述。"[3]

（二）被害人陈述的概念构成

对被害人陈述的定义表述虽然不同，但实际内容是相通的。大体都包含了三个方面：一是被害人陈述的主体是谁；二是被害人陈述的具体内容是什么；三是被害人陈述的对象是谁。

第一，被害人的陈述主体就是刑事诉讼中的被害人，具体来说，就是因遭受犯罪行为直接侵害而参加刑事诉讼程序的自然人。不管是检察院提起公诉的案件还是告诉才处理的案件，凡是遭受犯罪行为的直接侵害受到人身、自由、生命、财产等损失的人皆为被害人。

第二，被害人陈述的具体内容具有多样性。在公安司法机关工作人员对被害人陈述证据进行调查时，被害人向其陈述的往往不仅是被害人自己所感知的案件真实情况，可能还会包含被害人对犯罪行为的控诉以及对案件的最终处理提出的主张和请求。在这些内容当中，只有与被害人被犯罪行为侵害有关的事实，如犯罪的时间、地点、情节等才属于证据意义上的被害人陈述，才能作为证据被采用或者采信。陈述当中被害人提出的对犯罪人的控诉或者对案件处理的主张和请求，则不属于被害人陈述的范畴。之所以作出这样的区分，是因为被害人陈述的实质就是被害人就其所

---

[1] 陈光中、徐静村主编：《刑事诉讼法学》（修订2版），中国政法大学出版社2002年版，第160页。
[2] 欧卫安：《被害人陈述问题研究》，法律出版社2009年版，第31页。
[3] 兰跃军：《刑事被害人作证制度研究》，中国人民公安大学出版社2011年版，第9页。

遭受到的犯罪行为的侵害向公安机关、司法机关提供陈述,至于犯罪行为如何惩处则属于司法机关审查判断的内容。

第三,被害人陈述的对象具有特定的机构属性。从被害人陈述的概念来看,被害人陈述指的是被害人向执法和司法机关人员提供的陈述。因此,被害人陈述的对象应该是执法机关和司法机关的工作人员。此外,我国《刑事诉讼法》第43条第2款规定:"辩护律师经人民检察院或者人民法院许可,并且经被害人或者其近亲属、被害人提供的证人同意,可以向他们收集与本案有关的材料。"由此可以得出结论,辩护律师也有权利对被害人进行调查取证,也可以成为被害人调查取证的对象。

二、被害人陈述的特征与作用

(一)被害人陈述的特征

1. 陈述内容的真实性和虚假性并存

造成被害人陈述真实性和虚假性并存的原因主要存在主观和客观两方面因素。在刑事诉讼中,被害人的陈述通常是相对客观真实的,没有比亲身经历犯罪行为的人更能直观了解具体犯罪行为特点以及案件真实情况。这种亲身经历犯罪行为的独特性,是其他人难以比拟的,也是难以复制的,具有很高的可信度。甚至在某些情况下,被害人还可能知道犯罪人的隐藏特征,这有助于进一步查明犯罪嫌疑人、弄清案件事实。然而,由于被害人是犯罪行为的亲历者,对犯罪人可能存在厌恶、憎恨等情绪,因此,在向公安、司法机关提供陈述时,有可能夸大某些事实情节,甚至编造一些虚假情节以达到严惩犯罪人的目的,从而导致陈述失实。一方面,受被害人的记忆力和表达能力等个人因素的影响,公安司法机关获得的被害人陈述也可能与原案真实情况不符。另一方面,被害人陈述的真实性也受到客观因素的影响,如案发时的光线、天气、被害人的感官功能等原因,都可能错误地影响被害人对案件事实的真实感受,从而在陈述中提供不真实的证据内容。

2. 被害人陈述证据收集审查的特殊性

在收集证人证言、被告人供述与辩解方面,相关方不得采取非法逼取的手段,但在证人和被告人不合作的情况下,可以采取一定的强制措施。尽管我国刑事诉讼法规定了被害人陈述适用证人证言的相关规定,但并未对被害人陈述采取强制收集的方式。收集证据的目的是查明案件真相,保障被害人的权益得到合理救济。如果因为公安司法机关为了取证而采取不当程序行为给被害人带来二次伤害,则违背了公平正义的法律价值。因此,在收集被害人陈述时,一般应该有一个限度。也就是说,公安司法机关和办案人员应最大限度地便利被害人,并尽量减少对其造成的负面影响。在涉及侵犯被害人隐私和遭受巨大创伤的案件中,如强奸案件,在收集证据之前应充分准备,尽量派遣女性工作人员,必要时配备心理辅导员;注意收集证据的时间和地点,尽量减少对被害人的询问次数,避免进一步造成伤害。同样地,在审查被害人陈述证据时,也应注意避免给被害人带来二次伤害。

3. 被害人主体地位的双重性和不可替代性

在证据法意义上,作为主体的被害人具备证据方法和证明主体的双重身份。在刑事诉讼中,被害人拥有特殊的地位。被害人既可以提供案件证据,也可以成为案件证据的来源,充当实质证人的角色,并且可以是案件证据的提出者和使用者,发挥当事人在程序中的作用。被害人的陈述不可替代,正是基于被害人是案件亲历者这一事实,被害人对犯罪行为的感知是其他人所未经历的,具有独特性和特殊性。这决定了除被害人本人外,没有人能够准确真实地向公安司法机关描述他们所遭受的犯罪经历。

4. 证明信息的完整性

作为案件的当事人,被害人对案件事实有直接或间接的感知。他们的陈述能够帮助公安和司法人员全面了解案件的情况,无论是整体还是细节,因此,可以说他们是犯罪行为从发生到结束过程中最直接的见证者。在与犯罪人直接接触的案件中,被害人的陈述通常包括犯罪行为的主体、时间、地点、实施方式以及后果。因此,他们能够从动态的角度全面描述犯罪行为发生的具体过程。即使在没有明确嫌疑人的案件中,被害人对犯罪结果的陈述也会直接影响案件的定性和量刑。

(二)被害人陈述的证据意义

作为一种法定证据种类,被害人陈述在刑事诉讼中起着重要作用。被害人由于遭受了犯罪行为的侵害,一般希望通过司法途径获得法律救济,所以被害人在案发后往往会主动积极地向司法机关陈述,进而启动刑事案件。被害人陈述对司法机关进一步查清犯罪事实和案件真相也都具有重要意义。具体来讲,被害人陈述有以下几个方面的作用。

1. 有利于司法机关查获犯罪嫌疑人和查明犯罪事实

在刑事诉讼中,司法机关的两个主要任务是逮捕犯罪嫌疑人和收集证据以证明案件事实。被害人陈述对于司法机关来说至关重要,因为他们通常与犯罪嫌疑人直接接触过,对于犯罪嫌疑人的外貌、言行举止甚至一些隐藏特征都有所了解。因此,被害人向调查人员指认或描述犯罪嫌疑人的特征,对于调查人员来说是有帮助的。从司法实践来看,很多案件都是根据被害人陈述提供的信息进行调查研究,并及时破案和定案的。有些被害人常常就是刑事案件的目击者,作为案件的亲身经历者,他们对犯罪嫌疑人的犯罪时间、地点、工具和手段等方面通常有所了解,并且与犯罪嫌疑人有过直接接触,能够向调查人员提供准确的案情信息。因此,被害人陈述对于司法机关来说在判断案件性质、确定调查方向和范围、收集其他证据以揭露和证实犯罪方面起着至关重要的作用。

2. 被害人陈述有利于核实、印证其他证据

在刑事诉讼当中,被害人和犯罪嫌疑人是对立的双方,有时候可能会出现双方主张的内容不一致的情形。因此,就需要多个证据相互印证,形成完整的证据链,才具有说服力。被害人陈述对其他证据可以起到印证作用,尤其是犯罪嫌疑人、被告人的供述和辩解,如果与被害人陈述一致,就可以基本上确定案件事实;如果犯罪嫌疑人、被告人作虚伪供述,用查证属实的被害人陈述可以对质,以查明案情事实。

3. 基于当事人地位,被害人陈述可能会引发刑事案件的启动

在涉及犯罪行为隐蔽的案件中,被害人陈述是引发刑事诉讼的起点。[1] 虽然大多数刑事案件都是由公安机关主动立案侦查,但也有相当一部分案件是基于被害人的报案而立案侦查的。被害人向公安机关报案所提供的陈述并不构成证据,被害人所述的控告或主张也不构成证据,只有与案件事实相关的被害人陈述才具备证据价值。在案件立案侦查后,侦查机关会进一步询问被害人或要求其对嫌疑人进行辨认,并记录下来以固定被害人的陈述内容。

尽管被害人的陈述在证据上起着积极作用,但也必须注意其可能存在的缺陷。有些被害人可能出于获取赔偿或严惩犯罪者的目的而故意夸大案件事实,甚至可能捏造事实诬陷他人。因此,对被害人陈述的证据必须经过认真审查和确认,只有经过查证属实的被害人陈述才能作为定案的依据。

延伸思考

1. 简述被害人的类型。
2. 试比较我国古代与现在被害人诉讼地位的异同。

延伸阅读

1. 向燕:《论性侵儿童案件中被害人陈述的审查判断》,载《环球法律评论》2018 年第 6 期。

---

[1] 参见刘应江:《论刑事被害人陈述》,四川大学 2005 年硕士学位论文,第 8 页。

2. 张鸿绪:《论辩护律师调查获取主观证据的困境与出路——以证人证言、被害人陈述为研究对象》,载《社会科学家》2017 年第 9 期。

3. 袁浩为、苗越:《"童言证据"在儿童性侵案件中的适用研究》,载《黑龙江省政法管理干部学院学报》2021 年第 5 期。

4. 刘启刚、李学成:《刑事案件被害人询问对策的实证研究——以我国中部某地区为分析样本》,载《中国人民公安大学学报(社会科学版)》2018 年第 1 期。

第二节　被害人陈述的收集

被害人陈述的收集,是指证据收集的主体通过一定的方式让被害人对自身经历的客观事实进行陈述,并采用一定的方法将之加以固定,形成法定证据。具体可以表述为:公、检、法三机关或辩护律师,通过询问被害人或让被害人对本案有关物证、犯罪嫌疑人等进行辨认,并以笔录的形式或书面陈述的形式,将被害人经历案件的客观事实纳入被害人陈述这一证据之中。

被害人因为自身合法权益受到严重侵害,对犯罪嫌疑人的恶行有直观的感受,能更深入地了解犯罪嫌疑人和案件事实的相关情况。因此,被害人陈述作为一种独立的法定证据,在案件侦查中起着至关重要的作用,可以推动案件的顺利开展,揭露犯罪、抓获犯罪分子。然而,被害人与犯罪嫌疑人处于互相对立的位置,由于遭受了巨大的伤害,无论在身体上还是心理上都难以平复,可能会产生恐惧、憎恨甚至报复的心理。这种心理状态可能会导致被害人故意编造与案件事实不符的情节,或者由于客观情况导致记忆失真。因此,被害人陈述与案件的客观真相之间存在一定距离,仅凭被害人陈述而没有其他相关证据是不能定罪的。就像其他 7 种法定证据一样,被害人陈述需要经过认真审查核实,并与其他证据形成完整的证据链条,相互印证,才能作为定案的依据。在对被害人陈述进行审查时,公安机关、检察机关和法院等应进行程序上的审查,主要从以下几个方面展开。

一、审查是否以非法方法收集被害人陈述

应该确保全面询问的原则,首先要求被害人详细陈述案件的整体经过,以便其能够充分、客观地表达。不能仅仅为了调查案件而只关注对犯罪嫌疑人不利的陈述,而忽略与犯罪嫌疑人有利的细节。同时,也不能受到被害人主观情绪的影响,做出主观不利的预设。此外,还必须遵循取证合法的原则,不能采用威胁、诱导、欺骗等非法手

段,迫使被害人按照自己的思路扭曲案件事实或编造虚假陈述。

二、审查对被害人陈述是否分别进行取证

在涉及多个被害人的刑事案件中,对被害人陈述需要进行个别收集,以确保被害人能够客观地陈述自己所遭受的伤害,防止被害人之间相互影响,并过分夸大犯罪嫌疑人的罪行,从而给侦查过程带来不便。关于询问的地点,可以参照询问目击证人的规定,《刑事诉讼法》第124条规定,侦查人员可以在现场对证人进行询问,也可以到证人所在单位、住处或者证人提出的地点进行询问;在必要时,可以通知证人到人民检察院或公安机关提供证言。在现场询问证人时,应当出示工作证件;到证人所在单位、住处或者证人提出的地点询问证人,"应当出示人民检察院或者公安机关的证明文件"。换句话说,询问被害人,既可以在被害人的住所、工作地点或被害人提出的地点,也可以在司法机关所在地进行。这些规定在很大程度上对于确保被害人的尊严和安全至关重要。在特殊案件中,由于被害人个人声誉等原因,可能不希望他人知道案件的事实,或者为了保护被害人自身的安全,需要采取保密措施。在开庭审理时,可以考虑被害人的情绪,采用直接宣读被害人陈述或辨认笔录的方式,而无需被害人亲自出庭陈述并接受交叉询问。

三、审查被害人陈述的证据取得是否"征得本人同意而非强制"

收集被害人陈述需要取得被害者本人的同意。大部分受害人遭受了犯罪嫌疑人的侵害,为了尽快协助调查机构破案,通常会积极陈述案件事实。然而,有些受害人可能不愿意再次向调查机构展示他们所经历的痛苦,或者因情绪失控而暂时无法陈述。这时,调查人员应以安抚受害人情绪为主,等待其恢复后适度进行询问。同样,在需要对受害人进行检查以明确伤情及犯罪嫌疑人的犯罪行为时,也必须充分征得受害人本人的同意,而不能采用对待犯罪嫌疑人的方式进行强制检查。作为犯罪嫌疑人行为的承受者,受害人已经遭受了巨大的身心伤害。他们处于弱势地位,迫切需要国家机关的保护和帮助,调查机构必须尊重受害人的意愿,以免适得其反,产生意外事件。特别是对女性受害人,进行人身检查和鉴定时必须更加谨慎,严格按照法律规定进行。

四、审查是否充分保障被害人行使诉讼权利

被害人在公诉案件中,无法作为当事人直接起诉犯罪嫌疑人。这是因为犯罪嫌疑人所犯的罪行不仅侵害了被害人个人的利益,还对社会秩序和国家利益造成了伤害。检察机关作为公诉机关,代表国家向法庭提请对犯罪嫌疑人进行审判。尽管被害人的权利受到限制,但他们可以在公诉的同时提起附带民事诉讼或单独提起民事诉讼,要求犯罪嫌疑人赔偿其物质和精神损失。对于一些不能由国家公诉的轻微刑事案件,被害人可以以自诉人的身份直接请求法院审理。如果侦查机关没有采取行动,被害人可以向检察机关申诉,要求侦查机关立即立案。在收集被害人陈述时,应确保他们充分行使这些权利,不得剥夺或限制。然而,也必须防止被害人滥用这些权利,以无理取闹或胁迫司法机关从而满足其不合理的要求。对于被害人的要求,既要坚持依法办事,绝不迁就无原则之举,又要耐心引导和教育,做好善后工作,以防止意外事件的发生。

延伸思考

1. 简述被害人陈述在审判中如何起到证明作用。
2. 论述被害人陈述的法律地位。

延伸阅读

1. 吴慧敏:《性侵儿童案中被害人陈述可信度判断研究》,载《河北法学》2020 年第 4 期。
2. 戴紫君:《国外未成年被害人询问方法比较研究及其启示》,载《中国青年社会科学》2022 年第 2 期。
3. [美]安德鲁·卡曼:《犯罪被害人学导论》(第 6 版),李伟等译,北京出版社 2010 年版。
4. 欧卫安:《论被害人陈述的攻击性质证》,载《江西社会科学》2016 年第 7 期。

第三节 被害人陈述的审查判断

由于犯罪发生的时间、地点、环境、条件等因素,以及被害人自身认识能力的限制,被害人的认识、记忆和案情陈述可能会出现一些误差。在受到犯罪行为侵害时,被害人往往处于精神紧张和恐惧状态,可能会产生错觉;或者在受害后,由于精神刺激和记忆混乱等原因,也可能导致陈述不准确。另外,被害人对犯罪行为感到愤怒,容易产生过激情绪,从而夸大犯罪事实或情节。鉴于被害人在诉讼中享有特殊法律保护地位,有些被害人出于个人动机,可能会利用这种地位故意夸大或缩小犯罪事实,以达到严惩或包庇犯罪行为人的目的。此外,一些犯罪行为人为了逃避法律制裁或陷害他人,还可能假扮被害人进行陈述。因此,在确定案件事实时,被害人的陈述既有可能真实可靠,也有可能虚假,需要经过认真分析研究,正确判断其真实性和证明力。

一、对被害人陈述的审查判断

在审查判断被害人陈述真伪及证明力大小的过程中,我们必须坚持法治和科学相结合的观点、方法,在运用审查判断证据的方法时,应当从以下几个方面进行审查判断。

(一)审查被害人陈述的来源

需要确定被害人获取案情信息的途径:被害人陈述的内容是直接感知的还是他人告知的,或者是自己推测的。如果是直接感知,需要了解当时的环境如何。通常情况下,被害人陈述的真实程度与被害人距离感知对象的远近成反比。[1] 如果被害人陈述的内容是听他人告知,应该询问是在什么时间、地点听到的,由谁告知,并尽量向直接了解案件情况的人进行调查和核实。如果是被害人的推测,可以要求其说明推测的依据,以供分析研究时参考。例如,被害人根据犯罪行为人的言谈推断犯罪人的籍贯、动机、目的等,有助于深入分析研究并进一步收集证据。最高人民法院《刑事诉讼法司法解释》第88条第2款规定:证人的猜测性、评论性、推断性的证言,不得作为证据使用,但根据一般生活经验判断符合事实的除外。这条规定也适用于被害人的陈述。对于被害人受犯罪行为侵害时直接感知的陈述,也需要具体了解并仔细分析被害人受犯罪行为侵害时的环境、条件和精神状态等,以便了解它们对被害人陈述的影响,并正确判断其陈述的真实程度。

(二)分析被害人陈述内容是否合情合理

与任何客观现象一样,犯罪案件的发生和演变都遵循内在的逻辑规律。被害人对犯罪情况的陈述应该是这种规律的反映。如果发现被害人陈述的内容不合理或存在矛盾,就需要进一步询问或采取其他方法进行核实。被害人陈述所涉及的犯罪事实,应该是犯罪案件符合规律的表现。如果确认被害人陈述的内容纯属主观臆测、推测或无端捏造,甚至没有客观依据,那么即使与案件事实看似相关,也不能作为证据采纳。在确定被害人陈述与案件事实的关联时,应该将案件事实的发生、演变过程和结果与被害人陈述的犯罪过程和结果进行对比,以确定二者之间的内在联系。在确定这种关联性时,既不能强行扭曲事实,又不能牵强附会,必须找出其中的必然关联,揭示事实的真相。

---

[1] 参见孙孝福、兰耀军:《被害人陈述之比较研究》,载《法学论坛》2004年第3期。

(三)审查被害人的精神状态与品格

审查证人的生理和心理状况,包括他们的知觉、记忆和表达能力。根据我国《刑事诉讼法》第 62 条第 2 款的规定,生理上、精神上有缺陷或者年幼,不能辨别是非、不能正确表达的人,不能作证人。审查被害人的精神状态是否正常有助于评估其陈述的可靠性。对于生理或精神上有缺陷或者年幼,不能分辨是非、不能正确表达的人,虽然可能是被害人,但应谨慎对待其陈述的可靠性。在审查幼年被害人的陈述时,需要确认其陈述内容是否与其感知能力、记忆能力和表达能力相符,以便发现是否存在因受到威胁、诱导或胁迫而作出虚假陈述的情况。一旦发现这些问题,应有针对性地进行幼年被害人的教育工作,使其能够在没有受到干扰的情况下如实陈述。被害人的品格也会影响其陈述的可靠性。在审查和评估被害人的陈述时,执法人员应注意这一点。当然,不能简单地认为被害人的品格有问题,就认定其陈述是虚假的。应根据案件中的相关证据进行分析和判断。如果发现其陈述自相矛盾或不合情理,应仔细询问并查清问题,排除矛盾之处。

(四)审查被害人与被追诉者的关系

如果被害人与被追诉者互不相识或关系正常,那么提供虚假陈述的可能性就较小。然而,如果被害人与被追诉者之间存在冤仇,那么可能会出现虚假陈述的情况。这种虚假陈述可能会夸大犯罪事实或捏造犯罪事实,以增加犯罪嫌疑人或被告人的罪责。在某个案件中,被害人与犯罪嫌疑人原本就是熟人并且关系良好。然而,在发生矛盾后,被害人因愤怒而主动向公安司法机关报案。但在报案后,经过朋友的劝说或者对犯罪嫌疑人的同情,被害人选择隐瞒真相,为犯罪嫌疑人开脱罪责。针对这种案件,公安司法机关应该厘清被害人与犯罪嫌疑人之间的关系,以判断被害人陈述是否受到影响,并鉴别其真实性。如果被害人与犯罪嫌疑人曾经有经济往来,可能只是因为经济纠纷导致被害人不满而向公安司法机关报案。在这种情况下,更应该调查清楚被害人与犯罪嫌疑人之间确切的经济交往情况。

(五)综合全案证据审查被害人陈述

在审查被害人陈述时,应结合其他证据进行综合分析,以确定其相互印证的程度。若发现被害人陈述与其他证据存在冲突,应深入分析冲突原因,进一步收集证据以消除矛盾,从而对被害人陈述作出正确评估。在审查过程中,必须正视和揭示矛盾,而不是回避或掩盖矛盾。若被害人陈述与其他证据不一致,说明相关证据可能存在不准确之处,需要进一步调查核实。

二、被害人陈述证据的认定

我国法律对被害人陈述的质证并没有明确规定,包括是否需要出庭,审判人员、辩护人和被告人是否有权要求被害人出庭等问题。在相关法律中,通常会参照证人证言的规定对被害人陈述证据进行审查和认定。根据《刑事诉讼法司法解释》第四章第三节"证人证言、被害人陈述的审查与认定"中第 92 条规定,对于被害人陈述的审查与认定,应参照本节的相关规定。在《死刑案件审查判断证据规定》中也有类似规定,其中,第 17 条规定:"对被害人陈述的审查与认定适用前述关于证人证言的有关规定。"

因此,在审判实践中对被害人陈述进行认定时,通常也会适用与证人证言相关的规定。我国《刑事诉讼法》对被害人陈述证据并未提出更多要求。然而,由于被害人与被告人存在直接的利益关系,审判实践中被害人的陈述往往难以确定真实性,相较于被告人的供述和辩解,法庭更容易采纳被害人的陈述笔录。因此,有必要建立被害人陈述审查制度,类似于证人证言的审查判断制度,一般情况下,被害人也需要亲自出庭接受质证,被告人和辩护人有权申请被害人出庭,法官有权要求被害人出庭接受质证。

延伸思考

1. 被害人与被追诉者的关系能否影响对其陈述的效力认定?
2. 我国目前对被害人陈述的审查判断是否存在漏洞?可否提出优化建议?
3. 你认为我国对被害人陈述的部分规定适用证人证言的规定是否合理?为什么?

延伸阅读

1. 郑蕾:《性侵儿童案件被害人陈述的审查判断》,载《中国检察官》2021 年第 6 期。
2. 张云鹏:《犯罪被害人陈述宪法权利的跃升与诉讼权利的强化——以韩国犯罪被害人陈述权保护为借鉴》,载《社会科学》2013 年第 11 期。
3. [日]太田达也冰:《刑事被害人救助与刑事被害人权利在亚洲地区的发展进程》,武小凤译,载《环球法律评论》2009 年第 3 期。
4. 欧卫安:《被害人陈述问题研究》,法律出版社 2009 年版。

本章小结

本章主要介绍了被害人陈述的证据调查。先从概念、特征与作用三个方面对被害人陈述进行概述。然后,阐述了被害人陈述的证据意义。最后,就被害人陈述的收集和审查判断方式予以明晰。从目前来看,口供在刑事诉讼中仍旧处于"证据之王"的地位。在此背景下,作为犯罪亲历者的被害人陈述是司法工作人员了解案情的第一道关卡,因此,对被害人陈述的证据调查进行研究确有必要。在被害人陈述的收集程序中,侦查人员应当在遵守法定程序,保障被害人基本人权的同时,确保收集的陈述的真实性及关联性。在司法机关对被害人陈述进行审查时,也应当着重审查来源的真实性、收集程序的合法性以及陈述内容的合理性。除本章节论述的内容外,被害人陈述的证据调查亦有许多有意义且至关重要的选题。读者可以结合课后的延伸思考与延伸阅读进行研究。

第八章 "口供"[1]的证据调查

本章重点内容

"口供"的概念与证据特征、非法讯问研究、虚假供述的破解及治理。

本章思维导图

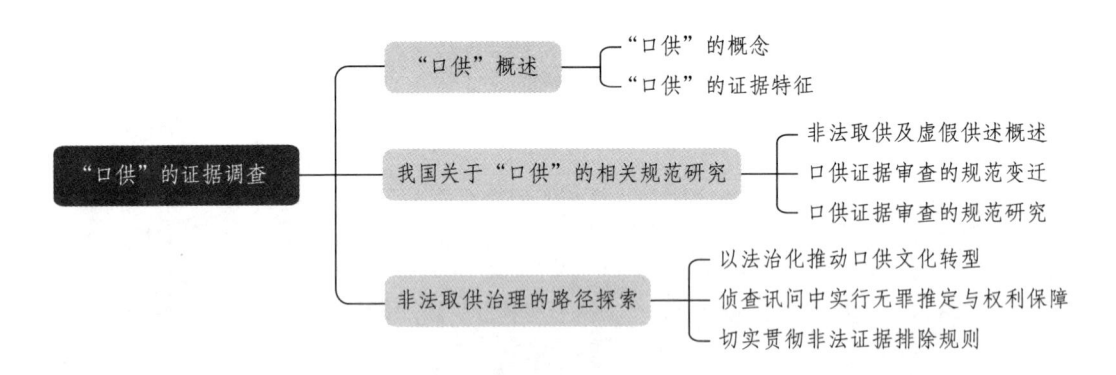

```
                              ┌─ "口供"概述 ──┬─ "口供"的概念
                              │              └─ "口供"的证据特征
                              │
                              │                           ┌─ 非法取供及虚假供述概述
"口供"的证据调查 ─────────────┼─ 我国关于"口供"的相关规范研究 ─┼─ 口供证据审查的规范变迁
                              │                           └─ 口供证据审查的规范研究
                              │
                              │                        ┌─ 以法治化推动口供文化转型
                              └─ 非法取供治理的路径探索 ─┼─ 侦查讯问中实行无罪推定与权利保障
                                                       └─ 切实贯彻非法证据排除规则
```

在刑事案件中,监察调查对象、犯罪嫌疑人、被告人针对案件事实向司法机关作出的供述和辩解,俗称为"口供"。口供是刑事案件特有的证据类型。在人类社会形态的更迭过程中,随着刑事诉讼模式从"弹劾式"向"纠问式"再到"当事人主义"和"职权主义"的演进,口供从最初古朴的"仲春之月,止肆掠"规范,演进成为帝国时代的"证据之王",其后更是衍生出令人瞠目结舌的酷刑大观。现代法治文明的到来,给口供的证据调查重新注入了科学精神、人道主义和程序法治。

---

[1] "口供"并非严格意义上的法言法语,正式的表述应当为"犯罪嫌疑人、被告人的供述和辩解"。为了行文方便,文中在同等意义上使用"犯罪嫌疑人、被告人的供述和辩解"和"口供"。

第一节 "口供"概述

在任何犯罪的调查、侦查、审查起诉和审判等法律流程中,都会形成被追诉者的供述和辩解。最为常见的是,公检法机关办理刑事案件中的犯罪嫌疑人和被告人的口供,我们不能遗漏职务犯罪调查过程中调查对象所作的供述和辩解,它也是口供的重要表现之一。

一、"口供"的概念

监察调查对象、犯罪嫌疑人、被告人的供述和辩解,是指被追诉者就有关案件情况,向监察人员、侦查人员、检察人员和审判人员所作的陈述,[1]包括犯罪嫌疑人承认自己罪行的陈述或对自己的犯罪嫌疑进行辩解、主张自己无罪或罪轻的陈述。

从口供的表现形式来看,这种供述和辩解可以分为口头形式和书面形式两种形式。书面形式的口供,是由监察调查对象、犯罪嫌疑人、被告人等被追诉者亲笔书写的书面供词。《刑事诉讼法》第 122 条规定:"……必要的时候,侦查人员也可以要犯罪嫌疑人亲笔书写供词。"这为供述和辩解的书面形式提供了法律依据。在实务中,书面形式相比于口头形式在证明力方面更具有稳定性,收集亲笔供词能够有效地遏制翻供现象产生。英美法系国家和地区的法律也多将书面供述纳入口供的表现形式,如《布莱克法律词典》就将口供解释为犯罪嫌疑人对犯罪的口头或者书面承认,通常包括犯罪的细节,是刑事案件中被控方对被指控罪名的主要事实或部分必要构成的承认。

二、"口供"的证据特征

作为言词证据的重要类型之一,"口供"具有以下证据特征。

(一)"口供"具有证明案件事实的直接性

口供是犯罪嫌疑人、被告人对案件情况的陈述,犯罪嫌疑人作为亲身经历案件的当事人,最了解案件情况,其所作的供述可以反映案件的情况。口供与书证、物证等需要结合其他证据才能证明犯罪主要事实的间接证据不同,口供具有直接的证明力,它可以单独地证明案件的主要事实,是直接证据。

---

[1] 参见樊崇义主编:《证据法学》(第 4 版),法律出版社 2008 年版,第 183 页。

(二)供述作"口供"者必须具有自愿性

除刑讯逼供的情况外,口供一般是犯罪嫌疑人在意志自由的支配下作出的。我国所说的供述自愿性与英美法系的自白"任意性"的含义相同,但是自白包括的内容更广,不仅包括对罪行的承认,也包括对实施部分行为的承认。我国所谓的口供"自愿性",并不是指社会心理学意义上的"自由自愿",而是一种对强迫取证行为的否定。[1]

由于口供是法定证据之一,犯罪嫌疑人需要通过对案件的供述和辩解维护自己的权利,供述的真实性直接影响对案件事实的认定,因此,必须保障犯罪嫌疑人供述的自愿性。但是在侦查过程中,有的侦查人员为了尽快侦查破案,往往会采取刑讯逼供、威胁、引诱、欺骗等非法方法进行讯问,其结果是造成犯罪嫌疑人违背意志自由认罪,在后续的诉讼阶段中,常有犯罪嫌疑人以先前侦查人员讯问方法非法为由推翻以前的供述,这一方面导致诉讼活动效率的降低,另一方面产生了不少的冤假错案。对此,2010 年最高人民法院、最高人民检察院、公安部、国家安全部、司法部颁布了《关于办理刑事案件排除非法证据若干问题的规定》,初步确定了非法证据排除规则,于 2012 年正式将非法证据排除制度纳入新修订的《刑事诉讼法》中,并在 2018 年修改的《刑事诉讼法》中重申非法证据排除规则的重要性。该规则将采用非法方法获取的证据予以排除,使其不具有证据能力,以此作为收集证据不合法的程序性制裁,从而确保讯问活动中犯罪嫌疑人供述的自愿性。

任意性自白的"口供取证规则"在我国的法治体系中逐渐得到确立:第一,犯罪嫌疑人的供述是由于强制、胁迫等非法方法所得,其供述不真实的可能性极大,所以为避免法院误判,对非自由意志下所为的供述,即不赋予证据能力。第二,基于保障人权的精神,对非任意性的供述不具证据能力的认定将促使侦查人员避免通过暴力、胁迫等不当程序获取供述,以保护犯罪嫌疑人的基本权利。

延伸思考

1. 共犯就共同犯罪的情况相互检举是否属于口供?为什么?
2. 试阐述口供的证据特征。

延伸阅读

1. 封安波:《论口供中心的冤案证据实践模式——兼论"证据之间相互印证"与证明标准的规范

---

[1] 参见陈瑞华:《论被告人口供规则》,载《法学杂志》2012 年第 6 期。

关系》,载《法学论坛》2023年第5期。

2. 董坤:《规范语境下口供补强规则的解释图景》,载《法学家》2022年第1期。

3. 步洋洋:《认罪案件中口供适用的逻辑与限度》,载《社会科学》2021年第7期。

4. 王宇坤:《口供印证的模式分析与具体运用——基于中外口供证据规则的对比研究》,载《新疆大学学报(哲学·人文社会科学版)》2021年第3期。

第二节　我国关于"口供"的相关规范研究

除个别以"零口供"结案的特殊情况外,口供是非常重要的刑事案件中的证据。讯问是监察调查、侦查、审查起诉和审判等国家机关工作人员与监察调查对象、犯罪嫌疑人、被告人之间的正面交锋,是取证对抗中矛盾冲突最激烈的场合,也是有罪推定导致取证对象的权利遭受侵犯的重灾区。尽管我国法律明文规定禁止刑讯逼供等非法讯问行为,近年来国家机关也越来越重视实物证据的收集和运用,然而有罪推定思想仍像挥之不去的阴影,阻碍了相关人员的理性判断。正因为口供处于如此重要的证据地位,法律实践中的工作人员对它给予高度关注,甚至存在一些为了得到口供而不惜违反刑法的严重的非法取供情形,因此,有必要就非法取供的相关规范予以列举和研究。

一、非法取供及虚假供述概述

非法取供,是指通过非法方法获取犯罪嫌疑人、被告人的供述,其行为方式包括且不限于刑讯逼供、引诱取供、欺骗取供等行为。虚假供述,是指讯问对象不如实陈述案件的真实情况。虚假供述包括:虽然未实施犯罪行为,但是被追诉者对其予以承认;虽然实施了罪行,但被追诉者供述了与实施行为不同的内容。究其实质,虚假供述指的就是与事实不符的供述。

学者卡辛(Kassin)和莱姿蔓(Wrightsman)认为,虚假供述可以分为以下三种类型。[1]

第一,自愿型虚假供述。自愿型虚假供述,是指供述的形成没有受到任何外在的压力影响,自愿型虚假供述的典型动机是为了出名或者想保护真正的罪犯,也有可能是满足获取关注的内心需要,还有可能是出于自我感觉有罪或者出现幻觉的原因。

---

[1] 参见陈欢:《虚假供述立法规范与社会认知关系》,载《社会科学家》2015年第8期。

第二，被迫顺从型虚假供述。监察调查对象、犯罪嫌疑人进行虚假供述主要是因为缓解拘禁和讯问给自己的压力但坚信自己未实施犯罪行为。

第三，强制内化型虚假供述。例如，监察调查对象或犯罪嫌疑人被说服承认他没有记忆的犯罪行为。学者古德乔森（Gudjonsson）在此基础上进行修正，将"被迫顺从型""强制内化型"改为"压力顺从型""压力内化型"。这样修改是考虑影响供述的非拘禁因素，如来自同监舍嫌犯、秘密侦查以及配偶、同辈的压力，因为某些时候警方讯问并不能达到强迫供述的法定标准，监察调查对象、犯罪嫌疑人也会因为受到警方以外其他人的压力而作出供述。尽管这些供述在随后的讯问中既不会重复，也不会被推翻，但它们还是可能会影响判决。调查表明，美国主要关注警方对犯罪嫌疑人强制和施压进行供述的现象，而英国则侧重关注虚假供述中犯罪嫌疑人的脆弱性。

一旦警方认为监察调查对象或犯罪嫌疑人撒谎、有罪，那么无辜的人就可能被错误地认定为有罪，他们随之会向讯问对象实施一系列的心理强制措施。这种情况下，警方试图通过胁迫、承诺击垮监察调查对象或犯罪嫌疑人的意志，使其认为别无他路，只能作出供述。虚假供述，特别是包含被认为是只有真正实施犯罪的人才会知晓的内容的供述，会因此导致确认偏差使其他证据的可靠性被怀疑，并且随后的证人也可能受此影响。正如学者加勒特（Garrett）所说，在侦查阶段，案件的关键证据被污染，由此造成的危害不会在随后被轻易发现或逆转。

二、口供证据审查的规范变迁

（一）口供证据能力审查的立法变迁

由于司法与立法的偏离，从1979年我国颁布第一部《刑事诉讼法》至今，对不同类型取供方式的立法态度发生了较大的转变，由最初的绝对禁止到如今一定程度的允许，对口供证据能力的审查经历了从绝对排除向自由裁量的排除转变。

1979年《刑事诉讼法》第32条规定："……严禁刑讯逼供和以威胁、引诱、欺骗以及其他非法的方法收集证据……"第34条第3款规定："凡是伪造证据、隐匿证据或者毁灭证据的，无论属于何方，必须受法律追究。"从上述法条可见"文化大革命"的余波仍在影响着法律体系，由于害怕重蹈"文化大革命"时期"非法取供行为影响司法公正，造成冤假错案"的覆辙，立法机关对所有非法讯问方式都采取了极其谨慎的态度。在司法实践中，司法机关更加关注刑讯逼供、肉刑、变相体罚等给公民造成生理或严重精神痛苦的暴力取供方式，对引诱取供、欺骗取供这一类违法讯问的审查力度较宽松。可见立法与司法出现了初步的分歧。

1997年，《刑事诉讼法》关于以引诱取供为首的轻微违法获取口供的行为在条文上沿用了1979年版本的规定,1998年9月,最高人民法院《关于执行〈中华人民共和国刑事诉讼法〉若干问题的解释》(已失效)第61条对此予以阐释:"凡经查证确实属于采用刑讯逼供或者威胁、引诱、欺骗等非法的方法取得的证人证言、被害人陈述、被告人供述,不能作为定案的根据。"这条司法解释的规定首次明确了引诱取供能否最终成为定罪量刑的依据,而不是笼统性地对禁止引诱取供行为作出规定,其明确了司法机关对于引诱取供所持的反对立场,标志着立法机关与司法机关达成了一致,终结了两者互相掣肘的情形。但是,该规定仍然存在一些缺陷。第一,它没有细化除刑讯逼供以外其他非法取供的具体类型。这使在司法实践中法官就何种讯问方式应认定为哪种非法取供形式陷入了审查疑问,而这一问题至今仍是审判过程中的一大难题。第二,它就上述非法讯问口供的证据能力审查有些矫枉过正。由该司法解释第61条可知,通过威胁、引诱、欺骗取得的供述同刑讯逼供一样,均予以绝对排除,这使对不同讯问方式的区分失去了意义。

上述疑问随着2010年《关于办理刑事案件排除非法证据若干问题的规定》中非法证据排除规则的确立以及2012年《刑事诉讼法》不得强迫自证其罪原则的确立得到了部分缓解。2012年《刑事诉讼法》第50条规定:"……严禁刑讯逼供和以威胁、引诱、欺骗以及其他非法方法收集证据,不得强迫任何人证实自己有罪……"第54条规定:"采用刑讯逼供等非法方法收集的犯罪嫌疑人、被告人供述和采用暴力、威胁等非法方法收集的证人证言、被害人陈述,应当予以排除……"由上述条文可知,立法机关有意忽略了除刑讯逼供以外其他非法讯问口供作为排除证据的情形,初步体现了其区分引诱取供、欺骗取供与其他非法讯问方式,但是该条文还是受到了不少质疑。第一,立法者对引诱取供等行为是否要排除态度的模糊造成了司法实践的混乱,学界也鲜有学者探究应当基于何种逻辑与标准裁量排除,非法证据与证据排除的因果关系如何建立和推导等根本问题,[1]这种缺失导致在司法实践中逐渐衍生出"完全排除说""完全保留说""折衷说"三足鼎立之势,这种判罚的不确定性对犯罪嫌疑人、被告人的人权保障无疑是非常不利的。第二,新修订的法律仍旧没有解决引诱取供等行为的界定问题。上述两个不足最终造成引诱取供等行为在司法实践中法官"不愿排、不会排、不敢排"的问题。

自2012年《刑事诉讼法》修改之后,我国先后颁布的数份重要法律文件中均涉及非法证据排除规则。2017年,最高人民法院、最高人民检察院联合公安部颁布的《关

---

[1] 参见左卫民:《"热"与"冷":非法证据排除规则适用的实证研究》,载《法商研究》2015年第3期。

于办理刑事案件严格排除非法证据若干问题的规定》(以下简称《刑案严格排非规定》)首次确立了口供排除的"痛苦规则",[1]并将重复性供述纳入非法口供排除的范畴;由于《中华人民共和国宪法》(以下简称《宪法》)于2018年修改,监察委员会作为特殊性质的侦查机关成为我国的司法主体。因此,《刑事诉讼法》在同年也进行了修改,监察机关在"调查"中获取的被调查人的供述也要纳入非法证据排除规则的范围;2019年,最高人民检察院颁布的《人民检察院刑事诉讼规则》基本是在复述《刑案严格排非规定》和2018年《刑事诉讼法》的内容;2021年失效的《刑事诉讼法司法解释》,主要针对口供的证明力审查作出规定,列举了部分口供不得作为定案根据的情形。可见在10余年时间内,针对引诱取供的证据能力审查规则并没有更新,引诱取供"认定难""排除难"的难题仍旧存在,这在实务工作中给各司法机关造成了不少困扰。

(二)口供证明力审查的立法变迁

口供属于证据的范畴,因此,《刑事诉讼法》规定的证据证明标准同样适用于口供的证明力审查。在我国的刑事法体系中,对口供的证明力审查规则体系由审查模式和证明程度两部分组成。

我国关于口供的审查模式为印证证明模式。我国关于犯罪嫌疑人、被告人供述的证明力审查一直秉持"印证证明模式",早在"文化大革命"时期,时任公安部军代表之一的赵登程提出了"一人供听,二人供信,三人供定"的口供证明规则。在实践过程中印证证明模式的弊端逐渐显现,即过分依赖口供会导致冤案的产生。1979年和1996年《刑事诉讼法》及其司法解释均没有就证据印证证明模式和刑事证明模式作出明文规定。[2] 自2004年起,以龙宗智、李建明、谢小剑为首的大批学者开始对印证证明模式进行研究,充分论证了采取印证证明模式的原因及其可行性,从优点和缺陷两个方面阐述印证证明模式的特征。[3] 随着学界的观点逐渐影响立法司法,2010年《死刑案件审查判断证据规定》提出供述要与其他证据印证的表述,并在2012年《刑事诉讼法司法解释》第80条、第83条正式明确了印证证明模式。2018年,通过的《监察法》第40条第1款规定:"监察机关对职务违法和职务犯罪案件,应当进

---

[1] 痛苦规则,是指犯罪嫌疑人遭受难以忍受的痛苦而违背意愿作出的供述。参见龙宗智:《我国非法口供排除的"痛苦规则"及相关问题》,载《政法论坛》2013年第5期。

[2] 参见吴洪淇:《印证的功能扩张与理论解析》,载《当代法学》2018年第3期。

[3] 参见龙宗智:《印证与自由心证——我国刑事诉讼证明模式》,载《法学研究》2004年第2期;李建明:《刑事证据相互印证的合理性与合理限度》,载《法学研究》2005年第6期;谢小剑:《我国刑事诉讼相互印证的证明模式》,载《现代法学》2004年第6期。

行调查,收集被调查人有无违法犯罪以及情节轻重的证据,查明违法犯罪事实,形成相互印证、完整稳定的证据链。"[1]证据"相互印证"第一次成为法律用语。[2]

我国对于口供证明程度的要求为"案件事实清楚,证据确实充分",其内涵在40余年间不断扩大。1979年,《刑事诉讼法》第100条规定:"人民检察院认为被告人的犯罪事实已经查清,证据确实、充分,依法应当追究刑事责任的,应当作出起诉决定,按照审判管辖的规定,向人民法院提起公诉。"该法条是我国第一次就证据证明标准作出规定,尽管此条规定与目前的证据证明标准相比属于一种原则性规定,仍旧标志着司法的一大进步。但是,此条文仅规定了检察院审查起诉的证据证明标准,并没有就司法审判过程中应当遵循的原则予以规定,在司法实践中出现了检察机关与审判机关对认定标准不统一的问题。因此,在1996年《刑事诉讼法》修改时,立法机关弥补了上述漏洞。在沿用1979年《刑事诉讼法》第100条规定的基础上,1996年《刑事诉讼法》于第162条中将证据证明标准适用于有罪判决,具体条文为"案件事实清楚,证据确实、充分,依据法律认定被告人有罪的,应当作出有罪判决"。但是新的问题又显现出来,"证据确实充分"这一用语过于抽象,在司法实践中只能将其认定为指导原则而无法在具体的案件中予以适用,因此,有必要将其内涵具体化。在此立法需求的指引下,2012年,《刑事诉讼法》第53条明确规定了"证据确实、充分"的三个条件,分别为"定罪量刑的事实都有证据证明""据以定案的证据均经法定程序查证属实""综合全案证据,对所认定事实已排除合理怀疑"。这一规定在2018年《刑事诉讼法》的修改中也得到了保留,并沿用至今。[3]

三、口供证据审查的规范研究

(一)排除证据的理论基础:证据禁止理论

从上述口供证据能力规范变迁的演进过程可以看到,当前我国关于口供的证据能力审查出现了"认定难""排除难"的问题,其中的一个原因在于《刑事诉讼法》第52条与第56条的理解争议。证据能力是指一个证据是否有资格被法官采纳,它指的是证据的资格问题而并非其背后涵盖的事实问题,其对应于我国证据"三性"中的合法性要求。以最新的2018年《刑事诉讼法》为范本,第52条规定:"……严禁刑讯逼供和以威胁、引诱、欺骗以及其他非法方法收集证据……"第56条规定"采用刑讯

---

[1] 2024年修正的《监察法》为第43条第1款。

[2] 参见封安波:《论口供中心的冤案证据实践模式——兼论"证据之间相互印证"与证明标准的规范关系》,载《法学论坛》2023年第5期。

[3] 在2018年《刑事诉讼法》的修改中,该条文内容不变,仅在条文编排上由2012年的第53条调整为第55条。

逼供等非法方法收集的犯罪嫌疑人、被告人供述和采用暴力、威胁等非法方法收集的证人证言、被害人陈述,应当予以排除……"因此,需要对上述两个条文进行重新解释,厘清两者之间的逻辑关系是重塑证明能力审查的前提,本书认为这两个条文可以运用证据禁止理论予以解释。

1. 证据禁止理论

证据禁止理论源自德国,其包括"证据取得禁止"与"证据使用禁止"。"证据取得禁止"指禁止证据违法取得,在具体的证据能力审查中表现为侦查机关监督部门、检察机关、法院认定侦查机关取得证据过程违法,要通过进一步审查其是否应当排除,其设置目的在于规范取证行为,确保证据无瑕疵。"证据使用禁止"则指禁止法院将已经取得的某种证据作为判决基础和根据,[1]其设置目的在于规范裁判行为,确保司法的公正。"证据使用禁止"以是否被刑事诉讼法规定为标准可以分为法定"证据使用禁止"和非法定"证据使用禁止",[2]前者指法律明文规定"不得作为定案根据"的类型,后者则指法官可以根据自由心证排除相关证据。德国通过利益权衡理论对证据禁止理论进行补充,以此权衡国家追诉利益和个人权益保护。其从两个层面明确"证据取得禁止"与"证据使用禁止"之间的关系,实体层面,以程序违法严重程度和犯罪严重程度为核心权衡因素,并考虑是否存在假设性替代路径;法律后果层面,存在证据使用、证据禁止及第三范式的后果。[3]

通过以上对证据禁止理论的简介可以得出如下结论:第一,由于对非法定"证据使用禁止","证据使用禁止"可以不需要法律明文规定。第二,"证据取得禁止"不必然导致"证据使用禁止","证据使用禁止"也不以取得禁止为必要条件,仍有可能作为最终定罪的根据。第三,"证据使用禁止"不以被告人的意愿为适用前提。法官既可以在刑事诉讼法没有规定的情况下通过对法条进行标准化的理解之后推导出"证据使用禁止",也可以在取证过程合法的情况下禁止使用某种证据。根据心证公开原则,法官只需要做到充分论述即可,无须考虑被讯问人是否愿意认可该口供。

2. 非法排除证据规则语境下的证据禁止理论

在明晰了证据禁止理论后,再来分析我国《刑事诉讼法》的相关条文便可迎刃而解。《刑事诉讼法》第52条是在不得强迫自证其罪的情形下,要求司法工作人员不

---

[1] 参见陈瑞华:《刑事诉讼法》,北京大学出版社2021年版,第73页。

[2] 参见孔令勇:《从排除原则到排除规则——以威胁、引诱、欺骗方法获取口供排除规则的教义学构建》,载《法律科学(西北政法大学学报)》2019年第2期。

[3] 参见王颖:《德国刑事证据禁止利益权衡理论的演进及其借鉴》,载《环球法律评论》2021年第4期。

得采用引诱取供、欺骗取供、威胁取供等讯问手段,一旦采取了上述行为,便属于程序违法。第56条尽管只规定了刑讯逼供必须排除,没有将通过引诱、欺骗、威胁等取得的供述纳入必须排除的证据范畴,但应当重视条文中的"等非法方法"。不法是对程序违法行为及其带来法益损害的否定性评价,如果司法工作人员的上述非法取供行为在不法层面上被认定为与刑讯逼供具有相同的危害性,在结果层面上同刑讯逼供一样严重侵害了被讯问人的权利,以至于获得的供述无法证明被讯问人的惩罚必要性,这种供述是需要排除的。正是由于刑讯逼供不存在引诱取供那样可能不被排除的情形,因此在法条中只明确规定了采用刑讯逼供收集的犯罪嫌疑人供述应当予以排除,而将引诱取供等非法取供方式列入了"等非法方法"。

总结而言,在我国的法律语境下,引诱取供、欺骗取供、威胁取供等行为虽然被列为违法讯问方式,但是其所获取的供述并不必然被排除,实质上需要法官的自由心证进行利益衡量后再决定是否排除。因此,本书认为当前《刑事诉讼法》第52条遵循的是"证据取得禁止"原则,第56条遵循的是"证据使用禁止"原则。在司法实践中,已经有部分判例初步凸显了证据禁止理论的指导作用。以陶某贪污罪案为例,在讯问过程中办案民警劝陶某认罪,并允诺判处其缓刑。侦查人员的允诺行为实质上已经僭越了岗位职权,可以认定为"引诱取供"行为。审判机关在判决书中如此写道:"被告人作为公安民警,本身即具有法律常识,亦懂得办案策略,其对办案民警的诱供利益完全能够分辨真假和利害关系,且办案民警的引诱、欺骗方式亦不足以达到可能严重影响司法公正的程度。因此,被告人称其在办案区和看守所被诱供的证据应予排除的理由不能成立。"[1]可见,法官通过心证公开对讯问人员的引诱取供行为进行了论述,最终得出了"不足以严重影响司法公正"的结论。

(二)证明力审查层面:印证证明模式并非错案之本源

证明力又称"证明价值""证明作用",是指一个证据所具有的证明某一待证事实可能存在或可能不存在的能力。[2]与之相对应的是我国证据"三性"中的真实性与客观性。证明力的审查也要以证据能力审查为前提,林钰雄教授提出,"逻辑顺序上必先具备证据能力后,始生证明力之问题"[3]。从审判的公正性以及保护被告人人权的角度出发,先行审查证据的证明力会给裁判者留下先入为主的刻板印象,如若该证据有强大的证明力但存在证据能力瑕疵,审判人员极有可能依据自由心证将其列为

---

[1] 湖北省荆门市掇刀区人民法院刑事判决书,(2021)鄂0804刑初129号。
[2] 参见陈瑞华:《刑事证据法》(第4版),北京大学出版社2021年版,第132页。
[3] 林钰雄:《刑事诉讼法(上册 总论编)》,中国人民大学出版社2005年版,第347页。

最终定案的根据,这不符合"存疑时有利于被告人原则",侵犯了犯罪嫌疑人、被告人的基本人权。

1. 印证证明模式的必要性

原则上,证据是否具有证明力以及证据的证明力大小强弱问题,并不属于法律问题,可以由裁判者依据经验法则或逻辑法则判定。[1] 但是我国采取了"新法定证据主义",人为规定了部分证据可信程度的高低,其本意在于限制法官在采信证据、认定事实上的自由裁量权,避免法官由于任意采信证据而在认定事实方面作出错误判定。[2] 作为"新法定证据主义"重要组成部分的"印证证明模式"却引起了巨大争议。有学者认为,该证明模式过度追求客观真实,极易侵害被告人人权;[3] 有学者认为,该证明模式过于抽象和理想化,在司法实践中不具有可操作性,因此建议采用大陆法系的自由心证原则予以替代;[4] 还有学者直接将刑事错案发生的原因归结于印证证明模式,认为冤案正是该模式造成的恶果。[5] 上述将冤案归责于印证证明模式实际上是对该模式的巨大误解,事实上在当前我国缺乏真正意义上的沉默权制度保障以及侦查水平较低的现状下,非法取证才是错案的罪魁祸首,而印证证明模式是预防错案的重要保障。

第一,选择何种证明力审查模式并不能阻止冤案的产生。左卫民教授曾提问"为何现行的印证或互证证明模式不能有效遏制冤假错案的产生",并由此推崇英美法系及大陆法系中自由心证的证明力审查方式。实际上采取自由心证模式的这些国家也有不少冤假错案,其数量同样令人瞠目结舌。曾经担任美国俄亥俄州检察总长的吉姆·佩特罗从2003年起运用DNA技术从事洗冤工程,他自己也承认狱中的无辜者比大多数美国人预想的要多得多,仍在监狱中被错判的命运不佳的人数甚至有可能超过十万人。[6] 可见,即使是自由心证主义也无法回答"为何现行的自由心证证明模式不能有效遏制冤假错案的产生"这一疑问,因此,并非证据的证明力审查模式最终导致了冤假错案的发生。

---

[1] 参见陈瑞华:《刑事证据法》(第4版),北京大学出版社2021年版,第138页。

[2] 参见陈瑞华:《以限制证据证明力为核心的新法定证据主义》,载《法学研究》2012年第6期。

[3] 参见谢小剑:《我国刑事诉讼相互印证的证明模式》,载《现代法学》2004年第6期。

[4] 参见张文娟:《我国刑事诉讼证明模式"相互印证"与"自由心证"之辩——相互印证弊端之实证分析》,载《证据学论坛》2007年第2期。

[5] 参见左卫民:《"印证"证明模式反思与重塑:基于中国刑事错案的反思》,载《中国法学》2016年第1期。

[6] 参见[美]吉姆·佩特罗、[美]南希·佩特罗:《冤案何以发生——导致冤假错案的八大司法迷信》,苑宁宁、陈效等译,北京大学出版社2012年版,第86、303、306页。

第二，非法取证才是错案的罪魁祸首。根据证据之镜理论，证据就像一面"折射"事实的镜子，将过去已经发生的案件展现出来。[1] 这表明证据与事实之间其实是存在信息差的，通过证据认定案件事实具有天然不可避免的缺陷，我们只能通过证据尽可能还原案件事实，而不可能做到百分之百地复原真相。为了能够提高案件认定的真实可靠性，印证证明模式由此诞生。在证据之镜理论下，如果有诸多其他的证据都指向同一案件事实，那么尽管每一个证据仍旧存在或多或少的偏差性，但是如果所有证据都指向同一事实，那么对于案件真相就达到了渐进的趋同性，可信度也就逐步提高。因此，"印证证明模式"是预防错案的一种保障措施，但也仅仅起到锦上添花的补强作用，并不能起到雪中送炭的根本作用，其作为一种方法并无对错，真正的错误在于证据本身，若证据自身缺乏可靠性，那由此形成的印证关系极有可能是虚假印证。[2]

总结而言，我国近年来一些冤假错案的发生，其根本原因在于司法工作人员缺乏对"证据之间相互印证"的其他前提条件尤其是合法性条件的审查。[3] 口供作为证据的一种，自身就具有极高的不稳定性和易更改性，侦查人员直接认定口供这一证据"折射"出的案件事实就是真相，同时片面强调相互印证，造成了冤案。

2. 印证证明的程度分析

尽管印证证明模式不是冤假错案的本源，但是印证证明模式在某种意义上也成为助长"冤假错案"的帮凶。从认识论角度出发，证据之间的印证关系能够增强各自的可信度，但印证关系本身并不能确保证据的真实性。证据之间相互印证并不等于达到证据确实充分的证据证明标准，因此有必要厘清印证证明的程度与"证据确实充分"这一证据证明标准之间的联系。

事实上，证据之间的相互印证是"证据确实、充分"的必要条件而非充分条件，[4] 2018年《刑事诉讼法》第55条就"证据确实、充分"规定了三个条件。第一，定罪量刑的事实都有证据证明，这是对证据"量"上的规定，它要求认定犯罪事实和量刑情节的内容都要有相应证据的证明。以2021年颁布的《刑事诉讼法司法解释》第141条

---

[1] 参见张保生主编：《证据法学》，中国政法大学出版社2009年版，第15~16页。

[2] 参见刘静坤：《论刑事程序中的虚假印证及其制度防范》，载《当代法学》2022年第1期。

[3] 参见封安波：《论口供中心的冤案证据实践模式——兼论"证据之间相互印证"与证明标准的规范关系》，载《法学论坛》2023年第5期。

[4] 参见封安波：《论口供中心的冤案证据实践模式——兼论"证据之间相互印证"与证明标准的规范关系》，载《法学论坛》2023年第5期。

为例,[1]其是对《死刑案件审查判断证据规定》第 34 条关于"毒树之果"理论的延伸,将适用范围从死刑案件扩展到了普通案件。[2] 由于只有犯罪嫌疑人、被告人的口供这一项证据指向该物证,一旦供述出现瑕疵,该物证又没有其他证据可以印证,就不符合"量"上的要求,因此只能够将其排除。第二,据以定案的证据均经法定程序查证属实,这是对证据合法性,也就是证据能力审查的要求,这是全案证据整体判断的最基础性、前置性的裁判工作。第三,综合全案证据,对所认定事实已排除合理怀疑。该条文要求审查人员纵览所有证据,以此对案件事实有确定性的判断,此处"综合全案证据"便包含了"证据相互印证"的要求,只有在不同种类的证据以及在不同时间段收集的同种证据都指向同一案件事实时,才能将该事实认定为定罪量刑的依据。总而言之,证据确实充分中必然包含证据相互印证,但是只有证据相互印证并不能推导出"证据确实、充分","证据确实、充分"还包括证据合法性的优先审查以及对于证据在"量"和"质"上的多重审查。

延伸思考

1. 试评价西方的沉默权制度以及在我国设立沉默权制度的可行性。
2. 试评价当今社会的"以审判为中心主义"相较于"口供中心主义"的优越性。
3. 如何理解我国《刑事诉讼法》第 52 条与第 56 条关于口供排除规则的认定?

延伸阅读

1. 王宇坤:《口供印证的类型化研究——基于我国刑事审判实践的思考》,载《浙江工商大学学报》2020 年第 1 期。

2. 纵博:《认罪认罚案件中口供判断的若干问题》,载《中国刑事法杂志》2019 年第 6 期。

3. 王仲羊:《论非法口供的裁量排除》,载《中国人民公安大学学报(社会科学版)》2019 年第 6 期。

4. 白冬:《口供之诱与惑——基于结果、真相与权力的相关性分析》,载《理论探索》2019 年第 4 期。

---

[1] 最高人民法院《刑事诉讼法司法解释》第 141 条规定,根据被告人的供述、指认提取到了隐蔽性很强的物证、书证,且被告人的供述与其他证明犯罪事实发生的证据相互印证,并排除串供、逼供、诱供等可能性的,可以认定被告人有罪。

[2] 参见董坤:《规范语境下口供补强规则的解释图景》,载《法学家》2022 年第 1 期。

第三节 非法取供治理的路径探索

调查对象应该"如实供述",犯罪嫌疑人、被告人应该"如实供述"是我国《监察法》《刑事诉讼法》的明文规定。但是,在证据调查过程中,针对口供的调查取证即使完全合乎法律规定,即便监察调查人员、侦查人员、审查起诉人员、审判人员付出再多的心血和努力,也无法保证一定能够达到如实供述,虚假供述是一个普遍的现象,也是无法凭借法治和科技的力量彻底消融的坚冰。

一、以法治化推动口供文化转型

"口供为王"的不当侦查文化与传统中国法文化具有内在牵连,深受我国自古以来刑法重刑主义文化的影响。法文化本身亦是法治化的产物,基本法律若未确立,则法治文化难以真正形成,因此,以口供为中心的侦查文化转型也更加依托于法治化的步伐。

随着中国特色社会主义法律体系的渐趋完善,在侦查讯问领域中,尊重和保障人权越来越深入人心。然而,欲推进口供文化和侦查文化转型,仅依靠一部刑事诉讼法仍略显单薄。要实现侦查讯问文化之转型,首先是侦查法治化,必须建立一个门类齐全、结构严谨、内部和谐、体例科学而又完备的刑事法律体系。这种法律应当包含彰显形式正义的刑事程序法律,在刑事实体法律层面上也需要进一步跟进,从实体法的角度肯定权利救济,并对破坏权利救济之行为予以规制。此外,侦查法治化还应当充分体现动态控制的价值理念和侦查权制衡理论中"以权利救济制衡侦查权"的基本精神。在涉及侦查讯问和口供证据的相关领域,均应制定相应的法律、行政法规、地方性法规和各种规章。在正视侦查法治全面性的基础上,充分完善立法,无疑将形成一张百无一漏的侦查程序网络系统,使各方面都能有法可依。

二、侦查讯问中实行无罪推定与权利保障

无罪推定是现代刑事诉讼的基本原则之一,也是衡量一个社会司法制度文明与民主程度的重要标尺,该原则要求一个公民在经过正当程序被证明有罪之前,在法律上应当被认为是无罪的。诚如贝卡利亚所言,"在法官判决之前,一个人是不能被称为罪犯的。只要还不能断定他已经侵犯了给予他公共保护的契约,社会就不能取消

对他的公共保护"。[1] 这种公共保护应该包括一个人在面临刑事指控时,能够享有与其他公民相同的各种权利以及相应的防御性权利。例如,在接受讯问的时候,其身体健康权、休息权受到保障,还应当被告知其参与诉讼的权利义务、享有辩护权、不被强迫自证其罪的权利。

无罪推定原则反对罪刑擅断和刑讯逼供,促使被追诉人从诉讼客体向诉讼主体的地位回归,贯穿于刑事诉讼过程的始终。然而,有一种观点认为该原则不适用于侦查阶段,理由在于侦查是一个提出假说并加以证明的过程,侦查工作就是围绕证明某人有罪展开的,其与无罪推定原则存在根本性的矛盾。其实,侦查假说和无罪推定是分属于不同领域、不同层次的不同问题。[2] 前者是一种认识事物的科学方法,属认识论范畴,后者是一种法律拟制,意在保障被追诉者作为人的基本权利和尊严,属价值论范畴。提出并证实侦查假说并不改变犯罪嫌疑人的法律地位,坚持无罪推定原则也并不影响侦查机关履行查明案件真相的职责,两者的界限就是侦查人员应当依照法定程序办理案件,不能以无罪推定为理由消极侦查,同时,也不能以侦查假说为借口剥夺犯罪嫌疑人的权利。

侦查假说要成为侦查结论,必须经过严格的验证。[3] 但是,不少实务工作者以侦查假说的需要否定无罪推定的合理要求,导致本应严格的验证陷入空转。首先是验证途径单一。侦查机关习惯于通过长时间控制犯罪嫌疑人并进行讯问的方式获取有罪供述,难以跳出由供到证的窠臼。其次是验证手段粗暴。讯问过程中遇到犯罪嫌疑人拒绝作出有罪供述时,就本能地认为犯罪嫌疑人对抗侦查,遂通过种种法外手段获取有罪供述,直至采取刑讯逼供的方式。最后是验证结果草率。一旦获取有罪供述即视为破案,无视其他可能证明嫌疑人无罪的证据。某些冤案的出现都是因为在侦查阶段紧咬住最先出现的嫌疑人不放,不考虑其他可能性,将工作的重心全部放在突破嫌疑人的口供上,继而以有罪与定罪为中心展开一系列侦查、起诉、审判等带有强烈主观倾向的诉讼行为。[4]

权力历来受到膜拜和吹捧。因此,权力否定、限制或削弱权利,成为人们观念中的逻辑必然。尤其在刑事诉讼当中,被追诉人往往被视为人民的"敌人"……国家集

---

[1] [意]贝卡利亚:《论犯罪与刑罚》,黄风译,中国大百科全书出版社1993年版,第31页。
[2] 参见毛立新:《侦查假说与无罪推定辨析》,载《新疆警官高等专科学校学报》2005年第3期。
[3] 参见毛立新:《侦查假说与无罪推定辨析》,载《新疆警官高等专科学校学报》2005年第3期。
[4] 参见张志英:《论有罪推定思想的具体表现及其转变路径——以刑事冤案的产生为切入点》,载《河南师范大学学报(哲学社会科学版)》2009年第3期。

合所有手段，用尽全力对其进行追诉和打击被视为理所当然。[1] 而无罪推定理念的提出恰恰是"将被追诉者权利作为掣肘国家权力的因素来考量"[2]，自然会遭到国家权力行使者的本能抵制。权力的运行遵循效用优化原则，除去权力拥有者为自身谋求不法利益的情形外，滥用权力的本质表现就是为了提高效率而漠视权利。具体到侦查过程中，侦查人员通过限制、剥夺犯罪嫌疑人的权利，以达到快速定罪的目的。因此，坚持无罪推定对于保障嫌疑人权利、促进实体和程序公正具有重要意义。

三、切实贯彻非法证据排除规则

（一）不得强迫自证其罪原则

审判人员、检察人员、侦查人员必须依照法定程序，收集能够证实犯罪嫌疑人、被告人有罪或者无罪、犯罪情节轻重的各种证据。严禁刑讯逼供和以威胁、引诱、欺骗以及其他非法方法收集证据，不得强迫任何人证实自己有罪。

不得强迫自证其罪一般包含三个方面的含义：一是被告人没有义务为追诉方向法庭提出任何可能使自己陷入不利境地的陈述，追诉方不得采取任何非人道或有损被告人人格尊严的方法强迫其就某一案件事实作出供述或提供证据。二是被告人有权拒绝回答追诉官员或法官的讯问，有权在讯问中保持沉默。司法警察、检察官或法官应及时告知犯罪嫌疑人、被告人享有此权利，法官不得因被告人的沉默而使其陷入不利的境地或作出对其不利的裁判。三是犯罪嫌疑人、被告人有权就案件事实作出有利或不利于自己的陈述，但必须出于真实自愿，并在意识到行为后果的情况下作出，法院不得把非出于自愿而是迫于外部强制或压力而作出的陈述作为定案根据。[3]

作为现代法治国家的一项刑事法律基本原则和诉讼当事人的一种基本权利，不得强迫任何人自证其罪原则的价值偏向能够遏制诉讼过程中公权力为了获取证据而对犯罪嫌疑人人格的侵犯。面对强大的公权力，犯罪嫌疑人本身的诉讼地位是弱小不利的，如果再不禁止自证其罪，那么诉讼将对犯罪嫌疑人极为不利，也就难以确保诉讼的公平与正义。因此，赋予犯罪嫌疑人不得强迫证实自己有罪的特权能极大地改善犯罪嫌疑人在诉讼中的地位，增加其与公权力地位对等的砝码，避免双方力量悬殊，确保诉讼平衡。

---

[1] 参见韩阳：《刑事诉讼的法哲学反思——从典型制度到基本范畴》，中国人民公安大学出版社2012年版，第59页。

[2] 徐阳：《权力规范与权力技术——刑事诉讼中国家权力配置问题研究》，法律出版社2010年版，第66页。

[3] 参见宋英辉、吴宏耀：《任何人不受强迫自证其罪原则及其程序保障》，载《中国法学》1999年第2期。

（二）非法证据排除制度

证据法学的首要问题便是设定必要条件从而将证据转化为定案依据。法律条文已经明确，除刑讯逼供外，其他非法口供必须具备相当危害性程度时才可以适用非法证据排除规则。如何具化"危害程度"，使相关言词证据在保障人权以及维护司法公正中达到平衡，从而坚守比例性原则？这是司法工作人员一直在积极探索的课题。本书在此采用实质判断法，从痛苦规则、自愿性规则、真实性规则三个方面予以具体认定，只要违反上述任一规则，通过非法方法所获取的犯罪嫌疑人、被告人供述就应当排除。

1. 痛苦规则

我国于 2021 年颁布的《刑事诉讼法司法解释》再次重申了"痛苦规则"，即"使被告人遭受难以忍受的痛苦而违背意愿作出的供述"应当予以排除。这里的痛苦既可以指肉体上的痛苦，也包括精神上的痛苦。《刑事诉讼法司法解释》第 123 条规定了通过暴力方法、变相肉刑、威胁、非法拘禁等手段收集的被告人供述、证人证言应当予以排除，因此获得的被讯问人的言词证据应当适用我国《刑事诉讼法》第 56 条关于使用禁止的规定，不得将其作为定案根据。

以杜某武案为例，被告人在接受审讯时，坚称自己无罪，在被刑讯逼供后才被迫承认自己有罪。杜某武先在侦查人员的暗示下说出"犯案的大致方位"，又在辨认犯罪现场时，被要求看着前方侦查人员，侦查人员停在哪里，哪里就是犯案地点。该案中侦查人员先利用刑讯逼供手段迫使被讯问人就范，后诱导其作出"有罪供述"，此类引诱取供已经完全超出了正常侦查策略的范围，严重违反人权规则，侵犯了其基本的宪法性权利，应当予以排除。

根据痛苦来源的不同可以将精神上的痛苦分为生理性痛苦及情感性痛苦。生理性痛苦类似于《刑事诉讼法》中规定的冻、饿、晒等变相肉刑，在侵犯陈述者基本生理需求的情境下通过给予诱惑引诱其供述。例如，侦查人员在犯罪嫌疑人、被告人极度饥饿的情况下，以提供食物为诱惑换取其供述；又如，向毒瘾发作的吸毒者承诺以毒品换取其供述，这种做法抓住了陈述者基本生理需求的软肋，使其产生了难以忍受的痛苦，应当予以排除。反之，若并未触及被讯问人的生理需求，该类引诱获取的供述不应当排除。

2. 自愿性规则

自愿性规则来源于自白任意性规则，即只有出于陈述人个人意志的自白才具有证据能力。世界上许多国家都采取自白任意性规则，如日本以自白是否具有任意性作为排除的标准,日本《刑事诉讼法》第391条第1款规定了哪些任意性值得怀疑的自白,如承诺的自白,骗供取得的自白,应当予以排除。德国《刑事诉讼法》第136a条对禁止的讯问方法作出列举式规定,只要是对自由陈述权有碍的讯问方法,都应视为法所不许。[1] 我国《刑事诉讼法司法解释》第123条规定"……使被告人遭受难以忍受的痛苦而违背意愿作出的供述",应当予以排除。由于自愿性原则以个人意志和个人情感为基础,有学者主张自愿性规则的判断过于主观,应当以更加客观和具象的"痛苦性原则"予以替代。[2] 此种观点的理解过于片面,在实务中单纯的诱供往往是通过"给蜜枣"的诱惑方式获取言词证据,根本不会使被讯问人产生难以忍受的痛苦,其应当被排除的真正原因在于诱惑动摇了被讯问人价值衡量两端的砝码,使其认定作出虚假供述能获得更大的利益,这实质上表明该言词证据已经被操控,并非犯罪嫌疑人或被告人自愿作出,违背了自愿性规则,应当适用《刑事诉讼法》第56条关于使用禁止的内容,不得将其作为最终定案根据。

3. 真实性规则

2017年颁布的最高人民法院《关于全面推进以审判为中心的刑事诉讼制度改革的实施意见》中提到,收集证据的程序、方式存在瑕疵,严重影响证据真实性,不能补正或者作出合理解释的,有关证据不能作为定案的根据;我国于2018年颁布的《刑事诉讼法》第50条第3款规定,证据必须经过查证属实,才能作为定案的根据。上述法律法规都强调真实性是证据能力审查中的重要环节,如果证据的来源不明或是收集过程不符合规定致使证据真实性受损,那么其证据能力将大打折扣。

在司法实践中,对精神病人、未成年人、吸毒者、酗酒者以及其他无行为能力人或限制行为能力人等特殊群体的取证最有可能违反真实性规则,司法工作人员往往会利用上述人员对案件事实感知差、缺乏辨别案件事实能力或自由表达能力的特征,通过直接或间接的暗示引导犯罪嫌疑人及被告人供述其所期望的事实。通过这种引诱方式获得的供述反映的是侦查人员将其个人想法强加于一个"工具人"身上复述出的"真相",这必然将导致言词证据的真实性受到质疑。我国《刑事诉讼法司法解释》第88条、第90条、第94条就醉酒、中毒、未成年人等感知能力和表达能力较差的人员作出的陈述设立了真实性要求,如果没有达到就要对其适用《刑事诉讼法》第56条关于使用禁止的规定,不得将其作为定案根据。

---

[1] 参见[德]克劳思·罗科信:《刑事诉讼法》(第24版),吴丽琪译,法律出版社2003年版,第232页。
[2] 参见纵博:《指供及其证据排除问题》,载《当代法学》2017年第2期;龙宗智:《我国非法口供排除的"痛苦规则"及相关问题》,载《政法论坛》2013年第5期等。

延伸思考

1. 试列举国外有关非法排除的规定。
2. 试论证裁量性排除规则在我国实施的必要性和可行性。
3. 除非法取证排除规则外,我国还有哪些措施可以遏制非法取供频发的乱象?

延伸阅读

1. 秦宗文、叶巍:《认罪认罚案件口供补强问题研究》,载《江苏行政学院学报》2019 年第 2 期。
2. 孔令勇:《从排除原则到排除规则——以威胁、引诱、欺骗方法获取口供排除规则的教义学构建》,载《法律科学(西北政法大学学报)》2019 年第 2 期。
3. 郑曦:《现有法律框架内疲劳讯问的规制及口供排除——以两院三部〈严格排除非法证据规定〉为例》,载《兰州大学学报(社会科学版)》2018 年第 2 期。
4. 韩康、段厚省:《论庭审阶段的非法口供的排除——从直接言辞原则展开的论证》,载《新疆社会科学》2018 年第 2 期。

本章小结

本章介绍了口供的证据调查的相关问题。首先,对口供的概念、形式构成,以及其证据特征予以明确。其次,就我国口供的相关规范进行研究。第一,概述非法取供和虚假供述。第二,介绍我国口供证据审查的规范变迁,其中包括自"文化大革命"时期至 2021 年《刑事诉讼法司法解释》颁布时所有口供证据能力审查和口供证明力审查的法律条文,并进行了简单评析,通过证据禁止理论解决我国《刑事诉讼法》第 52 条和第 56 条之间的争议。最后,就非法取供的治理寻求解决路径。针对非法取供乱象从法治文化角度、无罪推定角度、非法证据排除规则具体落实角度等提出一些现实的治理对策。

第九章　鉴定意见的证据调查

本章重点内容

鉴定意见、鉴定意见的法律规制、鉴定意见的证据调查。

本章思维导图

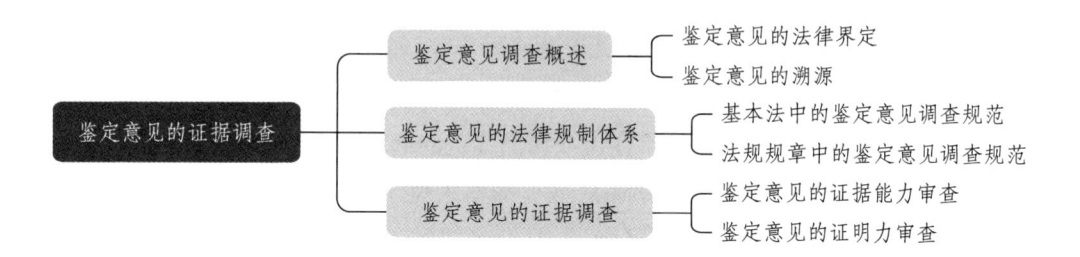

```
                          ┌─ 鉴定意见调查概述 ──┬─ 鉴定意见的法律界定
                          │                    └─ 鉴定意见的溯源
鉴定意见的证据调查 ───────┼─ 鉴定意见的法律规制体系 ─┬─ 基本法中的鉴定意见调查规范
                          │                          └─ 法规规章中的鉴定意见调查规范
                          └─ 鉴定意见的证据调查 ──┬─ 鉴定意见的证据能力审查
                                                  └─ 鉴定意见的证明力审查
```

无论是在民事诉讼、行政诉讼还是在刑事诉讼活动中，抑或在民商事纠纷事件、行政执法活动、纪检监察活动中，鉴定意见这种证据形式都频频显露身影。鉴定，又称鉴真、鉴识等，是指为解决案件调查和诉讼活动中的某些专门性问题，具有专门知识和技能的法定技术人员运用自然科学和社会科学的理论成果与技术方法，对人身、尸体、生物检材、痕迹、文件、视听资料、电子数据及其他相关物品、物质等进行检验、鉴别、分析、判断，并出具鉴定意见或检验结果的科学实证活动。在不同的行业和法律活动中，鉴定行为有不同的称谓：在公安机关，鉴定往往被称为刑事科学技术活动；在司法行政部门，鉴定行为被称为司法鉴定；在保险等金融行业需要勘查定损时，鉴定行为被称为技术鉴定。撇开它在不同法域、不同行业中表现各异的多元形式，鉴定中都含有共同的质素——运用科学技术和专门知识解决法律实践中的专门问题，它不仅是一项法律实践活动，更多表现为科学实证活动。

第一节　鉴定意见调查概述

一、鉴定意见的法律界定

（一）鉴定意见的概念

无论是学理上，还是法律规范中，鉴定的界定都有诸多不同版本的表述。广义论认为，鉴定是指在争议解决过程中，鉴定人运用科学技术或者专门知识对涉及的专门性问题进行鉴别和判断并提供鉴定意见的活动。广义上的司法鉴定包括诉讼、仲裁、调解、和解等多种争议解决过程。

狭义论认为，鉴定仅仅指的是司法鉴定，指在诉讼活动中鉴定人运用科学技术或者专门知识对诉讼涉及的专门性问题进行鉴别和判断并提供鉴定意见的活动。如我国《司法鉴定程序通则》就采取了狭义上的概念界定，将鉴定的范围限制在诉讼活动中，只有在诉讼过程中进行的鉴定活动才可以称作司法鉴定。

在本书中，我们选择搁置技术鉴定与司法鉴定的概念纷争，转向鉴定的科学与法律双重属性的本质。在此，我们采用广义上的鉴定概念定义，将鉴定确定为：为解决案件调查和诉讼活动中某些专门性问题，具有专门知识和技能的法定技术人员运用自然科学和社会科学的理论成果与技术方法，对人身、尸体、生物检材、痕迹、文件、视听资料、电子数据及其他相关物品、物质等进行检验、鉴别、分析、判断，并出具鉴定意见或检验结果的科学实证活动。

鉴定意见，则是指鉴定人利用科学技术、专门知识、职业经验和职业技能对专门问题进行鉴别和判断后提出的结论性意见，是鉴定人个人的意见表达，[1]是法定证据种类中的一种。在人类的法律活动中，鉴定意见发挥着极其重要的作用，有时候甚至发挥着至关重要的关键性作用。

（二）鉴定意见的证据属性

根据所要鉴定的对象和鉴材的不同，鉴定可以分为"法医类鉴定""物证类鉴定""声像资料鉴定"三大类。从鉴定技术的角度来看，"法医类鉴定"又可以细分为"法医病理鉴定""法医临床鉴定""法医精神病鉴定""法医物证鉴定""法医毒物鉴定"；

---

[1] 参见霍宪丹主编：《司法鉴定学》，中国政法大学出版社 2010 年版，第 4 页。

"物证类鉴定"可以分为"文书鉴定""痕迹鉴定""微量鉴定";"声像资料鉴定"包括对录音带、录像带、光盘、图片等载体上记录的声音、图像信息的真实性、完整性及其所反映的情况过程所进行的鉴别,或者对记录的声音、图像中的语言、人体、物体所作出的种类或同一认定。

1. 鉴定意见的"意见"属性而非"结论"属性

现行法律中的"鉴定意见",曾经被冠以"鉴定结论"的名称。从"鉴定结论"到"鉴定意见",这不仅代表着该证据种类在概念名称上发生的变化,而且具有较为深刻的法律意义。

首先,鉴定人所提交的鉴定意见仅仅属于一种"证据材料",而不是作为定案根据的"结论"。要使鉴定意见转化为定罪的根据,必须经过合法的法庭审理过程,经历完整的举证、质证、辩论和法庭评议过程。与其他任何证据一样,鉴定意见未经法庭举证、质证和辩论过程,就不得被转化为定案的根据。对于司法裁判者而言,鉴定意见并不具有预定的法律效力,并不是什么"科学的判决",鉴定人也更不是"科学法官"。除非法官主动放弃审判权,否则,对一切鉴定意见都只能将其视为一种"证据材料",而不是"鉴定结论"。

其次,鉴定意见之所以不再被称为"结论",是因为法庭要对其证明力和证据能力进行全面的审查判断,遇有在证明力和证据能力上存在缺陷的鉴定意见,法庭还有权作出否定性的判断,甚至可以将那些违法所得的鉴定意见作为"非法证据",并将其排除于法庭之外。假如鉴定意见已经成为"结论",那么法庭将其排除于定案根据之外是违背理性法则的。

最后,鉴定意见之所以不能被称为"结论",还有一个主要原因:它很有可能不是唯一的。尽管鉴定意见通常是由侦查机关委托鉴定人作出的,在大多数案件中也是作为控方证据使用的,但是现行法律允许公诉机关、法院在对鉴定意见有疑问时作出重新鉴定或补充鉴定,这种经过重新或补充鉴定所形成的新的鉴定意见,很有可能与侦查机关所提供的鉴定意见出现不一致甚至直接矛盾的情况。既然对同一鉴定事项可能出现不一致的两份以上的鉴定意见,法庭就不得不面临对这些鉴定意见的全面审查和选择适用。在此情况下,这种证据材料就不能被认为是"鉴定结论"了。[1]

2. 鉴定意见的言词证据属性

鉴定意见尽管在法律上属于法定的独立证据种类,但其总体上具有言词证据的

---

[1] 参见陈瑞华:《鉴定意见的审查判断问题》,载《中国司法鉴定》2011年第5期。

属性。首先,鉴定意见尽管通常具有书面的表达形式,但它不是书证,不属于实物证据。这是因为鉴定意见属于鉴定人就案件中的专门问题所作的科学鉴别意见,反映了鉴定人对特定专门问题的主观判断。与证人证言不同,鉴定意见不是鉴定人就其所了解的案件事实所作的陈述,而是对案件专门问题所作的判断,具有"意见证据"的属性。鉴定意见的科学性、真实性和权威性,在很大程度上并不取决于鉴定意见本身,而是依赖于鉴定人的主体属性、鉴定过程和判断能力。

其次,在鉴定人出庭作证的情况下,他们所提供的当庭证言尽管通常被称为"专家证言",但仍然属于鉴定意见的组成部分。在控辩双方对鉴定意见持有异议,或者法庭存有疑问的情况下,鉴定人就鉴定意见的真实性、科学性或者合法性发表意见,这既是对鉴定意见有关内容的重新强调,也是对鉴定意见作出新的解释和说明。在鉴定人出庭作证的情况下,鉴定人提交的书面鉴定意见与其当庭所作的口头陈述形成了不可分割的整体。要对鉴定意见的证明力和证据能力作出审查判断,就必须在审核鉴定意见的内容的基础上,对鉴定人的当庭陈述作出进一步的评价。正因如此,我们可以将鉴定人提交的书面材料视为鉴定意见的书面形式,而把鉴定人的当庭陈述看作鉴定意见的口头形式。

二、鉴定意见的溯源

在现代社会,专业分工越来越细化,法律活动的专业性也越来越强,鉴定在维护社会秩序和纠纷解决方面的作用越来越重要,鉴定意见已经成为不可或缺的重要法定证据类型。虽然科学意义上的鉴定只存在科学昌明之后的数百年发展历程中,但是人类社会较早就开始引入特殊专业知识和技能的人介入案件调查,查明事实真相并证明案件事实。有学者认为,在人类司法实践的历史进程中,证据史上经历了两次重要的转型,第一次是以"神证"为主到以"人证"为主的转型,第二次是以"人证"为主到以"物证"为主的转型。[1] 物证为主的证据制度是建立在科学高度发展的基础上,鉴定人利用各种新兴科学知识分析解决案件调查中所遇到的专门问题,并将纠纷解决建立在证据所构建的"法律事实"基础上,它目前继续主导着我们的法律生活。

(一)大陆法系鉴定意见的溯源

根据古希腊的文献记载,早在古希腊时期就已经存在为了解决争议案件事实而运用医学或其他科学知识进行尸体检验的实践活动。但司法鉴定真正发挥功能还是在古罗马时代,公元前44年,古罗马时期著名医师安提斯底对遇刺身亡的恺撒大帝

---

[1] 参见刘红、纪宗宜、姚澜:《司法鉴定证据研究》,法律出版社2012年版,"前言"第2页。

进行的尸体检验被视为诉讼史上最早进行的司法鉴定。

随着司法实践的发展和法律制度的完善，欧洲一些国家的法律中陆续出现关于鉴定的规定。6世纪，东罗马帝国的《查士丁尼法典》中就有许多类似鉴定的规定。1532年，德国颁布的《加洛林法典》首次在法典中使用"鉴定"一词，全部条文中涉及"鉴定"的内容就多达40多条。而后，许多国家相继将关于鉴定的规定写入法律。16~19世纪，鉴定中的法医鉴定领域研究有突出的发展，并先后出现了一批法医系研究的先驱者。20世纪以来，鉴定意见已经成为案件调查中重要的证据，许多国家建立了专门的鉴定机构和实验室，鉴定意见在证据调查领域内的潜力不断被挖掘，作用也日益增强。

(二) 英美法系鉴定意见的溯源

在英美法系国家，鉴定人是证人的一种，鉴定意见被称为专家证言。英美法系专家证人制度是英美法系当事人主义对抗制诉讼模式的缩影。[1] 英美法系国家将专家的鉴定意见列入证人证言的范畴，表面上与证人证言并无区别，实质上却适用不同的证据规则。

专家证人制度最早起源于14世纪的英国，当时作为"鉴定人"的专家多由法官指定并且还是以法官助手的身份出现于诉讼中，涉及的领域也主要是医学方面的问题。16世纪，随着英国审判制度由职权纠问式主义逐渐转变为当事人进行主义，意见证据规则[2]逐渐成为证据领域的王牌规则，专家证言则成为意见证据中为数不多的例外。[3] 18世纪，意见证据才和普通证人的事实证据区分开来，专家证人开始发挥证据方法的作用。大约在19世纪末，英国形成了专家证人制度。

尚处在殖民时期，美国就从英国本土引入了鉴定人制度，形成了专家证人制度的雏形，它主要是继承了英国的专家证人传统，后期的发展轨迹与英国的制度也颇为相似。美国的笔迹鉴定在司法实践中有着较早的应用，18世纪的美国法庭就认定证明笔迹真伪的鉴定具有证据容许性。当时并不要求提供者具有专门的知识，但实质上起到了专家证言的作用。到了19世纪中期，法官在判断笔迹真伪的案件中，才转而求之于有能力比对笔迹真伪的专家。

(三) 我国鉴定意见的溯源

中国古代的鉴定活动，可以追溯到周朝的"察创、视折"的勘伤验创活动。到了

---

[1] 参见郑昱:《论英美法系专家证人制度对我国的借鉴》，载《海峡法学》2011年第2期。

[2] 意见证据规则:证人作证只能陈述自己体验的过去的事实，而不能将自己的判断意见和推测作为证言的内容。

[3] 参见郭金霞:《鉴定结论适用中的问题与对策研究》，中国政法大学出版社2009年版，第35页。

秦朝,勘验鉴定的制度已经初具规模。唐朝法律中开始出现关于勘验鉴定责任的规定。《唐律疏议》记载,当时的律法非常重视勘验鉴定的作用。宋朝是我国勘验鉴定得到快速发展的时期,尤其是法医鉴定的发展。世界上现存最早的一部系统的法医著作——《洗冤集录》即成书于南宋。在宋朝后的一段历史时期里,勘验鉴定范围有所扩展,领域向枪痕、笔迹等延伸。晚清政府颁布了《各级审判庭试办章程》,将"鉴定"作为法律术语固定下来。1949年之后,最高人民法院办公厅《关于证物技术鉴定使用问题的函》是中华人民共和国最早开始进行规范"鉴定"的文件,立法影响非常大。1979年,《刑法》和《刑事诉讼法》规定了鉴定的相关内容,将之作为完整意义的法律概念固化下来,并逐步完善。[1]

延伸思考

1. 尝试阅读《洗冤集录》,对我国古代司法鉴定的原则予以概括。
2. 试阐述鉴定意见的特征。

延伸阅读

1. 郭华:《不确定鉴定意见的证据属性及功能》,载《中国法学》2023年第5期。
2. 陈邦达:《鉴定意见审查认证规则及配套机制的优化》,载《法学》2023年第9期。
3. 台治强、冯乐鹏:《专家辅助人视阈下二元化鉴定意见审查模式之重塑》,载《中国人民公安大学学报(社会科学版)》2022年第5期。
4. 左卫民、官胜男:《刑事错案与鉴定意见:复杂关系的实证考察》,载《华东政法大学学报》2022年第3期。

第二节 鉴定意见的法律规制体系

鉴定意见的证据调查是一个具有丰富内涵和外延的调查取证体系,涉及鉴定人、鉴定机构、鉴定程序、鉴定意见、鉴定行业机构管理等。在长期的社会主义法治体系建设中,我国逐步形成了规制鉴定意见的证据调查的法律体系。

---

[1] 参见刘红、纪宗宜、姚澜:《司法鉴定证据研究》,法律出版社2012年版,第4页。

一、基本法中的鉴定意见调查规范

（一）《监察法》的鉴定意见调查规范

《监察法》对鉴定意见的调查规范规定得较为简单，大部分适用《刑事诉讼法》的有关规定。2018年3月20日，第十三届全国人民代表大会第一次会议正式通过了《监察法》。《监察法》第25条规定："监察机关在调查过程中……对价值不明物品应当及时鉴定，专门封存保管……"[1]第27条规定："监察机关在调查过程中，对于案件中的专门性问题，可以指派、聘请有专门知识的人进行鉴定。鉴定人进行鉴定后，应当出具鉴定意见，并且签名。"[2]

（二）《刑事诉讼法》的鉴定意见调查规范

2018年10月26日，第十三届全国人民代表大会常务委员会第六次会议通过了《关于修改〈中华人民共和国刑事诉讼法〉的决定》第三次修正，该法于公布之日起施行。《刑事诉讼法》强调了程序公正兼顾实体公正的诉讼观念下鉴定意见同样需要经过质证才能被采纳作为定案的证据，有利于打破以往鉴定意见绝对权威、决定性结论的状态，体现出诉讼价值理念层面的变化，从而为鉴定质证程序的完善提供了逻辑前提。[3]

2018年《刑事诉讼法》第64条第2款规定："证人、鉴定人、被害人认为因在诉讼中作证，本人或者其近亲属的人身安全面临危险的，可以向人民法院、人民检察院、公安机关请求予以保护。"鉴定人人身安全保护制度的完善为其履行出庭作证义务提供了制度性保障。《刑事诉讼法》第108条明确将鉴定人归入诉讼参与人行列，为鉴定人员参与刑事诉讼铺平了道路。第147～149条规定了鉴定人故意作虚假鉴定应当承担法律责任，控辩双方可以就鉴定意见提出补充鉴定或者重新鉴定的申请，以及对犯罪嫌疑人作精神病鉴定的期间不计入办案期限等内容。第192条规定了证人应当出庭的情形，同时辅之以必要情形下"鉴定人拒不出庭作证的，鉴定意见不得作为定案的根据"的程序性制裁规定，在法律上不再准许鉴定人不出庭而只是宣读鉴定意见的做法，更加符合传闻证据原则和直接审理原则。第194条规定，审判长认为发问的内容与案件无关时，应当制止对鉴定人发问，在一定程度上保护了鉴定人的权利。第197条规定了控辩双方可以申请法庭通知有专门知识的人出庭，就鉴定人作出的鉴

---

[1] 2024年修正的《监察法》为第28条。
[2] 2024年修正的《监察法》为第30条。
[3] 参见王志刚、徐静村：《再论司法鉴定统一立法——兼评新刑诉法中鉴定制度的变化》，载《中国司法鉴定》2014年第6期。

定意见提出意见的规定。当事人可以聘请诉讼所涉专业事项领域内具有专门知识的人对鉴定意见进行审查判断,从而更好地完成对鉴定意见的质证工作。[1]

(三)《民事诉讼法》的鉴定意见调查规范

《民事诉讼法》根据2023年9月1日第十四届全国人民代表大会常务委员会第五次会议《关于修改〈中华人民共和国民事诉讼法〉的决定》进行了第五次修正,2024年1月1日实施生效。2024年《民事诉讼法》为解决实务中的问题,从全局角度出发,对民事诉讼中的鉴定规定作了积极的改革。第79条规定了当事人可以就查明事实的专门性问题向人民法院申请鉴定的内容,这一规定的积极意义就在于允许以当事人申请鉴定的方式淡化了人民法院在鉴定启动权方面的绝对控制权。第81条规定了鉴定人在有异议、有必要的情形下必须出庭,明确了证据只有经过质证后才能作为裁判的依据,使刑事诉讼法与民事诉讼法共同强调的鉴定人出庭作证制度得到了统一的规范。第82条规定:"当事人可以申请人民法院通知有专门知识的人出庭,就鉴定人作出的鉴定意见或者专业问题提出意见。"再次肯定了专家辅助人制度,通过实现出庭鉴定人的受质权,保证案件得以公正裁决。[2]

二、法规规章中的鉴定意见调查规范

(一)《中华人民共和国监察法实施条例》的鉴定意见调查规范

国家监察委员会于2021年9月20日发布公告,公布《中华人民共和国监察法实施条例》(以下简称《监察法实施条例》),明确自公布之日起施行。这是国家监察委员会根据全国人民代表大会常务委员会《关于国家监察委员会制定监察法规的决定》制定的第一部监察法规。该条例加强了监察调查中涉及鉴定意见的取证规范化、法治化、正规化建设,完善了监察权运行机制。在第四章"监察权限"中,专设第十二节"鉴定"对鉴定意见的证据调查进行规范,第145条至第152条细致规定了:鉴定委托、鉴定范围、鉴定检材和样本、鉴定意见分歧、鉴定人出庭作证、鉴定人虚假鉴定、补充鉴定、重新鉴定、鉴定意见告知、无鉴定人的可替代措施等内容。总体而言,《监察法实施条例》对鉴定的规定较为细致,可操作性很强。

(二)《司法鉴定程序通则》的鉴定意见调查规范

《司法鉴定程序通则》根据2015年12月24日司法部部务会议修订通过,自2016年5月1日起施行。作为针对司法鉴定程序的专项法律规范,该通则着重规制以下4

---

[1] 参见张凌燕、刘妍君:《专家辅助人的执业定位与诉讼规则》,载《中国人民公安大学学报(社会科学版)》2020年第4期。

[2] 参见李学军、朱梦妮:《新诉讼法规制下的鉴定制度评析》,载《中国司法鉴定》2012年第6期。

个方面的内容:司法鉴定的委托与受理、司法鉴定的实施、司法鉴定意见书的出具以及司法鉴定人出庭作证。

针对司法鉴定的委托与受理,第 12 条对鉴定材料需要满足的要求进行规定,第 14 条至第 17 条分别就司法鉴定受理的范围、不得受理的事项、决定受理的后续操作程序,以及不予受理的后续操作程序予以规定。

针对司法鉴定的实施,第 18 条、第 19 条规定了对司法鉴定实施主体的相关要求,第 20 条、第 21 条就司法鉴定人回避程序予以规定。第 23 条至第 27 条分别就鉴定过程中应遵循的标准以及在鉴定过程中可以采取的鉴定措施予以规定,保证了司法鉴定的公正性以及对被鉴定人的隐私安全。第 29 条至第 31 条就终止鉴定、补充鉴定、重新鉴定予以规定。第 34 条、第 35 条对多次鉴定以及鉴定复核的条件作出规定。

(三)全国人民代表大会常务委员会《关于司法鉴定管理问题的决定》的鉴定意见调查规范

2005 年 2 月 28 日,全国人民代表大会常务委员会《关于司法鉴定管理问题的决定》经第十届全国人民代表大会常务委员会第十四次会议通过,于 2015 年 4 月 24 日决定第二次修正,自公布之日起施行。该规定第 1 条明确了司法鉴定的概念,将三大诉讼法中的"鉴定"一词改为司法鉴定,突出表明其专指诉讼活动中对案件的某些专门性问题进行鉴别和判断的活动。鉴定的基本定性就是诉讼活动中的证据调查活动,而鉴定意见就是证据调查结果。[1]

该决定详细规定了个人、法人或者其他组织从事司法鉴定业务的资格、条件和业务范围等。该决定第 7 条明确规定了设立鉴定机构的主体限定于侦查机关,这有利于充分利用鉴定机构掌握的人员和资源保障诉讼活动的进行。同时,又规定人民法院和司法行政部门不得设立鉴定机构,从而保证了鉴定机构与鉴定人员从事鉴定业务的独立性。该决定第 10 条规定:"司法鉴定实行鉴定人负责制度。鉴定人应当独立进行鉴定,对鉴定意见负责并在鉴定书上签名或者盖章。多人参加的鉴定,对鉴定意见有不同意见的,应当注明。"鉴定意见作为法定证据种类之一,实质上是一种个人意见,实行鉴定人负责制度和鉴定人独立进行鉴定两项原则,才能切实保障鉴定意见的客观性和公正性。第 11 条规定:"在诉讼中,当事人对鉴定意见有异议的,经人民法院依法通知,鉴定人应当出庭作证。"表明鉴定人出庭作证是一项非常重要的诉讼

---

[1] 参见房保国、陈宏钧主编:《鉴定意见研究》,中国政法大学出版社 2012 年版,第 2 页。

程序制度,鉴定人在法庭上对其作出的鉴定意见,从科学依据、鉴定步骤、鉴定方法等方面进行解释和说明,并在法庭上回答质询和提问,通过参与公开质证程序保障审判的公正和权威。

多个省市相继制定了地方鉴定管理条例,有力地规范了各地的鉴定。这些条例是在全国人民代表大会常务委员会《关于司法鉴定管理问题的决定》和部门规章的基础上,结合地方司法行政管理的特点,对健全管理体制、加强政府保障、严格执业责任、强化监督管理等方面进行了探索创新,有力地推动了当地司法鉴定工作的改革发展,为司法鉴定管理立法的完善提供了有益经验,不断提升司法鉴定质量和公信力,保障了诉讼活动的顺利进行,促进了司法公正。[1]

(四)《人民检察院刑事诉讼规则》的鉴定意见调查规范

《人民检察院刑事诉讼规则》于2019年12月2日由最高人民检察院第十三届检察委员会第二十八次会议通过,自2019年12月30日起施行。该规则第五章证据部分囊括了公诉案件中被告人有罪的举证责任、证据的审查认定标准、鉴定意见可以作为证据使用的情形以及非法证据排除情形等规定。第九章侦查中鉴定一节明确了人民检察院享有司法鉴定启动权、资格以及虚假鉴定、补充鉴定、重新鉴定等具体规定。第334条明确了检察院对鉴定意见有疑问时应遵循的步骤,第404条明确了公诉人、当事人或辩护人、诉讼代理人对鉴定意见持异议时的后续操作。

(五)《公安机关办理刑事案件程序规定》的鉴定意见调查规范

修订后的《公安机关办理刑事案件程序规定》已于2020年7月4日第3次部务会议审议通过,自2020年9月1日起施行。第五章主要规定公安机关必须依照法定程序收集各种证据,非法收集的证据应当予以排除,其中第75条、第76条分别规定了对鉴定人员的人身保护制度和个人信息保护制度,以及强调公安机关在将案件移送审查起诉时,应当将采取保护措施的相关情况一并移交给人民检察院。第八章第八节规定了有关鉴定的相关内容。公安机关为了查明案情,解决案件中某些专门性问题,应当指派、聘请有专门知识的人进行鉴定,禁止暗示或者强迫鉴定人作出某种鉴定意见,侦查人员应当对鉴定意见进行审查。对经审查作为证据使用的鉴定意见,公安机关应当及时告知犯罪嫌疑人、被害人或者其法定代理人。第254条、第255条分别规定了补充鉴定和重新鉴定的具体情形。第256条明确了鉴定人出庭条件和作虚假鉴定的责任承担。

---

〔1〕 参见陈邦达、包建明:《完善司法鉴定程序 推进鉴定体制改革——〈司法鉴定程序通则〉评析》,载《中国司法鉴定》2016年第6期。

延伸思考

1. 试论述在刑事诉讼、民事诉讼、行政诉讼中鉴定意见收集与适用程序的异同。
2. 你认为我国目前的鉴定意见法律体系是否完备,是否有改善之处?

延伸阅读

1. 曹志勋:《诉讼外鉴定的类型化及其司法审查》,载《法学研究》2022 年第 2 期。
2. 拜荣静:《论司法鉴定立法的体系化》,载《中国政法大学学报》2022 年第 2 期。
3. 陈永生:《论刑事司法对鉴定的迷信与制度防范》,载《中国法学》2021 年第 6 期。

第三节 鉴定意见的证据调查

鉴定意见要成为"法庭上的证据",必须具有诉讼证据的内在属性,[1]即证据的客观性、关联性、合法性。欲将鉴定意见纳入诉讼程序作为证据使用,必须依照法定的标准进行分析判断。鉴于鉴定意见需要鉴定人运用专门知识对待鉴定的事物进行综合性的分析和判断,它所蕴含的就不再是案件客观事实的直观反映或重现,而是经过鉴定人主观加工后的意见证据。鉴定意见在取证过程中能够影响最终鉴定意见的科学性、真实性、可靠性的因素,主要包括鉴定机构、鉴定人、鉴定资料、鉴定的科学原理和技术基础、鉴定程序等。

一、鉴定意见的证据能力审查

证据能力,是指一份证据是否有资格被法官采纳,它指的是证据的资格问题并非其背后涵盖的事实问题,其对应于我国证据"三性"中的合法性要求。从现行法律条文的分布出发,我国《刑事诉讼法》及其解释规定的证据排除规则均是从规制供述的证据能力出发,因此,证据能力审查具有天然的优先性。

(一)鉴定意见的非法证据排除情形

1. 鉴定机构和鉴定人是否具有法定资质

鉴定机构没有经过省级人民政府司法行政部门审核、登记、编入鉴定机构名称并公告,或者不具备全国人民代表大会常务委员会《关于司法鉴定管理问题的决定》中

---

[1] 参见郭金霞:《鉴定结论适用中的问题与对策研究》,中国政法大学出版社 2009 年版,第 40 页。

规定的条件,或者鉴定事项超出鉴定机构项目范围或者鉴定能力的,其鉴定意见没有证据能力。以测谎鉴定意见排除规则为例,从整体上讲,对犯罪嫌疑人进行心理测试,目前在我国属于超越鉴定范围和能力,其测试结果就不能以鉴定意见的形式作为证据使用。在云南杜某武案以后,最高人民检察院在1999年《关于CPS多道心理测试鉴定结论能否作为诉讼证据使用问题的批复》中指出:"CPS多道心理测试(俗称测谎)鉴定结论与刑事诉讼法规定的鉴定结论不同,不属于刑事诉讼法规定的证据种类。人民检察院办理案件,可以使用CPS多道心理测试鉴定结论帮助审查、判断证据,但不能将CPS多道心理测试鉴定结论作为证据使用。"此外,鉴定人不具备法定资格和条件,没有取得公安部、最高人民检察院、司法部颁发的鉴定人资格证或者不具备相关鉴定领域的专业知识所作的鉴定意见没有证据能力。

2. 鉴定人违反法定回避的情形

根据我国《刑事诉讼法》第29条至第32条以及司法部《司法鉴定程序通则》第20条的规定,鉴定人应当实行回避,对于鉴定人应当回避而未回避的情形,其所作的鉴定意见无证据能力。对鉴定人资格、条件及相关专业技术或职称的规制是为了确保鉴定人具有鉴定能力,对鉴定人回避的规定是为确保其中立性。

3. 送检材料、样本来源不明或者因污染而不具备鉴定条件

鉴定意见可靠与否,检材是基础,检材可靠与否又与其来源有关。如果来源不明,难以确定送检材料、样本本身的真实性,其鉴定意见就可能嫁接在来源不明的病枝上,导致所有的鉴定因其而毁于一旦。如在郑某故意杀人、强奸案中,鉴定书证实现场遗留的血迹中有一份是郑某的血。由于在获取郑某的血样时没有作提取笔录,导致该鉴定不能被采信。

4. 鉴定对象与送检材料、样本不一致

鉴定对象不是送检的材料和样本,通过"狸猫换太子"将鉴定样本材料张冠李戴,致使鉴定意见错误,鉴定意见当然不具有证据能力。有必要指出的是,作为鉴定对象的送检材料样本具有不可替换性,这里所说的"一致"是指自身同一,通俗地说,是送检原件自身,而非相同更非相似。[1]

5. 鉴定程序违反法律规定

根据《司法鉴定程序通则》第2条的规定,司法鉴定程序是指司法鉴定机构和司法鉴定人进行司法鉴定活动的方式、步骤以及相关规则的总称。鉴定程序是鉴定获

―――――――――

[1] 参见卢乐云:《司法鉴定的证据能力及其审查——以"两高三部"、"两个证据规定"为视域》,载《中国刑事法杂志》2011年第9期。

得可靠性的基础。鉴定程序包括鉴定的启动程序、操作程序。《司法鉴定程序通则》《公安机关鉴定工作规则》《人民检察院鉴定规则(试行)》中都有相关程序规定。应当注意的是,对专项鉴定存在特殊程序规定的,还应遵循这些特殊的鉴定程序,如最高人民法院、最高人民检察院、公安部、司法部、原卫生部《关于精神疾病司法鉴定暂行规定》《公安机关电子数据鉴定规则》等。

6. 鉴定过程和方法不符合相关专业的规范要求

鉴定标准主要包括鉴定技术标准、鉴定方法标准、鉴定设备标准、鉴定对象标准、鉴定技术程序标准、鉴定结论标准等。鉴定标准的适用一般按照国际标准或者国家标准执行;没有国家标准的,可以适用行业标准;没有行业标准的,可以适用本专业领域中的通用标准或者特定标准。对于鉴定有特殊要求的,应当按照特殊标准进行。

7. 鉴定文书缺少签名、盖章

《司法鉴定文书规范》中对鉴定文书书写形式的规定为:委托人姓名或者名称、委托鉴定的内容、委托鉴定的材料、鉴定的依据及使用的科学技术手段;对鉴定过程的说明;鉴定人员及鉴定机构签名盖章。鉴定文书缺少签名、盖章的,或者被人代替签名的,不能作为定案的依据。我国《刑事诉讼法》第 147 条规定:鉴定人进行鉴定后,应当写出鉴定意见,并且签名。鉴定人故意作虚假鉴定的,应承担法律责任。

8. 鉴定意见与案件事实有无关联

刑事技术鉴定的范围,必须是与查明案情有关的物品、文件、电子数据、痕迹、人身、尸体等,即鉴定意见与证明对象要有关联。鉴定意见作为证据的作用在于补充事实裁判中(审判人员、检察人员、侦查人员)在专门问题上的认识不足。以此出发,证明对象在广义上有两层含义:一是审判人员、检察人员、侦查人员。通过鉴定意见说服本案的办案人员,促使办案人员认识受知识限制不能认识的问题。二是案件事实即待证事实。如果鉴定意见作为证据与案件待证事实之间没有客观联系,则该鉴定意见没有证据能力。这也是证据关联性的要求。

9. 其他违反有关规定的情形

"其他违反有关规定的情形"属于开放性规定,即对于一些没有囊括的或者现在还没有发现而将来可能发生的一些情况可以适用这一条规定。如鉴定使用的实验室不适格,鉴定使用的技术不可靠等。对照上述鉴定意见的证据能力规则类型所确立的体系,我们可以发现,我国鉴定意见的证据能力要件主要是通过直接审理原则与言词审理原则予以规范的,将其归属于法律上的问题,从正面确认有证据能力来明确其要件,或从反面规定无证据能力暗含其消极要件。

(二)鉴定意见的证据能力审查重点

鉴定意见的证据能力的审查判断,可以从以下几个方面着重进行分析判断。

第一,鉴定主体的适格性。鉴定机构和鉴定人的法定资格条件是鉴定意见具有证据能力的首要前提。鉴定人的资格条件主要包括应当具备鉴定所需的专门知识技能和鉴定人所从事鉴定事项的范围两个方面的内容。鉴定机构的资质主要是指所具备的用于鉴定的仪器设备等硬件设施。

第二,鉴定意见的必要性。鉴定作为解决诉讼程序中专门性问题的科学性活动,必须严格遵守法律规定的启动条件,只有需要借助专门知识和技能才能认定某些案件事实问题时,才能启动鉴定。否则,极有可能会侵犯控辩双方举证说明的权利。

第三,鉴定意见的关联性。鉴定意见必须对待证事实具有一定程度的证明作用,如果没有与案件事实的关联性作基础,即使鉴定再科学可靠,也是不具备证据能力的。

第四,鉴定意见的科学可靠性。鉴定意见所依据的科学原理和技术方法直接影响最终鉴定意见的科学可靠性,鉴于鉴定过程中人为因素和运用不同科学原理的影响,鉴定意见证据能力的认证必然要予以特别重视。

第五,鉴定意见的正当性。采用非法手段或是未按照法定程序获得的鉴定意见,法律禁止将其作为证据使用,当然不具有证据能力。这主要可以从鉴定资料来源的合法性和鉴定方法的正当性方面考察对鉴定意见证据能力的影响。

二、鉴定意见的证明力审查

鉴定意见的证明力,是指具备证据能力的鉴定意见对于案件事实的证明效果,也是借助于专门知识对案件事实真伪和相互之间的联系进行判断的作用力。鉴定意见的证据能力主要体现在合法性和关联性方面,而鉴定意见的证明力则包括真实性、关联性和科学性方面。[1]

(一)当前鉴定意见证明力审查的不足

1. 鉴定人普遍不出庭作证

要遏制司法对鉴定的迷信状态,最根本的途径是承认司法鉴定是鉴定人员运用科学原理和科学规律对案件证据进行分析判断的本质属性,使办案人员能够根据科学的要求和标准对鉴定意见进行审查和评估。要做到这一点,一个首要前提是办案人员能够理解科学的要求和标准,进而能够根据该要求和标准审视鉴定的原理和过

---

[1] 参见李苏林:《提升科学证据在刑事审判中的运用水平——以鉴定意见为例》,载《理论探索》2015年第2期。

程。在审判阶段,鉴定人出庭作证,向法庭详细阐明鉴定所依据的原理和方法以及鉴定的过程和步骤,是帮助法官尽快了解相关科学知识,从而判断鉴定意见是否正确的最有效的途径。相反,如果鉴定人不出庭,那么法官对鉴定意见的判断只能建立在书面鉴定意见的基础之上,[1]而书面鉴定意见囿于篇幅,所记载的内容通常非常有限,这导致法官很难对鉴定的原理、方法、过程等进行有效审查,以致不得不迷信鉴定意见。

我国 1979 年和 1996 年《刑事诉讼法》都没有规定鉴定人必须出庭作证,实践中,鉴定人出庭作证的案件凤毛麟角。由于鉴定人基本不出庭,法官在审判时普遍将书面鉴定意见直接用作定案的根据,因此容易出现冤假错案。为了解决这一问题,2012 年修正的《刑事诉讼法》第 187 条(2018 年《刑事诉讼法》第 192 条)第 3 款规定:"公诉人、当事人或者辩护人、诉讼代理人对鉴定意见有异议,人民法院认为鉴定人有必要出庭的,鉴定人应当出庭作证……"该条虽然对鉴定人出庭作证的条件作出了明确规定,但是存在严重问题:首先,该条对鉴定人出庭作证设置的限制条件过于苛刻。鉴定意见涉及案件的专业性问题,对案件的最终处理结果发挥着至关重要的作用,因而如果控辩双方对鉴定意见存在异议,鉴定人就应当出庭作证,但是按照该条的规定,仅控辩双方对鉴定意见有异议还不够,还必须人民法院认为鉴定人有必要出庭,鉴定人才会出庭作证,这样规定极不合理。其次,2012 年《刑事诉讼法》第 187 条对法官判断鉴定人应否出庭作证没有规定任何具体标准,只要法官不希望鉴定人出庭作证就可以不通知其出庭作证,不需要说明任何理由,这给法官滥用自由裁量权留下了巨大的空间。按照我国《刑事诉讼法》的规定,只有公安司法机关有权直接启动鉴定程序,因而提交法庭的鉴定意见通常都来自控诉方。与此同时,我国一些法官都存在追诉有罪的倾向,对控方的证据经常持信任的态度,对追诉机关借助科技手段得到的鉴定意见更是信任有加,因而在辩方对鉴定意见提出异议时,法官很可能以鉴定人没有必要出庭作证为由拒不通知鉴定人出庭作证。根据司法部的统计,2017 年,全国法院向鉴定人发出出庭通知的次数仅占全部司法鉴定委托业务量的 1.2%,低于 2016 年的 1.43%,[2]充分证明了这一点。

2. 法官对鉴定意见的审查形式化

首先,法官无须对鉴定所依据的原理进行审查。《刑事诉讼法司法解释》第 97 条对法官审查鉴定意见的内容作出明确规定。根据该条的规定,法官对鉴定意见的

---

[1] 根据《公安机关鉴定规则》第 46 条的规定,鉴定文书分为《鉴定书》和《检验报告》两种格式。
[2] 参见党凌云、张效礼:《2017 年度全国司法鉴定情况统计分析》,载《中国司法鉴定》2018 年第 3 期。

审查包括10项内容,但是这10项内容中并不包括鉴定所依据的原理。这意味着,在我国的刑事诉讼中,法官在对鉴定意见进行审查时无须对鉴定所依据的原理是否科学进行审查。也就是说,只要某一鉴定技术在鉴定行业占据了一席之地,被鉴定机构或鉴定人员所采用,那么控方将鉴定意见提交法庭时,法官将不再对该鉴定所依据的原理是否科学进行审查。这就意味着,我国刑事诉讼将对鉴定原理的审查判断权完全让渡给鉴定行业和鉴定人员,这很容易导致一些未经充分验证的不成熟的鉴定技术在诉讼中大行其道。因而如果法院在对鉴定意见进行审查时完全不审查鉴定所依据的原理,很难避免法官对科学技术的迷信,导致有些鉴定原理不可靠的鉴定意见被用作认定案件事实的根据,从而发生冤假错案。

其次,法院对鉴定的程序、过程和方法只需要进行形式审查而不需要进行实质审查。按照《刑事诉讼法司法解释》第97条的规定,对鉴定的程序,法官只需要审查"是否符合法律、有关规定";对鉴定的过程和方法,只需要审查"是否符合相关专业的规范要求"即可。然而,在司法实践中,虽然鉴定的程序、过程和方法符合法律和相关专业规范的要求,但未必能够得出鉴定意见给出的结论。因此,如果法官只对鉴定的程序、过程和方法进行形式审查,很容易得出错误的结论,以致作出错误的裁判。

(二)我国鉴定意见证明力审查的保障措施

在当代社会,法律无法像"法定证据"时代那样严格规定证据的证明力,很多国家都未事先通过法律设定限制,而是由法官、陪审员依据经验、理性和良心进行自由评价和判断。[1] 对鉴定意见的证明力的审查判断,可以从以下方面入手。

1. 建立健全鉴定人强制出庭制度

域外不同国家、地区对鉴定人出庭作证范围的规定不同,其中,典型的有两种模式:一是以俄罗斯等国家为代表的激进模式,要求鉴定人必须出庭作证,没有设置任何例外情形,[2] 二是以德国为代表的保守模式,规定鉴定人原则上必须出庭作证,但是在法定的例外情形下,如控辩双方同意,或因死亡、疾病及其他无法排除的障碍,鉴定人可以不出庭作证。[3] 第一种模式要求所有鉴定人都必须出庭作证,这样规定有利于协助法官对鉴定意见进行充分的审查,但不利于提高诉讼效率;第二种模式规定如果控辩双方同意,那么鉴定人可以不出庭作证,这样规定值得肯定,但是规定如

---

[1] 参见陈瑞华:《以限制证据证明力为核心的新法定证据主义》,载《法学研究》2012年第6期。

[2] 参见《俄罗斯联邦刑事诉讼法典》(新版),黄道秀译,中国人民公安大学出版社2006年版,第63~64页。

[3] 参见《德国刑事诉讼法典》,宗玉琨译注,知识产权出版社2013年版,第200~201页。

果由于鉴定人死亡、疾病等客观原因可以不出庭作证则不具有合理性。在此类情况下,最合理的做法是延期审理或另行委托鉴定人重新鉴定,而不是允许鉴定人不出庭作证。

基于以上分析,笔者认为,可以对以上两种模式取其长、去其短,建立一种折衷模式:原则上,鉴定人必须出庭作证,否则其鉴定意见不能用作认定案件事实的根据,但是控辩双方对鉴定意见没有争议的,鉴定人可以不出庭作证。这一制度设计确立了鉴定人必须出庭作证的原则,有利于发现鉴定意见中可能存在的问题;同时,对于控辩双方对鉴定意见没有争议的案件,鉴定人可以不出庭作证,又兼顾了降低诉讼成本、提高诉讼效率的要求。在鉴定人由于身患疾病或其他客观原因确实无法出庭作证的情况下,如果控辩双方对鉴定意见没有争议,鉴定人可以不出庭作证;如果控辩双方对鉴定意见存在争议,法院应当决定延期审理或另行委托鉴定,不得在鉴定人没有出庭的情况下,直接认可书面鉴定意见。[1]

此外,由于无法确保所有的鉴定人出庭作证,因此,有必要确立关键鉴定人出庭作证制度,这对于保障案件事实的正确认定、诉讼的顺利进行和辩护方的权利具有现实必要性。[2] 对于具体制度的实施,笔者认为,可以借鉴关键证人制度的做法,建立保障鉴定人出庭作证制度的配套措施。(1)建立强制鉴定人出庭制度,对于符合关键鉴定人条件的,经法庭合法通知的,应当按时出庭作证;否则,将承担不利后果。(2)建立经济补偿制度,对鉴定人出庭所产生的费用,司法机关应当予以补偿,补偿的范围应当以食宿、交通和误工工资等必要费用为限。(3)拒证处罚制度,对于鉴定人无正当理由,拒不出庭作证的,司法机关可以采取罚款、拘传、拘留等强制措施,也可以通知司法鉴定管理部门对其进行行政处分,甚至取消其执业资格。[3]

2. 专家辅助规则

所谓专家辅助人制度,是指诉讼中法官或者控辩双方聘请对案件专门问题具有专业知识的专家,辅助其对鉴定意见进行认定或质证。专家辅助人同鉴定人一样,具备解决案件中专门问题的专业知识,只不过专家辅助人只是对已经作出的鉴定意见帮助控辩双方对其进行质证,揭露其中的错误或矛盾之处,或者帮助法官判断该意见的正确性,以弥补他们在专业知识方面的不足。

笔者认为,根据委托的主体不同,专家辅助人制度的具体运行也应当存有差

---

[1] 参见陈永生:《论刑事司法对鉴定的迷信与制度防范》,载《中国法学》2021年第6期。
[2] 参见朱晋峰:《刑事诉讼中鉴定意见证明力的不足与补强》,载《中国司法鉴定》2011年第4期。
[3] 参见徐文忠、罗志勇:《构建我国刑事诉讼中的关键证人出庭制度》,载《法制与社会》2007年第1期。

别。控辩双方委托专家辅助人的目的主要是支持己方观点或者反驳对方观点,同辩护人制度具有异曲同工之效。因此,专家辅助人制度可以参照辩护人制度的相关规定运行,但是辅助人的资格条件应当与鉴定人的条件相同。如果是法庭委托的专家辅助人,由于其目的是帮助法官对案件中的专门问题进行认定,具有客观中立性,同控辩双方委托辅助人的目的具有根本区别,与鉴定制度设立的初衷相符。因此,对于法庭委托专家辅助人的,应当参照鉴定人制度的相关规定运行,但是其聘请的专家应当同作出鉴定意见的专家和机构不具有利益关联,以防影响其判断的中立性。

3. 采信理由公开规则

鉴定意见具有科学性的特点,这就要求审查判断者不能恣意依个人偏见进行评判。采信理由公开规则,即要求无论裁判者采纳或者拒绝将鉴定意见作为定案的依据,都必须进行强有力的说理,其推论结果和过程、判断的主要依据都应当公开。具体就是应当在判决书中对其运用、判断证据的逻辑作出令人信服的解释说明。我国不同于英美国家陪审团审判,合议庭对事实的裁决应当说明理由。为了提高法院采信鉴定意见的透明度,应当请求法院的判决公开其将某个鉴定意见是否作为定案根据的理由。这有利于促使法官谨慎采信有关鉴定意见,同时也有利于加强鉴定意见运用的监督,保证法院所采信的鉴定意见具有相关性与可靠性。[1]

第一,无优先证明力规则。两大法系国家关于鉴定意见或者专家证言的规定是一致的,即必须经过法庭质证并由裁判者评判其证明力。对科学证据的盲从和误解是各国普遍的现象,相比于一般证据,科学证据的发现、收集和保全都具有较高的技术含量,但科学证据的作用并不像人们想象得那样神奇,许多冤案发生的症结就在于案件中的科学证据对案件事实的认定起了推波助澜的作用。例如,有研究显示我国对控方提交的 DNA 证据的采纳率达 99.65%,当对科学证据不加细致审查即全盘接收的同时,法官的心证就没有用武之地了。[2]

第二,鉴定意见证据效力等级禁止规则。一般情形下,等级较高的司法鉴定机构的仪器设备条件好,鉴定人员经办案件种类多,经验丰富,得出鉴定意见的准确度理应较高些,但这并不是必然的规律,实践中也存在等级较低的鉴定机构得出更正确的鉴定意见。在法律实践中,当针对同一争议事项有多份鉴定意见时,仍有法官是依据

---

[1] 参见樊崇义、吴光升:《鉴定意见的审查与运用规则》,载《中国刑事法杂志》2013 年第 5 期。
[2] 参见张中、石美森:《论科学证据的证明力》,载《证据科学》2012 年第 1 期。

鉴定机构的等级高低或者鉴定人的资质条件进行优先采用的。[1] 主张鉴定意见效力等级制的说法是违背科学、违背客观规律,也是违背法律的。鉴定人对科学的认识、运用是客观、平等的,对鉴定意见证明力的审查判断只能由裁判者依心证自主得出。

延伸思考

1. 从证据能力审查和证明力审查两个方面评析当前我国鉴定意见的审查程序。
2. 试比较我国具有专门知识的人制度与英美法系的专家辅助人制度。

延伸阅读

1. 曹志勋:《民事鉴定程序启动中的职权与权利配置》,载《当代法学》2021 年第 2 期。
2. 曹志勋:《对当事人鉴定申请的司法审查——兼论书证真伪鉴定的特殊性》,载《法学》2020 年第 12 期。
3. 谭趁尤、郭华:《科学≠确定:司法鉴定意见本质的再认识》,载《社会科学家》2020 年第 12 期。
4. 李学军:《诉讼中专门性问题的解决之道——兼论我国鉴定制度和法定证据形式的完善》,载《政法论坛》2020 年第 6 期。

本章小结

本章主要围绕鉴定意见的证据调查展开研究。首先,就鉴定意见的基础概念进行了研究,着重论述了这一证据类型的定义及有关的学术观点、特征,并重点介绍了不同法系鉴定意见的溯源,有助于读者更好地理解鉴定意见的概念。其次,在第二节,主要列举了监察法、刑事诉讼法、民事诉讼法及其法规规章中有关司法鉴定的法条,梳理了鉴定意见的法律体系。最后,在第三节从证据能力和证明力两个角度对鉴定意见的证据审查判断进行论述。除本章节论述内容外,关于鉴定意见的证据调查亦有许多有意义且至关重要的选题。读者可以结合课后的延伸思考与延伸阅读进行深入研究。

---

[1] 参见马云雪:《鉴定意见认证存在的问题及其对策研究》,载《西部法学评论》2012 年第 4 期。

第十章　现场勘查笔录的证据调查

本章重点内容

现场勘查笔录的概念、结构内容与制作方法。

本章思维导图

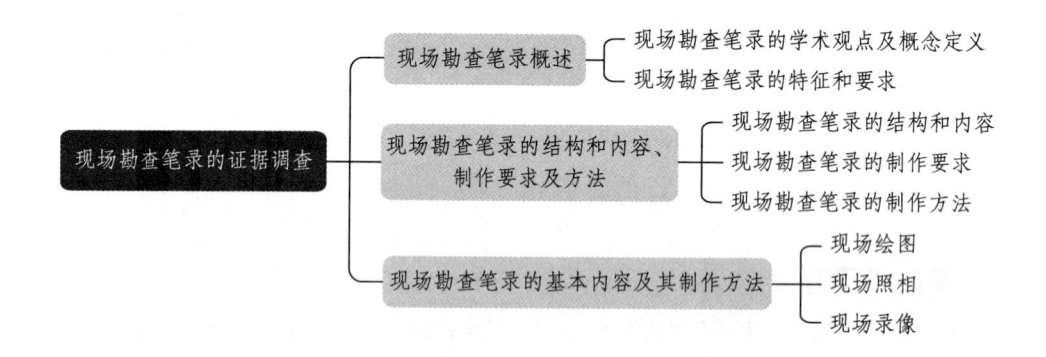

```
现场勘查笔录的证据调查
├── 现场勘查笔录概述
│   ├── 现场勘查笔录的学术观点及概念定义
│   └── 现场勘查笔录的特征和要求
├── 现场勘查笔录的结构和内容、制作要求及方法
│   ├── 现场勘查笔录的结构和内容
│   ├── 现场勘查笔录的制作要求
│   └── 现场勘查笔录的制作方法
└── 现场勘查笔录的基本内容及其制作方法
    ├── 现场绘图
    ├── 现场照相
    └── 现场录像
```

随着现场勘查技术和手段的提高,现场勘查笔录在司法实践中的作用日益提升。作为证据的重要组成部分,现场勘查笔录通过文字记载、图表记录、录音录像等多种方式客观描述和记录犯罪现场的相关情况信息。在诉讼活动中,它发挥着不可忽视的作用。一方面,全面客观的现场记载有助于侦查人员更好地分析案件性质和内容;另一方面,现场勘查笔录本身作为独立证据,在刑事诉讼中证明案情并与其他证据相互印证。详细了解现场勘查笔录的概念、性质和主要内容对于现场勘查阶段以及整个刑事诉讼阶段都具有重要意义。

第一节 现场勘查笔录概述

一、现场勘查笔录的学术观点及概念定义

(一)现场勘查笔录相关学术观点

对于现场勘查笔录的概念,学界有以下几种表述。

第一种观点认为,现场勘查笔录是指:"在刑事诉讼中,侦查人员和司法工作人员对可能与犯罪有关的场所、物品、人身、尸体进行勘验、检查时所作的记录。"[1]

第二种观点认为,现场勘查笔录,是指办案人员对与犯罪有关的场所、物品、痕迹、尸体等所作的勘查、检查记载。检查笔录,是指办案人员为确定被害人、犯罪嫌疑人、被告人的某些特征、伤害情况或者生理状态,而对他们的人身进行检验和观察后所作的客观记载。[2]

第三种观点认为,现场勘查笔录,是指办案人员对与案件有关的场所、物品、人身进行勘验、检查时,所作的文字记载,并由勘验、检查人员和在场见证人签名的一种书面文件。[3]

第四种观点认为,现场勘查笔录是我国《刑事诉讼法》规定的法定证据形式之一,是勘验检查主体对与犯罪有关的场所、物品、尸体和人身进行勘验检查所作的实况记录。[4]

第五种观点认为,现场勘查笔录,是指侦查人员在勘查案件现场的过程中,对现场情况和勘验情况所作的客观文字记载。[5]

第六种观点认为,现场勘查笔录,是指勘验、检查主体对与犯罪有关的场所、物品、人身、尸体进行勘验、检查时所作的客观记载。[6]

第七种观点认为,现场勘查笔录,是指侦查人员用文字形式对犯罪现场的状况及

---

[1] 何家弘、刘品新:《证据法学》,法律出版社2004年版,第186页。
[2] 参见陈光中、徐静村主编:《刑事诉讼法学》,中国政法大学出版社1999年版,第179~180页。
[3] 参见樊崇义主编:《证据法学》,法律出版社2001年版,第117页。
[4] 参见蒋丽华:《勘验、检查笔录规则研究》,载《中国司法鉴定》2003年第2期。
[5] 参见许爱东:《现场勘查学》,北京大学出版社2011年版,第102页。
[6] 参见袁志:《勘验、检查笔录研究》,西南财经大学出版社2007年版,第35页。

现场勘验、检查过程所作的客观记录。[1]

第八种观点认为,现场勘查笔录,是指侦查机关对与犯罪有关的场所、痕迹、物品、尸体和人身进行勘验、检查时,运用文字、绘图、照相、录像等形式进行客观记载的一种法律文书。[2]

(二)现场勘查笔录概念的定义

虽然有多达 8 种的不同观点,但是大多数学者对现场勘查笔录中主体的定位存在高度的一致性。

第一,需要先确认现场勘查笔录的主体。现场勘查笔录作为 8 类证据中的重要组成部分,是办案人员对犯罪现场进行客观记录和对人身进行客观检查报告的一种证据形式,用于反映案件的相关内容和性质。在勘查的基本流程中,侦查人员负责对案件现场进行勘查并形成笔录,随后将其转交给检察机关,最终由法院对证据进行评估和决断。因此,在现场勘查笔录的形成过程中,办案人员即侦查人员才是主要参与者,其他司法人员并没有第一时间在现场核实现场勘查笔录,而是事后对证据的合法性、客观性和关联性进行补充说明或删减。因此,他们不能成为现场勘查笔录的制作主体。

现场勘查笔录的制作主体不只是侦查人员,还包括具有专门知识的人。我国《刑事诉讼法》第 128 条规定,侦查人员对于与犯罪有关的场所、物品、人身、尸体应当进行勘验或者检查。在必要的时候,可以指派或者聘请具有专门知识的人,在侦查人员的主持下进行勘验、检查。第 132 条第 3 款规定,检查妇女的身体,应当由女工作人员或者医师进行。可见,在现场勘查的过程中,侦查人员有权指派和聘请一些具有专门知识的专家协助进行勘查工作以弥补其自身知识和能力上的不足。因此,我们可以说现场勘查笔录的制作主体不仅限于案件的侦查人员,还可以包括接受侦查机关委派或聘请的专业人员。他们可以提供专业的知识和技术支持,确保现场勘查笔录的准确性和可靠性。他们根据自身的专业背景和经验,能够对现场发现的证据进行更深入的分析和解读,为案件调查提供专业建议和意见。这些专业人员的参与能够提高现场勘查笔录的质量和可信度,为案件调查和法庭审理提供强有力的证据基础。他们的专业知识和经验在勘查过程中起到至关重要的作用,确保案件能够得到公正的审判。

第二,现场勘查笔录的客体包括场所、物品、人身和尸体。其中,现场勘验的对象

---

[1] 参见王国民:《犯罪现场勘查》,四川大学出版社 2008 年版,第 171 页。
[2] 参见蒋健:《犯罪现场勘查》,中国人民公安大学出版社 2014 年版,第 133 页。

是客观的物体，包括犯罪场所、与犯罪有关的痕迹、现场相关的物品以及尸体。检查的对象是指活人的身体，包括对被害人身体的检查、犯罪人或犯罪嫌疑人身体的检查等。因此，勘验人员在记录过程中需要详尽、准确地描述每个客体的情况，并尽可能保留现场的原貌，以确保现场勘查笔录的完整性和可信度，从而确保证据的合法性和有效性。

第三，现场勘查笔录是对犯罪现场状态、事物以及勘验检查情况进行客观描述和真实记录的方式。它要求勘验人员和专业人员对客观情况进行详细准确的描述，而不是凭借自己的知识进行主观判断。为了确保记录的准确性，现场勘查笔录的形式不仅限于文字记载，还可以包括绘图、照片、摄像等方法，将现场状况和勘查过程固定下来，形成法定的刑事证据。这样的记录方式能够提供更直观、具体的证据支持，更全面地反映现场的实际情况。为了确保现场勘查笔录的准确性和可信度，记录形式不仅限于文字记载，勘验人员还可以借助绘图、照片、摄像等方法固定记录现场的状况和勘查的过程。这种综合记录方式能够更全面地呈现现场的情况，提供更直观、具体的证据支持。

第四，现场勘查笔录的目的是确保司法机关在案件的侦查、起诉和审判过程中的公正合法性。它具有以下重要作用：首先，现场勘查笔录能够提供了解现场情况的资料，使未参与勘验的人员能够通过查阅笔录全面了解现场情况。其次，现场勘查笔录为研究案件提供了依据，特别关注现场状态和犯罪行为引起的有关物体的变化。最后，现场勘查笔录作为保密记录，仅有犯罪人和勘验人员了解其内容，因此具有证明犯罪情况的客观证据价值。现场勘查笔录在确保司法机关在案件的侦查、起诉和审判过程中的公正合法性方面发挥着重要作用。它提供了对现场情况的了解、案件研究的依据以及证明犯罪情况的客观证据。因此，在司法程序中，现场勘查笔录的重要性不容忽视。

综合上述观点和论断，现场勘查笔录的概念应该是：案件相关侦查人员和具有专门知识的人对犯罪现场的场所、痕迹、物品以及尸体的勘验和对案件相关人身的检查并以文字、图片、视频等方式固定下来的客观描述和真实记录。[1]

二、现场勘查笔录的特征和要求

现场勘查笔录作为 8 大证据种类之一，是一种独立的证据形式，同其他证据形式具有一定的共同之处，同时也有其自身的独特属性。

---

[1] 参见王超、周菁：《论完善我国刑事质证制度的必由之路》，载《华东政法学院学报》2003 年第 5 期。

(一)证明形式的多样性

现场勘查笔录,是指在勘验过程中使用文字笔录、绘图、照片、摄像等方法将现场情况和勘验检查过程客观记录下来,作为法定形式的证据。具体形式包括勘查文字笔录、现场绘图、现场照片、现场录像和现场录音等。这些记录形式各有特点,结合运用可以更全面、客观、完整、准确地呈现现场情况。通过多种记录方式的结合,现场勘查笔录可以成为法定的刑事证据。现场勘查笔录是对案件现场的准确描述和客观呈现,有助于还原犯罪现场的情况,并为案件调查和法庭审理提供有力的证据支持。

(二)证明内容的多样性

现场勘查笔录作为证据在诉讼中使用,可以证明程序法事实和实体法事实,具有事实证据和证明事实证据的双重性质。

现场勘查笔录可以反映侦查人员和专业技术人员在现场勘验活动中是否按照法律规定的程序和方法进行。随着法治的发展,程序正义规范被广泛接受和重视。现场勘查笔录有助于确保程序的遵守,维护法治的基本秩序,并获得社会对法律的信任和尊重。因此,它反映了证据的程序法事实。

同时,现场勘查笔录也可以反映和证明实体法事实。现场勘查笔录记录了与案件事实相关的物证和这些物证与案件之间的关联性。例如,物证的形状、大小、分布、相互关系等内容固定在笔录中,与案件事实有关联,从而起到了证明实体法事实的作用。

总之,现场勘查笔录作为证据同时具有证明程序法事实和实体法事实的双重性质。它有助于验证程序的遵守,维护法治秩序,并记录与案件事实相关的物证,提供证据支持。

(三)证明的间接性和重要性

现场勘查笔录需要与其他证据相互联系形成证据链,以证明案件的客观事实。它只是对可能与犯罪相关的场所、物品、痕迹、尸体和人身进行描述记录,不能直接指明何人在何地实施了何种犯罪行为。在勘验检查笔录作为证据时,它需要与其他客观证据相互印证,形成完整的证据链,以证明案件的客观事实。现场勘查笔录仅仅是对可能与犯罪相关的场所、物品、痕迹、尸体和人身进行描述记录,不能直接揭示犯罪的实施者以及具体犯罪行为的发生。与物证、书证等客观证据一样,现场勘查笔录作为客观证据以其实际存在证明案件事实。相对于依赖于人类记忆和主观陈述的证人证言与当事人陈述而言,现场勘查笔录在证据的证明力方面具有更高的价值和可信度。因此,在法律程序中,现场勘查笔录在证明案件的客观事实方面扮演着重要的角色。它与其他客观证据相互印证,共同构建完整的证据链,为法庭提供准确、可靠的证据,并对案件的调查和审判产生重要影响。

延伸思考

1. 在现场勘查笔录的制作要求中,哪些是重点?为什么?
2. 除了书中提及的诉讼地位外,现场勘查笔录还有哪些意义?
3. 如何利用现场勘查笔录实现对侦查活动的有效监督?
4. 在众多关于现场勘查笔录的观点中,你认同哪一种,为什么?

延伸阅读

1. 宋维彬:《论刑事诉讼中勘验、检查笔录的证据能力》,载《现代法学》2016 年第 2 期。
2. 占善刚:《试论民事诉讼中的勘验及我国立法完善》,载《烟台大学学报(哲学社会科学版)》2013 年第 1 期。
3. 裴苍龄:《再论物证》,载《环球法律评论》2016 年第 1 期。

第二节 现场勘查笔录的结构和内容、制作要求及方法

一、现场勘查笔录的结构和内容

现场勘查笔录通常由封面、前言、正文和结尾组成。具体包括以下基本内容。

(一)封面

在封面部分,现场勘查笔录顶部编号为:"( )公( )勘[ ]号",其中"公"前面填写当地公安机关的简称,"勘"前面一般填写"刑","[ ]"中应该填写工作年份以及具体案件编号。

(二)前言

前言包括接到报案的基本情况、现场及其保护的情况、现场勘验的时间、天气情况以及现场勘验人员组成等方面的内容。(见图 10 – 1)前言部分基本是以填空方式进行叙事的,其主要包括以下几个部分。

现场勘验笔录

勘验号：_____

现场勘验单位：___市公安局___分局刑事警察大队

指派/报告单位：___派出所　时间：__年__月__日__时__分

勘验事由：__年_月_日_时_分，___市公安局___分局刑事警察大
队接到___派出所值班室电话报告称：在_____酒店
公寓___发生一宗强奸案。请求___市公安局___分局刑事警察大队派技术
人员勘查现场。接报后，___市公安局___分局刑事警察大队民警___、___
赶赴现场，于__年_月_日_时_分到达现场。

现场勘验开始时间___年__月__日__时__分

现场勘验结束时间___年__月__日__时__分

现场地点：_____

现场保护情况：

现场保护人：姓名___单位___职务___

保护措施：□设立警戒带，划定禁行区域/□专人看护现场，防止他人进入/□被
害人自行保护/☑其他措施：无

现场情况：□原始现场/☑变动现场

变动原因：□事主进入/□报案人进入/☑其他：营业场所

天气：□阴/☑晴/□雨/□雪/□雾，温度：31.0℃，湿度：80.0%，风向：东南
风

现场勘验利用的光线：☑自然光/□灯光/□特种光

现场勘验指挥人：

姓名_____　单位___市公安局___分局刑事警察大队　职务_____

图 10-1　××公安局现场勘查笔录前言

1. 受理案件的情况

包括受理报案的时间、接受报案的单位、接受报案的途径、报案的当事人或被害人的姓名、职业、住址以及他们对报案案件所陈述的案件事实经过等。

2. 现场勘查的起止时间

写明现场勘查的起止年、月、日、时、分。

3. 具体的现场地址

写明现场地点的行政区划、街区巷组、楼所编号、勘查场所等详细地点,地址要详细准确。

4. 天气情况

具体包括记录当天的温度、风向、湿度以及天气状况。

5. 勘查前现场的性质

内容包括现场是否有变动情况,是原始现场还是变动现场。

6. 现场勘查利用的光线

写明是利用了自然光还是灯光。

7. 现场勘查的指挥人员

写明指挥者的姓名、单位、职务等。

(三) 正文

正文主要是对现场勘查的整个过程进行详细的客观描述、记载情况,主要可以分为三个部分:现场勘查前期相关情况、现场勘查过程中的主要情况以及现场勘查结果和处理情况。(见图 10 - 2)

现场勘验情况：

　　现场据■■派出所值班室电话介绍案情称：■■年■月■日在■■■■■■■■■■■■■■■■酒店公寓■■■发生一宗强奸案。

　　现场邀请在场群众■■■■■为见证人，在见证人的见证下进行现场勘查。

　　现场勘查由■■市公安局■■分局刑事警察大队■■■负责制作现场勘查笔录及绘制现场方位和平面示意图，■■■负责现场照相。

　　现场位于■■■■■■■■■■■■■■■■■■■■■酒店公寓■■，■■■■■东侧是■■■■，南侧是■■■■■■，西侧是■■■■■■，北侧是■■■■■。

　　中心现场位于■■■■■■■■■■■■■■■■■■酒店公寓■■，■■■是单房带卫生间、浴室结构，■■■■门朝北。进入大门是过道，过道的南侧是卧室，西北侧是卫生间和浴室。过道的东侧摆放有柜子和凳子，在凳子的南侧地面有一双黑色袜子，在黑色袜子表面使用棉签擦拭提取擦拭子1份。进入卧室，卧室的东侧摆放有电视机，南侧摆放有桌子、圆桌和沙发，在桌子下地面有垃圾桶和一团纸巾（原物提取），在圆桌上摆放有一个"冰露"牌矿泉水瓶；在矿泉水瓶口表面使用棉签擦拭提取擦拭子1份，房间的西侧摆放有床，在床上有被子、枕头、床单和一团纸巾（原物提取），在床单上剪切提取布片1块。

　　进入卫生间，卫生间的西侧摆放有马桶和垃圾桶，北侧是洗手台。

　　进入浴室，在浴室的西侧墙上装有淋浴装置，花洒头掉了在地面上。在花洒头表面使用棉签擦拭提取擦拭子1份。

　　以下无正文。

图10-2　××公安局现场勘查笔录正文

1. 现场勘查前期相关情况

（1）简要介绍赶往现场情况。人员配置，出发到达时间等。

（2）案件基本信息。简要介绍案发的基本情况。

（3）现场保护情况。包括现场保护人员的姓名、职业、到达时间和采取了哪些保护措施以及保护过程中发现的情况线索，现场是否存在变动等情况。

（4）被邀请到场见证人的姓名、职业和住址。

2. 现场勘查过程中的主要情况

（1）首先说明现场的具体方位。发生在城市的市区、街道和门牌号码或发生在农村的县乡村组户等具体方位信息。

（2）记录该现场的全貌和周边环境情况。现场地理信息的描写，一般采用"东南西北"方法描述，同时说明现场周围的具体界限、现场的出入口、被侵害的客体（如尸体、被撬的箱柜等）的分布状态及相互关系。

（3）现场中心的相关情况。这是现场勘查笔录的重点。如果是室内现场则应该描述出入口周围的情况，如走廊情况、门把情况、门锁情况，然后描述房屋的结构、室内陈设物品情况等，最后描述现场物品变动情况，各种痕迹和物品的名称、部位、数量、性质和分布信息。如果是杀人案件，应该注明尸体的位置、姿势、性别、年龄、衣着及其附着物、伤痕、血迹和凶器等情况。

（4）记录痕迹、物证发现、提取、固定的方法。

（5）记录现场发现物证和犯罪痕迹的具体特征和数量。

（6）现场勘查所发现的异常情况。将现场勘查检验中所发现的一切反常的现象都记录下来。

3. 现场勘查结果和处理情况

在这部分需要填写《现场勘查提取痕迹、物证登记表》，包括现场勘查中提取的现场痕迹、物证的名称、数量和特征，同时应当附上现场拍照、录音录像的内容数量和现场绘图的种类数量。

（四）结尾

结尾部分需要说明以下内容。（见图10-3）

现场勘验制图 _2_ 张；照相 _17_ 张。

现场勘验记录人员：

笔录人：_____

制图人：_____

照相人：_____

现场勘验人员：

本人签名：_____ 单位 _____ 市公安局 _____ 分局刑事警察大队 _____ 职务 _____

本人签名：_____ 单位 _____ 市公安局 _____ 分局刑事警察大队 _____ 职务 _____

现场勘验见证人：

本人签名 _____ 性别 _____ 年龄 _____ , 住址 _____

备注： 无 _____

_____ 年 _____ 月 _____ 日

图 10-3 ××公安局现场勘查笔录结尾

1. 提取痕迹、物证和扣押物品的情况

包括痕迹、物证和扣押物品的名称、数量等。

2. 制图、照片的数量和录音录像的时间

参加现场勘查的侦查人员、技术人员及其他相关人员,应将拍摄相片、制图数量、录音录像的时间、具体内容及其他相关信息记载于现场勘查笔录中。

3. 勘验人员签名及加盖公章

参加现场勘查的指挥人员、侦查人员、技术人员、笔录制作人签名或盖章；现场见证人签名或盖章；现场绘图人员、照相人员、录音录像人签名或盖章；笔录制作日期和加盖制作单位公章。

二、现场勘查笔录的制作要求

(一)现场勘查笔录的格式要求

第一,现场勘查笔录必须由本案现场勘查人员制作。

第二,填写文字必须打印或用蓝、黑色墨水书写。

第三,现场勘查笔录内容必须客观、全面。"勘查状况"栏内的记录内容包括现场方位和环境情况;现场变动状况;痕迹和物品的名称、部位、数量、性状分布等;尸体的位置、衣着、姿势、血迹分布、形状和数量等。

第四,现场勘查笔录使用的语言文字必须规范准确,计量单位必须符合国家有关标准,日期使用公历。

第五,现场勘查笔录可以根据需要另加续页,并按顺序编排页码。

第六,现场勘查笔录固定格式中内容无法填写的,可在空格内划一条1厘米以上倾斜角度为45°左右的斜线。

第七,现场勘查笔录制成后应当在制作日期上加盖主勘单位公章。

(二)现场勘查笔录的内容制作要求

1. 顺序一致

现场勘查笔录记载的顺序应当与勘查顺序一致,以免因记载混乱而发生遗漏和重复的现象。勘查顺序一般为:从中心到四周;从外围到中心;沿着犯罪人活动的顺序开展;从低到高;根据房屋结构顺时针或逆时针开展等。

2. 位置固定

在描述现场的每一个物品时,要描述清楚详细的位置。测量距离可以用固定的物品作为参照物,比如室内的墙壁。位置描述要准确,不能使用"较近""大致""大概""左右""估计""大约"等词语。

3. 记述客观、完整

现场勘查笔录必须以实际存在犯罪相关现场和物品痕迹为依据,不能将任何主观自我臆断的思想或者一些同案件无关的内容写进现场勘查笔录中。制作人员应当客观记载现场信息,一些用触觉、嗅觉和听觉能确定的情况不能算主观臆断,应该记录在笔录中。

4. 叙事内容突出,详略得当

现场勘查笔录应该突出重点,对于现场犯罪行为人接触过、翻动过的物品部件,以及在这些物品部件上所残留的犯罪痕迹物证,应该在现场勘查笔录中重点阐述,清楚反映客观情况,而对一些与案件无关或关系不大的物品痕迹简单记录即可。

5. 勘查人员签名盖章

我国《刑事诉讼法》第133条规定:"勘验、检查的情况应当写成笔录,由参加勘验、检查的人和见证人签名或者盖章。"因而,现场勘查笔录必须由现场勘查指挥人、侦查人员、专业技术人员和见证人的签名和盖章。在现场勘查过程中如果进行了法医尸体检验、现场实验和人身检查活动,应该按照规定单独制作笔录,并在现场勘查笔录中进行记载说明。一个案件存在多个现场的,应该对每一个现场分别制作现场勘查笔录。

三、现场勘查笔录的制作方法

(一)按现场勘查的顺序制作

制作现场勘查笔录,首先将现场勘查的场所和大致的地理方位记载于笔录中,其次对一些细小痕迹物证作记录。笔录应当反映出勘查人员的勘查顺序,以便系统全面地反映当时的客观情况。如果没有按照一定的逻辑顺序而是胡乱添加新的内容,则会使勘验检查笔录杂乱无章,容易忽略重要信息。

(二)对现场物体所在位置进行详细描述

在笔录中,应该清楚反映每个记载客体详细的具体位置。对现场客体描述应该采用直角坐标法,同时添加相应的编号和图片对所记载物品痕迹进行固定。比如,在描述一个被盗现场中断线钳的时候应该这样描述:"在店铺的西边货柜的北边距离北墙0.6米处,有编号为1号的断线钳,长为20厘米,断线钳上写有'××'字样。"

(三)对几种常见痕迹物证的描述

1.对手印的描述

笔录中对手印的描述必须注意以下几点。

(1)发现手印的物体:记载该物的名称、用途、形状、颜色和特征等。

(2)手印在该物体上的分布位置:根据一些固定的标识物指出手印的具体坐标。

(3)手印的特征属性:包括手印的长宽、手印是立体还是平面、是加层还是减层的、有无颜色、乳突花纹的类型(弓型、箕型、斗型)。

(4)发现提取的方法:用粉末显现法或者其他方法。

2.对足迹的描述

笔录中对足迹的记载应当注意如下几点。

(1)足迹遗留在何种地面(水泥路、木板、瓷砖地面、沥青路面等)或者是何种物体表面上。

(2)足迹种类:足迹是立体的还是平面的,是鞋印、袜印还是赤脚印,是什么鞋类(运动鞋、皮鞋、高跟鞋、平底鞋等)。

(3)足迹的特征:包括足迹的大小、长短、留下的相关附带残留物等,以及足迹花纹特点。

(4)足迹的发现过程和提取方法。

3. 对工具痕迹的记载

笔录中对工具痕迹的记载应当注意以下几点。

（1）该痕迹遗留在什么客体上（如地板、门、窗、墙、抽屉等）。

（2）痕迹的遗留位置：可以通过相对固定不变的客体对痕迹进行描述，如在案发公司的南面墙距离0.7米的货柜的抽屉上面有3处撬压痕迹，撬压痕迹前端宽为1毫米。

（3）痕迹形状：工具痕迹是圆形、正方形、长方形、椭圆形等。

（4）痕迹大小：记载痕迹的长、宽、高或深度等。

（5）痕迹的种类：包括撬压痕、砍痕、锯痕等。

（6）痕迹的特点以及在痕迹上的其他物质（如油漆、铁锈、油脂物等）。

（7）痕迹的发现和提取方法。

（8）对带有痕迹的物体以及制作模型和对印痕进行包装的状况。

4. 对血迹的描述

笔录中对血迹的描述应当注意以下几点。

（1）血迹所遗留的客体：血迹可能遗留在门上、墙壁上、窗户玻璃上、床上、地板上等。

（2）血迹所遗留的具体位置。

（3）血迹的表现形态：擦拭血迹、喷溅血迹、滴落血迹、点状血迹、流柱状血迹、血斑和血泊等。

（4）血迹的颜色和新鲜程度。

（5）血迹发现过程和提取的方法。

5. 对毛发的描述记载

对毛发的描述记载应该注意以下几个方面。

（1）毛发遗留在哪些客体上。

（2）毛发的具体位置。

（3）毛发是单根的还是多根成束的。

（4）毛发的颜色和长度以及损毁情况等特征信息。

（5）毛发的发现过程和提取的方法。

延伸思考

1. 如果需要制作一份现场勘查笔录，需要着重描述哪些内容？

2. 根据文中提及的程序事项,我们对现场勘查笔录的实质审查需要着重哪些方面?

3. 现场勘查笔录具体包含对哪些内容的描述?

延伸阅读

1. 黄道诚:《宋代勘验检查制度探微》,载《政法论坛》2023 年第 1 期。

2. 史格非、李怡文、毛颖洁等:《生态环境损害司法鉴定现场勘验的质量管理》,载《法医学杂志》2020 年第 4 期。

3. 么达、陈克:《汽车火灾现场接触不良痕迹特征的研究》,载《消防科学与技术》2017 年第 7 期。

4. 任立新:《现场勘验中犯罪心理痕迹的分析与应用》,载《中国法医学杂志》2016 年 S2 期。

5. 黄间华、房汉平:《基于 MR 技术的犯罪现场勘查实训系统》,载《实验技术与管理》2020 年第 12 期。

第三节 现场勘查笔录的基本内容及其制作方法

一、现场绘图

(一)现场绘图的内容

现场绘图,是侦查人员运用制图学的原理和方法,记录和反映现场客观情况的现场记录形式。它是现场勘查笔录的重要组成部分。[1]

1. 根据现场反映范围的不同,可以分为现场方位图、现场全貌图、现场局部图、现场特写图

现场方位图是一种展示现场位置与周围环境关系的图示。它展示了现场的位置并描述了周边环境。这种图示能够帮助了解现场的整体情况。现场全貌图是一种展示现场内外整体结构以及物品、痕迹和物证之间关系的图示。它提供了现场内外部的概览,帮助了解物品、痕迹和物证之间的相互位置关系。现场局部图是用来表现现场重点部位以及痕迹、物证遗留位置与环境相互关系的现场图。现场特写图是用来表现痕迹、物证表面状况以及相关细节特征的现场图。

---

[1] 参见吴刚、李瑾:《森林刑事案件现场勘查常见问题》,载《森林公安》2017 年第 2 期。

2. 根据现场图的准确度的区别,可以分为现场比例图、现场示意图、现场比例和示意结合图

现场比例图是将现场的大小和现场各种物体、痕迹等绘制对象的位置和相互距离关系,按照一定比例缩小(如1∶50、1∶100)绘制在图纸上,以准确表示实际的大小、距离、位置关系。现场示意图是相对准确反映绘制对象的尺寸大小与相互关系的现场图。现场示意图不要求有准确的比例,但也不能比例失调。现场示意图多用于面积比较大的现场。现场比例和示意结合图是综合运用比例和示意两种表现方法绘制的图形,在一张绘图中有的客体是按照比例绘制的,有的则是按照示意的方法绘制的。现场比例和示意结合图适用于范围比较大的露天现场。

3. 根据现场绘图表现形式的不同,可以分为现场平面图、现场平面展开图、现场立体图、现场综合图等

现场平面图是根据正投影原理绘制的一种水平俯视图。此类图犹如从高空俯视地面的建筑物或物体而得到的影像。其绘图方法相对简单,在现场绘图中运用最为广泛。现场平面展开图是综合运用水平投影和垂直投影的原理和方法绘制的,是在现场平面图的基础上展示现场中其他几个立面或顶面情况的一种图形。它既包括绘制房间的平面图,也包括该房间墙壁的立面图乃至天花板的平面图。现场立体图是运用平行投影的原理和方法表现现场建筑物或物体垂直面上情况的图形。它只反映立体物某一个方向的立面,通常适用于绘制现场所在建筑物的某一个立面。现场综合图运用多种绘图形式绘制出多种现场图,并将其根据现场情况的需要按照一定的逻辑关系或者内在联系组合在一张绘图纸上,可由现场方位图、现场平面图、现场立体图一同组成。

(二)现场制图的基本要求

第一,标明案件名称,案件发生、发现时间,案发地点。

第二,完整反映现场的位置、范围。

第三,布局合理、重点突出、画面清洁、标识规范。

第四,准确反映与犯罪活动有关的主要物体,标明痕迹、物证、尸体、作案工具等具体位置,犯罪嫌疑人的行动路线等。

第五,与现场勘查笔录的记述内容相符合。

第六,文字说明应当简明、准确。

第七,注明现场图的测量方法、比例、方位、图例、绘图单位、绘图日期和绘图人。

二、现场照相

刑事现场照相是应用摄影理论和技术研究并解决有关犯罪现场相关问题的一项

侦查勘验活动。它是运用拍照的方法将现场中可能同犯罪相关的客体的特征、性质、地理位置等属性予以记载并呈现,通过真实客观的照片寻求破案的相关线索的一种刑事技术活动。刑事现场照相对象主体和目的的特殊性决定了现场照相区别于一般的家庭摄影、新闻拍照和艺术拍照。

(一)现场照相的内容

现场照相的主要任务是反映现场和现场所在的位置、环境,以及现场内的具体情况信息、犯罪行为所在空间、犯罪行为侵害的对象与犯罪行为在现场中遗留下来的痕迹和物证等。[1] 一般来说,只要是和犯罪现场相关的场景信息都应当通过现场照相予以记录说明。根据拍摄范围、拍摄地点角度的不同,按照现场的实际情况运用从远到近、从大到小、从上到下、从外到内等拍摄方法可以将现场照相分为现场方位照相、现场全貌照相、现场重点部位照相和现场细目照相4种类型。

1. 现场方位照相

现场方位照相,是指以整个现场和现场的周围环境为拍照对象,是一种反映犯罪行为以及犯罪行为与周围客体相互关系的一种刑事摄影手法。在方位照相中不仅要把犯罪现场的周围环境和相对位置清楚地表达出来,并且能够将其中重要的现场痕迹、物证等有价值的线索大致方位收入照片中。另外,现场方位照相在说明现场位置、环境的同时,还能够反映出案发现场的季节、气候和气氛等。[2]

2. 现场全貌照相

现场全貌照相又称现场概貌照相,是指将整个现场或者现场中心地段都作为拍照的对象,反映现场全貌和现场各部分的地理位置以及相互关系的一种刑事拍照类型。[3] 现场全貌照相需要将现场中心部位和现场勘查的主要客体对象突出表现出来,使相关司法人员能够对现场情况一目了然。现场全貌图主要反映犯罪现场的范围,犯罪行为人的犯罪路线,被侵害客体的情况以及现场突出痕迹、物证信息以及各种客体之间相互关系等情况信息。

3. 现场重点部位照相

现场重点部位照相,是指记录现场中重要部位、客体、地理位置的特征、状态以及同犯罪行为产生的痕迹、物证之间的关系的针对性摄影方法。现场重点部位照相可

---

[1] 参见廖翔:《刑事案件现场照相新特点及应对》,载《警察技术》2007年第4期。

[2] 参见王蚁达、康卫:《现场方位无人机航拍技法实验探究——以一起立交桥路道上案发现场方位照相为例》,载《四川警察学院学报》2016年第4期。

[3] 参见乐照航、陈源锋:《扫描全景方法在现场照相中的应用与分析》,载《福建警察学院学报》2014年第6期。

以充分反映案件的特征性质,有助于侦查人员分析案件性质、作案时间、手法、路线等信息线索,对案件的破获具有重要的价值。现场重点部位照相需要反映重点部位的状况和特征,在一定程度上揭示犯罪过程手段。现场重点部位照片要清晰,影像要客观有参照物,能够多角度地反映重点部位,要将重点部位与周围相关客体的关系反映在照片中。

4. 现场细目照相

现场细目照相,是指记录在现场中同犯罪相关的细微局部的状况以及专门为表现犯罪痕迹、物证、侵害客体的形状、性质、大小等的专门拍照方法。[1] 为了完整清晰地呈现细微的痕迹和物证,通常需要使用近拍装置或特殊照相方法。现场细目照相通常用于检验和鉴定工作,拍摄时需要按照技术要求进行。在拍摄过程中,遵循比例摄影原则,确保被拍摄的痕迹和物证清晰完整且不变形。同时,注意保持检材和样本的一致配光,准确及时拍摄,遵循先拍摄后提取的原则,并注意拍摄相关进程。这些步骤和要求都是为了确保照片质量和准确性,以便提供可靠的证据支持进行进一步的检验和鉴定工作。

(二)现场照相的方法

现场照相在实践中常用的方法包括单向照相法、相向照相法、十字交叉照相法等。

1. 单向照相法

单向照相法,是指从一个方向对现场某一处客体对象进行针对突出拍摄的一种照相方法。单向照相法通常用于范围不大、案件情况性质简单、画面比较容易获取的现场。单向拍摄照片时应将照相机镜头置于水平位置。在对现场细目进行摄拍时,应当将照相机镜头垂直于被拍客体平面以免照片影像扭曲变形。[2] 单向照片一般采用小光圈、较低快门速度,以便获得较大的景深,应尽量避免使用顺光或者前侧光进行配光。

2. 相向照相法

相向照相法,是指通过从两个相对的方向分别拍摄现场中的某一处客体,实现互相对照效果的一种照相方法。为了达到这个目的,拍摄点与被拍客体的距离、角度和高度需要保持一致,以确保被拍摄的客体大小相等。在相向照相法中,两次拍照的曝光量和冲洗工艺需要保持一致,同时需要确保两张照片的放大倍率、反差、影调、色调

---

[1] 参见周艳玲:《现场细目照相之闪光配光法》,载《警察技术》2007年第4期。
[2] 参见贾永生:《论犯罪现场摄影构图》,载《辽宁警察学院学报》2020年第2期。

和尺寸相同。这样做可以提供一致的视觉参考，使对比和分析更加准确和可靠。

3. 十字交叉照相法

十字交叉照相法，是一种通过前后左右4个不同的角度对现场中的某一客体或地段进行交叉拍摄的方法。通过这种方法，可以从4个不同的侧面观察被拍摄客体与周围环境的关系。十字交叉照相法通常用于捕捉现场方位或整体概貌。在使用十字交叉照相法时，需要处理好重点和全面的关系，既要重点反映主要目标的情况，又要能够提供一个侧面的具体信息。每个被拍摄地点与被拍摄客体的距离、高度和角度应当保持一致，以确保每张照片的比例大小相同。同时，应避免逆光拍摄，并在必要时进行补光操作，以获得清晰的图像。这样操作可以提供多角度、全面的视角，为进一步的分析和研究提供准确的图像参考。

三、现场录像

现场录像，是利用现代化的摄影录像设备，运用摄录像技术和方法，在犯罪相关现场由侦查人员按照法律规定和要求，将案件发生的地点、场景以及和案件有关的痕迹、物证、尸体等及时、准确、客观地记录下来的一种刑事勘查技术。

现场录像是在现场勘查文字记录、现场绘图、现场照相之外的一种用电子设备完整记录反映整个案件现场情况的一种技术手段。现场录像同上述几种现场勘查笔录的方法相互印证、相互补充，可有效反映现场客观的具体情况，自身也拥有即时再现、连续完整、生动形象等现场录像所独有的特点。

（一）现场录像的作用

现场录像是一种能够生动灵活地记录现场勘查过程的方法，它可以完整地记录每一个步骤，为案件情况的分析提供详细资料。同时，现场录像也为技术检验和鉴定提供了必要的条件，如果存在犯罪事实，它可以作为刑事诉讼流程的证据提供支持。通过现场录像，可以确保案件相关的信息和细节得到准确保存，提供可靠的视听记录，为后续的调查和法律程序提供重要的依据。

1. 对现场勘查的作用

现场录像不仅能客观、准确、完整地将案件的现场地理位置和与案件相关的痕迹、物证等情况信息进行记录和固定，同时也是提取现场痕迹、物证特征信息的一种刑事勘查技术方法。利用现场录像技术，可以将现场中一切同案件有关的痕迹、物证等客体完好无损地提取下来。同时，现场录像可以将现场勘查的流程以及重点环节完整地记录，可以反映出侦查勘验人员是如何进行现场勘查活动的，具有多方面的综合效应。

2. 对刑事诉讼的作用

现场录像是一种固定和保全证据的有效手段。它为勘查人员提供了有效的资料和参考依据,对于刑事诉讼的证据收集具有重要作用。同时,现场录像本身也是一种证据形式。它是勘查人员对现场与案件相关情况进行客观记录的一种方式,属于八大证据种类之一的现场勘查检验笔录。现场录像可以单独作为证据在刑事诉讼阶段使用。它可以作为独立的证据,用于说明相关案件的情况。此外,现场录像还可以与其他证据相互印证,以验证案件的相关事实和内容。通过将现场录像作为证据,可以提供直观、可信的视听记录,为法律程序提供强有力的支持。

(二)现场录像的种类

现场录像的种类也同现场照片的种类大致相同,具体可以分为现场方位录像、现场概貌录像、现场重点部位录像和现场细目录像。

1. 现场方位录像

现场方位录像,是以整个现场和现场周围环境为拍摄对象,反映犯罪现场所处地理位置同周围物体之间相互关系的一种刑事勘查技术。通过现场方位录像,我们可以分析推测出犯罪行为人进出现场的路线及其遗留下来的痕迹和物证,为案件侦破提供信息情报。此外,现场围观群众也可以作为现场周围环境的一部分,所以在进行现场方位录像时应当注意现场周围的围观群众。

现场方位录像要表现出现场拍摄方法,及其周围的环境气氛,在拍摄时主要使用自然光表现整个现场方位,一般可以使用"摇镜头"和"推拉镜头"。为了明确现场方位,在后期的编辑中可以在画面中添加指示现场具体地点的闪烁标识并在阐述时加以注明。

2. 现场概貌录像

现场概貌录像,是以整个案件现场或现场中心地段作为拍摄主要内容,反映现场全景以及各个部位相互之间关系的一种摄影方式。在现场概貌录像拍摄时,应当慎重选择位置和角度,要做到客观真实、系统全面和重点突出。在具体拍摄时,应针对性地从不同角度、不同方法进行拍摄,尽量使用连续画面,室外现场概貌摄影主要使用自然光,在录像时可以灵活地选择推、拉、摇、移镜头以及变焦拍摄。

3. 现场重点部位录像

现场重点部位录像,是记录现场重点位置、部件、物品痕迹等特征、形态和地理方位的专门录像。现场重点部位可能只有一处,也可能有多处,应根据具体案件情况分别选择拍摄角度。现场重点部位录像要求重点突出,并反映重点部位同周围环境的关系。同时,现场重点部位录像在手法上可以采取全景、中景后近景到特写的方式。特写时应当防止影像变形模糊,要善于把握重点部位的录像时机,灵活选择拍照位置,对于复杂的重点部位应当采用多方向、多角度的拍摄方法,录像停留的时间要稍长,画面运用速度应当更加平缓。

4. 现场细目录像

现场细目录像,是记录现场中发现的一些细微的同案件有关的痕迹、物证等客体,以录像的方式反映其形状、大小、特征的专门录像。现场细目录像的主要对象是尸体目标物、破坏毁损物、现场遗留痕迹和物证以及指纹、枪弹痕迹等检验录像等。

现场一切同案件有关的物品痕迹等细目在被移动或者做出任何改变之前,都应该进行全貌录像说明这一细目处于现场中的哪一个部位,再拍摄细目录像,并对细目进行特写。拍摄细目需要认真取景构图,合理利用画面,录像时,被拍摄对象应当占画面的 1/3 以上,如果物体太小则可以用近摄装置进行拍摄。同时,在细目录像中,应该在物品痕迹附近配有比例尺具体反映细目特征,现场细目录像用光应根据被拍对象的颜色、形态、性质合理选择光源的种类和拍摄角度,以正确反映拍摄对象的主体内容。

延伸思考

1. 在现场绘图的过程中,我们可以关注对哪些特点的描绘从而实现精准制图?
2. 现场照相方法众多,各种方法之间有何联系和特点?
3. 在众多现场照相方法中,十字交叉照相法在哪类犯罪案件的现场勘查中较为常用?
4. 现场录像的布局需要注意哪些方面?

延伸阅读

1. 王军、张平等:《三例性侵害案件的现场分析》,载《中国法医学杂志》2019 年第 2 期。
2. 吴常青:《现场指认及其立法规制》,载《理论探索》2011 年第 1 期。
3. 陈刚、刘文韬:《刍议信息视角下的现场取证观》,载《中国人民公安大学学报(社会科学版)》2010 年第 1 期。
4. 耿连海:《犯罪现场概念质疑》,载《中国人民公安大学学报(社会科学版)》2009 年第 3 期。
5. 裘树祥:《刑事案件现场实地勘验中博弈大局观的运用》,载《中国人民公安大学学报(社会科学版)》2008 年第 3 期。

本章小结

本章主要围绕现场勘查笔录的证据调查展开研究。由于现场勘查是一项实操性极强的技能,所以在谋篇布局上实践性内容多于理论性内容。首先,我们就现场勘查笔录的基础概念进行了研究,着重论述了这一证据类型的定义及有关的学术观点、特征、要求等内容。通过对这一部分的研究,了解现场勘查笔录是案件相关侦查人员和具有专门知识的人对犯罪现场的场所、痕迹、物品以及尸体的勘验和对案件相关人身的检查并以文字、图片、视频等方式固定下来的客观描述和真实记录。其次,第二节主要聚焦现场勘查笔录的结构和内容,对其结构和内容、制作要求、制作方法进行论述。在明确现场勘查笔录制作的程序事项的同时,为审查其证据性质提供了参考。最后,第三节就现场勘查笔录的基本内容及其制作方法进行说明。现场绘图、现场录像、现场照相是制作现场勘查笔录的主要方式,其制作方法、作用各有侧重,在部分案件中会综合适用。

第十一章　视听资料的证据调查

本章重点内容

视听资料的概念及辨析、视听资料证据收集、非法证据排除规则。

本章思维导图

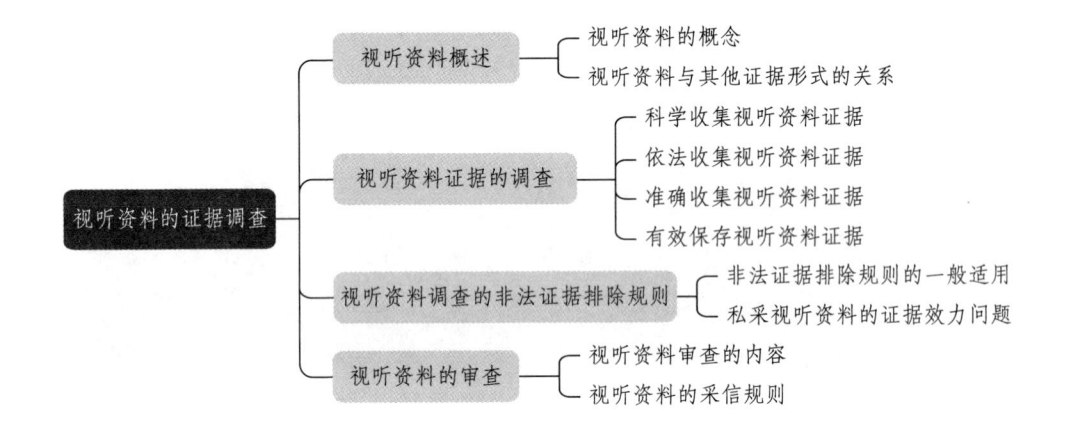

```
                ┌─ 视听资料概述 ─┬─ 视听资料的概念
                │                └─ 视听资料与其他证据形式的关系
                │
                │                ┌─ 科学收集视听资料证据
                ├─ 视听资料证据的调查 ┼─ 依法收集视听资料证据
视听资料的证据调查 ┤                ├─ 准确收集视听资料证据
                │                └─ 有效保存视听资料证据
                │
                ├─ 视听资料调查的非法证据排除规则 ┬─ 非法证据排除规则的一般适用
                │                              └─ 私采视听资料的证据效力问题
                │
                └─ 视听资料的审查 ─┬─ 视听资料审查的内容
                                  └─ 视听资料的采信规则
```

第一节　视听资料概述

一、视听资料的概念

视听资料,是指以录音、录像、电子计算机以及其他高科技设备储存的证明案件情况的材料。[1] 视听资料是我国《刑事诉讼法》中规定的法定证据种类之一，从分类上来说其属于实物证据，是以实物为内容和表现形式的证据，其与言词证据这一概念相对应而存在。

在19世纪70年代，随着信息技术的初步发展，"视听资料"这一名词逐渐出现在大众的视野中。早期的视听资料主要包括摄影胶卷、录音带、电视片等，其种类较为单一、成本较高。随着技术的不断发展，信息化技术普及程度不断提高，视听资料的使用越发日常化，最终作为证据的一个种类被引入诉讼法领域。在我国，1996年《刑事诉讼法》的修改中第一次将视听资料作为第七种证据种类纳入法律规定之中。由于视听资料的特殊性，其出现打破了传统法学学界关于证据的分类格局，因此出现了大量的学理讨论，研究视听资料在证据中的地位问题。主张狭义说的学者认为，"视听资料应当归入'书证'，不可与'书证''物证'并列"。[2] 偏重广义说的学者认为视听资料作为新事物，应当自成一派，成为独立的一类证据类别。张斌教授从语义结构上指出，视听资料证据实指具有"仪器识别性"和"以声音、动态图像信息为主"两个基本特征的证据。[3] 如果我们从证据的分类标准来看，证据种类的划分标准实际上是证据的证明机理，即证据是依靠什么证明案件的，如物证是以物的存在状态等特征发挥证明作用，而书证则是以文字记载的内容所表达的思想发挥证明作用。与上述二者不同，视听资料主要是借助仪器设备记录、生成、储存、显现动态连贯的音像信息发挥证明作用。[4] 因此，从分类上来说，视听资料应当区别于物证、书证，成为独立的一类证据类别。这一分类也得到了法学界和实务界人士的认可。

根据资料记载，我国第一例运用视听资料的刑事案件是1974年1月在北京发生的一起外交间谍活动。[5] 北京市公安机关使用监控设备秘密地进行当场录像，其后以此为证据将犯罪行为人全部抓获。

一般来说，证据法学意义上的视听资料，产生于刑事诉讼开始之前，某个犯罪的具体实施过程之中，它是记录案件过程、反映案件事实的有力方式之一。与之相对应的，如果是在犯罪行为结束，刑事诉讼已经启动之后，公安、检察机关为了实现侦查目

---

[1] 参见刘宇、任继鸿编著:《证据法》，中国政法大学出版社2014年版，第49页。

[2] 裴苍龄:《论证据的种类》，载《法学研究》2003年第5期。

[3] 参见张斌:《视听资料研究》，中国人民公安大学出版社2005年版，第39~40页。

[4] 参见刘万奇、杨蕾:《论证据种类的划分标准——以视听资料的概念界定为讨论范例》，载《中国人民公安大学学报(社会科学版)》2010年第2期。

[5] 参见龚颖欣、李尧:《偷拍偷录视听资料的证据资格合法性问题初探——"卡兹诉合众国案"和"天津寇某某受贿案"为分析对象》，载《江西警察学院学报》2016年第4期。

的、完成侦查任务，因而收集、固定和保全证据而制作的录音、录像等，从证据分类的角度来说不属于视听资料、电子数据。例如，在询问证人、被害人，讯问犯罪嫌疑人、被告人的过程中进行的录音、录像，应当分别属于证人证言，被害人陈述，犯罪嫌疑人、被告人的供述；勘查中进行的录像，应当是现场勘查笔录的组成部分。但是当该资料用于证明讯问、询问或勘验、检查程序是否合法这一争议问题时，则属于视听资料、电子数据。归根到底，我国《刑事诉讼法》中的证据种类，是通过证据证明待证事实的方式进行划分的。例如，物证是以其外部特征、物质属性以及存在状况本身证明案件事实，书证是依靠物质形式上记载的文字、符号或图案所表达的思想内容对案件事实进行证明，视听资料作为具有特殊物质形态的证据，其是通过录音、录像、电子计算机及其他电磁方式记录储存的信息证明待证事实的。因此，不是所有采取多媒体方式出示的证据都是视听资料或者电子数据，有些证据，如物证、证人证言、书证等虽然在实践中有时也采用多媒体方式出示，但不能因此改变证据的种类。

从具体分类来看，视听资料的分类同其他种类的证据分类大致相同。如果按照证据是否源自案件本身来划分，可以分为直接的视听资料证据和间接的视听资料证据，直接的视听资料证据能够单独直接地证明案情，而间接的视听资料证据则需要形成证据链才能证明案情；根据资料的来源划分，可以分为原始的视听资料证据和传来的视听资料证据，原始的视听资料证据是直接源于案件，没有经过中间环节传播的证据，而传来的视听资料证据则是经过复制、转录等方式产生的第二手资料，如视听资料的复制品。目前，在司法实践中通常都是以视听资料的存在形式为标准进行划分的，一般可以分为录音证据、录像证据、计算机存储数据和其他运用专门技术得到的证据，平时使用得较多的是录像证据和录音证据。

(一)录像证据

录像证据，是指运用摄像机将事物发生、发展、运动、变化的客观真实情况原本地记录下来，然后经过播放、重新显示原始形象，用来证明案件事实的证据。录像证据因为其记录的连贯性，通常可以客观反映案件发生时的情况。由于录像证据的易被篡改性，录像制作者可以对其随意进行编辑、剪辑、删除等操作，所以录像失真的可能性大，一定要谨慎辨别、适用。

(二)录音证据

录音证据，是指运用录音设备把正在发生的声音如实地复制下来，在需要的时候，经过播放再现原始的声迹，并用来证明案件的真实情况的证据。每个人的生理构造和发音方式不同，导致每个人的讲话声音都各具特色，声音就如同每个人的DNA

一样可以用来鉴别本人与他人。即使当事人否认其为声音来源,鉴定人员也可以进行声纹鉴定得出声源方是否同一的结论,其证明力较强。

录音证据,既可以通过原始声音的物理特性证明案情,也可以通过音频中记录的内容证明案情。例如,谈话录音证据,一方面以其所记录的谈话内容证明双方在案发时说过什么,是否达成了合意;另一方面其也能够帮助判断音频所记录的说话者到底是谁。

二、视听资料与其他证据形式的关系

(一)视听资料与书证、物证的关系

书证是以文字、符号、图形等所记载的内容或者表达的思想证明案件事实的文件和其他物品。物证是以物体的外部特征,如颜色、形状、规格、特性等,反映案件事实的物品。视听资料是指以录音、录像、电子计算机以及其他高科技设备,记录、储存、播放信息以证明案件情况的一种材料。

随着电子信息时代的来临,日常生活中的大部分视频、音频都是以电子信息的方式储存在手机、计算机之中,在这种情况下,视听资料这一证据种类逐渐被电子数据不断地囊括,学界也由此引发了关于是否继续要将视听资料作为单独的证据种类的相关争议。例如,有学者指出,视听资料所包含的证据大部分是电子数据,在电子计算机、手机等移动通信设备中收集提取的证据都属于电子数据,而少部分如电影胶片等,可以归入书证,对其审查判断的方法与书证相同,只是在检验、鉴定的方法上与传统文书检验存在方法上的差异。[1] 虽然在学界有相关争议存在,而且有其他国家将视听资料归为书证或者物证的先例存在,但是当前在我国,视听资料还是被单独列为一项证据种类。

视听资料与书证的主要区别在于书证主要反映的还是文字、符号等静态的内容,而视听资料大多以音频、视频等动态方式呈现,虽然视听资料与书证都是以"内容"证明案情,但是其呈现方式有所不同。视听资料与物证的主要区别在于物证主要以其外部特征反映案件情况,而视听资料则以其记录下来的内容反映案件情况。

(二)视听资料与电子数据的关系

美国犯罪学家路易丝·谢利在《犯罪与现代化》一书中写道:"现代化进程对一切国家的犯罪都有着重要的和持续的影响。"[2] 纵观视听资料和电子数据在我国《刑事诉讼法》《民事诉讼法》《行政诉讼法》中关于证据章节出现的时间,可以看出在20

---

[1] 参见杜鸣晓:《论电子数据与视听资料之混淆》,载《上海政法学院学报(法治论丛)》2015年第1期。
[2] [美]路易丝·谢利:《犯罪与现代化》,何秉松译,中信出版社2002年版,第5页。

世纪 80 年代后三大诉讼法都已经将视听资料列为法定证据种类之一,而电子数据约在 2012 年才陆续被写入法条中,但是罗列方法各有不同。《刑事诉讼法》第 50 条规定了证据包括视听资料、电子数据,其将视听资料和电子数据列在一起,同属一个类别;《行政诉讼法》第 33 条规定,证据包括视听资料、电子数据;《民事诉讼法》第 66 条规定,证据包括视听资料、电子数据。这两个法条的规定是将视听资料和电子数据分开罗列。那么视听资料和电子数据有什么异同?

1. 相同点

(1) 二者都具有证据属性

视听资料、电子数据和所有的证据一样都是能够认定案件事实的材料。并不是所有与案件相关的音频、视频或者网络数据都可以成为视听资料或电子数据,其必须具备证据的"三性",才有可能最终被运用到案件中。

(2) 二者都需要特殊介质

不同于一般的书证,视听资料和电子数据都是存储于特殊介质中,要借助现代化的信息技术才能够读取,并且也因为是被存储于媒介之上,视听资料和电子数据一般都具有可复制性和多次播放性。

2. 不同点

(1) 二者要求的原始存储介质不同

视听资料一般都要求存储于录音、录像设备之上,这也就限制了其存储介质无外乎于摄像机、录音机或是有录音功能的设备等。对于电子数据而言,从字面上可以看出,其实质上是一种"数据",通过电子的形式存储于电子介质中。电子介质的范围要比视听资料特定的范围宽泛得多,其中还包括许多种具有存储功能的媒介,如网盘等。但是,由于当前信息发展迅速,大部分的录音、录像都呈现电子信息化的趋势,即在电脑、手机、网盘中作为信息进行储存,传统的录像、胶片越来越少,这也导致视听资料在司法实践中的应用相对下降,电子信息的数量越来越多。

(2) 二者的表现形式不相同

视听资料更强调特定设备形成的数据,一般局限于视与听两种,限定以模拟录音录像设备,如磁带录像机、磁带录音机、胶卷相机等设备形成的数据。电子数据更强调数据的记录方式,只要是以电子方式记录的数据都可以称为电子数据;简言之,所有以二进制方式记录的信息都可能成为电子数据。电子数据的存在形式更加宽泛,即使一段聊天也可以构成其内容。

（3）二者在证据认定上的难度不同

视听资料主要是通过对模拟信号进行机械处理而产生的，其比较容易通过专家鉴定得出是否经过篡改或删减。电子数据基于其数据的易篡改性和易伪造性，如果是在储存或使用过程中被改动，那么不借助高端、精妙的技术是很难判断其真实性的，这就对鉴定人员提出了更高的要求。在实务中，针对电子数据和视听资料的证据审查侧重点是不同的。《刑事诉讼法司法解释》第109条规定："视听资料具有下列情形之一的，不得作为定案的根据：（一）系篡改、伪造或者无法确定真伪的；（二）制作、取得的时间、地点、方式等有疑问，不能作出合理解释的。"第114条规定："电子数据具有下列情形之一的，不得作为定案的根据：（一）系篡改、伪造或者无法确定真伪的；（二）有增加、删除、修改等情形，影响电子数据真实性的；（三）其他无法保证电子数据真实性的情形。"从法条规定上不难看出，视听资料的证据审查主要针对其真伪和来源，而电子数据则不仅需要验证其真伪，还要观察其是否有过增补、修改，同时还用第114条第3项的"其他无法保证电子数据真实性的情形"作为兜底性条款。因此，总的来说，电子数据在证据认定上的难度要大于视听资料，这是由二者的物质属性决定的。

综上所述，视听资料更加立体、多维，带有更多的事件记录性质；电子数据更平面、庞大，很多片段化、简短化的信息都能成为电子数据，但是要根据电子数据证明案件事实，还有许多证明工作需要完成。

延伸思考

1. 讯问过程中的同步录音录像属于视听资料证据吗？为什么？
2. 在视听资料的运用过程中，我们需要关注哪些方面？
3. 视听资料的证明作用如何体现？
4. 在涉行政执法案件中，行政执法录像的性质是否为视听资料证据？

延伸阅读

1. 李萌、徐麟、宋伟宁：《视听资料中的目标人物重识别方法》，载《电子测量技术》2022年第19期。
2. 占善刚、王超：《智慧司法背景下视听传输技术作证的证据评价》，载《新疆大学学报（哲学·人文社会科学版）》2021年第3期。
3. 陈闻高、薛中岳：《情态证据辨》，载《中国人民公安大学学报（社会科学版）》2018年第2期。

第二节　视听资料证据的调查

鉴于视听资料证据的特殊性,有必要厘清视听资料证据收集过程中的原则性问题。同其他所有类型的证据调查一样,视听资料调查有其特殊的原则,也有所有证据调查都需遵守的共同原则。

一、科学收集视听资料证据

科学收集视听资料证据,主要包括两个方面:一是全面收集视听资料证据。一般来说,在侦查开始之后,侦查人员应该根据当前掌握的线索,结合案情的具体情况以及侦查需要,初步筛选出一个与案情有关的各类视听资料的大概范围。侦查人员在划定视听资料证据的收集范围时,应结合案件性质和犯罪嫌疑人的作案情节。对普通刑事案件,应重点提取案发时段内以发案地点为中心的周边区域的监控视频信息;对重(特)大刑事案件,应提取案发所在地辖区内所有可能与案件有关的监控视频,应当全面收集案发之前和案发以后的监控视频信息资料。[1] 二是及时收集视听资料。基于视听资料的特性,持有者往往会选择性地保留视听资料,大部分监控录像往往有一定的保存期限,超过保存期限就会自动删除。因此,刑事案件案发后,侦查人员除开展传统的侦查工作对案件现场进行勘查之外,尤其要注意及时固定视听资料证据,避免其因为超过期限而被删除,影响后续的侦查工作。

二、依法收集视听资料证据

同其他所有证据的收集一样,收集视听资料证据也要注重合法性,视听资料具有特殊性,其往往能反映大范围、长时间的信息,因此,更容易侵害资料持有者的权益、同资料相关的公民的隐私。向有关单位或个人调取视听资料时,需两名以上的侦查员持调取证据通知书和相关证件前往,执行时应填写调取证据清单,对调取视听资料的过程进行拍照或录像,并制作询问笔录。由犯罪嫌疑人、证人主动提供视听资料的,侦查人员应先制作讯问笔录或询问笔录,问明视听资料的来源、制作原因和目的、制作过程、保管方式和地点,以及是原件还是复制件,然后制作扣押清单,并详细记录视听资料的种类、数量和载体特征,由侦查人员和提供人签名或者盖章。在搜查与勘

---

[1] 参见刘文强:《视听资料证据收集状况的实证研究》,载《中国刑事警察》2019年第4期。

验、检查过程中发现和收集视听资料时,侦查人员可以在搜查笔录或现场勘查笔录中详细记录发现视听资料的时间、地点、种类、数量和载体特征,以及具体的收集过程和是否为原件等内容,也可以按照上述要求单独制作视听资料说明,并对收集过程进行拍照或录像,并由相关人员签名、捺指印。侦查人员在收集视听资料时,取得原件确有困难、为防止灭失或者因保密需要不能调取原件的,可以调取副本或者复制件。调取视听资料副本、复制件的,应当附有不能调取原件的原因及副本、复制件制作过程和原件存放地点等情况的说明,并由管理人、制作人和视听资料持有人签名或者盖章,或者对证据进行公证。调取复制件,要制作复制视听资料的工作记录或者说明材料,复制人与原件持有人、制作人要签名或者盖章。工作记录或者说明材料应详细记录以下内容:视听资料复制件的名称;不能调取原件的原因;原件和复制件制作的时间、过程、复制方法;原件存放的地点、持有人、制作人的详细情况。

三、准确收集视听资料证据

准确收集视听资料证据,是指针对大量视听资料证据,应当准确选取与刑事案件相关联的视听资料,确保收集的视听资料与案件之间的关联性。在侦查实践中,大多数视听资料证据都是间接证据,需要确认其与案件事实是否有关联。侦查人员应当综合全案证据证明视听资料反映的内容与案件事实存在内在联系,充分发挥视听资料的证明作用。首先,侦查人员可以组织相关人员对视频录像或截图中出现的人员、车辆或者物品进行辨认,并制作辨认笔录确定其与案件事实之间的联系。其次,对有疑问的视听资料,如视听资料本身有编辑剪辑可能的,或视听资料存在图像、声音不清晰、不能正常播放等问题的,应当及时送交具有鉴定资质的鉴定机构进行鉴定。最后,侦查人员还可以结合犯罪嫌疑人供述、证人证言、被害人陈述、现场勘查笔录、扣押笔录等证明作案时间、地点的实物证据与视听资料进行综合印证确认。

四、有效保存视听资料证据

对收集到案的视听资料,侦查人员应及时备份并妥善封存,同时应结合视频内容制作光盘标签或者纸质说明随视听资料载体一并保管、移送。标签或者纸质说明应载明的事项包括:视听资料的主题;视听资料制作人或者持有人的身份;视听资料制作的时间、地点和条件;视听资料的制作方法。光盘标签或者纸质说明的内容要与收集视听资料时制作的其他笔录、清单等证据材料相互印证。对于没有制作人的视听资料,如银行、网吧等公共场所自动录制的监控录像,应根据实际情况注明值班人、监控管理人、保管人等内容。

延伸思考

1. 对视听资料证据的采集,我们应当关注哪些方面?
2. 当前侦查人员采集视听资料的流程有哪些方面可以完善?
3. 针对视听资料的保存,除传统对证据的储存程序之外,还有哪些需要注意的方面?

延伸阅读

1. 王春兰:《视听资料在刑事侦查中的应用》,载《网络安全技术与应用》2017年第2期。
2. 伍志锐:《论视听资料的审查与认定》,载《湖北警官学院学报》2014年第3期。
3. 刘文强:《视听资料证据收集状况的实证研究》,载《中国刑事警察》2019年第4期。

第三节 视听资料调查的非法证据排除规则

一、非法证据排除规则的一般适用

我国《刑事诉讼法》第56条规定:"采用刑讯逼供等非法方法收集的犯罪嫌疑人、被告人供述和采用暴力、威胁等非法方法收集的证人证言、被害人陈述,应当予以排除。收集物证、书证不符合法定程序,可能严重影响司法公正的,应当予以补正或者作出合理解释;不能补正或者作出合理解释的,对该证据应当予以排除。在侦查、审查起诉、审判时发现有应当排除的证据的,应当依法予以排除,不得作为起诉意见、起诉决定和判决的依据。"《刑事诉讼法司法解释》第109条规定:"视听资料具有下列情形之一的,不得作为定案的根据:(一)系篡改、伪造或者无法确定真伪的;(二)制作、取得的时间、地点、方式等有疑问,不能作出合理解释的。"由此可见,我国对不同种类证据的非法证据排除标准是不同的,并不仅仅是根据违法程度适用此条规定。尽管视听资料并未被明确列入《刑事诉讼法》非法证据排除的相关条文中,但是通过合理分析可知,视听资料与书证、物证概念更加接近,其都属于实物证据范畴,且在《刑事诉讼法司法解释》中也作出了规定。此外,即使视听资料不符合法定收集程序其也不是必然被排除的,还需要达到瑕疵无法被补正的程度才会导致证据不被考虑使用,这说明对视听资料的非法证据排除属于瑕疵补正排除,而非绝对排除。

二、私采视听资料的证据效力问题

所谓私采视听资料,是指在未征得被录像人或被录音人同意的情况下,资料收集方私下偷偷地进行录音、录像所取得的视听资料。其与常规视听资料的最大区别在于事先是否征得被采集人的同意。随着时代的发展与变迁,信息化社会的到来,智能手机的普及使录音、录像功能变得轻松、简单,普通个人也可以比较容易地收集到信息,那么从法律角度来看,私采视听资料是否具有证据资格,其能否作为证据使用,一直都有争议。

从比较法研究的角度来看,有关偷拍偷录行为的研究,在国外的立法经历了较长的历史演变发展过程,对该行为的规制已经相对成熟。瑞士《刑法典》第179条规定,未经本人许可,用窃听、偷录等方式秘密录制他人谈话,以及将谈话内容加以利用、传播的行为构成犯罪;该法典还明确规定,未经本人同意,对他人隐私方面的事实或私生活方面的事实,用摄像机进行拍摄录制的,以及将该录像内容加以利用、传播的行为同样构成犯罪,处监禁刑或罚金刑。芬兰《刑法典》第二十四章第5条规定,使用非法技术设备收听或者记录他人关于私生活方面的讨论、谈话或者其他声音,构成"窃听罪",判处罚金或者最高1年的监禁。与上述二国立法理念相反的规定是1992年美国职业新闻工作者协会和波因特媒体学院起草的一份关于记者如何使用偷拍机的指导手册,其中相关的指导原则对现今社会仍有很强的借鉴意义。该手册规定,只有在以下情况下,才能使用偷拍偷录:(1)某信息特别重要;(2)获取该信息的其他方式已穷尽;(3)有进行全面完整报道的必要性;(4)通过偷拍偷录手段获得的信息,其公开披露所能避免的损失大于偷拍偷录行为本身可能带来的损失;(5)有关记者需发布审慎的声明证明其偷拍偷录的合理性。除此之外的其他情形,都不能成为证明偷拍偷录合法的正当理由。可以看出,各国在实践中对该问题的规定仍存在较大差异。[1]

从当前我国的司法实践来看,针对视听资料的私采主要集中在民事诉讼领域中。对于刑事案件,在公诉案件中,侦查机关肩负证据的采集工作,其往往运用专业化的视听资料采集手段,并且在相关法律中已经得到较为完善的规制。在自诉案件中,自诉人报案所提供的视听资料证据,一般经侦查人员进行审查,就会转化为侦查人员所采集的视听资料证据,也无须考虑其中的私录问题。因此,本书主要探讨民事诉讼领域中的私录视听资料问题。

《民事诉讼法》规制平等主体之间的权利义务关系。不同于刑事诉讼和行政诉讼,民事诉讼关系中的双方都是以"普通人"的身份出现,诉讼过程中也都是靠自己

---

[1] 参见李涵钰:《偷拍偷录作为定案证据的合理性探讨》,载《重庆电子工程职业学院学报》2021年第5期。

举证,因此,这个环节提出的视听资料最容易出现问题。我国在民事诉讼领域对私采视听资料的证据效力的认识是有变化的,最早在 1995 年,最高人民法院就这一问题出台了《关于未经对方当事人同意私自录制其谈话取得的资料不能作为证据使用的批复》。该批复中规定,"未经对方当事人同意私自录制其谈话,系不合法行为,以这种手段取得的录音资料,不能作为证据使用"。这属于对私采视听资料的绝对排除,这样的一种排除方式对举证方的要求很高,其必须征得对方当事人的同意才能录音、录像,并将其作为证据呈现,在现实中可操作性不强,可能会损害举证方的权益。2001 年,最高人民法院《关于民事诉讼证据的若干规定》第 68 条规定:"以侵害他人合法权益或者违反法律禁止性规定的方法取得的证据,不能作为认定案件事实的依据。"第 69 条规定,存有疑点的视听资料等其他证据形式不能单独作为认定案件事实的依据,该条规定是对第 68 条的补强规则。第 70 条规定:"一方当事人提出的下列证据,对方当事人提出异议但没有足以反驳的相反证据的,人民法院应当确认其证明力:……(三)有其他证据佐证并以合法手段取得的、无疑点的视听资料或者与视听资料核对无误的复制件……"在 2019 年最高人民法院《关于民事诉讼证据的若干规定》的修订中,又将原第 69 条删除,以便与 2020 年《民事诉讼法司法解释》中的第 106 条"对以严重侵害他人合法权益、违反法律禁止性规定或者严重违背公序良俗的方法形成或者获取的证据,不得作为认定案件事实的根据"这一规定相统一。总的来看,这些条文的改变使民事领域的私采视听资料不再被绝对排除,这对举证方而言极为有利,结束了私采视听资料受制于严格的取证途径要求而夭折的命运。只要视听资料的收集手段不违反法律规定且收集时不以侵害他人合法权益为目的,在之后的诉讼阶段,这些视听资料就可以当作证据使用。

综上所述,笔者认为,对于私采视听资料是否可以当作证据使用的问题,主要还是取决于取证主体、手段是否合法、有无侵害到他人合法权益,收集内容是否侵害国家或他人的隐私等,法官在判断时有一定的自由裁量权,可以根据个案进行判断。

延伸思考

1. 视听资料的非法证据排除规则中是否有不完善之处?
2. 刑事诉讼领域中的私采视听资料是否能够被赋予证据效力?
3. 对于私采视听资料证据效力的审查可以关注哪些方面?

延伸阅读

1. 潘申明、魏修臣:《从规范执法到诉讼证据——以检察机关侦查讯问全程同步录音录像为视角》,载《证据科学》2012年第1期。
2. 易延友、田昌喜:《同步录音录像问题研究》,载《人民检察》2012年第2期。
3. 杜志淳、廖根为:《数字证据、电子证据、科学证据、电子记录概念比较分析》,载《中国司法鉴定》2011年第4期。
4. 刘贵:《个人秘密录制的视听资料是否具有刑事证据效力》,载《人民检察》2008年第21期。
5. 高秀运:《检察机关应用视听资料与电子证据研究》,载《中国刑事法杂志》2009年第3期。

第四节 视听资料的审查

一、视听资料审查的内容

随着科技的进步与发展,以录音、录像为主的视听资料证据开始更多地出现于案件当中,刑事案件中,对视听资料证据性质和证据能力的审查关乎其能否被当作定罪、量刑的参考。要判断视听资料是否能成为适当的"证据",主要还是审查其是否符合证据的"三性"要求。

(一)合法性

合法性审查,是指对证据资格的审查,如果一项证据违法,那么其将被当作非法证据而予以排除,不能再以证据形式出现。按照我国传统的证据法理论,证据合法性审查一般包括对证据主体、证据形式和证据收集、提取、保存程序的审查。[1] 具体来说,对视听资料合法性的审查:首先,要看收集行为本身是否合法,即适格主体按照法定程序收集相关视听资料。实务中较容易出现视听资料来源不清,无法确定是资料原件还是复印件等问题,如果无法补足证明,这样的证据将被排除。[2] 其次,要审查视听资料是否侵害了他人隐私、合法权益,乃至国家利益,收集资料的目的一定要合法,证据才有可能合法。

民事诉讼和行政诉讼中对证据收集主体的要求并没有严格规定,主要是收集程序不能违法且收集的目的不能危害他人的合法权益。

---

[1] 参见刘宇、任继鸿编著:《证据法》,中国政法大学出版社2014年版,第29页。
[2] 参见刘文强:《视听资料证据收集状况的实证研究》,载《中国刑事警察》2019年第4期。

（二）客观性

客观性,主要是指内容真实性,对证据客观性的审查是对其证据能力、证明能力的审查。最高人民检察院《关于印发〈人民检察院公诉人出庭举证质证工作指引〉的通知》第 38 条规定:"……播放一般应当连续进行,也可以根据案情分段进行,但应当保持资料原貌,不得对视听资料进行剪辑。播放视听资料,应当向法庭提供视听资料的原始载体。提供原始载体确有困难的,可以提供复制件,但应当向法庭说明原因……"该规定不仅是对证据客观性的要求,也是对最佳证据规则的要求。若对视听资料客观性存疑,当事人可以通过司法鉴定确认其真伪,判断其是否是客观存在的,是否经过删减、篡改等改动。具有客观性的资料才有可能被称为证据,而具有客观真实性的资料最终才有可能成为定案根据。

民事诉讼与行政诉讼过程中对视听资料客观性的审查基本类同于刑事诉讼。

（三）关联性

关联性,是指证据与案件的关系,属于证明能力的审查范畴。案件的发生过程中可能会出现很多信息和资料,要判断特定的视听资料是否与特定的案件具有相关性,是否能够反映案件部分或整体的情况。如果视听资料不能单独、完整地反映案件,那么就需要将其置于证据链中,通过证据间的印证形成完整的证据链证明案件发生的经过;如果视听资料本身与案件的相关度不高,且不能与其他证据形成完整的证据链,那么就要分析其中的矛盾。实务案中,易出现视听资料难以与案件建立关联的情况,这种情况下,侦查人员应当尽快组织相关人员进行辨认工作,不具辨认条件的,应当尽快鉴定。[1] 如果难以建立关联关系,视听资料就会失去其作用。

民事案件与行政案件中对视听资料关联性的判断基本类同于刑事案件,只是在最终用于定案的根据时各自的证据标准有所不同。

二、视听资料的采信规则

视听资料一般在法庭上都采取"播放"的方式进行出示,有时也会将音频资料转换成文字作为佐证。视听资料提供方承担证明该录音、录像等合法合规的责任,需对录制时间、地点等作出说明,并且要保证资料真实、有效。对于举证方提供的视听资料,另一方当事人可以在证据出示后辨别资料中的信息是否真实;进行当庭质证的,质证的范围不限于音频、视频等内容本身,还包括资料的来源、收集人等程序性事项;如果对视听资料的真伪存在疑问,也可以申请司法鉴定予以确认。

---

[1] 参见刘文强:《视听资料证据收集状况的实证研究》,载《中国刑事警察》2019 年第 4 期。

法院最终把视听资料作为判案的依据时,应当对其真实性予以高度肯定,有任何疑点都要进行严格审查。对于与本案其他证据不一致或载体内容前后自相矛盾的视听资料,应当严格审查。只有与案件相关的事实或逻辑上是相关的事实才有可能转化为证据。如果诉讼中对方当事人对视听资料表示质疑,并提出足够的证据加以反驳,那么,该录音证据便会失去证明力。如果证据只是存在某些瑕疵和弱点,另一方当事人也没有提出强有力的证据反驳,那么瑕疵证据就不能作为单独定案事实的依据。此时并不是全盘否认视听资料,而是要通过对全部证据的综合审定,补强视听资料的证明力,以求最大限度地接近客观真实,实现实体正义。如果视听资料有其他证据予以佐证,可以形成新的证据链,那么新的证据链将作为定案依据;如若不行,那么只能舍弃瑕疵证据。即使提供的视听资料并不存在瑕疵问题,举证方也可以通过提供其他证据增加视听资料的证明力。

延伸思考

1. 对于视听资料的合法性审查,我们应该关注哪些方面?
2. 视听资料的采信规则可以如何完善?
3. 为保障视听资料的客观性(真实性),我们可以采用哪些保全手段?
4. 视听资料是否如电子数据一般,在证据属性外,还具有财产属性?

延伸阅读

1. 魏琼:《视听资料及其证据排除规则》,载《西南民族大学学报(人文社会科学版)》2008年第7期。
2. 王磊:《私下录音证据的审核与认定》,载《人民司法》2008年第4期。
3. 郭小冬:《论私录视听资料的证据能力》,载《法律科学(西北政法学院学报)》2007年第1期。
4. 孙志忠、包建勇:《浅析音像资料证据在税务稽查中的运用》,载《涉外税务》2006年第8期。

本章小结

本章的主要内容是视听资料的证据调查,分别从视听资料概述、视听资料证据的调查、视听资料调查的非法证据排除规则以及视听资料的审查这4个部分展开进行阐述。视听资料,是指以录音、录像、电子计算机以及其他高科技设备储存的信息证明案件情况的材料。对视听资料的审查秉持科学性、合法性、准确性、完整性4个原则,对视听资料的审查内容,应当从合法性、客观性、关联性3个方面展开。法庭应当着重审查视听资料的真实性,通过全部证据的综合审定,补强视听资料的证明力,以求最大限度地接近客观真实,实现实体正义。

第十二章 电子数据的证据调查

本章重点内容

电子数据概念、电子数据审查、比较法研究。

本章思维导图

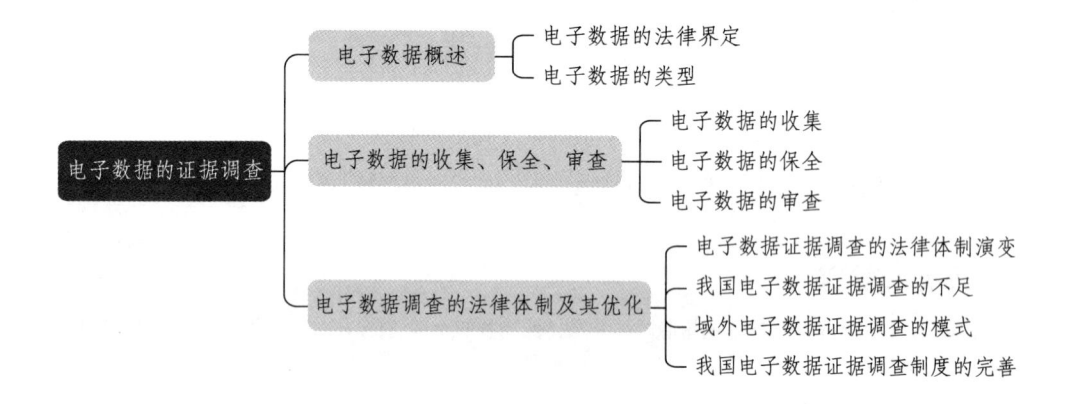

```
                        ┌─ 电子数据概述 ─┬─ 电子数据的法律界定
                        │                └─ 电子数据的类型
                        │
                        │                              ┌─ 电子数据的收集
电子数据的证据调查 ─────┼─ 电子数据的收集、保全、审查 ─┼─ 电子数据的保全
                        │                              └─ 电子数据的审查
                        │
                        │                                  ┌─ 电子数据证据调查的法律体制演变
                        └─ 电子数据调查的法律体制及其优化 ─┼─ 我国电子数据证据调查的不足
                                                           ├─ 域外电子数据证据调查的模式
                                                           └─ 我国电子数据证据调查制度的完善
```

第一节 电子数据概述

2012年《刑事诉讼法》修订时,将电子数据作为法定证据列入法律,其证明作用与重要性越发凸显。随着科学技术的不断发展,传统犯罪与网络交织,产生传统犯罪网络化的倾向;此外,部分新型犯罪如电信网络诈骗犯罪,亦借助网络这一特殊介质危害国家利益、社会公共利益、个人利益。网络虽然使我们的生活更加便利,但是也

给犯罪的打击与治理带来挑战。在技术层面,警务技术与犯罪技术的博弈成为当下犯罪治理的重点;在管辖层面,互联网的扩张性与无界属性对现实层面的侦查管辖形成阻碍;在证明层面,部分实物证据及言词证据的证明力需要电子数据证据补强予以实现。在法律实践中,电子数据自信息时代后已然成为新一代"证据之王"。[1]

一、电子数据的法律界定

(一)电子数据的法律规制演进

电子数据在我国的法律体系中经历了一个从无到有的过程。1996年,我国《刑事诉讼法》仅规定了7种证据类型,电子数据却已崭露头角并以书证等形式呈现。2005年,公安部发布了我国第一部电子数据标准化规范文件《计算机犯罪现场勘验与电子证据检查规则》,对电子数据现场取证、检查、鉴定的内容与程序等进行了规定。2012年,我国《刑事诉讼法》将其确定为法定证据类型,[2]同年,公安部修正了《公安机关办理刑事案件程序规定》,其中第227条将电子邮件与普通邮件、电报等并列,确定为查封、扣押的对象。而且,在同年《民事诉讼法》修正时亦将电子数据作为一种新的证据类型进行增补。

此后,我国电子数据证据法律体系越发完善。2014年,最高人民法院、最高人民检察院、公安部发布《关于办理网络犯罪案件适用刑事诉讼程序若干问题的意见》(已失效)第15条首次规定对"原始存储介质位于境外"而无法获取其本身的,可以提取电子数据。2015年最高人民法院《关于适用〈中华人民共和国民事诉讼法〉的解释》(以下简称《民事诉讼法解释》)对电子数据的含义作了原则性、概括性规定。2016年,最高人民法院、最高人民检察院联合公安部颁布了《关于办理刑事案件收集提取和审查判断电子数据若干问题的规定》(以下简称《电子数据规定》)对电子数据进行完整定义,即在案件发生过程中形成,以电子形式存在,能够证明案件真实情况的材料。[3] 同时,从电子数据的来源、收集、审查等方面进行全面规定。2019年实施的《公安机关办理刑事案件电子数据取证规则》(以下简称《电子数据取证规则》)在《电子数据规定》的基础上,对电子数据取证的概念、原则、收集、提取的基本方法,尤其是现场一并提取、现场单独提取、在线单独提取(包括远程勘验、网络技术侦查)、

---

[1] 参见赵航:《电子数据合法性审查规则的反思与完善》,载《大连理工大学学报(社会科学版)》2022年第1期。

[2] 参见裴兆斌:《论刑事诉讼中电子数据取证模式》,载《东方法学》2014年第5期。

[3] 参见白梅:《电子证据司法适用的问题研究》,载《人民论坛》2022年第2期。

冻结、调取、检查、检验、鉴定的条件、方法及程序等作出进一步规定。[1] 2019年,最高人民法院《关于修改〈关于民事诉讼证据的若干规定〉的决定》从数据范围、收集调查、证据保全、证据审查角度完善了民事诉讼中的电子数据证据规定,对统一民事诉讼领域的法律适用标准,保障当事人诉讼权利具有积极意义。

(二)电子数据的法律界定

就其概念而言,电子数据,是指在案件发生过程中形成的,以数字化形式存储、处理、传输的,能够证明案件事实的数据。

一方面,电子数据不同于电子证据。电子数据与电子证据所涉内涵的范围存在差异。电子数据具有明显的法定属性,以数据为根源,是不以人的意志为转移的客观物质。电子证据所涉范围更广,是指借助互联网计算机和大数据技术,通过在显示终端上操作,能够向社会大众展示的电子数据。换言之,电子证据是以电子数据为基础存在的一种真实材料。[2] 因此,电子数据与电子证据的关系互为表里,前者是后者的内容,后者是前者的形式。

另一方面,电子数据亦不同于电子数据载体。在数据时代,我国电子数据调查行为不仅包括在物理场域展开的、以物质为媒介的调查行为,而且包含在虚拟场域展开的、以数据为媒介的调查行为。[3] 前者指向对象为载体,如U盘、计算机之类,多采用搜查、扣押手段;后者以电子数据为指向,多采用技术提取。所以,在案件事实的证明中,电子数据的内容起证明的主要作用;电子数据载体本质上属于物证,对其搜查、扣押是最佳证据规则的典型体现。

二、电子数据的类型

在20世纪60年代至80年代,电子数据被视听资料所涵盖。[4] 2012年《刑事诉讼法》修订时赋予其独立地位,但不同于《民事诉讼法》的完全独立,其与视听资料并列。2016年,《电子数据规定》赋予其明确定义及类型划分。在民事诉讼领域,电子数据的类型划分较为细致,如2019年最高人民法院《关于民事诉讼证据的若干规定》第14条将电子数据证据分为5个类型:第一类,网页、博客、微博客等网络平台发布的信息;第二类,手机短信、电子邮件、即时通信、通讯群组等网络应用服务的通信信

---

[1] 参见朱桐辉、王玉晴:《电子数据取证的正当程序规制——〈公安电子数据取证规则〉评析》,载《苏州大学学报(法学版)》2020年第1期。

[2] 参见石波:《电子证据取证权与隐私权的冲突及协调》,载《现代经济信息》2019年第17期。

[3] 参见何军:《数据侦查行为的法律性质及规制路径研究》,载《中国人民公安大学学报(社会科学版)》2021年第1期。

[4] 参见樊崇义、李思远:《论我国刑事诉讼电子证据规则》,载《证据科学》2015年第5期。

息;第三类,用户注册信息、身份认证信息、电子交易记录、通信记录、登录日志等信息;第四类,文档、图片、音频、视频、数字证书、计算机程序等电子文件;第五类,其他以数字化形式存储、处理、传输的能够证明案件事实的信息。在刑事诉讼领域,电子数据的类型划分亦是多元化的。

(一) 以计算机系统是否封闭为标准划分

根据计算机系统是否封闭为标准,电子数据可以分为 2 种:一种是封闭式计算机系统中的电子数据,主要有单个电子文件、数据库、传统电子数据交换等,如计算机自动生成的电话费单;另一种是开放计算机系统中的电子数据,主要为因特网中的电子数据,如电子邮件、网络聊天室等。[1]

(二) 以电子数据内容和作用为标准划分

根据电子数据的内容和作用,电子数据可以分成 3 种:一是数据电文证据,即记载法律关系发生、变更与灭失的数据,如 E-mail;二是附属信息证据,即数据电文生成、存储、增删而引起的记录,如电子系统的日志记录、电子文件的属性信息;三是系统环境证据,是指数据电文运行所处的硬件和软件环境,即某一电子数据在生成、存储、传输、修改、添加、删除过程中生成电子数据的计算机环境。[2]

(三) 以电子数据获取途径为标准划分

从电子数据获取途径来看,可以分成 3 种:第一种是公开的数据,即指在网页、博客、微博、朋友圈、贴吧、网盘等网络平台公开发布的信息,通过一般手段即可获取。第二种是交互性数据,包括网络交互通信信息和第三方平台注册、登录、交易类数据。其中,网络交互通信信息,是指通过即时通信工具或即时通信软件等交流过程中产生的信息数据。第三种是单一来源数据,指仅存储于数据持有者私人电子设备中的电子数据,其隐私性强且获取途径唯一。[3]

延伸思考

1. 大数据证据是电子数据证据吗?为什么?
2. 电子数据证据与视听资料证据间的边界是什么?
3. 我国立法中,获取境外电子数据证据的途径包括哪些?

---

[1] 参见徐燕平、吴菊萍、李小文:《电子证据在刑事诉讼中的法律地位》,载《法学》2007 年第 12 期。
[2] 参见何家弘、刘品新:《证据法学》(第 5 版),法律出版社 2013 年版,第 163 页。
[3] 参见谢甜甜:《电子数据的分类鉴真与规则构建》,载《犯罪研究》2021 年第 5 期。

> **延伸阅读**

1. 马长山:《迈向数字社会的法律》,法律出版社2021年版。
2. 胡铭、周翔等:《数字法治:实践与变革》,浙江大学出版社2022年版。
3. 胡裕岭、姚浩亮:《刑事案件中的电子数据合法性审查研究》,载《山东警察学院学报》2023年第1期。

第二节 电子数据的收集、保全、审查

一、电子数据的收集

在我国,电子数据的收集主体准用证据收集主体的法律规定和一般原理,包括纪检监察机关、公安机关、人民检察院、人民法院、诉讼当事人及其辅助人等。在具体收集措施方面,除搜查、扣押、勘验、检查、调取等常见举措外,还包括恢复、破解、统计、关联、比对等方法。[1] 由于三大诉讼法所调整的法律关系、准用的诉讼原则不尽相同,当事人之间的证明责任存在差异,以及各种诉讼参与人的功能角色有所区别,因此,在电子数据的收集方面也体现出一定的差别。

(一)监察程序中的电子数据收集

根据我国《监察法》及《监察法实施条例》的规定,职务犯罪案件的调查权由监察机关行使,调查取证程序遵循《监察法》《监察法实施条例》的相关规定。首先,监察机关能够通过调取、查封、扣押的方式收集被调查人涉嫌违法犯罪的电子数据。[2] 其次,电子数据的调查取证遵循最佳证据规则,以扣押原始存储介质为原则,提取电子数据为例外,与我国其他诉讼法的要求一致。最后,调查过程以见证人或全程录像的形式予以监督,并要求对相关文件核对、签名。

(二)刑事诉讼中的电子数据收集

首先,2016年《电子数据规定》对刑事诉讼中电子数据的取证细则进行了详尽规定。该规定第3条规定,人民法院、人民检察院、公安机关是取证主体,且作为数据持有人的单位或个人具有配合取证的义务。该规定第14条就取证活动作了极为细致

---

[1] 参见赵琳琳:《中国内地与澳门刑事被害人保护的比较研究》,载《昆明理工大学学报(社会科学版)》2016年第2期。

[2] 参见陈卫东:《职务犯罪监察调查程序若干问题研究》,载《政治与法律》2018年第1期。

的规定,内容为:"收集、提取电子数据,应当制作笔录,记录案由、对象、内容、收集、提取电子数据的时间、地点、方法、过程,并附电子数据清单,注明类别、文件格式、完整性校验值等,由侦查人员、电子数据持有人(提供人)签名或者盖章;电子数据持有人(提供人)无法签名或者拒绝签名的,应当在笔录中注明,由见证人签名或者盖章。有条件的,应当对相关活动进行录像。"由于取证活动对数据所有人的权利侵害巨大,为了保证取证活动公正、透明,证据真实客观,该规定第 15 条设定了见证人制度。根据该条规定,应由一名符合法律规定的人员担任见证人监督取证过程,由于客观原因无法由符合条件的人员担任见证人的,应当在笔录中注明情况,并对相关活动进行录像。我国《刑事诉讼法司法解释》第 80 条第 1 款规定:"下列人员不得担任见证人:(一)生理上、精神上有缺陷或者年幼,不具有相应辨别能力或者不能正确表达的人;(二)与案件有利害关系,可能影响案件公正处理的人;(三)行使勘验、检查、搜查、扣押、组织辨认等监察调查、刑事诉讼职权的监察、公安、司法机关的工作人员或者其聘用的人员。"换言之,见证人本身仅需具有辨认能力与正常认知即可,无须具备专业技术储备,同时其可能受制于个人精力等因素无法完全履行见证义务,视为该制度的缺陷。

此外,2019 年《电子数据取证规则》结合《电子数据规定》的内容对电子数据调查取证作出更为完善的规定。该规则第 6 条对取证的人数、专业性作出必要限制。第 7 条至第 9 条则从取证的措施、方法、固定相关证据的情形、制作笔录时注意事项等方面进行细化。根据相关条款规定,对扣押的原始存储介质或者提取的电子数据,可以通过恢复、破解、统计、关联、比对等方式进行检查。必要时,可以进行侦查实验。电子数据检查,应当对电子数据存储介质拆封过程进行录像,并将电子数据存储介质通过写保护设备接入到检查设备进行检查;有条件的,应当制作电子数据备份,对备份进行检查;无法使用写保护设备且无法制作备份的,应当注明原因,并对相关活动进行录像。电子数据检查应当制作笔录,注明检查方法、过程和结果,由有关人员签名或者盖章。进行侦查实验的,应当制作侦查实验笔录,注明侦查实验的条件、经过和结果,由参加实验的人员签名或者盖章。[1]

其次,刑事诉讼中亦认为电子数据的收集、调取应遵循最佳证据规则,即电子数据的收集应当采取"原始介质+电子数据"的取证模式。[2]《电子数据规定》第 8 条规定,收集、提取电子数据原则上应以扣押电子数据的原始存储介质为先,并通过制

---

[1] 参见李勇、翟荣伦:《电子证据的证据能力及其审查方法》,载《中国检察官》2017 年第 16 期。
[2] 参见谢登科:《电子数据真实性审查规则的反思与完善》,载《学术交流》2021 年第 3 期。

作笔录等形式,记录原始存储介质的封存状态。侦查人员在封存原始存储介质时,应当保证在不解除封存状态的情况下,电子数据无法被增加、删除、删改。并且,侦查人员需要通过拍摄被封存原始介质的照片、采取信号屏蔽、信号阻断、切断电源等措施保证原始存储介质的完全封存。

但是,无论是司法实务还是理论研究,大都认同电子数据取证的"去原始存储介质化"。例如,《电子数据取证规则》第8条规定,具有下列情形之一的,可以采取打印、拍照或者录像等方式固定相关证据:(1)无法扣押原始存储介质并且无法提取电子数据的;(2)存在电子数据自毁功能或装置,需要及时固定相关证据的;(3)需现场展示、查看相关电子数据的。第9条从见证人、签名盖章、原始存储介质情况等角度对第8条的适用作出限制。此外,在司法实务中,侦查机关往往采用镜像复制技术、网络远程勘验技术从原始介质中提取电子数据,并通过其他技术手段对电子数据进行固定保全。

最后,非法证据排除规则虽然并未直接作用于侦查活动,但是审判阶段的证据排除亦对侦查活动造成间接监督的效果。我国《刑事诉讼法》及相关法律规定并未对电子数据设置专门的非法证据排除规则,而是沿用物证的排除规则,《电子数据规定》第27条则对其作出独有的瑕疵证据补正规则。根据规定,电子数据的收集、提取程序,具有未以封存状态移送的;笔录或者清单上没有侦查人员、电子数据持有人(提供人)、见证人签名或者盖章的;对电子数据的名称、类别、格式等注明不清的;有其他瑕疵的4种情形的,经补正或作出合理解释的可以采用,否则不得作为定案根据。

(三)民事诉讼中的电子数据收集

在民事诉讼领域,电子数据的证明作用同样受到关注。一方面,数据贯穿于大部分民商事活动的始终,电子数据的收集与运用可以为当事人实现举证权利提供保障;另一方面,电子数据具有极强的稳定性,有助于证明作用的发挥。民事诉讼领域与刑事诉讼中的电子数据规定整体上并无太大差异,由于两者的证明标准不同,因此,在具体的取证、审查方面也存在较大差异。

在民事诉讼领域,原始介质优先原则始终居于核心地位,仅在例外情况下,当事人方能通过提供经法院认定的复印件以证明案件事实。最高人民法院《关于民事诉讼证据的若干规定》第15条第2款明确规定:"当事人以电子数据作为证据的,应当提供原件。电子数据的制作者制作的与原件一致的副本,或者直接来源于电子数据的打印件或其他可以显示、识别的输出介质,视为电子数据的原件。"第

23条规定:"人民法院调查收集视听资料、电子数据,应当要求被调查人提供原始载体。提供原始载体确有困难的,可以提供复制件。提供复制件的,人民法院应当在调查笔录中说明其来源和制作经过。人民法院对视听资料、电子数据采取证据保全措施的,适用前款规定。"

二、电子数据的保全

(一)电子数据保全的概念

电子数据保全,即纪检监察机关、人民法院、人民检察院、公安机关等相关主体依申请或者依职权对电子数据通过适当的方式加以保存、固定以保证诉讼程序的顺利进行。电子数据虽然在形式、特征等方面与其他法定证据存在较大差异,但在证据保全的目的上是一致的,即服务于诉讼活动的顺利进行,更好地证明案件事实。

(二)电子数据保全规制不足

1. 法律层面缺乏制度规定

我国《刑事诉讼法》第102条规定了刑事附带民事诉讼中的财产保全制度,但该条规定的本质在于对当事人财产性权益的保全,不同于证据保全的目的。换言之,我国立法对电子数据的证据保全并未完全涉及,显然缺乏统一和合理的立法逻辑。[1]在《电子数据规定》和其他规定中,相关保全规则仍然是以搜查、扣押等作为证据保全的形式,即建立在存储介质优先原则的基础上,缺乏对电子数据内容本身的保全。[2] 在《电子数据规定》等相关立法中,虽然冻结电子数据是数据保全的重要方式,但是当前学界对这一举措属于保全措施还是取证措施尚存争议,而且在相关立法中,这一举措亦作为取证措施被规定,故我国尚未形成法定意义上的电子数据保全措施。同时,电子数据冻结等措施存在于司法解释、部门规章中,尚未被《刑事诉讼法》吸纳,不符合法律保留原则。所以,在今后《刑事诉讼法》修订时可以对此进行考虑,以实现刑事诉讼法律体系的内部统一。

2. 主体设定缺乏专业性

电子数据证据的保全对证据固定人员具有极高的技术要求,但是在我国的立法中,或许是出于存储介质优先原则的考虑,弱化了对侦查人员的技术性要求。2014年,最高人民法院、最高人民检察院、公安部颁布的《关于办理网络犯罪案件适用刑事诉讼程序若干问题的意见》(已失效)第13条对参与电子数据取证的侦查人员提出了专业技能储备的要求,但自2016年《电子数据规定》开始,这一专业性要求即被剔

---

[1] 参见何邦武:《论网络交易犯罪惩治中电子数据的保全》,载《东方法学》2017年第4期。
[2] 参见吴高庆主编:《证据法学》,清华大学出版社2010年版,第300页。

除,以允许技术人员在侦查人员的指导下进行取证代之。专业技术人员虽然具有取证技术,但是在立法中于法无据,没有法定的取证权限,甚至有些技术公司、技术人员与案件当事人存在利害关系,故可能产生电子数据取证主体权限合法性与取证技术资质合法性的冲突。[1]而且,相关技术人员参与侦查取证,其本身的身份为何,是以"专家辅助人"还是"具有专业知识的人"的身份参与侦查亦不明晰。所以,在我国当前的法律实践中,仍未建立系统性的电子取证保全体系。

3. 缺乏保全程序规范制度

依据我国法律规定,侦查人员等国家机关工作人员有权对案件中的电子数据实施搜查、扣押等行为。但是,搜查、扣押、冻结等的本质是对公民权利的剥夺或者说是暂时性的限制,势必对公民权利造成侵犯。在电子数据保全程序缺乏严格规定的情况下,我们有必要探索电子数据证据保全的程序性事宜,将其纳入法律规制之下。从目前域外的实践来看,部分国家往往通过令状的形式限制刑事司法活动,由人民法院颁布令状允许侦查人员对相关电子证据及其载体进行保全,否则视为非法获取。所以,为弥补程序性规则的缺漏以及保护公民的合法权利,我们可以从内部审批做起,进而引入检察外部监督,完善人民法院职能,构建起完整的证据保全令状制度。

三、电子数据的审查

电子数据的审查规定可见于《刑事诉讼法》《监察法》等相应法律规范中。历经多次修改,大部分证据审查内容已成体系,以2019年最高人民法院《关于民事诉讼证据的若干规定》第93条的规定较为典型。该条规定从电子数据的生成、存储、传输所依赖的计算机系统的硬件、软件环境是否完整、可靠;电子数据的生成、存储、传输所依赖的计算机系统的硬件、软件环境是否处于正常运行状态,是否具备有效的防止出错的监测、核查手段;或者不处于正常运行状态时对电子数据的生成、存储、传输是否有影响;电子数据是否被完整地保存、传输、提取;保存、传输、提取的方法是否可靠;电子数据是否在正常的往来活动中形成和存储;保存、传输、提取电子数据的主体是否适当;影响电子数据完整性和可靠性的其他因素等方面对审查实操予以细化。

(一)电子数据的证据能力审查

根据证据理论的通识及《电子数据规定》等法律文件的规定,电子数据作为证据应当包括客观性、合法性、关联性、完整性四重性质。

---

[1] 参见谭秀云:《刑事电子数据取证的法律困境及其程序控制》,载《时代法学》2023年第5期。

1. 客观性审查

客观性,又称真实性。在电子数据领域,涵盖物质载体真实性、数字载体真实性、电子数据内容真实性。[1] 在刑事诉讼法中,对电子数据真实性的审查分为如下几个方面。首先,对物质载体真实性的审查,着重于物质载体是否为原件、原始介质存放位置等;其次,对数字载体真实性的审查,往往通过电子数据签名、特殊标识等因素予以实现;再次,对内容真实性的审查,大都通过哈希值校验、比对提取内容与原始内容的数字信号等方式,查看内容是否被更改、伪造;最后,证据印证法是司法实务中审查电子数据真实性的常用手段,其主要是通过如犯罪嫌疑人供述、物证等其他证据验证电子数据的内容真实性。例如,在电子邮件的真实性审查中,审查人员可以请网络服务提供者协助,从电子邮件的生成、传递、储存、输出等环节着手确定其可靠性和客观性;必要时,还可以根据《电子邮件鉴定实施规范》的有关要求请专业机构鉴定电子邮件的真伪,并出具专门报告确定该电子数据证据的客观性。

但是,民事诉讼与刑事诉讼的电子数据真实性审查缺乏统一性。最高人民法院2019年修正的《关于民事诉讼证据的若干规定》规定的审查规则,吸收了有关电子数据真实性审查的经验,从数据生成、存储、传输所依赖的计算机系统的软硬件环境入手,先审查该环境是否完整、是否处于正常运行状态、是否对电子数据的生命周期活动产生影响,再审查电子数据的生产主体和时间是否明确、内容是否客观精确等内容。[2] 显然不同于刑事诉讼着重审查电子数据的程序过程的审查方式。因此,刑事诉讼的真实性审查规定范围缺乏全面性,缺少针对电子数据全生命流程的审查考量,以至于其审查规定缺乏实操性,也难以兼顾电子数据进入取证环节之前的审查。倘若电子数据在形成阶段已经不真实,那么之后无论怎么封存、冻结、分析、鉴定,都难以满足真实性的要求。对此,刑事诉讼的真实性审查可以借鉴民事诉讼的真实性审查理念,注重对数据全生命流程的审查。

2. 合法性审查

电子数据的合法性审查,即对证据构成要素是否齐备的审查,如对其取证程序、取证主体、证据形式等要素的审查。这一层次的审查,已经为《刑事诉讼法》《电子数据规定》等法律规范确定,是在法律规范层面展开的要素式审查,因而是一种合规范性的审查。例如,我国《刑事诉讼法司法解释》第112条,从主体、人

---

[1] 参见邢永杰、张杨杨:《刑事诉讼中电子数据真实性审查"三步法则"》,载《中国人民公安大学学报(社会科学版)》2019年第4期。

[2] 参见骆东平、李新发:《刑事诉讼电子数据真实性审查研究》,载《时代法学》2023年第1期。

数、取证方法、见证人制度、介质保存、取证流程等方面进行程序审查。但是从司法实践来看，证据合法性要素不一定完备，因此，我们有必要基于合法性所承载的程序正义、人权保障、比例原则等价值内涵对电子数据的合法性进行更深层次的审查，即合正当性审查。[1]

然而，在司法实务中，合正当性审查有被合规范性审查替代的趋势。一方面，侦查措施的规定、适用缺乏合正当性的考量。我国《电子数据规定》等立法延续了传统实物证据的立法路径，弱化了电子数据所承载的特殊性质及利益的考量。如龙宗智所言，我国《电子数据规定》并未明确区分强制性侦查措施与任意性侦查措施，在初查中存在突破限制使用具有强制属性的侦查措施的情况。[2] 虽然，《电子数据规定》赋予某些举措法律上的任意性侦查措施属性，但是并未关注到更深层次的合正当性。另一方面，在我国立法中，合规范性审查的价值高于合正当性审查的价值。从我国各类电子数据法律规定来看，合法性审查的内容主要是围绕取证主体、取证程序进行设计，但就可能对公民权利造成侵害的情形、对隐私权等权利保障的措施缺乏规定。在现代法治国家中，对人的强制措施、对物的强制措施、对隐私权的强制措施构成了《刑事诉讼法》中的强制措施体系。在电子数据取证的情形下，部分传统的强制措施如搜查、扣押、冻结等，不仅具备"对物的强制措施"的属性，而且具备"对隐私权的强制措施"的属性。所以，部分国家将"合理隐私期待"确立为界定搜查合法的主要标准。[3] 为了实现刑事诉讼效率与个体权利保障的兼顾，我们可以在合法性审查中设计相关的隐私权审查标准，以此实现合法性审查中的合正当性审查。

3. 关联性审查

《电子数据规定》第 25 条的规定着重于对数字身份与真实身份的同一、存储介质与真实身份的同一进行审查。具体来说，对于犯罪嫌疑人、被告人的网络身份与现实身份的同一性，审查人员可以通过核查相关 IP 地址、网络活动记录、上网终端归属，结合相关证人证言，犯罪嫌疑人、被告人的供述和辩解等进行综合判定。对于犯罪嫌疑人、被告人与数据存储介质的关联性，审查人员可以通过核查相关证人证言、犯罪嫌疑人、被告人供述和辩解，结合网页证明、网址、登录时间等予以认定。

---

[1] 参见胡裕岭、姚浩亮：《刑事案件中的电子数据合法性审查研究》，载《山东警察学院学报》2023 年第 1 期。

[2] 参见龙宗智：《寻求有效取证与保证权利的平衡——评"两高一部"电子数据证据规定》，载《法学》2016 年第 11 期。

[3] 参见孙潇琳：《我国电子数据搜查扣押之审思》，载《中国人民公安大学学报（社会科学版）》2018 年第 6 期。

当然,对电子数据的关联性审查,更重要的在于确认证据内容与案件事实之间的联系是否全面、客观。倘若上述身份同一性、存储介质与真实身份的联系同一性均得到证实,但是所涉及内容本质上与案件事实并无关联,即无助于案件事实的证明。此种情况的电子数据不具备关联性,理应排除于证据范畴之外。

4. 完整性审查

完整性是电子数据特有的属性。由于电子数据证据存在对科学技术的依赖性以及对物质载体与数字载体的依赖性,所以,一般情况下,电子数据证据不宜单独作为认定案件事实的依据,需要通过其他证据予以佐证补强,从而增强电子数据证据的证明能力与内容完整性。根据《电子数据规定》第 23 条规定,"对电子数据是否完整,应当根据保护电子数据完整性的相应方法进行验证:(一)审查原始存储介质的扣押、封存状态;(二)审查电子数据的收集、提取过程,查看录像;(三)比对电子数据完整性校验值;(四)与备份的电子数据进行比较;(五)审查冻结后的访问操作日志;(六)其他方法。"所以,对电子数据的完整性审查,应通过审查原始存储介质的封存状态、电子数据提取过程录像,比对数据校验值,备份比对数据等形式予以操作。

(二)电子数据审查规则的部分适用

1. 最佳证据规则在电子数据审查中的适用

随着社会的进步和发展,最佳证据规则的内涵越发丰富。在电子数据取证中,最佳证据规则体现为扣押原始存储介质,但近年来,英美法系国家对其适用已然由"存储介质优先规则"转向了"数据原件优先"。这体现了司法实务中对直接获取电子数据证明案件事实的宽容态度。大陆法系国家一般对最佳证据规则没有直接规定。例如,德国《刑事诉讼法》以证据禁止理论规定证据能力,其包括证据取得的禁止和证据适用的禁止。该理论主要关注证据收集程序的合法性,对证据的形式方面关注较少。法国《刑事诉讼法》中以"证据自由"为基本原则,对证据形式和证据方法一般没有作出限制。

随着电子商务的发展,越来越多的数据汇集于网络服务提供者,以阿里巴巴、百度、腾讯为代表的互联网巨头俨然成为天然的数据池。在此情况下,如果我们严格遵循最佳证据规则,对这些被动卷入案件的网络服务提供者而言,实为不妥,扣押原始存储介质极有可能对其经营造成阻碍,令其遭受无妄之灾。[1] 而且针对部分电子数据存储设备位于境外的情形,侦查机关不便采用搜查、扣押等手段控制原始存储介

---

[1] 参见胡裕岭、姚浩亮:《刑事案件中的电子数据合法性审查研究》,载《山东警察学院学报》2023 年第 1 期。

质,侦查权的管辖范围受到严格的地域限制。在此情况下,直接获取电子数据或许是较为适宜的方式。电子数据具有特殊的形式稳定性,只要在两组数据保持同一的前提下,基本可以实现复印件与原件的完全一致。所以,最佳证据规则的适用需要进行相应的变通。

2.非法证据排除规则在电子数据审查中的适用

证据以表现形式为标准,可以分为言词证据与实物证据。实物证据以客观实在性为其本质,即能够以某种形式为人感知。如前所述,电子数据本身虽然以虚拟形式存在,但是仍然能够通过计算机语言转化为我们的日常用语,且存在于客观物质世界中。所以,电子数据应属实物证据之范畴,受非法证据排除规则的限制。然而实践中对非法实物证据的排除当属罕见,法官对非法实物证据的审查重心主要集中于该证据实质内容的真实性与可靠性。[1] 相关调查显示,2014年可查裁判文书的申请非证据排除率为97.28%,但非法证据排除率仅为10.99%;2020年的申请非法证据排除率为92.40%,但非法证据排除率仅为9.68%。[2]

首先,电子数据应当受到非法证据排除规则的规制,但我国立法没有直接规定其适用情形。《刑事诉讼法》所规定的非法证据排除规则包括对通过暴力、威胁、刑讯逼供等非法手段收集的言词证据的绝对排除,以及不合法定取证程序收集的实物证据的裁量排除。对于非法电子数据证据的排除,我国《刑事诉讼法》并未对其单独规定,而是以实物证据的排除规则对其进行宏观统领,通过在《刑事诉讼法司法解释》等文件中进行细化,由法官裁量。《刑事诉讼法司法解释》第114条规定,电子数据被篡改、伪造或者无法确定真伪的,有增加、删除、修改等情形,影响电子数据真实性的,则应当予以排除。该条规定所示的裁量核心在于内容真实性,而非取证程序的合规范性与合正当性。非法证据排除规则的重心在于"非法",强调以合法性理由对相关证予以排除。上述规定内在实为真实性而非合法性,故不能称其为非法电子数据证据排除规则。

其次,《刑事诉讼法》第113条看似规定了瑕疵证据补正、排除规则,但是相较于非法证据排除规则而言仍然存在较大差异。依据现行瑕疵证据补正规则的规定,仅有在电子数据的瑕疵不能补正或无法对其作出合理解释时,才可以将相应证据作为定案的根据。这实质上是将非法证据排除作为兜底条款,有非法证据审查倒置之嫌。一般而言,电子数据瑕疵仅涉及程序上的轻微违规性,而不触及具体的人身权利问

---

[1] 参见孙锐:《非法证据排除规则的实体之维》,载《河南大学学报(社会科学版)》2021年第1期。
[2] 参见李蓉、黄小龙:《审判中的非法证据排除规则适用问题审视》,载《理论探索》2021年第6期。

题。因此,只要瑕疵未对电子数据的真实性产生影响,即予以采纳。而非法电子数据的"非法"意指对主体权利的侵害,与瑕疵电子数据在程度上有着本质的区别。[1] 因此,就严格意义上而言,我国尚未建立电子数据的非法证据排除规则。

最后,我们需要建立规则以保障公民的合法权利。例如,网络远程勘验分为网络技术远程勘验与网络一般远程勘验。前者由于技术措施的适用,因而被定义为强制性侦查措施,需要通过严格的审批程序方可使用;后者由于并未运用技术侦查措施,因而被定义为任意性侦查措施,可以在初查、侦查环节使用。但是,虚拟场域不同于物理场域,它将个人的隐私、信息全部透明化,只需进入即可知晓相关主体的一切情况。这一行为本身就如同无需搜查令即可进入他人家中取证一般,其影响远非"访问""询问"等任意性侦查措施可比。强制性侦查措施与任意性侦查措施不应以是否运用秘密技术、是否需要通过审批此种形式性标准予以划分,而是要深入其本质"对公民权利的侵害程度"予以考量。所以,在后续的立法中,我们需要对相关取证措施的属性予以明确,结合数据时代的背景,数据的特殊属性等,将公民权利保障纳入考虑。

延伸思考

1. 怎样体现电子数据合法性审查的合正当性审查?
2. 民事诉讼与刑事诉讼的电子数据真实性审查有何异同?
3. 在电子数据运用日益广泛的今天,我们能否对最佳证据规则作出新解释?
4. 在对侦查人员电子取证素养的培养中,我们可以关注哪些方面?

延伸阅读

1. 於兴中:《数字素养:从算法社会到网络3.0》,上海人民出版社2022年版。
2. [德]克里斯多夫·库克里克:《微粒社会:数字化时代的数字模式》,黄昆、夏柯译,中信出版集团股份有限公司2018年版。
3. 郑永年:《技术赋权:中国的互联网、国家与社会》,邱道隆译,东方出版社2014年版。

---

[1] 参见胡裕岭、姚浩亮:《刑事案件中的电子数据合法性审查研究》,载《山东警察学院学报》2023年第1期。

第三节　电子数据调查的法律体制及其优化

一、电子数据证据调查的法律体制演变

（一）视听资料类别笼统涵摄阶段

20世纪60年代至80年代，刚刚崭露头角的信息与电子通信技术并不发达，信息技术的应用一般也仅限于录音、录像、电话、传真等，用视听资料几乎就可以概括信息技术产生的证据类型。[1] 1982年，《民事诉讼法（试行）》将视听资料规定为法定证据，并将录音、录像、电子计算机内部存储资料等划归其中。"电子计算机内部存储资料"所指即为当今的电子数据，可见，电子数据出现伊始被视听资料所涵盖。在电子数据证据调查领域，2002年，最高人民法院《关于民事诉讼证据的若干规定》开创先河，于第22条确定介质优先原则，以此初步确定了电子数据取证规则。2010年，《死刑案件审查判断证据规定》初步确立了电子数据真实性判断规则。[2] 在这个阶段，关于电子数据证据调查的相关内容已崭露头角并缓慢发展，但是电子数据本身并未以独立证据形式被法律认可，而是始终被视听资料涵盖。所以，在这一时期及后面的发展中，电子数据的取证规定与视听资料的取证规定具有大量相似之处。

（二）电子数据证据类型独立阶段

2012年，对电子数据而言是里程碑的一年。修订后的《刑事诉讼法》赋予其独立地位，与视听资料并列；《民事诉讼法》亦将其作为独立证据类型予以规定。并且，在《民事诉讼法》与《行政诉讼法》中，电子数据显然更为独立，与视听资料的界限更为明显。在电子数据独立于视听资料后，相关研究与立法如雨后春笋般涌出。2013年，最高人民法院通过颁布司法解释的形式，在《刑事诉讼法司法解释》中，完善了电子数据的取证、审查与判断内容。2016年，"快播案"发生后，最高人民法院、最高人民检察院、公安部联合颁布《电子数据规定》，以司法解释的形式对单一证据类型进行规范，在我国司法史上具有里程碑式的意义。[3] 2019年，公安部颁布《电子数据

---

[1] 参见樊崇义、李思远:《论我国刑事诉讼电子证据规则》，载《证据科学》2015年第5期。

[2] 参见邢永杰、张杨:《刑事诉讼中电子数据真实性审查"三步法则"》，载《中国人民公安大学学报（社会科学版）》2019年第4期。

[3] 参见褚福民:《电子证据真实性的三个层面——以刑事诉讼为例的分析》，载《法学研究》2018年第4期。

取证规则》对电子数据的取证、审查、保全作出全面规定;2020 年,公安部颁布的《公安机关办理刑事案件程序规定》进一步明确了电子数据取证、不能作为证据使用的情形。2021 年,最高人民法院《刑事诉讼法司法解释》吸收了《电子数据规定》及公安部相关文件中的审查规定,列于其第 112 条至第 114 条。在这一阶段,电子数据证据被赋予独立地位。随着网络技术的发展,电子数据证据的应用场景也更为多元。据裁判文书网所载,2011~2021 年,刑事裁判文书中包含"电子数据"的案件数量呈逐年递增趋势,分别为 3 件、24 件、343 件、3021 件、5148 件、7618 件、13,096 件、20,993 件、31,310 件、34,813 件、18,847 件。[1] 在今后的案件证明中,电子数据将会更频繁地出现。

二、我国电子数据证据调查的不足

（一）难以有效定位犯罪证据

我们处于一个数据爆炸的时代,每天都有海量数据产出,并非所有数据均与证明案件事实相关。通常情况下,电子数据虽然处于同一个虚拟场域中,但是可能如碎片般分散于世界各地、不同主体的电子存储设备中。而且,随着暗网、隐蔽技术等在网络犯罪中的应用,侦查机关往往难以直接定位数据所在位置,只有通过技术措施方可破解。电子数据具有一定的时效性,如果不能及时取得,极有可能面临被毁灭、篡改、伪造的风险,即使侦查人员能够及时发现电子数据,仍然可能因为不当操作而触发犯罪行为人预设的删除程序。所以,在现有技术条件下,如何摆脱前述问题,及时定位且获取电子数据具有一定难度。

（二）提取技术性手段较弱

电子设备需要在电子计算机中提取,但侦查机关自身缺乏相应的技术人员引进机制以及技术人员培养机制。《电子数据取证规则》第 6 条规定:"收集、提取电子数据,应当由二名以上侦查人员进行。必要时,可以指派或者聘请专业技术人员在侦查人员主持下进行收集、提取电子数据。"但是,在证据调查过程中,技术人员仍然接受侦查人员的指导进行取证,这对于证据获取的专业性、真实性极为不利。因此,侦查机关应当自行建立培养机制与引入机制,兼顾取证需求与程序正当。

（三）取证环节见证人制度存在虚设可能

刑事见证蕴含着对侦查权力的监督功能,也体现了对侦查行为合法化证明的价

---

[1] 参见谭秀云:《刑事电子数据取证的法律困境及其程序控制》,载《时代法学》2023 年第 5 期。

值,作用不容小觑。[1] 我国见证制度面临下列难题:首先,见证人制度并未规定专业认知程度要求,电子数据取证具有极强的专业性,如果见证人不具备专业知识,则可能导致制度虚设;其次,电子数据取证的见证制度除监督取证程序合法外,更需涉及技术层面,但现有制度并未达到这一要求;最后,取证过程要求见证人全程参与,但面对大量数据调查的客观环境,见证人是否有时间和精力更是难题。

三、域外电子数据证据调查的模式[2]

(一)基本过程模式

早在20世纪90年代后期,就有专家对电子数据取证模式进行了研究。美国的丹·法默(Dan Farmer)与维特·维内马(Wietse Venema)在1999年提出了电子数据取证的基本过程模式。[3] 具体步骤包括:保证安全并进行隔离,对现场信息进行记录,全面查找证据,对数据进行提取和打包,维护监督链。该模式简单易行且应用广泛,因此,在国外实践中广为采用。缺点在于其缺少取证准备环节影响取证完整性,同时仅能在UNIX平台上运行,减少了实践性。[4]

(二)事件响应过程模式

美国的克里斯·普罗西(Chris Prosise)和凯文·曼迪亚(Kevin Mandia)于2001年提出该模式。其具体流程包括:攻击预防阶段,事件侦测阶段,初识响应阶段,相应策略匹配、备份、调查、安全方案实施、网络监控、恢复、报告、补充。[5] 相较于基本过程模式,这一模式可以在UNIX以外的其他平台使用,且设计预防模式因此更为全面。但其缺陷在于过度重视计算机犯罪预防,对于电子数据取证收效甚微。[6]

(三)法律执行过程模式

该模式由美国司法部于2001年在《电子犯罪现场调查指南》中提出。它由准备

---

〔1〕 参见宋善铭:《刑事见证制度的检讨与完善——以电子数据勘验为例的经验分析》,载《学习论坛》2017年第12期。

〔2〕 参见裴兆斌:《论刑事诉讼中电子数据取证模式》,载《东方法学》2014年第5期。

〔3〕 See D. Farmer, W. Venema, *Computer Forensic Analysis Class*, porcupine.org (Aug. 6, 1999), http://www.porcupine.org/forensics//handouts.html.

〔4〕 在利用UNIX平台获取数据之后需要对数据进行分析,在取证分析之前,必须将获取的各个分区映像文件安装到取证分析机上。取证分析的第一步是在取证映像文件中查找隐藏文件,找出隐藏文件后,通过查看隐藏文件的内容推断入侵者的行为。可以用UNIX系统中的strings命令(该命令的主要功能是提取出文件中的ASCII码字符串)或Autopsy工具分析隐藏文件的内容。大多数入侵者经常将后门程序隐藏在系统的配置文件和启动文件中,这样的话,每当系统启动时,后门程序就会自动执行。因此,通过分析系统的启动文件和配置文件,便可以发现可疑程序。参见殷联甫:《UNIX系统取证分析方法》,载《计算机系统应用》2010年第8期。

〔5〕 参见胡亮、王文博、赵阔:《计算机取证综述》,载《吉林大学学报(信息科学版)》2010年第4期。

〔6〕 参见丁可:《网络取证模型研究综述》,第三届全国软件测试会议与移动计算、栅格、智能化高级论坛论文,2009年8月于武汉。

阶段、收集阶段、检验、分析、报告 5 个阶段构成。该模式的优点在于能够有效识别取证过程的核心部分并对其支持,同时美国司法部列出了电子设备可能查找的证据类型以支撑其运行。其缺陷在于大多适配于物理犯罪取证的司法官员,对系统的分析较少。

(四)过程抽象模式

AIRFORCE 过程抽象模式与 DOJ 过程抽象模式是该类模式中的典型代表。针对前述 3 种模式过于偏向物质性的特点,美国空军研究院在此基础上提出了 AIRFORCE 过程抽象模式,其重点在于"抽象分析",它的具体流程由识别、准备、策略制定、保存、收集、检验、分析、提交 8 个流程构成。DOJ 过程抽象模式由收集、检验、分析、报告等流程构成,其创新之处在于"分类整理"增设证据识别功能与潜在证据定位功能,但由于其处于起步阶段因而具备潜在影响。[1]

四、我国电子数据证据调查制度的完善

(一)建立科技取证人才队伍

在现有框架体系下,专业技术人员在取证过程中受到非专业的侦查人员的影响可能导致证据的不完全性与非专业性,而且技术人员在侦查取证活动中的身份为何同样受到质疑。因此,为了解决上述问题,侦查机关应适当将网络技术人才引入侦查队伍。在人才引入制度建立之后,侦查机关在机关内部可以探索设立人才培养机制,完善取证人员的专业意识及专业素养,这样可以将侦查取证的程序要求与电子数据专业性要求完美结合。

(二)完善电子数据取证的调取制度

网络服务提供者基于其业务优势能够有效形成海量电子数据的汇集,所以,对侦查机关而言,向网络服务提供者请求协助是提高侦查效率,实现及时打击犯罪目的的重要途径。在当前的司法实务中,亦为许多侦查机关采用。但是,调取性侦查措施并非单纯意义上的任意性侦查措施,具有强制的内在属性。已有研究者指出,侦查机关采用调取性侦查措施实则是规避电子取证中强制措施的替代办法。[2] 在公权力与私权利的对峙下,网络服务提供者往往处于弱势地位。所以,我们要完善调取性侦查措施的法律规制,同时在立法中设定网络服务提供者可以拒绝协助侦查的合理理由及情形,以此完善电子数据证据的调取制度。

---

〔1〕 参见裴兆斌:《论刑事诉讼中电子数据取证模式》,载《东方法学》2014 年第 5 期。
〔2〕 参见裴炜:《论刑事诉讼中网络信息业者的数据提供义务》,载《上海政法学院学报(法治论丛)》2022 年第 6 期。

(三) 完善电子数据证据调查监督制度

一方面，完善执法中的审批管理程序。根据现有规定，侦查机关采用技术侦查措施以外的网络远程勘验手段与网络在线提取并不需要审批，故从立法上来看，这些举措属于任意性侦查措施。但将电子数据承载的属性及其衍生的新兴权利考虑在内，则会对其侦查措施的属性产生疑问。相较于搜查、扣押等传统强制性侦查措施，上述两类措施对权利主体的侵害程度与其基本持平甚至有过之而无不及。所以，我们应该明确这些措施的强制性侦查措施的属性，通过适用对象、适用阶段、适用范围等因素对其设定审批标准。[1]

另一方面，完善见证人制度以发挥监督实效。[2] 其一，在见证人的选取上，应当建立见证人专家库，选择具备计算机专业知识的人担任见证人，建立一支具有专业知识的专家见证人队伍。其二，在相关法律中进一步明确电子取证见证人必须发挥程序合规与技术合规的双重监督之效，以此应对司法实践中面临的见证人监督无效之质疑。其三，充分发挥同步录音录像功能，弥补见证人监督制度的不足。在诸如被害人陈述、犯罪嫌疑人供述等言词证据获取过程中，均要求通过同步录音录像进行监督，而且在质证中，同步录音录像能够对合法性审查起到辅助作用。所以，针对见证人监督制度存在的种种不足，我们可以将同步录音录像作为必选项，而非见证人监督的替代手段。利用同步录音录像对侦查过程进行全流程监督，能够比见证人监督发挥更大的作用，而且录像能够重复回放，不会受到记忆力等客观因素的限制，对取证合法性的证明力更强。

延伸思考

1. 结合延伸阅读尝试分析我国电子取证模式存在哪些问题？
2. 区块链技术运用于电子数据的取证与存证有何优势与风险？
3. 在电信网络诈骗犯罪中，信息流、资金流、人员流是侦查机关重点关注的方面，请你围绕上述3个方面，结合现实案例制订一份侦查计划。

延伸阅读

1. 李哲：《粤港澳大湾区跨境调取刑事电子证据的困境及其解决思路》，载《法律适用》2023年

---

[1] 参见胡裕岭、姚浩亮：《刑事案件中的电子数据合法性审查研究》，载《山东警察学院学报》2023年第1期。

[2] 参见王金成、李斌扬、王尚尚：《论专职见证人制度构建》，载《江苏警官学院学报》2019年第6期。

第 2 期。

2. 江溯:《打击网络犯罪的国际法新机制》,载《法学》2022 年第 11 期。

3. 陈爱飞:《电子数据区块链存证的法律规制——基于 66 份判决书的分析》,载《苏州大学学报(哲学社会科学版)》2022 年第 5 期。

4. 沈红卫、刘璐:《区块链刑事诉讼电子数据存证:法理基础、实践及前瞻》,载《时代法学》2022 年第 4 期。

5. 郑飞:《漂向何方:数字时代证据法的挑战与变革》,载《地方立法研究》2022 年第 3 期。

本章小结

本章主要讲述了电子数据的证据调查。首先,就电子数据的基础概念,从定义、类型维度对电子数据进行界定。其次,对电子数据的收集、保全、审查进行研究。最后,通过对我国电子数据发展的历史沿革及关于电子数据规定的比较研究提出法律层面的完善对策。目前来看,由于网络犯罪发案率的日益升高,以及传统犯罪案件向网络空间延伸的趋势,电子数据在刑事诉讼中的应用比重日益显著,甚至有成为新一代"证据之王"的趋势。在此背景下,对电子数据的证据调查进行研究是确有必要的。在监察调查中,我们可以以刑事诉讼的电子数据调查为蓝本,完善监察调查中的电子数据调查,切实增强职务犯罪调查的打击力度与有效性。在刑事诉讼中,我们不仅需要关注侦查机关如何实现侦查效率,通过技术手段及时获取和固定电子数据,同时需要放眼于公民数据权利的保障,实现侦查效率与权利保障的双重平衡。在民事诉讼中,我们需要更加重视对电子数据审查规则的完善,保证每一位当事人在诉讼中感受到司法的温度与公正。除本章论述的内容外,电子数据的证据调查亦有许多意义重大且至关重要的选题。读者可以结合课后的延伸思考与延伸阅读进行深入研究。

第十三章　经济犯罪的证据调查

本章重点内容

经济犯罪的概念、经济犯罪证据的概念辨析、经济犯罪证据审查。

本章思维导图

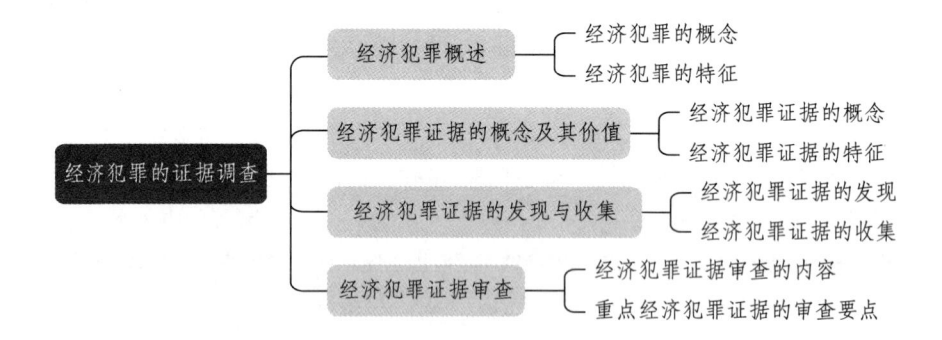

```
                    ┌─ 经济犯罪概述 ─────────┬─ 经济犯罪的概念
                    │                        └─ 经济犯罪的特征
                    │
                    ├─ 经济犯罪证据的概念及其价值 ─┬─ 经济犯罪证据的概念
经济犯罪的证据调查 ─┤                              └─ 经济犯罪证据的特征
                    │
                    ├─ 经济犯罪证据的发现与收集 ─┬─ 经济犯罪证据的发现
                    │                            └─ 经济犯罪证据的收集
                    │
                    └─ 经济犯罪证据审查 ────┬─ 经济犯罪证据审查的内容
                                            └─ 重点经济犯罪证据的审查要点
```

第一节　经济犯罪概述

一、经济犯罪的概念

经济犯罪的内涵应当包含两个基本要素,一是犯罪要素,二是经济要素。犯罪要素的概念较为明确,从刑法学的角度来说,犯罪需要具备严重社会危害性、刑事违法性、刑罚当罚性;从犯罪学的角度来说,经济犯罪还应该包括一些刑法没有规定但是对社会经济秩序有严重危害的越轨行为。经济要素的概念较为复杂,传统的经济学将经济定义为物质资料的生产过程,主要包括生产、分配、交换、消费 4 个环节,这样的定义将非物质资料生产活动排除在经济概念之外。在现代社会,产业结构发生变化,第三产业的比重不断增加,非物质资料生产活动在社会中的地位不断提高,与非物质资料生产活动相关的犯罪也在大幅增长。因此,在对经济犯罪中的经济要素进行界定时,理应采取现代经济学意义上的经济概念,即满足人们生活所需要的资源配置活动,当然,也同样包括生产、分配、交换、消费 4 个环节。

对于经济犯罪概念的内涵界定,学界有不同的观点。世界上最早给经济犯罪下定义的是德国刑法学者林德曼,他认为,经济犯罪是一种针对国家整体经济及其重要部门与制度而违犯的可罚性的行为。[1] 现代犯罪学针对经济犯罪最具代表性的定义来自美国犯罪学者萨瑟兰,他提出了白领犯罪这一概念,即大体上可以定位体面的有社会地位的人在其职业活动过程中实施的犯罪行为。[2] 当前,我国学界对经济犯罪这一概念的界定,观点主要包括经济主体说、经济客体说、经济领域说、经济行为说、经济目的说和经济综合说,这些学说主要是通过强调不同要素来进行界定,即分别强调犯罪中的犯罪主体、犯罪客体、犯罪领域、犯罪行为、犯罪目的以及整体犯罪综合性质,以达到区分概念的目的。

出于研究的需要,对经济犯罪概念,本书采用由高铭暄、王作富主编的《中国惩治经济犯罪全书》中对经济犯罪的定义,即经济犯罪是指在商品经济的运行领域中,为谋取不法利益,违反国家法律规定,严重侵犯国家管理制度破坏社会经济秩序,依照刑法应受刑罚处罚的行为。

二、经济犯罪的特征

从经济犯罪的概念可见,经济犯罪往往集中在经济领域,因此,区别于传统犯罪,其在各方面都有特殊性。要实现对经济犯罪的治理、对经济犯罪开展证据调查,就必须明确其特征。有学者将经济犯罪的特征概括为复杂性、隐蔽性、智能性、可变性、贪婪性等。[3] 这样的概括逻辑性较弱,对犯罪的治理、侦查活动的指导性作用不强。因此,笔者从犯罪构成四要件的角度,分析经济犯罪的特征。

(一)危害性

与其他犯罪不同,经济犯罪往往能够直接给个人、企业、社会带来巨额的经济财

---

[1] 参见林山田:《经济犯罪与经济刑法》(修订版),台北,三民书局 1981 年版,第 12 页。
[2] 参见姜志远主编:《经济刑法各罪法律政策实用手册》,大连出版社 1996 年版,第 2 页。
[3] 参见周农:《市场经济条件下遏制经济犯罪的法律对策》,中国人民公安大学出版社 2000 年版,第 87 页。

产损失。同时，由于市场经济的特殊性，各个经济环节之间紧密相连，某一部位的财产损失也可能会连带其他环节造成进一步扩大的财产损失。同时，经济犯罪对经济直接造成损害之后，也会影响其他领域。如果情节严重，就有可能直接破坏社会经济稳定、治安稳定。例如，生产销售伪劣农药、兽药、化肥、种子会导致农业生产严重受损；国有资产流失会引起企业破产，严重危害国有经济的主导地位；非法吸收公众存款、非法集资、金融工作者挪用客户资金或非法拆借等经济犯罪会引起经济秩序的混乱，导致严重的社会治安问题。这些都是经济犯罪带来的后续危害性。

（二）法定性

法定性是经济犯罪的法律特征。从犯罪分类上来说，经济犯罪往往属于法定犯而非自然犯，其是因一个政府的行政目的之需要而通过专门法律的规定才作为犯罪，具有较大的不稳定性，尤其是随着经济发展速度的增长，经济体制、经济形式不断变化，针对经济犯罪的法律规定往往具有滞后性，现有的法律并不能解决经济领域的全部风险问题。这一特征对于经济犯罪的立法、司法与法学研究都具有重要的影响。

（三）智能性

经济犯罪的主体往往具有较高的知识文化水平，导致其并不会像传统犯罪的犯罪主体那样，选择简单、粗暴的方式实施犯罪，而是利用自己的专业知识、相关制度的漏洞，通过自己的职业、专长，在自己熟悉的领域谋取经济利益。经济犯罪的作案犯大多经过精心策划，实施犯罪时有正当的合法活动作为掩护。经济犯罪有的作案现场无形，时间不明，地点不清，痕迹不留；有的利用高科技手段进行制假售假，仿真手段之高令人真伪莫辨。

（四）隐蔽性

经济犯罪的隐蔽性同其智能性与法定性高度相连。从智能性的角度来说，经济犯罪的犯罪手段往往具有数字化、电子化的特征，无法通过肉眼直接观察到，不易引起他人的注意；从法定性的角度来说，由于经济犯罪是法定犯，主要反映当时立法者的意图，具有不稳定性，因此不容易引起他人的重视，从感受来说，人们对经济犯罪人的恐惧也大大低于自然犯罪人。最后，由于经济犯罪主体往往具有一定的社会地位，根据社会控制理论，其达到现有的社会地位是付出了较大的时间、精力、学习成本，自然也不愿意失去现有的社会地位，因此会选择较为隐蔽的方式实施犯罪，以防犯罪行为被发现。

延伸思考

1. 请思考经济犯罪同职务犯罪之间的关系。
2. 请思考经济发展水平同经济犯罪趋势之间的关系。
3. 请思考经济犯罪同单位犯罪之间的关系。

延伸阅读

1. 李莉:《经济犯罪概念界定新探》,载《山东警察学院学报》2021年第4期。
2. 林山田:《经济犯罪与经济刑法》(修订版),台北,三民书局1981年版。
3. 徐武生:《经济犯罪与经济纠纷》,法律出版社1998年版。

第二节　经济犯罪证据的概念及其价值

一、经济犯罪证据的概念

证据是刑事诉讼过程中的重要一环,是诉讼中的"无冕之王"。我国《刑事诉讼法》第50条规定:可以用于证明案件事实的材料,都是证据,并且规定了8种刑事诉讼证据种类。经济犯罪作为一种特殊的刑事犯罪,其证据的概念也包含在刑事犯罪证据之内。我们可以将经济犯罪证据的概念界定为:符合法律规定的表现形式,由司法人员依照相关法定程序发现并收集的,能够证明经济案件真实情况的一切事实。[1]

从证据形式的角度出发,经济犯罪证据同其他的刑事犯罪证据一样,都可以按照刑事诉讼法所规定的分类分为物证,书证,证人证言,被害人陈述,犯罪嫌疑人、被告人供述和辩解,鉴定意见,勘验、检查、辨认、侦查实验等笔录,视听资料、电子数据。从证据种类角度来看,由于经济犯罪具有智能性、隐蔽性的特征,经济犯罪的犯罪人往往通过信息化、技术化的手段实施犯罪、隐瞒犯罪所得,因此,电子数据证据对于经济犯罪的侦查与诉讼具有至关重要的作用,对电子数据证据的研判、固定、分析也是经济犯罪侦查的重点。

从证据属性的角度出发,经济犯罪证据顾名思义属于经济犯罪刑事案件的证据,

---

[1] 参见杨正鸣、倪铁主编:《经济犯罪侦查新论》,法律出版社2017年版,第72页。

普通的刑事案件中往往也会涉及金钱交易或者经济利益,但是这类证据自然不属于经济犯罪证据。那么,所谓经济犯罪证据,指的就是侦查在商品经济的运行领域中,为谋取不法利益,违反国家法律规定,严重侵犯国家管理制度,破坏社会经济秩序,依照刑法应受刑罚处罚的犯罪时所获得并收集的证据,主要包括危害税收征管犯罪、走私犯罪、合同诈骗犯罪、洗钱犯罪、信用卡犯罪、信用证犯罪、商业贿赂犯罪、侵犯知识产权犯罪以及保险犯罪等。

二、经济犯罪证据的特征

经济犯罪证据同其他刑事案件的证据一样,应当具备证据学原理中最基本的"三性",即客观性、关联性、合法性。除此之外,鉴于经济犯罪的特殊性,经济犯罪证据也具有一些其他普通刑事犯罪所不具备的特征。

(一)智能性是经济犯罪证据的技术特征

根据日常活动理论,宏观的社会变迁带动了人们日常生活方式的变化,从而推动犯罪分子犯罪方式的不断更新升级。随着信息化时代的到来,数字科技在给人们的生活带来便利的同时,也给犯罪分子提供了新的犯罪方式和手段。相较于传统犯罪的暴力性,经济犯罪更易受到一个国家或地区的经济发展状况的影响。我国正在逐渐迈入信息化、数字化的时代,新型的经济犯罪也通过信息化的经济活动不断涌现。以电信网络诈骗犯罪为例,电信网络诈骗犯罪是基于数字技术发展而产生的。早年间通信技术尚不发达,传统电信诈骗单纯将电话作为犯罪载体进行犯罪。自5G通信技术与大数据技术普及以来,电信诈骗成为关联信息、通信、互联网等一系列前沿数字技术的数字性犯罪,从"电信诈骗"到"电信网络诈骗"这一称谓上的改变,也体现了这一特征。智能手机与电脑等民用科技已经不能满足犯罪分子实施犯罪的需要,犯罪分子通过伪基站、任意显号网络电话等技术手段,对不同的号码段群发电子邮件、短信或拨打网络电话,犯罪分子实施犯罪的对象是不确定的,其使用伪基站自动批量向一定区域的号段的手机用户发送短信,大量诈骗信息可以在很短的时间内发送至被害人,传输效率高、速度快,无须支付通信费用,在一定程度上大大降低了犯罪成本。电信网络诈骗分子大多是跨境、跨地区作案,利用非法声音处理器电话、微信、短信等社交媒介实施诈骗,与传统的诈骗不同,诈骗分子在虚拟空间实施电信网络诈骗,很难找到其实施诈骗的地点与证据,这一变化的背后,是电信诈骗的技术含量越来越高,智能化水平越来越先进。

此外,经济犯罪和金融领域往往具有较为密切的联系,一方面,经济犯罪的犯罪分子在犯罪完成后,一般会通过金融的手段隐藏其犯罪所得,以逃避审计审查以及法律的制裁;另一方面,经济犯罪证据往往会隐藏于会计账簿、财务报表、单据等报表凭证中。例如,空壳公司通过做假账的方式虚构商业交易记录,从而达到洗钱的目的。对于侦查人员来说,如果不具备一定的专业知识和信息技术水平,是难以固定经济犯罪证据并且完成侦查目的的,这些都是经济犯罪证据智能性的体现。

(二)电子化是经济犯罪证据的存在特征

所谓经济犯罪证据的电子化特征,指经济犯罪证据以电子数据为主,传统证据调查中重物证、重痕迹检验的调查模式在经济犯罪调查中难以适用。电子数据是以数字化形式存储、处理、传输的,用以证明案件事实的数据。电子数据作为网络时代的"证据之王",已成为检察院起诉的重要依据,法院定罪量刑的坚实基础。[1]

当前,信息技术不断进步,5G、大数据、物联网等前沿技术不断被应用到日常生活中,整个社会的信息化程度正以前所未有的速度不断提高。2023年8月28日,中国互联网络信息中心发布的第52次《中国互联网络发展状况统计报告》显示,截至2023年6月,我国网民规模达10.79亿人,互联网普及率达76.4%,移动电话基站总数达1129万个,其中累计建成开通5G基站293.7万个,占移动基站总数的26%。移动互联网累计流量达1423亿GB,同比增长14.6%。[2] 如此巨大的互联网规模之下,几乎所有的经济活动都有电子设备的参与,电子商务在经济交易中已经占领主导地位,在经济全球化的趋势下,电子商务仍旧有更大的发展空间和潜力。在电子商务交易时,双方往往会通过银行转账、网络汇款等方式进行交易结算,在这些经济往来的过程中,一切相关的信息都通过电子的形式保存下来。这些保存下来的电子信息不仅可以成为经济交易的主要凭证,也可以成为诉讼中的重要证据即电子证据。因此,在电子商务高速发展的当代中国,电子证据已然替代书证成为经济犯罪中最为主要的表现形式。

(三)分散性是经济犯罪证据的分布特征

经济犯罪不同于传统普通的刑事犯罪,它没有物理上的侵害对象。犯罪分子在实施犯罪行为时,可以远程遥控实行,在千里之外对被害人、被害企业、被害单位进行经济犯罪,这样的犯罪特征导致其犯罪行为地和犯罪结果地往往不在同一区域内,使犯罪证据分散在各个与经济犯罪有关的地区。如果涉及互联网上的云盘数据,侦查人员需要前往企业服务器终端调取电子证据,这样大大增加了侦查人员的工作量。

---

〔1〕 参见谭秀云:《刑事电子数据取证的法律困境及其程序控制》,载《时代法学》2023年第5期。

〔2〕 参见《10.79亿网民如何共享美好数字生活?——透视第52次〈中国互联网络发展状况统计报告〉》,载中国政府网2023年8月28日,https://www.gov.cn/yaowen/liebao/202308/content_6900651.htm。

由于经济犯罪的犯罪分子往往具有一定的文化知识水平,具有网络技术的犯罪分子有时还会通过海外的服务器进行跨国经济犯罪,导致经济犯罪证据被储存在国外的服务器终端中,进一步加大了侦查人员的取证难度。

(四)隐蔽性是经济犯罪证据的显著特征

经济犯罪证据隐蔽性同其智能性、电子化相关联,一方面,从电子化的角度来说,经济犯罪证据往往是以电子数据的形式存在,如果没有显示媒介(计算机),则无法直观地体现,有一些犯罪分子通过对关键证据进行加密、锁定,从而提升了侦查人员取证的难度;另一方面,经济犯罪证据的提取和固定需要一定的专业知识,如果侦查人员不具备此类专业知识,就无从发现电子证据并将其运用于侦查之中。司法实践中还曾发生这样的情况,侦查人员已经将犯罪嫌疑人控制、要求其展示其计算机中的电子数据,而犯罪嫌疑人在侦查人员的面前利用软件将计算机内的证据删除,侦查人员却丝毫没有察觉。即使具备专业的计算机和网络知识,在截取破译服务器终端和密码的过程中也可能碰到诸多困难导致侦查人员的取证难度加大。

此外,即使是不涉及电子数据的传统经济犯罪案件,尽管其发生在传统的物理空间内,但它并没有传统刑事案件中的痕迹物证等证据形式,因此,经济犯罪案件的证据材料大多不是通过现场勘查手段获取的,而是通过查询、扣押、鉴定等方式从众多的经济往来凭据中剥离出来。[1] 例如,会计账簿、财务报表、统计表格等,具有会计学专业知识的犯罪分子一般会通过做假账平衡账目的方式隐瞒自己的犯罪事实,这就需要侦查人员运用司法会计知识,通过司法鉴定、专业审计等方式发现和固定此类证据,大大增加了侦查人员的取证难度。

延伸思考

1. 请思考经济犯罪证据同普通刑事案件证据之间的异同。
2. 请思考经济犯罪证据对经济犯罪案件侦查的特殊作用。
3. 请思考当前经济犯罪案件取证中对犯罪嫌疑人权益保护的不足之处。

延伸阅读

1. 刘品新主编:《美国电子证据规则》,中国检察出版社 2004 年版。

---

[1] 参见吴秋玫:《经济犯罪证据的特点与证据体系形成的基本要求》,载《江西公安专科学校学报》2009 年第 1 期。

2. 杨佰林：《略论经济犯罪证据的发现和收集》，华东政法大学 2003 年硕士学位论文。

3. 吴秋玫：《经济犯罪证据的特点与证据体系形成的基本要求》，载《江西公安专科学校学报》2009 年第 1 期。

第三节　经济犯罪证据的发现与收集

经济犯罪案件主要通过"由人到案"的侦查模式开展侦查，其侦查的核心任务同其他刑事案件一样，是发现、收集经济犯罪证据，并对其进行审查，确保证据的证据力与证明力，通过证据对案件事实进行最终的证明，以推进经济犯罪案件诉讼的进行。

一、经济犯罪证据的发现

(一) 从相对人的举报与受害人的控告入手

经济犯罪的侦查主要是采取"由人到案"的经济犯罪侦查模式，绝大多数的案源都来自案件相关人的主动报案和受害人的主动控告。根据《刑事诉讼法》第 112 条的规定：人民法院、人民检察院或者公安机关对于报案、控告、举报和自首的材料，应当按照管辖范围，迅速进行审查，认为有犯罪事实需要追究刑事责任的时候，应当立案；认为没有犯罪事实，或者犯罪事实显著轻微，不需要追究刑事责任的时候，不予立案。在控告和举报的过程中，相对人或受害人一般会提供相关的证据材料以证明自己举报或控告的可信程度。侦查人员可以将相对人或受害人提供的材料作为线索，快速找到突破口与切入点，将侦查的重点范围从时间和空间上缩小，提高侦查效率。

需要注意的是，司法实践中，经济犯罪的证人，掌握相关物证、书证的知情人普遍有不愿配合侦查工作的拒证心理。这既是中国人传统的厌讼心理在作祟，但更主要的是受到经济犯罪某些特殊性的影响。一是经济犯罪是法定犯，相对于盗窃、抢劫、杀人等自然犯而言，其社会危害性往往是潜在的，并且很多犯罪没有具体的被害人，很多知情人对犯罪的危害性认识不足，消极对待司法机关的调查取证。二是知情人因与案件有利害关系而不愿作证。知情人有的是案发单位的员工；有的与案发单位、个人有业务关系；有的自身与本案有所牵连，是犯罪的共同受益者，案发后有损其个人利益，甚至应负相应的刑事或民事责任，如单位犯罪的单位工作人员、贿赂案件的行贿人、私分国有资产犯罪的共同私分得益人等。[1]

---

[1] 参见周骏如、徐少芬：《经济犯罪证据查证难点及相关法律思考》，载《上海政法学院学报》2005 年第 2 期。

(二) 从高风险人群的筛查入手

由于经济犯罪的特殊性,一些经济犯罪往往对犯罪人的知识水平、社会地位、职位有一定的要求,在接到此类经济犯罪案件的报案时,侦查人员可以通过这一点缩小嫌疑人的范围,对此类重点人群进行较为细致的筛查,通过分析他们的日常动态、个人资金流向等信息,较快地锁定关键经济犯罪证据,加快破案的速度。例如,在合同诈骗犯罪中,由于合同中一般对双方的信息都有明确的记录,同时也有签字作为证据,受害人和犯罪嫌疑人都有明确的身份地位,侦查人员就可以直接锁定合同的双方进行侦查以获得相关证据。

同时,随着大数据技术的日趋成熟,应当将大数据技术融入经济犯罪证据的发现中。在经济犯罪中,虽然犯罪嫌疑人的主要犯罪活动依托网络发生在虚拟环境中,但其生活中的一切行为都会与社会环境发生联系。也就是说,犯罪嫌疑人在实施犯罪活动时,会在虚拟空间留下数据痕迹。我们将大数据技术深度融合到经侦工作中,就可以大范围地收集犯罪嫌疑人留下的数据记录,整合各种零散数据,将它们集中分析处理后,发掘它们之间的隐秘关系,对犯罪嫌疑人进行数据画像,分析嫌疑人留下的数据指纹,寻找侦查突破口,进而查证犯罪事实,逐步厘清犯罪过程。[1]

(三) 从涉案资金的流向入手

所有经济犯罪案件的核心,最终都是经济利益。一般来说,经济犯罪的犯罪分子一般会采取一些技术手段,隐瞒自己的犯罪所得,如在转移赃款的过程中,犯罪嫌疑人首先从网上购买个人身份证明和网银账户进行资金周转,利用第三方或第四方支付平台对赃款进行支付结算,其次通过职业"水房"或购买虚拟货币等方式将非法资金洗白,最后通过地下钱庄等渠道转移至境外,整个资金流转过程都在网络虚拟空间进行,隐蔽性强,给犯罪线索和证据的收集带来极大挑战。[2] 但是,无论通过什么渠道进行洗白、掩饰,资金最终一定会变现至犯罪分子手中。因此,侦查人员应该与银行建立良性的联动工作机制,及时、准确把握涉案资金的全部流向,通过追踪资金流向,顺藤摸瓜地找出与案件相关的人员。一般来说,资金不会直接流向犯罪分子,而是会首先指向与犯罪分子有关联的人员,这就要求侦查人员全面清晰地了解犯罪嫌疑人的人际关系。

---

[1] 参见王晓东、杜修品:《大数据技术在经济犯罪侦查中的应用》,载《中国人民警察大学学报》2022年第8期。

[2] 参见杜修品:《信息化时代第四方支付犯罪侦防对策》,载《武警学院学报》2021年第8期。

(四) 从经济数据的异常入手

一般来说,经济犯罪作为一种经济活动,其与正常的经济活动的区别往往体现为经济数据的异常。我国的金融监管部门对银行业、证券业、保险业负有监管的义务,监管部门也有各自的监管机构与监管平台。侦查人员可以与这些部门签署定点定期的合作协议,由监管部门将平台上所监测到的异常经济数据名单交给公安机关,再由侦查人员对这些经济数据异常的线索进行初步研判,对发现确有经济犯罪风险的经济数据开展初步侦查活动,以较早地发现经济犯罪证据,防止危害结果的发生。同时,在经济犯罪发生之后,金融相关部门也能及时配合经侦部门冻结可疑资金,掌控犯罪嫌疑人的可疑信息,并及时监控和核查可疑犯罪嫌疑人及相关信息的动向,以此协助经侦人员发现、遏制各种涉及金融领域的经济犯罪活动。[1]

二、经济犯罪证据的收集

收集证据,是指在诉讼或非诉讼法律事务中,法定主体运用法律许可的方法和手段,对与案件事实相关的各类证据材料进行发现、收集、提取和固定的活动。从广义上讲,收集证据既包括发现证据,也包括对证据的保全。经济犯罪的侦查活动中,经济犯罪证据的收集具有重大的意义,作为诉讼活动的中心环节,其中心任务就是寻找与收集犯罪证据。经济犯罪证据的收集是连接证据发现和证据运用之间的桥梁,贯穿于整个经济犯罪侦查活动的始终。它是查明经济犯罪案件事实和完成经济犯罪案件诉讼活动的基本前提,及时全面地发现、收集经济犯罪证据对整个刑事诉讼活动有着巨大的关键作用。

(一) 司法会计审查

在经济犯罪的侦查中,司法会计审查是一种经济犯罪独有的、较为特殊的发现证据、收集证据的方式,也是经济犯罪案件侦查中最为主要的收集证据的方法。司法会计审查,是指在涉及财务会计业务案件的调查、审理中,为了查明案情,对案件所涉及的财务会计资料、相关财物、经济活动等进行专门的查验,或者对案件所涉及的财务会计问题进行专门鉴别的法律诉讼活动。[2] 通过司法会计审查,侦查人员可以找到犯罪分子留下的犯罪痕迹,确定经济犯罪的案件性质、具体涉案金额以及犯罪分子所运用的犯罪手段。

需要注意的是,司法会计审查和司法会计鉴定是两个不同的概念,在刑事诉讼活动中二者的地位也不同。从使用的顺序来看,司法会计审查发生于诉讼活动开始之

---

[1] 参见余宁、汪海:《经济犯罪取证对策研究》,载《西南石油大学学报(社会科学版)》2011年第5期。
[2] 参见高逸凡:《司法会计审查介入经济犯罪初查之必要性及运用》,载《净月学刊》2017年第2期。

前,其目的是发现并收集经济犯罪证据,而司法会计鉴定是在已经发现相关证据的基础之上,通过鉴定并出具报告的方式加强证据的能力,为后续的诉讼活动提供证据。此外,从主体上来看,司法会计鉴定的主体需要具有司法会计鉴定资格,并且接受案件相关人的委托,而司法会计审查的主体只需要具备一些与司法会计相关的知识和技能,在身份上没有硬性的要求。

(二)搜查和调取

搜查,是指侦查机关为了收集犯罪证据、查获犯罪嫌疑人,对犯罪嫌疑人及其可能隐藏罪证的人身和场所进行搜查、检查的调查措施。[1] 调取,是指侦查机关在侦查案件的过程中,在符合法定程序的前提下,有权要求涉案主体提供相应证据的取证措施。这两种侦查措施从程度上来说,会对公民、企业、单位的隐私权和信息权造成较大的损害,因此,在采取这两项措施时必须注意比例原则。侦查机关在使用这两种收集证据的方法时,需要格外谨慎,在没有相关证据佐证的情况下,侦查机关无权擅自行使该取证方式。

此外,经济犯罪证据中的书证易损毁、灭失、篡改,难以取证。书证在经济犯罪证据中的重要地位决定了对书证的收集和审查成为经济犯罪侦查的工作重点。经济犯罪中的大部分书证都是记载经济活动内容的一种书面凭证,如反映生产经营收支明细的财务报表就是重要证据之一。在司法实践中,书证一般都掌握在犯罪嫌疑人手中,案发后,为了掩盖罪行,犯罪嫌疑人一般竭力销毁或藏匿所有相关书证,或者篡改、伪造相关书证,使大量原始证据灭失,阻碍侦查工作的正常进行。[2] 因此,在经济犯罪案件的搜查与调取过程中,侦查人员尤其要注意策略性,在取证行动之前应当注意采取保密措施,以防犯罪嫌疑人在听到风声之后将罪证进行损毁、篡改,妨碍刑事诉讼的进行。

(三)询问和讯问

由于经济犯罪的隐蔽性,书证和电子数据等实物证据都较容易被篡改,因此,言词证据在经济犯罪的侦查中同样发挥着重要的作用。犯罪嫌疑人、被告人供述和辩解应当是口头陈述,以笔录方式加以固定,经犯罪嫌疑人、被告人请求或办案人员要求,也可以由犯罪嫌疑人、被告人亲笔书写供词,还可以采用录音、录像的方法加以固定。对犯罪嫌疑人、被告人供述和辩解的收集应当严格按照我国法定的讯问程序和手段进行,讯问中严禁刑讯逼供、指供和诱供,要允许犯罪嫌疑人、被告人作正当

---

[1] 参见胡晓明主编:《经济犯罪证据理论与实务》,群众出版社2003年版,第143页。
[2] 参见叶青:《经济犯罪证据的查证难点及对策研究》,载《政治与法律》2003年第5期。

的辩解。[1]

通过对涉案人员的询问,侦查人员可以收集大量证据,如犯罪分子的犯罪手段、被害人的受害经历,证明犯罪分子的某些证据资料,如犯罪分子的名片、家庭住址、企业住址、银行账号、联系电话等证据。通过对犯罪嫌疑人的讯问,侦查人员可以了解其作案手法、作案目的、涉案赃款的资金流向等线索和证据。

延伸思考

1. 请思考经济犯罪证据发现难的原因。
2. 请思考如何借鉴法律条文发现经济犯罪证据。
3. 请思考收集经济犯罪证据时需要注意的重点问题。

延伸阅读

1. 胡晓明主编:《经济犯罪证据理论与实务》,群众出版社2003年版。
2. 王俊家、宋利红:《经济犯罪侦查基础》,中国人民公安大学出版社2014年版。
3. 叶青:《经济犯罪证据的查证难点及对策研究》,载《政治与法律》2003年第5期。
4. 许昆、梁永生:《试论经济犯罪侦查的几个基本问题》,载《中国刑警学院学报》1999年第3期。

第四节 经济犯罪证据审查

犯罪证据的审查是侦查活动的收尾环节,也是检验侦查工作有效开展的必要环节。有效的证据审查既能为之后的审查起诉和审判工作节约司法资源,也能保障侦查活动的有效性,减少冤假错案的发生。在经济犯罪的侦查过程中,证据审查同样发挥着重要的作用,并且由于经济犯罪证据的特性,经济犯罪的证据和用于证明经济犯罪构成的证据体系,与一般刑事案件的证据和证据体系的要求相比,具有明显的特点和更高的要求。其原因在于经济犯罪在犯罪和法律方面具有复杂性和特殊性,经济

---

[1] 参见尚华:《经济犯罪案件中证据的收集》,载《安徽师范大学学报(人文社会科学版)》2009年第4期。

犯罪的证据和证明要求受经济犯罪特点的制约。[1]

一、经济犯罪证据审查的内容

经济犯罪证据审查的内容与其他普通刑事案件证据审查的内容有一定的重合之处,如都要审查证据的"三性",即客观性、关联性、合法性。但是,鉴于经济犯罪案件本身的特殊性,经济犯罪证据审查内容的侧重点与普通刑事犯罪存在一定差异。

(一)证据的关联性

证据的关联性,是指证据必须与案件所要查明的事实存在逻辑上的联系,从而能够说明案件事实。在经济犯罪中,证据的关联性尤为重要,经济犯罪多隐藏于合法的经济行为下,侦查人员需要从大量的经济活动中,提取、收集与涉案事实相关的证据材料,在这一过程中,侦查人员往往会收集一些无用的侦查线索和材料,通过审查经济犯罪证据的关联性,剔除无用的材料和线索,既能节省司法资源,也能使侦查人员更加清晰地对案件事实有准确的认识。

(二)证据的复合性

证据的复合性,是指由于经济犯罪存在隐蔽性,往往隐藏在合法的经济行为之下,想要完全地反映案件事实、还原事实真相,并且实现对犯罪人的惩罚,必须综合多方面的关联证据。例如,行为主体的主观方面、行为资格、履约能力、关联债权债务情况、受害人证词等,仅凭借其中任一证据都无法单独证明经济犯罪事实。因此,侦查人员在审查经济犯罪证据的过程中不仅需要着眼于证据个体本身的属性,还需要从宏观角度即案件整体角度对各个证据之间的关系进行综合分析判断,使证据之间相互印证,形成完整的证据链,勾画出符合相应犯罪构成要件的某一犯罪行为,这一过程是经济犯罪证据审查中最为关键的环节。[2]

(三)证据的选择性

证据的选择性是经济犯罪证据审查中需要关注的特殊方面,这是因为经济犯罪的证据往往以书证、电子数据的形式表现出来,再加上犯罪人精心的掩饰与隐瞒,那些能够真正对刑事诉讼起到关键作用的数据与材料往往隐藏在大量的其他同类材料之中。同时,再加上"由人到案"的侦查模式,证据收集的方向与侦查重点也会随着侦查过程的推进而不断转移。因此,侦查人员必须对在侦查过程中收集的证据不断地进行审查,根据不断改变的侦查方向,剔除不重要的证据,将对案件事实定性的关

---

[1] 参见吴秋玫:《经济犯罪证据的特点与证据体系形成的基本要求》,载《江西公安专科学校学报》2009年第1期。

[2] 参见杨正鸣、倪铁主编:《经济犯罪侦查新论》,法律出版社2017年版,第98页。

键证据进行固定。

二、重点经济犯罪证据的审查要点

(一) 书证

经济犯罪案件证据大多为书证,因此必须充分重视对书证的收集。司法实践中应当尽可能收集、调取原始凭证、记账凭证、会计账簿、财务报表以及相关书证原件,只有在取得原件确有困难时,才可以依照规定程序收集、调取书证的副本、复制件。副本、复制件只有经与原件核实无误或者经鉴定证明是真实的才具有与原件同等的证明力。扣押的文件要妥善保管或者封存并不得毁损。扣押邮件、电报等要经公安机关或者人民检察院批准。在复制、摘抄书证时要注意保存原件内容的完整性,不得任意取舍和断章取义。[1]

(二) 电子数据

电子数据是经济犯罪证据中最为常见的证据,也是最不稳定、最易被篡改破坏的证据种类。因此,在审查电子数据时,侦查人员应当注意审查:电子数据的来源,电子数据的形成方式,电子数据是否完整、是否存在被篡改的可能性,提取方式是否科学合法,固定和收集方式是否影响存储信息的真实性,电子数据对案件事实的证明程度以及收集证据人员的技术水平等。同时,也应当注重加强电子取证专业侦查队伍的建设。随着互联网技术的发展,电子数据取证将越来越受到重视。2014年,最高人民法院、最高人民检察院、公安部发布的《关于办理网络犯罪案件适用刑事诉讼程序若干问题的意见》(已失效)对侦查人员提出专业性要求,在2016年《电子数据规定》及随后的规定中取消了这一要求,即使其中涉及资源成本、时间成本等因素,但是为了保证侦查过程的合法性、专业性,保证证据的真实性、完整性,有些要求是必要的。因此,应当引入技术专家加入侦查队伍,以便发挥技术支持作用,为侦查团队培养后续储备人才。[2]

(三) 证人证言、被害人陈述

在审查证人证言和被害人陈述时,应当注意审查:证人以及被害人的主体资格和品性道德,其感知和记忆表达能力的强弱,与案件直接的密切程度,客观事实的符合程度,证言和陈述是否合情合理、前后矛盾。在有录音录像等证言和陈述的情况下,

---

[1] 参见尚华:《经济犯罪案件中证据的收集》,载《安徽师范大学学报(人文社会科学版)》2009年第4期。

[2] 参见胡裕岭、姚浩亮:《刑事案件中的电子数据合法性审查研究》,载《山东警察学院学报》2023年第1期。

还应当审查该录音录像的真实性,包括影像是否完整、是否有剪辑篡改的痕迹、当事人的表情是否合乎常理等。

(四)犯罪嫌疑人的供述和辩解

在审查犯罪嫌疑人的供述和辩解时,应当注意审查:犯罪嫌疑人的供述和辩解与客观事实及证人证言、被害人陈述是否吻合,其悔罪态度是否真诚,是否有自首情节,供述是否彻底坦白。在讯问过程中,侦查人员有无刑讯逼供、诱供的现象,同案犯之间有无串供的可能等。

延伸思考

1. 请思考审查经济犯罪证据的原因。
2. 请思考经济犯罪证据审查的内容。
3. 请思考当前司法实践中经济犯罪案证据审查中有哪些难点。

延伸阅读

1. 杨正鸣、倪铁主编:《经济犯罪侦查新论》,法律出版社2017年版。
2. 胡晓明主编:《经济犯罪证据理论与实务》,群众出版社2003年版。
3. 江奥立、朱能立:《涉众型经济犯罪案件的证据审查》,载《人民检察》2019年第14期。

本章小结

本章的主要内容是经济犯罪的证据调查,分别从经济犯罪概述、经济犯罪证据的概念及其价值、经济犯罪证据的发现与收集、经济犯罪证据审查4个部分展开阐述。经济犯罪,是指在商品经济的运行领域中,为谋取不法利益,违反国家法律规定,严重侵犯国家管理制度、破坏社会经济秩序,依照刑法应受刑罚处罚的行为。当前经济犯罪证据往往从相对人的举报与控告、高风险人群的筛查、涉案资金的流向以及经济数据的异常中发现相关证据,并通过司法会计审查、搜查调取、讯问询问等手段对证据进行收集。其中,对经济犯罪的证据收集内容包括证据的关联性、复合性、选择性,审查重点在书证、电子数据、各类证人证言、被害人陈述以及犯罪嫌疑人的供述和辩解这几个类型的证据上。

第十四章 死刑案件的证据适用

本章重点内容

死刑案件中的证据种类、证据裁判规则、非法证据排除规则、证据未对质不认定规则以及死刑案件中涉及的证据适用问题。

本章思维导图

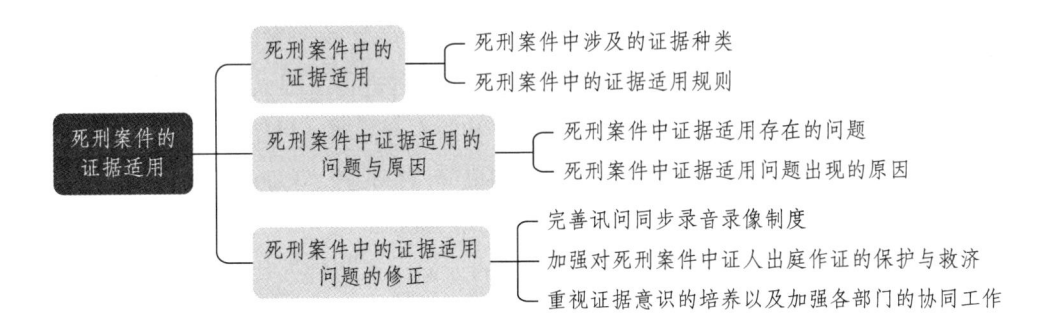

```
                    ┌─ 死刑案件中的    ┬─ 死刑案件中涉及的证据种类
                    │  证据适用        └─ 死刑案件中的证据适用规则
                    │
死刑案件的           ├─ 死刑案件中证据适用的  ┬─ 死刑案件中证据适用存在的问题
证据适用            │  问题与原因            └─ 死刑案件中证据适用问题出现的原因
                    │
                    │                        ┌─ 完善讯问同步录音录像制度
                    └─ 死刑案件中的证据适用  ├─ 加强对死刑案件中证人出庭作证的保护与救济
                       问题的修正            └─ 重视证据意识的培养以及加强各部门的协同工作
```

死刑案件中的冤假错案主要是证据问题导致的,如 1994 年的佘某林案、1996 年的内蒙古呼某某勒图奸杀案、1996 年的孙某刚强奸杀人案等错案,在多年后的再审判决中又以"证据不足"改判无罪,这些错案反映了我国在死刑案件办理中证据方面的认定与处理存在一些问题。

在死刑案件的法律规制方面,2007 年 1 月 1 日起实施的最高人民法院《关于统一行使死刑案件核准权有关问题的决定》中规定"死刑除依法由最高人民法院判决的以外,各高级人民法院和解放军军事法院依法判处和裁定的,应当报请最高人民法院核准",意味着最高人民法院有了统一行使死刑案件的核准权。然而死刑复核程序并不意味着死刑案件的办理程序独立,考虑死刑案件的重要性,提升办案质量十分关键;同年 3 月,最高人民法院、最高人民检察院、公安部和司法部共同参与制定了《关于进一步严格依法办案确保办理死刑案件质量的意见》,该意见中涉及死刑案件中的证据规范与一般刑事诉讼案件中的证据规范有所不同。实践表明,程序的相对分离并不能解决死刑案件证据适用中的问题,死刑案件办理实践中仍存在证据收集、审查和非法证据排除不尽规范、不尽严格、不尽统一的问题。[1] 2010 年,最高人民法院、最高人民检察院、公安部、国家安全部和司法部跟进发布了《死刑案件审查判断证据规定》,该规定首次明确了我国死刑案件中的证据规范。2018 年《刑事诉讼法》也相对完善了有关死刑案件中的证据各方面的问题。但是,综合司法实践现状以及死刑案件的证据规范来看,死刑案件的办理不尽如人意,相关证据规范法律规制还须进一步完善。

第一节 死刑案件中的证据适用

传统法律文化中"杀人偿命"的观念延续至今,持续影响着我国关于死刑案件的司法实践。21 世纪以来,我国立法机关对"死刑"罪名进行了很大程度的限缩,目前排在前三位的死刑罪名是故意杀人罪、抢劫罪和贩卖毒品罪。近年来,毒品犯罪的发生数量逐年下降,我国司法机关对死刑的适用更应严格把关,要加强对死刑案件中证据适用问题的研究。这是因为在实践中,有关死刑案件的裁判,证据在确定其是否适用死刑方面具有重要的基础地位。如果案件的证据达不到判处死刑的证据标准,就不能考虑死刑案件审判结果和司法实践的社会效果问题。死刑案件中证据适用出现错误,直接导致的结果就是出现冤假错案。出现冤假错案的主要问题包括取证程序不合法、关键证据矛盾未被发现或未引起重视、办案机关隐匿重要证据等,[2] 大部分案件在多年后的再审程序中以"证据不足"为由改判。这些问题影响了司法的公信力,对法律权威造成了一定的破坏。

一、死刑案件中涉及的证据种类

《刑事诉讼法》第 50 条第 2 款规定:"证据包括:(一)物证;(二)书证;(三)证人证言;(四)被害人陈述;(五)犯罪嫌疑人、被告人供述和辩解;(六)鉴定意见;(七)勘验、检查、辨认、侦查实验等笔录;(八)视听资料、电子数据。"上述提到的死刑

---

[1] 参见吕泽华:《死刑案件证据规范中的若干问题及对策》,载《法治研究》2017 年第 2 期。
[2] 参见刘旭阳:《死刑案件证据审查判断实证研究》,山东大学 2020 年硕士学位论文,第 58 页。

案件涉及的罪名中,均涉及这 8 种证据类型。

(一) 死刑案件中的物证

物证,是指能够证明案件真实情况的一切客观存在的实物。本章讨论的物证是狭义上的物证,即以存在方位、内在属性和外在特征证明案件事实的客观物质,物证对死刑案件的认定具有直接引导性。例如,在故意杀人案件中,作案工具是证据链中必不可少的一环,而且作案工具直接指向故意杀人罪这一性质。死刑案件中的物证还包括各类样本,如 DNA 证据中的血液样本、唾液样本、髓液样本、头发样本等;指纹证据,如在犯罪现场发现的指纹、在凶器上发现的指纹、在被害人身上或被害人的物品上发现的指纹;物品的遗留痕迹证据,如足迹、凶器的痕迹、衣物上的痕迹、车辆上的痕迹(如车漆、玻璃痕迹)等;证物,如衣物、身份证、钱包等。在调查和审判中,具体的案件会根据需要使用不同类型的物证构建案件的证据链。物证的重要性在于它们可以提供客观、科学的信息,有助于法庭作出公正的判断。然而,在使用物证时,必须确保其采集和分析的过程符合科学和法律的标准,以避免误导。

(二) 死刑案件中的书证

书证,是指以文字、符号、图形等所记载的内容或表达的思想证明案件事实的文件和其他物品。这些文件和物品在死刑案件中扮演着重要的角色,能够证明案件的真实情况。例如,在毒品犯罪中,毒品犯罪分子进行联络的往来书信、犯罪分子涂改的单据等都属于书证。此外,书证还包括出具的刑事责任能力报告,用来证明被告人的刑事责任能力,进一步证明被告人是否犯有罪行。公安机关提供的相关案件书面案情报告、立案报告书等也是书证的一部分,用来证明案件的调查过程和结果。被告人的户籍证明、一审判决书、相关羁押情况书面证明等也可以作为书证。户籍证明可以证明被告人的身份信息,一审判决书可以证明被告人被判刑的情况,相关羁押情况书面证明可以证明被告人的羁押时间等。

(三) 死刑案件中的证人证言

证人证言,是指非本案当事人的自然人,通过亲身经历和感知,就其所了解的案件情况向有关机关进行的陈述。这些证人证言可以采用口头或书面的方式进行表达,既可以事实性陈述的方式单独呈现,也可以包含于证人所作出的事实性陈述和判断性陈述的笼统方式呈现。在死刑案件中,证人证言包括目击证言和间接目击证言。目击证言,是指目击者亲眼看到案件发生过程的陈述,如目击者描述他们所看到的犯罪行为、嫌疑人的外貌特征等;间接目击证言则是指证人可能没有亲眼看到事件的发生,但可以提供与案件相关的信息,如听到尖叫声、看到有人购买凶器、看到嫌疑人逃离现场的方向等。警方和调查人员也可以以证人的身份出庭作证,提供他们的调查过程、发现的证据等。然而,法庭上,证人证言的可信度和重要性一直是一个关键问题。证人可能会受到各种因素的影响,如压力、记忆偏差或意图误导等,因此,法庭会对证人进行交叉审讯,以验证其证言的真实性。在死刑案件中,证人证言通常是案件定罪或无罪的关键因素之一,对于案件的公正审判具有重要意义。

(四)死刑案件中的被害人陈述

被害人陈述,是指刑事被害人就其所感知的案件事实情况,向公安、司法机关工作人员以及办理案件的人员进行的详细陈述。在死刑案件中,被害人陈述通常指的是被害人一方对犯罪影响、犯罪的伤害以及对被告人、犯罪嫌疑人判刑所给出的意见,这些意见对于案件的判决具有关键的证据效力。在死刑案件中,被害人陈述作为关键证据存在的情况大多是人身伤害类的案件,如谋杀、抢劫、强奸等。在这些案件中,被害人与被告人、犯罪嫌疑人直接接触,因此,他们能够提供关于犯罪行为的详细描述和证据,这使被害人陈述的证明力较高,对于案件的判决具有至关重要的作用。如果被害人已经死亡或无法自己提供陈述,审判中自然也没有"被害人陈述"这一证据。在这种情况下,审判人员需要通过其他途径获取证据,如通过调查证人、收集物证等方式还原案件事实。如果被害人为多人,且有一名或几名被害人生还,这一名或几名被害人提供的信息即为"被害人陈述",审判过程中可以直接对本案产生影响。被害人陈述可以帮助审判人员更好地了解案件事实和犯罪行为,从而作出更加公正和准确的判决。同时,被害人陈述也可以为被告人、犯罪嫌疑人的定罪和量刑提供重要的参考依据。

(五)死刑案件中的犯罪嫌疑人、被告人供述和辩解

犯罪嫌疑人或被告人的供述和辩解,通常被称为"口供",指的是在侦查或审讯过程中,犯罪嫌疑人或被告人对所涉案件事实的口头或书面描述。在中国传统法律文化的深远影响下,口供一直被执法人员高度重视。然而,尽管口供在古代就受到重视,但现代的"重口供"司法理念并不被积极提倡。一方面,对死刑案件的定罪,其证据审查标准本就极为严格。在证据审查过程中,每一步都需要严格把关,确保证据的真实性和可靠性。然而,过度依赖口供并将其作为主要证据可能会导致司法不公。因为口供可能受到各种因素的影响,如逼供、诱供等,这些因素都可能引发冤假错案的风险,使司法公正受到挑战。另一方面,在处理重大死刑案件时,过度依赖口供也可能导致司法效率降低。在被告人被捕归案后,公安机关和检察机关会在各自的侦查阶段对犯罪嫌疑人或被告人进行讯问,以收集和审查相关口供。这一过程需要耗

费大量的时间和精力。此外,如果过于依赖口供并将其作为主要证据,可能会忽略其他形式的证据,如物证、目击证言等。

(六)死刑案件中的鉴定意见

在死刑案件中,鉴定意见占据了至关重要的位置。这些意见涵盖众多专业领域,包括但不限于法医学、病理学、图像和声音分析、工程学和技术等,由具有专业知识和丰富经验的专家提供,以解释或分析与案件相关的科学、医学或法律问题。在因故意杀人、抢劫而判处死刑的案件中,法医学鉴定意见是确定死者死因的关键。专家通过详细的尸检和实验室分析,确定死者的死因,包括自然死亡、意外死亡或者他杀。同时,通过对尸体进行解剖,可以获取关于死因、伤害程度等方面的详细信息。图像和声音鉴定意见也是这类案件中的重要部分。专家对照片、视频录像进行分析,确定图像中的人物、物品等,帮助还原案件现场。同时,通过对录音或语音的鉴定,可以确定说话者的身份或内容的真实性,为案件提供更多线索;工程学和技术鉴定意见则是对凶器和技术设备进行分析。专家鉴定凶器的结构、材料等,揭示凶手的作案工具和手法。同时,通过对视频录像、通信记录等技术设备的分析,可以揭示案件中的通信、监控等记录,为破案提供关键证据。此外,在因贩卖毒品而被判处死刑的案件中,鉴定意见主要是对毒品本身进行鉴定。专家对毒品的重量、种类、纯度等进行详细分析,出具鉴定报告,以"鉴定意见"的形式作为证据出现在审判阶段,这些鉴定意见对于确定罪行和量刑具有重要意义。

(七)死刑案件中的勘验、检查、辨认、侦查实验等笔录

现场勘验、检查和辨认、侦查实验笔录作为证据类别中的重要组成部分,是案件相关侦查人员和具有专门知识的人对犯罪现场的场所、痕迹、物品以及尸体的勘验和对案件相关人身的检查并以文字、图片、视频等方式固定下来的客观描述和真实记录。死刑案件中现场勘验、检查的内容包括:记录犯罪现场的地理位置、环境、天气状况等基本信息;描述受害者的尸体位置、姿势、身体状况,以及可能的死因初步观察;列举和描述在现场发现的物证,如武器、衣物、工具等;描述现场的血迹分布、类型,以及其他可能的痕迹,如指纹、脚印等;记录犯罪现场周围的建筑、道路、植被等情况,对案件调查和重建具有帮助作用。此外,辨认笔录根据辨认对象的不同,可以分为人身辨认笔录、照片辨认笔录、物品辨认笔录、场所辨认笔录以及尸体辨认笔录。[1]

---

[1] 参见韩旭:《辨认笔录证据能力问题研究——以新〈刑事诉讼法〉为视角》,载《证据科学》2012年第2期。

(八)死刑案件中的视听资料和电子数据

为了避免在死刑案件中出现证据适用的错误而导致形成冤假错案,需要将案件侦查、审判的过程以视听资料和电子数据的形式作为证据保存起来,以便在案件的审判过程中保证最大程度的公正。在死刑案件中,这些视听资料和电子数据包括:公安机关在讯问犯罪嫌疑人、被告人时的录音和录像;犯罪嫌疑人、被告人犯案过程中周边地区的监控录像;毒品犯罪中贩毒人员与他人的交易记录、微信聊天记录、QQ聊天记录等。这些资料不仅可以作为证据使用,还可以在审判过程中帮助法官更好地了解案件事实,保证审判的公正性。

二、死刑案件中的证据适用规则

(一)证据裁判规则

《刑事诉讼法》第55条第1款规定:"对一切案件的判处都要重证据,重调查研究,不轻信口供。只有被告人供述,没有其他证据的,不能认定被告人有罪和处以刑罚;没有被告人供述,证据确实、充分的,可以认定被告人有罪和处以刑罚。"这是对证据裁判规则的法律条文解释。《死刑案件审查判断证据规定》的第2条、第4条和第5条规定是我国首次对证据裁判规则作出的法律解释,后被2012年修正的《刑事诉讼法》采纳吸收一直沿用至今。此外,《刑事诉讼法》第55条规定的"证据确实、充分"需要满足"定罪量刑的事实都有证据证明""据以定案的证据均经法定程序查证属实""综合全案证据,对所认定事实已排除合理怀疑"3个条件。《死刑案件审查判断证据规定》第5条规定还对死刑案件中"证据确实、充分"作了细化解释,规定"定罪量刑的事实都有证据证明""每一个定案的证据均已经法定程序查证属实""证据与证据之间、证据与案件事实之间不存在矛盾或者矛盾得以合理排除""共同犯罪案件中,被告人的地位、作用均已查清""根据证据认定案件事实的过程符合逻辑和经验规则,由证据得出的结论为唯一结论"。由此可见,死刑案件中的证据裁判原则包含以下内容:一是证据是认定犯罪事实的关键;二是证据要经过法定程序审查,要具有足够的证明能力;三是证据要满足"证据确实、充分"这一法定要件,死刑案件中更要细化审查。对于死刑案件来说,证据裁判规则的确在一定程度上保障了事实认定的准确性和采信的证据的真实性、合法性。这种规则要求在审理过程中所使用的证据必须符合法律规定的程序,从而确保审判的公正性和合理性。

(二)非法证据排除规则

1.绝对排除原则

根据《死刑案件审查判断证据规定》第9条规定,关于物证、书证中没有遵循法定的收集程序的,以及不能证明物证、书证的收集来源的,予以绝对排除;第 12 条第 1 款规定,"以暴力、威胁等非法手段取得的证人证言,不能作为定案的根据",予以绝对排除;第 20 条规定涉及被告人供述,认为讯问笔录完成后没有交被告人审查并签字捺印的,以及对聋哑被告人未提供相关翻译人员帮助讯问的,予以绝对排除。此外,《死刑案件审查判断证据规定》中还有诸多绝对排除证据的情形。以上《死刑案件审查判断证据规定》予以绝对排除情形中的行为具有明显违法取证的特征,尤其是违反程序性规范的行为,在实践中往往难以保持证据的客观性,一旦这些证据被采用,对死刑案件的事实认定将会造成重大的影响,导致更多冤假错案的发生。

2. 裁量排除原则

相较于上述的绝对排除证据,裁量排除的证据并没有严重违反程序性、法定性的规范,仅在遵循程序规范的过程中出现瑕疵。例如,《死刑案件审查判断证据规定》第 14 条规定,列举了证人证言在收集程序和方式上出现瑕疵可以进行补正的 4 种情形;《死刑案件审查判断证据规定》第 21 条规定,列举了有关讯问笔录的 3 种可以进行补正的瑕疵情形;《死刑案件审查判断证据规定》第 30 条规定,列举了 5 种可以将辨认结果作为证据使用的补正情形。

(三) 证据未对质不认定规则

《死刑案件审查判断证据规定》第 4 条明确指出,"经过当庭出示、辨认、质证等法庭调查程序查证属实的证据,才能作为定罪量刑的根据",这就是证据未对质不认定规则。质证,是指在法庭上对提交的证据进行当面的质询、诘问、探究和质疑,包括对证据与事实矛盾的辩驳和澄清。该原则的确立,首先,确保了当事人,特别是犯罪嫌疑人、被告人和其辩护人的质证权利。被告人有权对控方提出的证据进行质询、质疑和辩驳,以保障其合法权益。其次,强化了对证据真实性、合法性和客观性的审查,通过当庭的质证程序,法庭能够更全面、深入地了解证据的来源、形式和内容,从而提高证据的可信度。法庭上的程序法定化包括控辩双方的质证环节,质证环节是司法公正的前提,有助于防止庭审中的偏袒或不公正现象,能够平等对待控方和辩方的证据,确保审判过程的公正性。未经质证的证据可能存在瑕疵或不完整,容易导致对被告人的不公正对待,证据未对质不认定规则可以有效避免因证据滥用而导致错误的定案。

延伸思考

1. 死刑案件中涉及的刑事证据有哪几种?

2. 结合死刑案件中证据适用的规则,谈谈我国目前在办理死刑案件的过程中会出现哪些问题。

> **延伸阅读**
>
> 1. 江伟、吴泽勇:《证据法若干基本问题的法哲学分析》,载《中国法学》2002 年第 1 期。
> 2. 艾明:《我国刑事证据能力要件体系重构研究》,载《现代法学》2020 年第 3 期。
> 3. 韩旭:《辨认笔录证据能力问题研究——以新〈刑事诉讼法〉为视角》,载《证据科学》2012 年第 2 期。

第二节　死刑案件中证据适用的问题与原因

一、死刑案件中证据适用存在的问题

从近年来法治理念的普及和技术升级可以看出,我国在办理死刑案件上逐步完善有关死刑认定的法律,保障犯罪嫌疑人、被告人的人身权利。2012 年修正的《刑事诉讼法》规定"最高人民法院复核死刑案件,应当讯问被告人";完善了全程同步录音录像制度,很大程度上减少了刑讯逼供现象的发生。尽管刑讯逼供并非百分之百会导致错判,但几乎百分之百的错案都是由于刑讯逼供所致。[1] 然而,由于各项有关死刑的新制度中存在隐患,司法工作人员对证据的收集、审查工作的态度不认真、专业能力不强、程序意识不规范等问题,目前我国死刑案件中证据的适用层面存在许多问题亟待解决。

(一)同步录音录像形式化和虚假化

本章所涉及的死刑案件属于必须同步录音录像的案件,我国《刑事诉讼法》第 123 条第 1 款作了如下规定:"侦查人员在讯问犯罪嫌疑人的时候,可以对讯问过程进行录音或者录像;对于可能判处无期徒刑、死刑的案件或者其他重大犯罪案件,应当对讯问过程进行录音或者录像。"一旦被讯问人质疑,侦查机关无法合理解释证明讯问的合法性,那么相关供述应予以排除。审查同步录音录像有两个主要目的:一是核对犯罪嫌疑人、被告人的供述与讯问笔录的一致性,以确认讯问笔录是否存在漏记、错记以及不记等情形;二是审查讯问过程中是否存在不符合法律规定的行为,如

---

[1] 参见吕泽华、贾宜臻:《死刑冤假错案证据问题之实证研究》,载《湖北警官学院学报》2017 年第 2 期。

刑讯逼供等。总的来说,同步录音录像制度的目的是保持讯问工作的合法性和公正性。然而,也恰恰是因为这个制度,才易导致出现同步录音录像存在形式化和虚假化这样的现象从而将非法讯问取证"洗白"。

同步录音录像形式化和虚假化可能涉及多种行为,这些行为有意识地改变或扭曲录音录像文件的内容,以误导、掩盖真相或追求某种目的。以下是同步录音录像虚假化的一些表现形式:(1)刻意漏掉关键对话信息,在录音录像文件中有选择地删除或省略与案件相关的关键信息,使记录的内容不完整或具有误导性;(2)篡改对话内容,修改录音中的对话、附加虚假的对话或改变说话者的语气、语速或语调,以改变案件的本质或给特定人物或组织带来不当的责任;(3)修改时间轴,修改录音录像文件中的时间戳,使事件的发生顺序或时间线出现错误,从而混淆事实顺序;(4)模拟设备故障,有意制造录音录像设备故障,以便有借口解释为何关键信息缺失或为何记录出现问题。讯问过程的录音录像无论是作为被告人的一种维权方式,还是作为法庭上的一种电子数据证据,都应具有合理性和合法性。录音录像形式化和虚假化这种现象的发生也体现出在死刑案件中有关被告人权益保护的不足以及电子数据审查程序的缺陷。

(二)证人出庭作证困难及证人的范围受限

在我国的司法实践中,一直面临证人出庭以及证人证言证明力不足的难题。考虑证人证言在死刑案件中的关键证据价值,本书列举 2016 年至 2018 年上海市第二中级人民法院刑事案件中证人出庭作证的数据加以说明。2016 年至 2018 年该院审理一审、二审案件的数量为 4049 件,其中证人出庭作证的案件仅为 45 件。虽然上海市第二中级人民法院的数据统计只是局部资料数据,但从此数据中也可以看出我国司法实践中存在证人出庭作证"难"的问题。所有刑事案件尚且如此,具体到本书所讨论的死刑案件,证人出庭作证的情况也不容乐观。

此外,2018 年修正的《刑事诉讼法》第 62 条第 1 款规定:"凡是知道案件情况的人,都有作证的义务。"第 192 条第 2 款规定,"人民警察就其执行职务时目击的犯罪情况作为证人出庭作证,适用前款规定"。《刑事诉讼法司法解释》中并没有对警察作为证人出庭作证作出相关规定,这显然对警察出庭作证解释得不够充分。办理该死刑案件的警察能够比较全面完整地了解案情的情况,尤其是犯罪情节。但是,从该死刑案件的立案、侦查、强制措施的施行到移送审查,警察完全参与整个诉讼活动中,难免会对犯罪嫌疑人、被告人产生先入为主的印象,这与警察了解案件事实充分这一正效益的平衡,是解决警察出庭作证制度有缺陷的关键点。

(三)死刑案件中通过技术侦查获取证据的证明力有待认定

技术侦查,是指法律授权的侦查机关,在侦查活动中为了打击和防控犯罪,依法对特定对象秘密采用起主要作用的特定技术,直接、实时地获取犯罪信息、侦查线索,收集诉讼证据的特殊侦查措施。[1] 在故意杀人、贩卖毒品等死刑案件中,很大部分的侦查工作都是通过技术侦查进行的。随着科技的进步,犯罪方法日趋高科技化、秘密化,常规的侦查手段已经不能够满足对案件的侦破。加之对死刑案件的事实认定较为困难、繁多,认定事实的证据难以查找,需要通过技术手段加以帮助。与传统的侦查科技手段不同,技术侦查是一种带有秘密性质的侦查措施。

对适用技术侦查措施,我国《刑事诉讼法》第150条规定:"公安机关在立案后,对于危害国家安全犯罪、恐怖活动犯罪、黑社会性质的组织犯罪、重大毒品犯罪或者其他严重危害社会的犯罪案件,根据侦查犯罪的需要,经过严格的批准手续,可以采取技术侦查措施。人民检察院在立案后,对于利用职权实施的严重侵犯公民人身权利的重大犯罪案件,根据侦查犯罪的需要,经过严格的批准手续,可以采取技术侦查措施,按照规定交有关机关执行。追捕被通缉或者批准、决定逮捕的在逃的犯罪嫌疑人、被告人,经过批准,可以采取追捕所必需的技术侦查措施。"第151条对技术侦查措施的种类、时效进行规定:"批准决定应当根据侦查犯罪的需要,确定采取技术侦查措施的种类和适用对象。批准决定自签发之日起三个月以内有效。对于不需要继续采取技术侦查措施的,应当及时解除;对于复杂、疑难案件,期限届满仍有必要继续采取技术侦查措施的,经过批准,有效期可以延长,每次不得超过三个月。"同样,《死刑案件审查判断证据规定》第35条规定:"侦查机关依照有关规定采用特殊侦查措施所收集的物证、书证及其他证据材料,经法庭查证属实,可以作为定案的根据。法庭依法不公开特殊侦查措施的过程及方法。"这些规定都指向一个事实,那就是死刑案件中通过技术侦查措施获取的证据具有法律依据的证明力。但是上述有关技术侦查获取证据的规定也带来了证据证明力的问题。

首先,通过技术侦查措施获取的案件证据的"三性"(真实性、合法性和客观性)能否得到保障。为了获取犯罪嫌疑人、被告人的信息,侦查人员可能会采取一些技术手段,如监听、监控、网络追踪等。这些手段可能会涉及个人隐私和通信自由等权利,在使用过程中应当严格遵守法律规定和程序要求,确保合法性和合规性。其次,"法庭依法不公开特殊侦查措施的过程及方法"这一条文的本意中有为了避免犯罪分子

---

[1] 参见许志:《技术侦查概念的界定及辨析》,载《中国刑警学院学报》2022年第2期。

采取有意识的反侦查措施,但往往参与技术侦查的人员"一致排外",专案小组内部的案件信息只在小组内部消化,在各技术侦查人员的观念想法高度一致的情况下,证据往往会偏离客观事实。如何在法庭上证实技术侦查获取证据的客观性、真实性和合法性,以及如何在法庭上适度公开技术侦查措施的过程与方法,这些都是今后需要加以完善的问题。

二、死刑案件中证据适用问题出现的原因

从本章上述的问题研究方面来看,死刑案件中的证据适用问题大多产生于侦查取证阶段。例如,犯罪嫌疑人、被告人的供述和辩解证据能力的不足是由于对讯问人员的程序性规范不足,这就回应了上文中提到的同步录音录像制度的形式化和虚假化的问题,这些往往受到接触证据材料本身的有限性、工作人员自身的认知局限性等的影响;另外,在审判过程中可能会出现的证人出庭作证的问题,这些问题往往是立法不够完善导致的。

(一)司法实践中同步录音录像制度的瑕疵

从我国相关的立法文件来看,同步录音录像制度设立之初主要是为了防止公安机关刑讯逼供,保障程序公正。《关于〈中华人民共和国刑事诉讼法修正案(草案)〉的说明》曾经指出,同步录音录像制度的目的是防范刑讯逼供。[1] 随着非法证据排除规则在我国刑事案件司法实践中的广泛适用,讯问过程中的全过程录音录像可以高度还原侦查人员讯问的整个过程,同时,也可以有效地对犯罪嫌疑人、被告人作出的讯问笔录证据进行补正。对于录音录像过程中出现的违法情形或在程序上的瑕疵之处,被告人可以在庭审过程中提出,并对其获取的讯问笔录进行非法证据排除或证据补强,从而有效地避免刑讯逼供。也就是说,讯问同步录音录像制度在制度的设计意义上,是为了约束侦查机关内部,加强侦查机关的内部监督管理,倾向于对讯问过程的一种程序性保障。在司法实践中,讯问时的录音录像往往会被用于证明讯问过程中是否存在非法取证现象,又赋予其这样一种"证据属性",与程序保障性相互矛盾。这样一来,讯问中的录音录像也要被纳入是否应被非法排除的范围,使该种"证据"在受到侦查人员执法能力、执法理念以及对被告人先入为主观念的影响下,往往会出现形式化和虚假化的现象,这就是目前实践中出现的同步录音录像形式化和虚假化问题的根源所在。

---

[1] 参见左大鹏:《同步录音录像的双重证据性质及其审查判断》,载《黑龙江省政法管理干部学院学报》2022年第3期。

(二)证人出庭作证制度在实践中的局限性

《死刑案件审查判断证据规定》第 15 条第 1 款规定"具有下列情形的证人,人民法院应当通知出庭作证;经依法通知不出庭作证证人的书面证言经质证无法确认的,不能作为定案的根据:(一)人民检察院、被告人及其辩护人对证人证言有异议,该证人证言对定罪量刑有重大影响的;(二)人民法院认为其他应当出庭作证的。"可见,证人应当在以下两种情况下出庭作证:一是受到公诉人、当事人、辩护人或诉讼代理人异议且其证言对案件的定罪量刑具有重大影响;二是法院认为证人应当出庭作证的。《死刑案件审查判断证据规定》第 15 条规定表明我国首次用具有强制力的法律条文规定了证人的出庭义务。《刑事诉讼法》第 193 条规定:"经人民法院通知,证人没有正当理由不出庭作证的,人民法院可以强制其到庭,但是被告人的配偶、父母、子女除外。证人没有正当理由拒绝出庭或者出庭后拒绝作证的,予以训诫,情节严重的,经院长批准,处以十日以下的拘留……"对证人无故不出庭作证的后果给予了明确规定。在死刑案件中同样适用这样的证人出庭义务规定,但在死刑案件中诉讼参与各方的关注度较高,证人作为死刑案件的诉讼参与人,对其本身的要求也要十分严格,以满足死刑案件中事实认定的高标准严要求。但是就《死刑案件审查判断证据规定》中的两种证人强制出庭的情形来看,其中的附加限制有很多。要满足控辩双方同时对案件某一证据存在异议且该存在异议的证据还要被认定为能对该死刑案件的认定产生重大影响,其中的控辩双方同时存在异议较后者对案件认定产生重大影响相对容易满足,后者产生重大影响这一主观认定目前没有明确详细的解释。在这一证据的重要性已经满足了上述两个条件的情况下,《死刑案件审查判断证据规定》又附加了"人民法院认为其他应当出庭作证的"这一后续限制条件,将强制该证人出庭的权力交给法院。《死刑案件审查判断证据规定》确实避免了辩方利用异议循环请求证人出庭作证,导致诉讼效益低下的问题,但很大程度上削弱了控辩双方在程序上的对证权,变相限制了证人的出庭义务,这对于死刑这一严格把控事实认定的案件来说,负收益可能大于正收益。

(三)死刑案中技术侦查获取证据证明力的相关法律规定不完善

虽然《死刑案件审查判断证据规定》第 35 条规定和 2018 年《刑事诉讼法》在技术侦查措施方面有一些初步规定,明确了采取这类措施的罪名情形以及经法庭查证属实后可以作为定案依据的情形。然而,这仅仅是在适用技术侦查获取证据的"门槛"方面进行的初步规定。有关如何评估死刑案件中通过技术侦查手段获得的证据的证明力以及具体的评判标准,并没有明确规定。值得注意的是,尽管缺乏具体的评估框架,相关法律却承认这些证据在法庭上的效力。这一点可能导致在司法实践中,不同地区对这类证据的认定存在差异,从而影响了这些证据在未来司法审判活动中的使用"上限",在司法实践中的效果并不尽如人意。

延伸思考

1. 试述同步录音录像形式化、虚假化的表现形式及发生原因。
2. 结合证人出庭作证"难",谈谈你对改善我国证人出庭作证制度的建议。
3. 特殊侦查措施有哪些?你认为特殊侦查措施获取的证据能用来认定案件事实吗?

延伸阅读

1. 吕泽华:《死刑案件证据规范中的若干问题及对策》,载《法治研究》2017年第2期。
2. 孙长永:《审判中心主义及其对刑事程序的影响》,载《现代法学》1999年第4期。

第三节 死刑案件中的证据适用问题的修正

针对我国现有死刑案件中证据适用的相关问题,一方面要在现有的法律规范上进行修正,另一方面也要在立法创新上有所建树。

一、完善讯问同步录音录像制度

(一)立法层面要更多关注讯问录音录像的多元价值

正如上文所述,规定同步录音录像制度的法律意义在于有效避免刑讯逼供现象的发生,通过这种方式强化侦查机关的内部监督机制。然而,随着实践经验的积累和相关法律制度的发展,同步录音录像制度已经具备了更加多元的价值属性。除保障被追诉人的权利和确保侦查人员的公正执法外,[1]它还在法庭上作为证据存在,具有非常重要的证据属性。然而,关于录音录像属于何种证据类型的问题,目前在法律理论和实践中仍然存在一定的争议和不统一的标准。因此,在制定和修改相关法律规定时,不能仅仅满足于规定录音录像制度的程序规范,还应当在相关法律规定中明

---

[1] 参见党德强:《侦查讯问中同步录音录像制度的实践省思与完善进路》,载《广西警察学院学报》2023年第3期。

确讯问过程中录音录像的证据属性以及其作为证据的审查要求。只有这样,才能确保录音录像制度在实践中得到正确的应用和审查,从而更好地发挥其在保障被追诉人权利、保障侦查人员免遭诬告以及法庭证据方面的多元价值作用。

(二)构建录音录像适度公开与被告人权利平衡的规则

关于死刑案件讯问过程中录音录像在庭审中的适用,一方面要确保犯罪嫌疑人、被告人的合法权益,另一方面还要考虑提高审判效率、考虑侦查人员实施侦查策略的压力。为了避免犯罪嫌疑人、被告人的权益受到侵害,诉讼效率低下以及针对侦查策略的反侦查意识,应在讯问之前充分告知犯罪嫌疑人、被告人有关录音录像的程序性规定,同时,建议被告人的辩护律师在庭审前对同步录音录像的内容进行充分的了解,对于其中存在争议的问题,以书面形式提出,可以请侦查人员在庭审前作出合理解释,争议已在庭审前得到解决的不必在庭审中反复提出。庭审时只需直接播放同步录音录像的特定时段内容,以有效缩短播放时间,提高法庭的审判效率。此外,针对侦查机关因设备故障而无法出示同步录音录像等最后被认定为"有瑕疵"而非"不能作为定案依据"的问题,不应简单地由侦查机关仅出具一份情况说明补正。应结合非法证据排除规则以及上文建议的明确的审查要求细则对相关问题进行审查,审查结果如果是侦查设备自身可能出现的常规问题而导致的未能全过程同步录音录像,就可以认定为有瑕疵;倘若经审查发现侦查设备本身没有问题,是侦查人员主观原因所导致的,建议按照非法证据排除规则对相关证据进行排除。

二、加强对死刑案件中证人出庭作证的保护与救济

为了确保证人及其近亲属的安全,促使证人出庭作证,《死刑案件审查判断证据规定》第16条第2款规定:"证人出庭作证,必要时,人民法院可以采取限制公开证人信息、限制询问、遮蔽容貌、改变声音等保护性措施。"2018年《刑事诉讼法》第63条第1款规定:"人民法院、人民检察院和公安机关应当保障证人及其近亲属的安全。"第64条中对部分可能判处死刑的案件中的证人出庭作证作出规定,从保护个人信息、采取相关的保护措施到对证人的人身安全进行专门性的保护。第65条第1款规定:"证人因履行作证义务而支出的交通、住宿、就餐等费用,应当给予补助。证人作证的补助列入司法机关业务经费,由同级政府财政予以保障。"这些规定体现了相关立法对加强对证人的保护问题的重视,以预防特别是死刑案件犯罪嫌疑人、被告人打击报复证人的事件发生,使相关案件中的证人敢于出庭作证,保障诉讼活动的顺利进行。然而,这些法律规范存在不足,正如陈瑞华所说:"一般而言,成文法对某一权利的确立,最多只能算作立法者对保护该项权利所作的法律承诺,只要立法者不满足于权利的列举而追求权利的实现,那么权利救济问题就将是无法回避的立法问题。"[1]上述规定亦是如此,往往会导致它们在司法实践中被规避,上文提到的证人出庭作证的数据情况也证明了这一点。

首先,对于证人的保护来说,具体到哪一部门进行保护以及怎样保护在这些法律规定中均没有得到体现。公检法等部门都是保护证人等的法定主体,但并未明晰各自的责任。在多个保护机关并存、权责不明的情况下,可能出现互相推诿、谁都不负责任的现象。即使人民检察院、人民法院愿意承担保护责任,其是否有足够的能力有效完成保护任务也是有疑问的。在实践中,人民法院一般只负责证人进入法庭以后的人身安全,至于证人离开人民法院,甚至在人民法院门口遭受被告人一方的人身攻击,人民法院一般也无能为力,只能求助于公安机关。其次,相关法律法规只规定了对证人进行打击报复的法律后果,而没有规定相关部门对证人没有采取保护措施的法律后果。法律未规定人民法院、人民检察院和公安机关没有采取保护措施的法律后果,使相关规定成为宣言式条款,执行力难以得到保证。最后,救济条款缺失。尽管规定了"证人、鉴定人、被害人认为因在诉讼中作证,本人或者其近亲属的人身安全面临危险的,可以向人民法院、人民检察院、公安机关请求予以保护",但并未规定这种保护请求若被拒绝该如何救济,使立法者的这一愿望难以在实践中实现。[2]

三、重视证据意识的培养以及加强各部门的协同工作

无论是死刑案件还是普通的刑事案件,相关司法工作人员在参与办案过程中的证据意识是案件证据适用合法、符合程序性的保证。此外,就公安机关与检察机关之间的协同工作来说,它关系着案件在移送时的材料收集、证据合法性以及补充侦查等相关问题。这样看来,对于死刑案件来说,更要加强公检法各部门之间的协同合作。

一方面,要强化侦查人员作为诉讼参与者的证据意识。死刑冤假错案大多是由于侦查人员在案件的侦查过程中对某些事实认定的证据没有采取合法化、符合程序化的处理,造成证据的缺失、不完善,反映出目前司法实践中侦查人员收集和保管证据的能力较低。针对这类问题,相关部门应提供系统的证据法培训、讲座活动,涵盖不同类型证据的收集、保全、分析和呈现等方面,可以包括实际案例分析,以帮助司法工作人员更好地理解证据程序化的重要性。此外,应定期举办专业知识培训活动,提高侦查人员的综合业务水平,特别是提高基层公安机关的录取门槛,尽量解决侦查人员能力不足的问题。另一方面,加强公安机关和检察机关之间的协同合作。在死刑

---

[1] 陈瑞华:《法律程序构建的基本逻辑》,载《中国法学》2012 年第 1 期。
[2] 参见吕泽华:《死刑案件证据规范中的若干问题及对策》,载《法治研究》2017 年第 2 期。

案件的审理过程中,公安机关和检察机关需要密切配合共同打击犯罪行为。但实践中出现的技术侦查获取证据证明力不足的问题,往往是由于协同不足产生的。上文介绍的技术侦查措施是由检察机关在重大案件(其中包括死刑案件)中使用的,在检察机关与公安机关实施技术侦查措施的对接上往往是出现问题的关键点。因此,加强公安机关和检察机关之间的协同合作可以更好地完善死刑案件中相关的证据适用问题。建议公安机关和检察机关定期召开联席会议,共同商讨刑事诉讼中的重大问题,加强信息共享,协调行动,重点沟通证据在公安机关视角与检察机关视角中的不同,从而有针对性地指出其中的程序性不足之处。另外,当检察院认为需要补充侦查完善证据时,不仅要向侦查机关具体列出补充侦查完善证据事项,还应在补充侦查提纲上详细说明完善证据的理由并提供补充相应的完善方向、线索和对象,以解决死刑案件补充侦查难的问题。[1] 这样一来,可通过加强与案件侦查人员的沟通,解决死刑案件中证据适用的问题。

延伸思考

1. 从立法层面如何完善讯问中同步录音录像制度?
2. 结合证人出庭作证"难",谈谈你对改善我国证人出庭作证制度的建议。
3. 谈谈你对证据意识的理解。

延伸阅读

1. 陈瑞华:《法律程序构建的基本逻辑》,载《中国法学》2012 年第 1 期。
2. 党德强:《侦查讯问中同步录音录像制度的实践省思与完善进路》,载《广西警察学院学报》2023 年第 3 期。
3. 左大鹏:《同步录音录像的双重证据性质及其审查判断》,载《黑龙江省政法管理干部学院学报》2022 年第 3 期。

本章小结

本章主要讲述了死刑案件中的证据适用。首先,对死刑案件可能涉及的刑事诉讼证据的种类进行研究,并对死刑案件在每一类证据类型中会出现的证据进行简要阐述。其次,对死刑案件中的证据裁判规则、非法证据排除规则以及证据未对质不认定规则进行介绍。再次,针对目前死刑案件

---

[1] 参见蒋光泽:《死刑案件检察环节证据审查判断和运用调查分析》,载《人民检察》2013 年第 12 期。

的司法实践中可能出现的同步录音录像形式化和虚假化、证人出庭作证"难"以及技术侦查获取证据证明力问题,给出了其背后原因的解释。最后,对上述提到的问题提出制度化的建议,以解决死刑案件中证据适用的问题。

第十五章　网络犯罪的证据调查

本章重点内容

网络犯罪概念、数据存储地模式、数据控制者模式。

本章思维导图

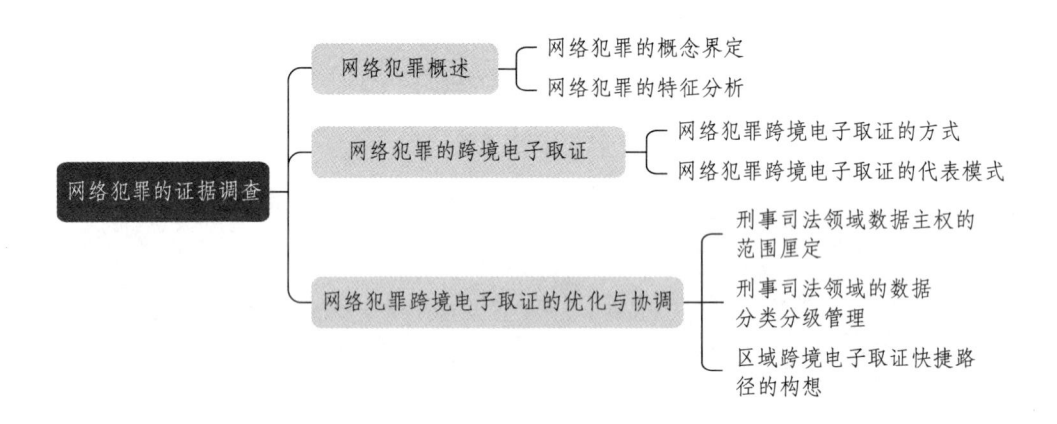

- 网络犯罪的证据调查
  - 网络犯罪概述
    - 网络犯罪的概念界定
    - 网络犯罪的特征分析
  - 网络犯罪的跨境电子取证
    - 网络犯罪跨境电子取证的方式
    - 网络犯罪跨境电子取证的代表模式
  - 网络犯罪跨境电子取证的优化与协调
    - 刑事司法领域数据主权的范围厘定
    - 刑事司法领域的数据分类分级管理
    - 区域跨境电子取证快捷路径的构想

科技的发展和广泛应用，改变了人们的生活方式，同时也改变了犯罪的方式。目前，网络犯罪态势愈演愈烈，在实践中呈现为新型网络犯罪频发与传统犯罪网络化两种形式。犯罪已不再局限于物理场域，而是从虚拟场域影响物理场域的人、事、物。从常见的网络诈骗、盗窃和色情产品传播，到近期的暴力犯罪网络直播，这些犯罪既发生在表层网，也发生在被视为"法外之地"的"暗网"。[1] 由于网络犯罪特有的隐蔽性、跨境性等特征，对其进行证据调查与打击治理具有较多阻碍，尤其在跨境情形中，网络空间主权、刑事侦查管辖权外溢等问题已然显现。

---

[1] 参见郑曦：《刑事侦查中远程在线提取电子数据的规制》，载《国家检察官学院学报》2019年第5期。

第一节 网络犯罪概述

作为20世纪最伟大的发明之一，互联网深刻影响了社会运作模式和生产生活方式。信息、物质、能源成为当今社会的三大基础元素，计算机、互联网组成的网络虚拟社会也已形成。[1] 网络社会的存在使人们得以在物理场域外，开辟自己的第二社群。但是，犯罪也由传统的物理场域向虚拟场域发展，再由虚拟场域对物理场域产生现实影响。从最高人民法院的官方数据来看，2016年至2018年，网络犯罪案件已结案4.8万余件，案件量在全部刑事案件总量中的占比逐年上升，2018年案件量显著增加，同比增幅为50.91%；[2] 从最高人民检察院的官方数据来看，2018年至2019年，检察机关共批准逮捕网络犯罪嫌疑人89,167人，提起公诉105,658人，较前两年分别上升78.8%和95.1%。[3] 当下，网络犯罪的数量已经占到所有犯罪的1/3，成为我国名副其实的第一大犯罪类型。[4] 基于网络特有的隐蔽性、跨境性、分散性等特质，网络犯罪之势愈演愈烈。

一、网络犯罪的概念界定

（一）网络犯罪的定义

网络犯罪有一个发展演变的过程。在网络发展初始，计算机犯罪是与网络相关犯罪的统称，这反映出当时此类犯罪主要侵犯单个的计算机，网络化特征尚未显现。[5] 在这一阶段，"计算机犯罪""与计算机有关的犯罪"是较为常用的术语，所强调的是针对计算机本身或以计算机为犯罪工具的犯罪行为。随着网络技术的发展与普及，此类犯罪突破时空限制，跨国跨区域实施成为常态，故于21世纪初期提出网络犯罪的概念并广泛运用。

对于网络犯罪定义为何，各家众说纷纭。在"计算机犯罪"时期，各国对其概念

---

[1] 参见喻海松：《网络犯罪二十讲》（第2版），法律出版社2022年版，第3页。
[2] 参见《网络犯罪大数据报告及电信网络诈骗犯罪典型案例新闻发布会》，载最高人民法院官网2019年11月19日，https://www.court.gov.cn/zixun/xiangqing/200651.html。
[3] 参见单鸽、郭璐璐：《最高检发布第十八批指导性案例 加大网络犯罪打击力度》，载最高人民检察院官网，https://www.spp.gov.cn/zdgz/202004/t20200408_458288.shtml。
[4] 参见江溯主编：《中国网络犯罪综合报告》，北京大学出版社2021年版，第1页。
[5] 参见喻海松：《网络犯罪二十讲》（第2版），法律出版社2022年版，第6页。

的定义主要可以概括为"数据说""角色说""技术说""工具说""涉及说"5 种类型。[1] 其中,"数据说"以法国刑法规定为代表,其指出"凡以欺骗手段打入或控制整个、部分数据自动处理系统的行为;有意无视第三者权利,阻碍数据自动处理系统工作或使其发生错误的行为;有意无视第三者权利,直接或间接地将数据植入系统中,或者消除、修改自动处理系统原有数据,或消除、修改自动处理系统数据处理或传播方式的行为",是计算机犯罪。[2] "涉及说"以日本警察厅的官方定义为代表,其指出"对非法联接计算机网络系统的通信电缆等附带设备的犯罪,以及所有改换、消除现金卡、信用卡的磁条部分的犯罪都是计算机犯罪"。在我国"工具说""相关说""双重说"则为主流。"工具说"认为:"所谓计算机犯罪就是指那种利用计算机辅助实施的犯罪行为。"[3] "相关说"将计算机犯罪解释为只要和计算机有关的犯罪行为,全部属于计算机犯罪的范畴。"双重说"则将计算机犯罪解释为行为人以计算机为工具或以其为攻击对象而实施的犯罪行为。虽然存在众多说法,但是这一时期关于计算机犯罪的定义重点在于计算机本身,而且受制于时代,并未将整个网络体系纳入界定范畴。因而纵然具有相对合理性,但仍与网络犯罪本身相去甚远。

在网络的特性越发显现后,大部分著作、报告均跳出计算机犯罪的概念,转而使用网络犯罪的说法。在《加强免受网络犯罪和国际犯罪的国际公约草案》中,其对网络犯罪的界定是以计算机网络系统的相互联通为前提的。[4] 有的学者试图将犯罪对象和犯罪目标纳入考量,将其定义为"以计算机为媒介,通过全球电子信息网络实施的非法或被认定为非法的一系列犯罪活动"[5]。此种定义方式将传统使用计算机硬件设施实施的常规犯罪活动排除于网络犯罪之外,同时与欧盟《布达佩斯网络犯罪公约》的规定有出入,并未将犯罪嫌疑人通过外接方式将恶意软件或病毒导入计算机内的破坏和篡改行为纳入考量,故此种定义较为狭隘。另外一种常见的定义是从工具性、对象性和空间性 3 个维度,以犯罪客体为核心要素对网络犯罪下定义,其表述为:将计算机或者网络技术作为犯罪工具针对其他客体实施的犯罪行为,或者将计算机或网络技术视为犯罪目标、犯罪空间而实施的犯罪行为。[6] 对这一定义的主要争

---

[1] 参见刘杰明:《计算机犯罪的界定》,载《广西师范大学学报(哲学社会科学版)》2002 年 S1 期。

[2] 参见蒋平:《计算机犯罪初探》,载《公安研究》1995 年第 4 期。

[3] 陈开琦:《计算机犯罪定义之我见》,载《现代法学》1992 年第 5 期。

[4] 参见曾磊:《惩治网络犯罪国际合作问题研究》,法律出版社 2021 年版,第 18 页。

[5] Hayden, *Cybercrime's Impact on Information Security*, 3 Cybercrime and Security 3 (2008).

[6] See Goodman, *Why the Policy Don't Care about Computer Crime*, 10 Harvard Journal of Law and Technology 469 (2009).

议在于,将网络空间作为客体纳入网络犯罪所侵害的法益是否妥当。实质上,从目前的司法实践来看,如《刑法》第 285 条第 1 款非法侵入计算机信息系统罪,第 285 条第 2 款非法获取计算机信息系统数据、非法控制计算机信息系统罪,第 286 条破坏计算机信息系统罪在本质上均是对网络空间及其内容造成侵害。所以,网络空间及相关权益理应纳入网络犯罪所侵害的客体予以考量。同时,亦有学者认为当前关于网络犯罪的研究较为粗疏,仍然无法厘清网络犯罪与传统犯罪的边界,仅能泛指与"网络"相关的犯罪,因而基于类型思维,提出网络犯罪的经验类型与规范类型。在经验类型下,网络犯罪涵盖针对计算机系统的犯罪、数据犯罪、计算机工具、程序犯罪、与网络内容高度关联的犯罪;在规范类型下,则是基于侵害法益类型、侵害法益状态、网络是否为必要等犯罪构成要素对其进行分类。[1] 网络犯罪实则是一个广义的概念,它不仅涵盖以网络为犯罪对象的犯罪,同时包括以网络为犯罪工具、犯罪空间的犯罪,即涵盖了传统犯罪网络化的情形。基于此,笔者认为,可以对网络犯罪作广义理解,即网络犯罪,是指犯罪行为人利用网络技术、网络空间实施的,或者将计算机、网络技术视为犯罪对象而实施的具有严重社会危害性,应当受到刑罚惩罚的行为。

(二) 网络犯罪的概念比较

1. 网络犯罪与计算机犯罪

正如前述,计算机犯罪与网络犯罪是针对一类犯罪类型在不同时期的称呼,两者之间既存在联系,亦存在差异。从计算机犯罪与网络犯罪的相关立法进程来看,我国与美国、英国等国的早期立法文件中均使用了"计算机犯罪"这一术语,如美国 1984 年《计算机欺诈和滥用法令》和英国 1990 年《计算机滥用法》。[2] 2005 年,公安部《计算机犯罪现场勘验与电子证据检查规则》亦采用此等表述。

在互联网广泛运用后,网络在计算机犯罪中的作用日益显著,计算机犯罪由此向网络犯罪过渡。从术语表述来看,网络犯罪更强调计算机犯罪中的网络属性,即网络的联通性、跨境性、隐蔽性等对犯罪的影响,其本质仍然需要借助计算机这一实际物质载体予以实现。所以,网络犯罪与计算机犯罪两者并不能画等号。可以说,网络犯罪所涵盖的范围更为广泛,以至于两者呈现为一种包含关系,即网络犯罪将计算机犯罪包含其中。两者间的复杂联系导致学术界与实务界均无法准确划分计算机犯罪与

---

[1] 参见苏青:《认识网络犯罪:基于类型思维的二元视角》,载《法学评论》2022 年第 2 期。

[2] See F. Gregory Lastowka & Dan Hunter, *Virtual Crimes*, 49 New York Law School Law Review 296 (2004).

网络犯罪，以至于两个概念经常被混用，而且被认为是同一个事物的两个不同名称。[1] 正如有的学者的观点，计算机犯罪与网络犯罪本质都是科技发展的产物，两者都借助于科技平台产生破坏性后果，计算机犯罪与网络犯罪两个概念是统一的，是一脉相承的同类事物在不同时期、不同发展阶段的两种表现形式。[2] 但是实际上，两者并非同类，可以说计算机犯罪仅是网络犯罪的狭义理解，而网络犯罪是更为广义的解读。[3] 随着网络技术的迭代更新，犯罪行为人单纯针对计算机单机实施的犯罪行为逐渐被以网络技术实施的犯罪行为所取代，从而使网络犯罪逐渐成为理论与实务的重点课题。

2.网络犯罪与网络恐怖主义

网络恐怖主义自出现伊始即受到各国的广泛关注。该术语由巴里·科林于1996年在第11届犯罪与司法国际年会上提出，将网络恐怖主义认定为恐怖主义与网络结合的产物，是传统恐怖主义在新技术浪潮下的代际更新。就网络恐怖主义与网络犯罪而言，两者既有相同点，又有各自的特性。

从两者的相同点来说，网络恐怖主义与网络犯罪均是网络技术出现后对原生现象的升级与嬗变，都与网络密切联系。网络恐怖主义活动最终造成的行为后果往往会构成网络犯罪，从而依照相关法律规定对其定罪处罚，与网络犯罪存在重合。

从两者的差异而言，网络恐怖主义具有如下基本特征：第一，网络恐怖主义是网络与恐怖主义的结合，恐怖主义分子通过操纵网络即可达成原先暴力手段所能实现的结果；第二，网络恐怖主义的行为体是非国家组织或个人，其往往基于非法的政治诉求或是宗教主张而实施；[4] 第三，网络恐怖主义行为造成了实际损害后果或是现实威胁。于此，网络恐怖主义最鲜明的标志就是在网络攻击行为中包含恐怖主义的构成要件，其核心要素是恐怖主义，网络仅仅是其实现目的的工具或对象，而网络犯罪的构成首要在于犯罪行为构成要件的充分性，而非主观是否具备恐怖主义的动机。[5] 所以，两者本质上是一个交叉关系，并非等同。

二、网络犯罪的特征分析

网络犯罪包括新型犯罪，而且包括传统犯罪与网络相交织的情形。所以，网络犯

---

[1] 参见曾磊:《惩治网络犯罪国际合作问题研究》,法律出版社2021年版,第31页。

[2] 参见卢尧:《计算机与网络犯罪含义的法律视角探析》,载《北京邮电大学学报(社会科学版)》2010年第1期。

[3] 参见苏青:《认识网络犯罪：基于类型思维的二元视角》,载《法学评论》2022年第2期。

[4] 参见朱永彪、任彦:《国际网络恐怖主义研究》,中国社会科学出版社2014年版,第19页。

[5] 参见曾磊:《惩治网络犯罪国际合作问题研究》,法律出版社2021年版,第37页。

罪不仅具有传统犯罪具备的部分特征,如网络暴力犯罪具有明显的涉众化特征;而且在网络背景下更呈现出部分新的特征,如电信网络诈骗犯罪往往具有跨境化、链条化等特征。

(一)跨境化

网络犯罪的跨境化,主要是指犯罪行为人盘踞在境外,通过网络对我国境内居民实施犯罪,或者遥控指挥境内犯罪行为人实施犯罪。[1] 犯罪行为人跨境实施犯罪行为,一方面,是基于网络的无地域性,通过网络架起与境内犯罪行为人、被害人的桥梁,进而实施犯罪;另一方面,在于各国对犯罪的打击力度不同,同时对同一行为是否构成犯罪的理解存在差异。通常情况下,各国间的刑事司法协助程序往往需要基于双重犯罪原则方可展开。各国关于犯罪定义的差异不仅对侦查机关跨境打击犯罪行为人造成了阻碍,而且境内侦查机关难以在跨境情境下直接锁定境外犯罪行为人的身份、地理位置等关键信息。所以,跨境网络犯罪类型更加广泛,其不仅包括赌博、毒品等传统犯罪,还包括电信网络诈骗、网络攻击等新型犯罪。为了应对跨境网络犯罪,在刑事法律协调下的国际合作与区域合作是治理网络犯罪跨境化的必由之路。[2]

(二)链条化

网络犯罪的链条化趋势尤为显著。一方面,在犯罪链条的中上游犯罪与下游犯罪交织形成复杂的犯罪网络。在网络犯罪中,其下游犯罪主要涉及盗窃罪、诈骗罪等传统犯罪借助网络形式实施的犯罪,其上游犯罪多为提供侵入、非法控制计算机信息系统程序、工具罪,破坏计算机信息系统罪,侵犯公民个人信息罪等涉及数据信息的犯罪。另一方面,在犯罪组织中架构明晰呈链条化发展趋势。以网络赌球犯罪为例,其组织是由"国外赌球公司""股东""代理""赌客"组成的自上而下的金字塔型结构。该架构以单线联系、逐级代理的形式运作,处于下层的犯罪行为人难以知悉上层信息,而上层犯罪行为人能够借助该犯罪链条隐去核心信息进而保证自身安全,导致侦查机关难以从共同犯罪人处获取线索将赌球犯罪组织连根拔起。[3]

(三)集团化

网络犯罪的实施通常不是"单打独斗",而是"协同作案"。尤其在以网络为犯罪

---

[1] 参见江溯主编:《中国网络犯罪综合报告》,北京大学出版社 2021 年版,第 26 页。
[2] 参见安柯颖:《跨国网络犯罪国际治理的中国参与》,载《云南民族大学学报(哲学社会科学版)》2019年第 3 期。
[3] 参见姚浩亮:《网络赌球犯罪电子取证的困境与出路》,载《四川警察学院学报》2023 年第 1 期。

工具的犯罪中,犯罪行为人之间分工合作、密切配合,共同完成一项复杂隐蔽的犯罪。[1] 从人民法院审理网络犯罪案件的情况来看,平均每件网络犯罪案件涉及2.73名被告;超四成网络犯罪案件为两人及以上犯罪团伙,3人及以上共同犯罪的案件占比逐年提高。[2] 例如,在网络色情类犯罪中,网络组织卖淫远非在网上直接发布招嫖信息如此简单,而是由传统的团伙包干制演变为专业外包制。通常情况下,犯罪团伙往往包括"鸡头""钟房""车夫""保镖""皮条客""小姐"等角色。在其与网络黑灰产结合后,各个节点均被外包出去,催生出专业的"号商""软件商"等上游支撑组织,形成一个分工明确且专业的网络犯罪黑色产业链。[3] 在电信网络诈骗犯罪中,其集团化趋势更为明显,而且在实践中已经园区化。

(四)隐蔽化

基于网络的虚拟性,网络犯罪具有隐蔽化的特征,具体表现在犯罪时间的隐蔽性、行为对象的隐蔽性、犯罪地点的隐蔽性。[4] 在犯罪时间的隐蔽性上,犯罪行为人的预备痕迹完全被隐匿于网络空间中,其可以跨越时间限制随时随地实施犯罪行为,犯罪所造成的危害结果可能在数月、数年后才能显现,难以确定案发时间。在行为对象的隐蔽性上,大部分针对计算机实施的网络犯罪,其行为对象往往是计算机内部存储的重要数据与信息,此类物质的流失不易为人察觉。在犯罪地点的隐蔽性上,犯罪行为人借助网络技术实施犯罪能够隐去其实际所在地,导致侦查机关难以直接锁定犯罪行为人。此外,此类犯罪的隐蔽化还体现在犯罪行为人身份的隐蔽性上。虽然网络IP地址犹如个体在虚拟场域的身份证一般,能够直接锁定犯罪行为人的虚拟身份,但是犯罪行为人往往会通过租借服务器、伪造IP地址等方式实施犯罪。所以,虚拟身份与实际身份之间不一定具有对应性。

(五)涉众化

由于互联网的无地域性,犯罪行为人通过互联网可以突破时空限制全方位全时段实施犯罪,极易在短时间内通过网络组织使多地不特定人员共同参与犯罪,以及对大量不特定人实施犯罪。[5] 一方面,传统犯罪受制于物理场域的实际限制,犯罪行

---

[1] 参见林毓敏:《工具型网络犯罪的实证分析与刑事政策应对》,载《福建警察学院学报》2016年第6期。

[2] 参见《网络犯罪大数据报告及电信网络诈骗犯罪典型案例新闻发布会》,载最高人民法院官网2019年11月19日,https://www.court.gov.cn/zixun/xiangqing/200651.html。

[3] 参见江溯主编:《中国网络犯罪综合报告》,北京大学出版社2021年版,第25页。

[4] 参见王朝春:《浅析网络犯罪的特点成因及治理对策》,载《公安研究》2007年第10期。

[5] 参见喻海松:《网络犯罪二十讲》(第2版),法律出版社2022年版,第7页。

为人之间难以构建及时联系以共谋犯罪。网络的出现在便利我们日常生活的同时,其涉众特性亦为犯罪行为人所利用,搭建起犯罪组织与犯罪网络。另一方面,数亿网民在享受互联网带来的便利的同时,随时都暴露在不良信息或网络攻击中,诈骗信息、赌博信息、涉毒信息在网络中铺天盖地,而黑客攻击、网络病毒等更是令人防不胜防。在电信网络诈骗犯罪中,被害人往往分散于天南海北,且不知其为谁所害。此外,网络的涉众性亦可能令网民成为犯罪的帮凶。谣言、诽谤等信息借助网络能够在短时间内散布于世界各个角落,并且难以被彻底清除。被害人不堪其扰,更有甚者采取自杀手段了结。可见,网络犯罪涉众类型之广,危害之巨。

(六)低龄化

从近年来的数据统计来看,网络犯罪低龄化趋势显著。根据最高人民法院颁布的官方数据,3/4 的网络犯罪案件被告人的年龄在 20 周岁至 40 周岁之间,其中年龄为 28 周岁的被告人最多。[1] 北京海淀区检察机关自 2016 年 9 月至 2018 年共受理网络犯罪案件 450 件,共涉及 1076 人,其中审查逮捕网络犯罪案件 245 件,共涉及 588 人,审查起诉网络犯罪案件 205 件,共涉及 488 人,涉及 27 个罪名,在犯罪行为人年龄构成中,"90 后"高达 221 人,占比近四成;"80 后"283 人,占比近五成。[2] 青少年作为网络使用的主要群体,加之心理尚未成熟,更易受到犯罪的诱惑与影响。北京市人民检察院在《北京市未成年人检察工作白皮书(2022)》中指出,未成年人利用网络犯罪需引起重视。曾有研究人员指出,青少年网络犯罪主要集中于"侵犯财产型""非法经营类型犯罪""数据信息类犯罪""妨害社会管理秩序犯罪""以技术手段传播网络病毒"5 类。[3] 网络犯罪低龄化的趋势愈演愈烈,令我们不得不关注此类犯罪的预防与打击,以及网络健康教育。

延伸思考

1. 网络犯罪与计算机犯罪的差异是什么?
2. 电信网络诈骗犯罪具有哪些特征?
3. 我国《刑法》中以网络为犯罪对象的罪名有哪些?

---

[1] 参见《网络犯罪大数据报告及电信网络诈骗犯罪典型案例新闻发布会》,载最高人民法院官网 2019 年 11 月 19 日,https://www.court.gov.cn/zixun/xiangqing/200651.html。

[2] 参见于潇、郭璐璐:《北京海淀区检察院发布白皮书:网络犯罪呈产业化、低龄化》,载最高人民检察院官网,https://www.spp.gov.cn/spp/zdgz/201806/t20180608_381225.shtml。

[3] 参见孟强:《犯罪学视角下青少年网络犯罪原因分析及防控对策研究》,载《辽宁公安司法管理干部学院学报》2021 年第 3 期。

4. 如何应对网络犯罪的低龄化态势？

延伸阅读

1. 曾磊:《惩治网络犯罪国际合作问题研究》,法律出版社2021年版。
2. 郭晶:《网络犯罪侦查——公私合作与权利保护》,知识产权出版社2018年版。
3. 喻海松:《网络犯罪二十讲》(第2版),法律出版社2022年版。

第二节　网络犯罪的跨境电子取证

目前,网络技术已经被各种犯罪活动广泛利用,电子数据证据是证明网络犯罪案件事实的关键。根据洛卡德物质交换定律,"在传统犯罪中,犯罪嫌疑人只要实施了犯罪,就必然会在犯罪现场、周围直接或间接留下作案痕迹"[1]。网络犯罪仅是将犯罪实施场域由物理场域转移至虚拟场域,这一定律在虚拟场域仍然适用。然而,网络犯罪的跨境性可能导致大部分与其相关的电子数据证据分散于境外。所以,如何跨境收集证据已成为网络犯罪证据调查中的重要命题。

一、网络犯罪跨境电子取证的方式

在传统的网络犯罪证据调查活动中,通过国际刑事司法协助程序获取境外电子数据证据是首要途径。但是,近年来,以单边取证措施为代表的新型取证手段异军突起。

(一)国际刑事司法协助程序

在传统案件的侦查中,刑事司法活动具有明显的地域管辖属性,国家主权的界限较为明显。所以,通过国际刑事司法协助程序获取境外证据是国际公认的跨境取证手段。近年来,网络犯罪兴起,电子数据的证明作用越发凸显,有替代口供成为新一代"证据之王"的趋势。[2] 而对于境外电子数据的获取,国际刑事司法协助仍然是当下的主流做法。

---

[1] 吴晓敏、贾朔:《跨境网络犯罪侦查中电子证据的收集》,载《广西警察学院学报》2022年第2期。
[2] 参见赵航:《电子数据合法性审查规则的反思与完善》,载《大连理工大学学报(社会科学版)》2022年第1期。

1. 取证的基本流程

国际刑事司法协助程序的取证流程呈倒"U"形结构(见图15-1),具有流程上的单向性。其基本方式是由具体承办案件的地方执法司法部门制作跨境数据取证请求书和相关材料,经省级机关审查通过后,呈交对应的主管部门进行审核签署并提交给协议规定的外联单位,再由外联单位将材料转交给被请求国的中央机关。被请求国的中央机关需要依照该国程序进行审查和作出决定,且在双方主管部门对接后,才能移送至我国的执法司法部门。[1]

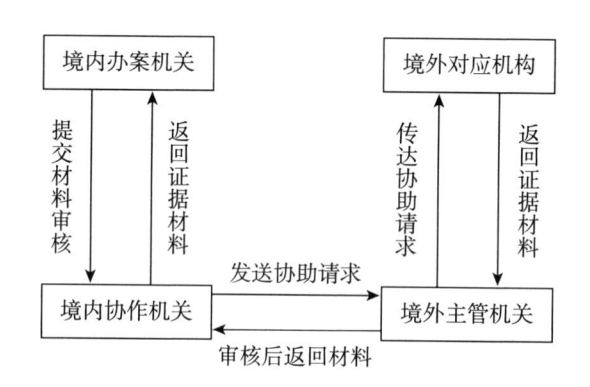

图15-1 倒"U"形国际刑事司法协助程序的取证流程

(资料来源:姚浩亮:《跨境电子取证的快捷路径探析——以网络服务商协助为立场》,载《福建警察学院学报》2023年第3期。)

2. 基本表现形式

在现有的法律框架下,国际刑事司法协助程序存在如下5种典型方式:第一,基于国际公约中包含部分司法协助的条款展开协助;第二,基于国家间签署的司法协助程序展开协助;第三,基于互惠原则,以一事一议方式展开具体的司法协助;第四,司法协助函;第五,双多边警务合作。[2]

3. 模式评析

从已有研究成果来看,国际刑事司法协助程序是我们获取境外电子数据的常用手段,是尊重他国主权的体现,但是此种模式亦有许多值得反思之处。

首先,该模式程序繁杂,耗时长。国际刑事司法协助程序涉及机关众多,而且需要历经多道流程方可获取数据,实践操作复杂。曾有研究指出,国外侦查机关通过刑

---

[1] 参见王丹、陈爱武:《跨境数据取证治理的功能失衡与模式重构》,载《图书与情报》2022年第6期。
[2] 参见洪延青:《"法律战"旋涡中的执法跨境调取数据:以美国、欧盟和中国为例》,载《环球法律评论》2021年第1期。

事司法协助程序获取谷歌公司存储于美国境内的电子数据往往需要等待 10 个月以上。[1]

其次,该模式受制于双重犯罪原则的限制。根据国际通行做法,国际刑事司法协助程序所涉案件往往需要在均被请求国与协助国认定为犯罪的前提下方才具备实施可能性,这可能阻碍犯罪打击工作。例如,电信网络诈骗犯罪在我国被定性为犯罪且会受到严厉打击,但在缅北地区受到当地政府的纵容与保护,形成官犯勾结之态。[2] 对于此种情形,往往需要借助联合执法等方式方可实现打击目的。

再次,电子数据分散不易收集。以网络赌球犯罪为例,其所需的证据材料包括但不限于用户信息、资金流水及网站运营数据等,仅一项资金流水即涉及多家支付平台、银行等金融机构,其数据往往存储于不同数据库中,相关电子数据需要分批次收集。[3] 在此情形下,侦查机关获取一份完整的证据可能需要面临同时向多国机构申请协助的情形,这显然有碍侦查效率,而且在实践中难以操作。

最后,各国在证据标准上存在差异。电子数据的证据标准与取证技术相关。取证技术较弱的国家出于实现刑事诉讼的目的往往对其电子数据证据的审查设定了较低标准;而取证技术较强的国家,基于权利保障的考量往往会以司法审查、令状等方式对电子数据取证活动设置层层限制。所以,在一国适用的电子数据证据不一定满足其他国家的要求,即使通过审查进入诉讼程序,仍然可能面临辩方对证据能力的质疑。对此,我国通常是通过证据印证法增强其证明力,但部分证据面临重新取证的窘境,不利于提高诉讼效率。

(二)单边取证措施

1. 远程取证措施

远程取证措施,是指一国的办案机关未经数据所在国允许,通过技术手段自行收集境外电子数据的行为。从我国立法及相关实践来看,远程取证措施可以分为跨境网络在线提取、跨境网络远程勘验和跨境远程技术侦查 3 种形式。[4]

(1)跨境网络在线提取

鉴于国际刑事司法协助程序的滞后性,侦查人员在无法及时收集到有关证据时可能采用远程取证措施。对于跨境网络在线提取,最高人民法院、最高人民检察院、公安部印发的《电子数据规定》第 9 条第 2 款规定:"对于原始存储介质位于境外或者远程计算机信息系统上的电子数据,可以通过网络在线提取。"

---

[1] 参见梁坤:《基于数据主权的国家刑事取证管辖模式》,载《法学研究》2019 年第 2 期。

[2] 参见姚浩亮:《论跨境电信网络诈骗犯罪的电子取证》,载《湖南警察学院学报》2023 年第 4 期。

[3] 参见姚浩亮:《网络赌球犯罪电子取证的困境与出路》,载《四川警察学院学报》2023 年第 1 期。

[4] 参见叶媛博:《论多元化跨境电子取证制度的构建》,载《中国人民公安大学学报(社会科学版)》2020 年第 4 期。

（2）跨境网络远程勘验

跨境网络远程勘验，是指侦查机关根据已获取的犯罪嫌疑人的账号、密码，登录位于境外的设备进行远程勘验。在获取犯罪嫌疑人的账号、密码后对存储于境外服务器的电子数据进行提取。这一行为虽然是侦查机关在犯罪嫌疑人的主动告知下进行的完全合法的行为，但《电子数据规定》第9条第3款规定："为进一步查明有关情况，必要时，可以对远程计算机信息系统进行网络远程勘验……"其中，"必要时"这一限定说明该技术手段的使用是受限的，只有在其他方式不能获取电子数据时，才能进行跨境网络远程勘验。通过登录犯罪嫌疑人的账号获取境外电子数据，其行为本身的合法性同样受到质疑。[1]

（3）跨境远程技术侦查

跨境远程技术侦查是利用专门软件进行的一种技术侦查手段，该技术具体表现为网络监听。《电子数据规定》第9条第3款规定："……进行网络远程勘验，需要采取技术侦查措施的，应当依法经过严格的批准手续。"这一规定明确授权侦查机关可以直接对境外目标进行"技术侦查"。

2. 网络服务提供者披露模式

网络服务提供者披露模式，是在侦查机关与网络服务提供者合作的基础上建立的一种模式。类似谷歌、脸书等大型网络服务提供者的服务器上存储了大量数据，侦查机关在侦查过程中发现所需要提取的电子数据位于这些公司的服务器上时，可以与对应主体联系，要求提供相关的电子数据。[2] 这种取证模式表面上倡导合作，其实质上带有强制性。从侦查机关的角度来看，从网络服务提供者处获取电子数据证据具有规则便宜性与技术便宜性，不仅能够规避刑事司法境外执法管辖权的障碍，而且能够实现非结构化数据的收集以及动态数据的持续汇集。[3] 实践中，我国侦查机关同样会向网络服务提供者寻求协助，以苹果公司为例，其每年向我国侦查机关提供数据协助超过2000次。

但是，网络服务提供者并非会对侦查机关的所有协助请求均予以响应。欧洲刑警组织与欧洲刑事司法合作署（Eurojust）2021年发布的欧盟电子证据状况报告（SIRIUS报告）显示，当前世界大型互联网企业拒绝或延迟向有关机关提供数据的理由主要包括如下9种，见表15-1。

---

[1] 参见梁坤：《基于数据主权的国家刑事取证管辖模式》，载《法学研究》2019年第2期。
[2] 参见杨家锋：《境外电子数据可采性研究》，西南政法大学2021年硕士学位论文，第14~15页。
[3] 参见裴炜：《论个人信息的刑事调取——以网络信息业者协助刑事侦查为视角》，载《法律科学（西北政法大学学报）》2021年第3期。

表 15-1　世界大型互联网企业拒绝向侦查机关提供数据的理由及占比统计情况

拒绝理由编号	拒绝理由	提到该理由的机构占比/%
1	法律依据缺失或不正确	60
2	向错误的主体请求调证协助	60
3	调证申请不符合相关程序规定	50
4	请求协助内容太过宽泛	30
5	没有相关数据	30
6	申请中关于案件性质的信息不充分	30
7	地域管辖限制	30
8	缺乏有效的身份验证信息	30
9	申请中的信息不足以认定符合"紧急情况"标准	30

资料来源：姚浩亮：《跨境电子取证的快捷路径探析——以网络服务商协助为立场》，载《福建警察学院学报》2023 年第 3 期。

跨境网络服务提供者拒绝配合境外执法机关的取证要求可能遭受法律处罚，这已经微软诉巴西案、雅虎诉比利时案、谷歌诉西班牙案、中资银行案等经典案例反复验证。然而，网络服务提供者接受境外执法机关的协助请求仍然可能遭受本国法律的制裁，以及用户对其数据保护能力的质疑。因此，网络服务提供者披露模式本质上是法律冲突与风险后果的转移。具体来看，该模式有以下弊端。

(1) 法律风险的被动承受

为应对单边取证措施带来的"长臂管辖"效应，大部分国家或组织通过构建"封阻法令"的形式防止本国或本组织数据经非国际刑事司法协助途径流向其他国家或组织。例如，我国通过《中华人民共和国数据安全法》（以下简称《数据安全法》）第 36 条、《中华人民共和国个人信息保护法》（以下简称《个人信息保护法》）第 41 条，构建起中国版的"封阻法令"，禁止网络服务提供者直接协助境外执法机构的刑事司法活动。但是，美国、欧盟通过立法塑造的"长臂管辖"制度，要求他国或组织网络服务提供者为其刑事司法活动提供便利。[1] 处于中间的网络服务提供者无论遵从哪一方规定，均会受到另一方的制裁。

---

〔1〕 参见姚浩亮：《跨境电子取证中网络服务提供者的困境探析——以中资银行案为例》，载《河北公安警察职业学院学报》2023 年第 1 期。

（2）数据披露的非自愿性

《个人信息保护法》及相关法律规定，数据的使用应当使数据所有人知悉，并获得其同意。网络服务提供者往往通过《用户协议》《使用说明》等告知用户所获取数据的用途，并以接受协议作为用户使用服务的前提。可见，用户向网络服务提供者披露数据并非出于自愿，而是出于使用服务的需要。而且，《个人信息保护法》等法律规定了"单次同意"条款；换言之，用户向网络服务提供者提供数据本意仅在于同意其将数据用于网络商业运营活动，并未允许其将数据用于协助刑事司法活动。所以，侦查机关通过该种途径获取境外电子数据实则规避了"告知同意"规则。此外，网络服务提供者协助刑事司法活动是受到外在强迫所致，通常表现为一国通过立法赋予其协助执法义务，或者就是单纯的强制披露。以我国立法为例，网络服务提供者协助侦查为绝对义务，并且具有无偿性。[1] 所以，就网络服务提供者自身而言，其未必具有协助刑事司法活动的自愿性。

（3）合规运营的高额成本

各国的立法理念差异导致网络服务提供者在各国的运营模式存在差异。我国《数据安全法》《个人信息保护法》均规定了数据本地化存储的规定；换言之，境外网络服务提供者在我国运营势必要考虑这部分数据的管理成本，而我国网络服务提供者在境外运营则会面临数据限制出境与他国执法机关的强制披露的冲突。为了保持其正常运营，网络服务提供者不得不根据所在国法律进行合规操作。但是，合规之于网络服务提供者而言仅是保证生存的前提，这在无形中增加了网络服务提供者的生存成本。[2]

二、网络犯罪跨境电子取证的代表模式

当前，各国跨境电子取证立法形成两派观点，以欧美为代表的发达国家主张数据的自由流动，基于数据控制者模式构建跨境电子取证规范；而以我国为代表的发展中国家坚持数据主权，基于数据存储地模式构建跨境电子取证规范。在国际领域，两者尚未就跨境电子取证规范的制定理念达成一致。

（一）数据控制者模式的立法

所谓数据控制者模式，即在云计算的技术框架下，通过寻求跨境云服务提供者的

---

[1] 参见王志刚、杨敏：《论网络服务提供者的侦查协助义务》，载《重庆邮电大学学报（社会科学版）》2019年第4期。

[2] 参见姚浩亮：《跨境电子取证中网络服务提供者的困境探析——以中资银行案为例》，载《河北公安警察职业学院学报》2023年第1期。

合作对其发出指令的方式,获取其控制的数据。[1] 其中以美国《海外数据使用澄清法案》(以下简称《云法案》)、欧盟《通用数据保护条例》(GDPR)、《电子证据条例(草案)》所确定的取证模式较为典型。

1. 美国跨境电子取证模式

在《云法案》以前,美国基于《存储通信法案》提取电子数据证据。在微软诉美国案中,《存储通信法案》的劣势尽显。同时,美国的刑事司法协助程序(MLAT 程序)较为复杂烦琐,难以满足侦查效率的要求。因此,美国尝试在上述途径外探索新的取证路径。2018 年 2 月 6 日,美国 4 位参议员向国会提交《云法案》的立法草案,同年 3 月 23 日,时任美国总统特朗普在《2018 年综合拨款提案》上签名,《云法案》即刻生效。

(1) 适用对象

根据《云法案》的规定,美国获取的境外电子数据应当为涉及美国公民并属于美国公司控制下的数据,只有涉及特定犯罪时,才能启动调取程序。从类型来看,服务提供者包括电子通信服务提供商和远程计算机服务提供商;[2] 从范围来看,不仅适用于美国企业,而且适用于在美国境内运营的外国企业。应当注意,此处受美国法院管辖的企业并不限于在美国成立的企业。美国司法部在《云法案》白皮书中说明,只要境外公司在经营活动中与美国存在足够的联系,便足以触发美国法律的管辖权。

(2) 调取数据的范围及豁免

原则上,仅有在涉嫌危害美国国家安全的犯罪、严重的刑事犯罪等重大案件中方能适用该法案,换言之,不具备网络性的普通刑事案件并不适用。同时,《云法案》规定,如果同时满足 3 个条件,则可以免除网络服务提供者的披露义务。第一,披露义务将会导致服务提供者违反适格外国政府的立法并因此产生法律冲突;第二,如果个案的具体情形违背司法公正,该法律流程应当被撤销或修改;第三,适用对象的确不是"美国人"且不在美国居住,对适用对象产生了认识错误。但是,豁免与否往往由美国法院基于"平衡测试"或"礼让分析"作出决定,(见表 15-2)前者适用于适格外国政府的情形,后者适用于非适格外国政府的情形。

---

[1] 参见梁坤:《基于数据主权的国家刑事取证管辖模式》,载《法学研究》2019 年第 2 期。

[2] 参见邵怿:《论域外数据执法管辖权的单方扩张》,载《社会科学》2020 年第 10 期。

表 15－2　"平衡测试"与"礼让分析"考量汇总

项目	内容
"平衡测试"考量因素,总共有 8 个方面	(1)美国的利益,包括要求披露数据的政府机构的调查利益; (2)适格外国政府在避免任何被其法律禁止的数据遭到披露方面的利益; (3)由于对服务提供者施加了不相一致的法律要求,而对服务提供者或其他任何雇员进行处罚的可能性、范围和性质; (4)所要调查的通信信息所属的订户或客户所处的地点和国籍(如知晓的话),以及订户、客户与美国及外国相联系的性质和程度; (5)服务提供者与美国的联系及其于美国"存在"(presence)的性质和程度; (6)调查活动所要求披露的信息的重要性; (7)及时有效地获取所需要披露的信息的手段造成较少的消极严重后果的可能性; (8)在法律程序是由外国当局提起的情况下,其提出协助请求的相关调查利益
礼让分析(comity analysis),法官应考虑 7 个要点	(1)美国政府的利益,包括寻求信息披露的具体政府组织在调查方面的利益; (2)符合资格的外国政府在避免其法律禁止的内容披露方面的利益; (3)不一致的法律要求,给服务提供者(或其雇员)带来处罚的可能、范围、性质; (4)目标对象所处的地点和国籍,以及目标对象与美国联系的性质和范围(如知晓的话); (5)服务提供者与美国的联系及存在于美国的性质和程度; (6)所要求披露的信息对调查的重要程度; (7)及时有效地获取所需要披露的信息的手段造成消极后果的可能性

(3)外国政府调取美国数据的情形

《云法案》允许适格外国政府在与美国政府签订行政协定后,向美国境内的组织直接发出调取数据的命令。[1] 但是,调取美国数据的外国政府并非普遍意义的国外组织,而是应当具备法定的适格条件,并遵循相关程序才能成为法案适用的主体。

在适格外国政府的判断上,核心在于"外国政府的国内立法,包括对其国内法的执行,是否提供了对隐私和公民权利足够的实质和程序上的保护"[2]。而后,以外国政府是否加入《布达佩斯网络犯罪公约》、是否尊重国际基本人权、隐私保护能力、数据立法情况等进行考量。对于适格外国政府,《云法案》规定了 11 项直接送达命令的行政协定要求,以此实现数据的快速流通。

---

[1] 参见刘云:《中美欧数据跨境流动政策比较分析与国际趋势》,载《中国信息安全》2020 年第 11 期。
[2] 李涛:《跨境电子取证规则的实践问题及体系优化》,载《山东警察学院学报》2021 年第 6 期。

2.欧盟跨境电子取证模式

欧盟的跨境电子取证立法模式经历了一段时间的变化,发展至今呈现为在防止电子数据流失方面持数据存储地理念,在获取境外电子数据上持数据控制者理念。

(1)数据存储地理念坚定期的立法(见表15-3)

表15-3 欧盟数据存储地理念坚定期的立法

时间	立法
2001年	《布达佩斯网络犯罪公约》
2003年	《关于冻结令的框架决定》
2008年	《为获得刑事司法中使用的物品、文件和数据的欧洲政局授权状的框架决定》
2020年	《欧洲刑事司法协助公约》

这一时期以《布达佩斯网络犯罪公约》为核心,多边协助为主要手段。实践中的通常做法是,欧盟成员国实施跨境电子取证需要"签发冻结令或证据授权状等,辅以刑事司法协助委托书"。然而,这一取证制度遇到了效率低下、依赖网络服务提供者的参与却无法可依、美国从网络服务提供者处直接调取域外电子数据这三重挑战。所以,欧盟不断调整跨境电子取证方式,进行相关制度变革。

(2)数据存储地理念松动期的立法

2014年,欧洲议会和欧洲理事会发布《关于刑事案件中欧洲调查令的指令》(以下简称《指令》),规定任一成员国的签发机关可以通过特定的中央机构签发欧洲调查令的方式,与另一成员国的执法机关进行直接合作,并可以通过提供标准、严格时限和消除跨境合作障碍等方式予以促进。[1]

首先,该指令是表明欧盟成员国的执法机构为获取证据,可以根据《指令》签发确认效力的、包含由另一成员国执行的一项或多项具体调查措施的一种司法决定。前者为签发国,后者为执行国。

其次,该指令的签发主体应该是成员国中适格的执法机关、人员。它由成员国法律确定,既可以限定为法官、侦查法官(预审法官)、检察官等主体,也可以作出开放式的规定,如明确为"有权力命令收集刑事证据的其他适格主体"。

再次,其适用范围既可用于获取执行国执法机关尚未掌握的证据,也可以用于获取其已经掌握的证据。

---

[1] 参见刘品新:《跨境电子取证的欧盟方案及启示》,载《国家检察官学院学报》2022年第5期。

最后,指令的签发需要满足必要性和相称性的标准。一种简单的判断方法是,该措施必须对签发国国内是适当的,即签发国在处理国内案件时遇到类似情况下可以签发相关令状。执行国的执行机关未援引拒绝理由的,应当承认欧洲调查令并以同国内措施一样的方式实施。除非与其国内法的基本原则相抵触,执行国的执行机关实施时应当"遵守签发机构明确规定的手续和程序"。

(3)数据控制者理念确立期的立法

欧洲调查令虽然有助于欧盟成员国开展跨境电子取证,但仍未摆脱司法协助机制的整体定性及缺陷,执行期限过长的顽疾未得到根本改变;而且没有解决执法的地域性问题,即《指令》虽然可以打破执法权限与数据存储地的联系逻辑,但其条款并未明确作出表述。所以,欧盟于2018年提出《电子证据条例(草案)》,并在其中确定了欧洲提交令、欧洲保存令作为新的取证手段。欧洲提交令,是由一个成员国的执法机关向欧盟范围内提供服务的、在另一成员国设立分支机构或代表的网络服务提供者签发的一项具有约束力的决定,命令其提交电子数据。欧洲保存令,是由一个成员国的执法机关向欧盟范围内提供服务的、在另一成员国设立分支机构或代表的网络服务提供者签发的一项具有约束力的决定,命令其保全电子数据以便事后进行提交。[1]

(4)数据出境的防御手段

欧盟于2016年正式提出GDPR,并于2018年适用。由于对数据出境的严格限制,该条例被称为史上最严数据保护法。根据GDPR的规定,数据因刑事司法活动出境原则上仍然需要通过刑事司法协助途径,仅在符合第49条"特定情形下的例外",即为公共利益而必须传输个人数据的,以及基于数据控制者的"重大的、高于数据主体利益的利益"的情况下,方可结合个案情况决定能否出境。

(二)数据存储地模式的立法

所谓数据存储地模式,是以数据实际存储的物理位置确定国家的刑事取证管辖范围。[2] 我国作为数据存储地的坚定支持者,在数据出境方面持严格限制态度,在数据入境方面则与数据存储地理念稍有不同。

一方面,我国《数据安全法》《个人信息保护法》等法律禁止网络服务提供者直接向境外执法机构提供数据。[3] 所以,通过国际刑事司法协助程序协助他国刑事司法

---

[1] 参见刘品新:《跨境电子取证的欧盟方案及启示》,载《国家检察官学院学报》2022年第5期。

[2] 参见梁坤:《基于数据主权的国家刑事取证管辖模式》,载《法学研究》2019年第2期。

[3] 参见姚浩亮:《跨境电子取证中网络服务提供者的困境探析——以中资银行案为例》,载《河北公安警察职业学院学报》2023年第1期。

活动是我国的主流理念。

另一方面,在数据入境方面,我国的立法理念有所松动。以电信网络诈骗犯罪的跨境电子取证为例,我国主要立法可以参考如下,见表15-4。

表15-4 我国关于跨境电信网络诈骗犯罪的电子取证相关立法

类别	名称	施行时间	效力
法律	《中华人民共和国国际刑事司法协助法》	2018年	有效
司法解释	《关于办理网络犯罪案件适用刑事诉讼程序若干问题的意见》	2014年	失效
	《电子数据规定》	2016年	有效
	《关于办理电信网络诈骗等刑事案件适用法律若干问题的意见》	2016年	有效
	《检察机关办理电信网络诈骗案件指引》	2018年	有效
	《关于办理电信网络诈骗等刑事案件适用法律若干问题的意见(二)》	2021年	有效
部门规章	《电子数据取证规则》	2019年	有效
	《公安机关办理刑事案件程序规定》(2020年修正)	2020年	有效
	《人民检察院办理网络犯罪案件规定》	2021年	有效

资料来源:姚浩亮:《论跨境电信网络诈骗犯罪的电子取证》,载《湖南警察学院学报》2023年第4期。

其中,《中华人民共和国国际刑事司法协助法》是我国获取境外电子数据证据的主要依据,刑事司法协助程序是我国侦查机关获取境外证据的首要途径。但是,《电子数据取证规则》等相关规定,亦对通过单边取证手段获取境外电子数据的情形予以规定,如第23条指出,网络在线提取可以用于对境外公开的电子数据。[1] 所以,我国在取证方面并未严格遵循数据存储地理念,亦对效率追求有所考量。

延伸思考

1. 数据存储地模式与数据控制者模式有哪些差异?
2. 数据控制者模式具有哪些优势与不足?

---

[1] 参见朱桐辉、王玉晴:《电子数据取证的正当程序规制——〈公安电子数据取证规则〉评析》,载《苏州大学学报(法学版)》2020年第1期。

3. 数据存储地模式具有哪些优势与不足?
4. 我国"封阻法令"与法国、英国相比,有何异同?

延伸阅读

1. 梁坤:《美国〈澄清合法使用境外数据法〉背景阐释》,载《国家检察官学院学报》2018 年第 5 期。
2. 梁坤:《欧盟跨境快捷电子取证制度的发展动向及其启示》,载《中国人民公安大学学报(社会科学版)》2019 年第 1 期。
3. 梁坤:《跨境远程电子取证制度之重塑》,载《环球法律评论》2019 年第 2 期。
4. 冯俊伟:《跨境电子取证制度的发展与反思》,载《法学杂志》2019 年第 6 期。
5. 叶媛博:《我国跨境电子取证制度的现实考察与完善路径》,载《河北法学》2019 年第 11 期。

第三节 网络犯罪跨境电子取证的优化与协调

在网络犯罪的案件证明中,电子数据证据的作用及功能越发显著。在数据主权与数据自由流动的价值之间,数据主权的价值显然更高。[1] 但是,跨境电子取证的侦查效率同样值得关注。所以,我们可以厘清国家数据主权的范围,并在此基础上对电子数据进行分类分级管理,构建区域范围的跨境电子取证快捷路径。

一、刑事司法领域数据主权的范围厘定

对我国而言,跨境电子取证存在迈向快捷化的可能,所以离不开对数据主权的法理回应。[2] 如果将数据主权的行使范围完全等同于刑事管辖范围,即以刑法上的地域管辖为标准,进而划定虚拟场域中的数据主权的界限,此种划定方法不仅否定了他国执法机关的跨境取证行为,而且否定了我国立法中的单边取证规定。如果数据主权的行使范围不与刑事管辖范围画等号,则为将来拓展我国刑事司法执法管辖权的域外适用奠定了基础,同时有利于确立区域范围内的快捷取证协作机制。正如有的

---

[1] 参见林洧:《比较法视野下个人信息跨境流动之法律规制与进路——兼谈我国〈个人信息保护法(草案)〉》,载《深圳社会科学》2021 年第 4 期。

[2] 参见梁坤:《欧盟跨境快捷电子取证制度的发展动向及其启示》,载《中国人民公安大学学报(社会科学版)》2019 年第 1 期。

学者所言,绝对化的数据无国界并不现实;绝对化的数据主权亦将面临挑战。[1] 所以,当下关于刑事司法领域的数据主权厘定关键在于以下三个维度。

首先,厘清数据主权的范围。目前,国际社会并未准确划定各国数据主权的范围。同时,在跨境电子取证领域,数据主权亦未得到所有国家的承认,以至于数据主权在国际法制定方面仍然处于空白。各国基于理性自保的需求,积极加强本国的数据管控和本国国民在他国数据的主权,势必导致主权之交叉重复的管辖状况。[2] 所以,我们急需探索数据主权的界限,确立其管辖基础,以此为数据跨境存储、流动、保护、使用等提供坚定支撑。

其次,刑事管辖问题与数据主权息息相关。我国目前坚持的数据存储地理念背后所承载的是对国家数据主权的坚定维护。在跨境电子取证领域,这不仅与国家数据主权挂钩,而且与国家司法主权相衔接。所以,在研究数据主权问题时,有必要将刑事管辖纳入其中一并考虑,以此明晰我国在坚守数据主权的前提下,如何实现快捷有效、合理的跨境取证。

最后,将刑事管辖问题纳入数据主权的考量范围即意味着,要在数据主权之上明确数据管辖的具体标准。换言之,即需要通过数据分类分级管理和数据出境安全评估、审查等举措进一步划定刑事司法领域的数据主权,并保证其独立性。

二、刑事司法领域的数据分类分级管理

《数据安全法》第6条第3款规定,公安机关、国家安全机关等需要在各自职责范围内承担数据安全监管职责,同时该法第21条亦明确建立数据分类分级管理制度。所以,刑事司法领域的职能部门具有履职的正当性。具体来看,数据分类与分级属于两个不同的问题。

一方面,数据分类以"属性"为标准,即根据数据的内容、来源、特征、作用等属性,将具有相同属性的数据进行划分和归类。[3] 依据数据产生主体的不同,其最基础的分类即为政务数据与个人数据。政务数据,是指刑事司法公权力机关在其行使职权过程中形成的数据,而个人数据即为指向一切已被识别或可识别的自然人的数据。在此基础上,政务数据根据所产生的职能部门的不同,可以划分为公安数据、检察数据、审判数据和其他数据。其中,公安数据又可分为立案数据、侦查数据、补充侦

---

〔1〕 参见丁晓东:《数据跨境流动的法理反思与制度重构——兼评〈数据出境安全评估办法〉》,载《行政法学研究》2023年第1期。

〔2〕 参见王顺清、刘超:《欧美个人数据跨境转移政策变迁及对我国的启示》,载《行政与法》2017年第8期。

〔3〕 参见郑曦:《刑事司法数据分类分级问题研究》,载《国家检察官学院学报》2021年第6期。

查数据等;检察数据可以分为审查批捕数据、起诉数据、法律监督数据等;[1]审判数据可以分为一审数据、二审数据等;我国刑事司法领域中的其他部分如国家安全机关、监狱、社区矫正机构等产生的数据即可归类为其他数据。个人数据根据其来源的不同可以分为秘密取得的数据、公开取得的数据和经同意取得的数据。秘密取得的数据,即侦查机关通过技术手段获取的非公开数据;公开取得的数据,即侦查机关可以在公共空间获得的个人数据;经同意取得的数据,即侦查机关通过当事人同意而获取的数据。同时,个人数据根据其所承载的内容不同,可以划分为行为数据与身份数据。行为数据,即记录公民行为信息的数据;身份数据,即记录公民个人身份信息如身份证号、生物识别信息等的数据。

另一方面,数据分级是以"后果"为标准的,即按照数据所承载的法益大小,以及其一旦被非法处理,如非法收集、存储、使用、加工、传输等,可能导致的法益损害后果的大小,对数据的重要性进行的层级划分。从《数据安全法》的相应条款来看,数据可以分为国家核心数据、重要数据、一般数据三个层级。通常情况下,数据分类与分级密不可分。数据分类可以为数据类型化管理提供便利,而数据分级则在于管理措施的差异。刑事司法领域中的大部分政务数据可能涉及国家安全,因此,属于国家核心数据范畴,应严格禁止其出境;部分个人数据同样具有极高的重要性,可依国家核心数据标准予以处理。重要数据,是指一旦被非法使用将对国家利益、公共利益以及公民的合法权益造成重大影响的数据。除属于国家核心数据级别的政务数据外,部分政务数据如刑事案件办理过程中的重要数据与司法行政管理中的重要数据理应划入重要数据之范畴,严格限制其出境;而个人数据受到《个人信息保护法》的严格保护,身份数据本身即为重要数据,同样需要严格限制出境。除国家核心数据与重要数据之外的数据均可归入一般数据之范畴,对其处理可以相对宽松。但是,大量一般数据汇聚形成大数据后需要谨慎其出境行为,对其严格控制,适用重要数据之标准。

三、区域跨境电子取证快捷路径的构想

在数据主权与数据分类分级标准划定后,即可探索国际刑事司法协助程序以外的跨境电子取证的快捷路径。快捷取证路径分为"适用于特定案件类型"和"适用于特定数据类型"两种进路。[2] 从目前的实践来看,欧美等国家或组织均采用"适用于

---

[1] 参见广西壮族自治区人民检察院课题组、罗绍华:《"捕诉一体"背景下加强侦查监督路径探索》,载《中国检察官》2021年第17期。

[2] 参见姚浩亮:《跨境电子取证中网络服务提供者的困境探析——以中资银行案为例》,载《河北公安警察职业学院学报》2023年第1期。

特定案件类型"的快捷取证路径。但是,基于特定案件类型的路径相对弱化了对数据重要性的考量。所以,本书主张在构建起刑事司法领域的数据分类分级管理的基础上,基于特定数据类型构建快捷取证路径。

"深化信息安全领域国际合作。中方已提出《全球数据安全倡议》,希望推动达成反映各方意愿、尊重各方利益的全球数字治理规则。"[1]这一主张表达了我们积极对外合作的决心。在构建快捷取证路径方面,可以和具有相同理念的国家形成固定的合作组织。在该组织中,可以基于数据类型、内容、重要性等因素形成数据白名单,就该名单上的数据允许单边取证措施的适用;构建组织内的电子数据证据交互平台,实现证据的快速流通;开展专项化的联席会议,分享网络犯罪的执法经验;形成常态化的执法合作机制,应对日益高涨的犯罪浪潮;颁布年度执法报告,使协作流程与协作结果透明化。此外,笔者主张以《上海合作组织成员国保障国际信息安全政府间合作协定》为基础协作蓝本,通过"附加议定书"的形式充实内容,允许具有相同理念的国家加入,不断拓展"朋友圈"。[2]

延伸思考

1. 数据分类可以以哪些属性为标准?
2. 数据分级可以参照哪些法律标准?
3. 我们是否需要单独定义刑事数据?
4. 刑事司法领域的数据出境可以关注哪些方面?

延伸阅读

1. 王立梅:《论跨境电子证据司法协助简易程序的构建》,载《法学杂志》2020年第3期。

2. 叶媛博:《论多元化跨境电子取证制度的构建》,载《中国人民公安大学学报(社会科学版)》2020年第4期。

3. 梁坤、陈易璨:《数字化时代侦查学术研究的发展与前瞻:2016—2020年》,载《中国人民公安大学学报(社会科学版)》2021年第2期。

4. 廖斌、刘敏娴:《数据主权冲突下的跨境电子数据取证研究》,载《法学杂志》2021年第8期。

5. 刘品新:《跨境电子取证的欧盟方案及启示》,载《国家检察官学院学报》2022年第5期。

---

[1] 《全球安全倡议概念文件(全文)》,载中国政府网,https://www.gov.cn/xinwen/2023-02/21/content_5742481.htm。

[2] 参见姚浩亮:《论跨境电信网络诈骗犯罪的电子取证》,载《湖南警察学院学报》2023年第4期。

本章小结

本章主要讲述了网络犯罪的证据调查,从网络犯罪的相关概述出发,结合其跨境特征分析网络犯罪的电子取证。第一节主要讲述了网络犯罪的概念界定、特征分析。网络犯罪有其特殊意义,其不同于计算机犯罪、网络恐怖主义,并且在客观上呈现跨境化、链条化、集团化、隐蔽化、涉众化、低龄化的特征。第二节主要讲述了网络犯罪的跨境电子取证。网络犯罪的跨境电子取证主要包括国际刑事司法协助程序以及单边取证措施两大类,其背后所对应的分别是数据控制者模式与数据存储地模式。以欧盟、美国为代表的国家、地区通过立法构建起"攻守平衡"的取证模式,即在数据入境角度持数据控制者理念,而在数据出境领域进行严格限制。我国在立法理念上虽然是坚定的数据存储地理念的支持者,但是相关法律规定中同样存在单边取证手段的适用。因此,出于平衡数据主权与侦查效率的目的,应该对现有跨境电子取证模式进行优化与协调,提出可行对策。

第十六章　涉未成年人犯罪的证据调查

本章重点内容

我国涉未成年人犯罪证据收集现状、现有收集制度的优化。

本章思维导图

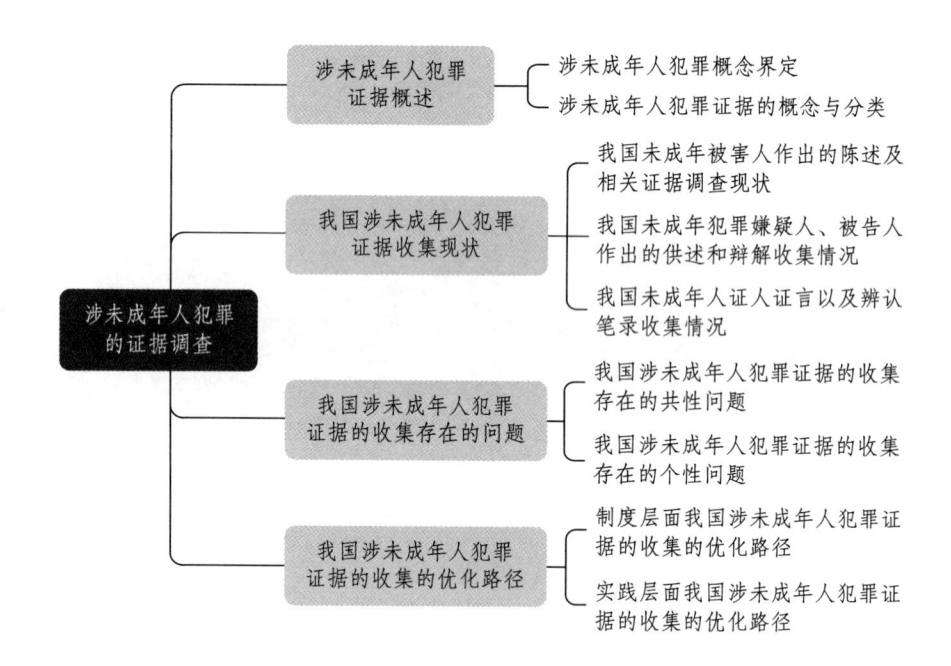

涉未成年人犯罪的证据调查
- 涉未成年人犯罪证据概述
  - 涉未成年人犯罪概念界定
  - 涉未成年人犯罪证据的概念与分类
- 我国涉未成年人犯罪证据收集现状
  - 我国未成年被害人作出的陈述及相关证据调查现状
  - 我国未成年犯罪嫌疑人、被告人作出的供述和辩解收集情况
  - 我国未成年证人证言以及辨认笔录收集情况
- 我国涉未成年人犯罪证据的收集存在的问题
  - 我国涉未成年人犯罪证据的收集存在的共性问题
  - 我国涉未成年人犯罪证据的收集存在的个性问题
- 我国涉未成年人犯罪证据的收集的优化路径
  - 制度层面我国涉未成年人犯罪证据的收集的优化路径
  - 实践层面我国涉未成年人犯罪证据的收集的优化路径

第一节 涉未成年人犯罪证据概述

一、涉未成年人犯罪概念界定

(一)涉未成年人犯罪的概念

在学界,尽管儿童、少年、未成年人、青少年等用语交叉使用的状况常令初涉此领域的学者有些困惑,未成年人法是否属于专门的部门法也存在很大的争议,但未成年人立法和未成年人法学总体上已成为立法和法学研究的专门领域。[1] 有学者认为,青少年犯罪通常是指已满14岁不满26岁的青少年所实施的犯罪,未成年人犯罪的年龄上限为18岁,下限为6岁比较合适。[2]《中华人民共和国未成年人保护法》(以下简称《未成年人保护法》)中规定:"未满十八周岁的公民"为未成年人。因此,本章中的一切涉未成年人犯罪,其中未成年人之定义,是清晰明确的。

涉未成年人犯罪,同未成年人犯罪(juvenile delinquency)显然并非一组相同的范畴。未成年人犯罪当中,犯罪行为的实施主体是或者部分是未成年人。但是在涉未成年人犯罪当中,犯罪行为的实施主体未必包含未成年人,未成年人时常以被害人、证人等身份出现在此类犯罪当中。因此,广义的涉未成年人犯罪,应当包括一切涉及未成年人的犯罪行为;狭义的涉未成年人犯罪,应当指有未成年人以一定的身份(犯罪嫌疑人、被害人、证人等)参与刑事诉讼过程当中的刑事案件。

(二)涉未成年人犯罪的分类

根据我国《刑法》,法定犯罪的类型包括以下10类:危害国家安全罪,危害公共安全罪,破坏社会主义市场经济秩序罪,侵犯公民人身权利、民主权利罪,侵犯财产罪,妨害社会管理秩序罪,危害国防利益罪,贪污贿赂罪,渎职罪以及军人违反职责罪,在这10类犯罪的基础上,还可以将危害国家安全罪与其他9类犯罪分为两类,将后者统称为普通刑事犯罪。此外,基于《刑法》第14条、第15条的规定可以将犯罪分为故意犯罪与过失犯罪;基于罪名当中的特殊规定可以将犯罪分为亲告罪与非亲告

---

[1] 参见姚建龙:《未成年人法的困境与出路——论〈未成年人保护法〉与〈预防未成年人犯罪法〉的修改》,载《青年研究》2019年第1期。

[2] 参见康树华:《青少年犯罪、未成年人犯罪概念的界定与涵义》,载《公安学刊(浙江公安高等专科学校学报)》2000年第3期。

罪;基于《刑法》第 30 条的规定可以将犯罪分为自然人犯罪与单位犯罪。

在学界,对犯罪有着更加多元化的分类标准,如基于构成的客观要件,将犯罪分类为结果犯、行为犯;基于社会伦理与刑法的关系,将犯罪分类为自然犯与法定犯;基于犯罪构成当中对主体身份的要求,将犯罪分类为身份犯与非身份犯等。[1]

不难发现,学界对犯罪的多元化分类标准,往往是基于探讨的问题、研究的内容等作出的,分类是为研究的目的服务。例如,在研究行刑衔接的问题时,研究者不可避免地需要采取自然犯与法定犯这组分类,将特定的罪名从《刑法》中抽离出来,以求更好地研究行政违法性与刑事违法性之间的联系、区别、衔接等内容。因此,本章的侧重点,决定了对涉未成年人犯罪的分类标准:基于未成年人在犯罪行为中的不同地位,将涉未成年人犯罪划分为未成年人犯罪、未成年人被害犯罪、其他涉未成年人犯罪(未成年人需要在刑事诉讼程序当中充当证人等情况)。在司法实践中,这 3 类情况往往会交叉、重叠,并非彼此独立、相互排斥,这样的分类便于我们从 3 个独立的角度理解涉未成年人犯罪证据调查的流程,在此基础上以求能发现问题,并探索解决问题的方案。

二、涉未成年人犯罪证据的概念与分类

(一)涉未成年人犯罪的证据概念

根据我国《刑事诉讼法》第 50 条第 1 款的规定,可以用于证明案件事实的材料,都是证据。涉未成年人犯罪,指有未成年人以一定的身份(犯罪嫌疑人、被害人、证人等)参与刑事诉讼过程当中的刑事案件。因此,涉未成年人犯罪的证据并非指某一或者某几种特定的证据种类,一切可能进入有未成年人参与的刑事诉讼的证据,都可以是涉未成年人犯罪证据。

根据我国《刑事诉讼法》第 50 条第 2 款的规定,证据有下列 8 种:"(一)物证;(二)书证;(三)证人证言;(四)被害人陈述;(五)犯罪嫌疑人、被告人供述和辩解;(六)鉴定意见;(七)勘验、检查、辨认、侦查实验等笔录;(八)视听资料、电子数据。"这些证据每一项都可能与涉未成年人犯罪及其刑事诉讼流程产生联系,并且由未成年人的各种活动产生,只是不同证据种类当中,证据与未成年人本身特质之间的关联性并不相同。

(二)涉未成年人犯罪的证据分类

从以证据形成与未成年人的主观能动性关联度为分类的标准来看,物证、鉴定意

---

[1] 参见刘宪权主编:《刑法学》(第 4 版)(上册),上海人民出版社 2016 年版,第 74 页。

见、勘验、检查、辨认、侦查实验等笔录类证据的形成,与未成年人的主观能动性关联度最低,客观性最强;未成年人形成的书证、一部分视听资料、电子数据,反映了特定时空背景下,未成年人的主观想法,但是在进入刑事诉讼程序之前,它们已经形成,不是在刑事诉讼程序当中形成的;而由未成年人作出的被害人陈述、犯罪嫌疑人、被告人供述和辩解、辨认笔录、证人证言,均是在进入刑事诉讼程序后形成的,且与未成年人高度关联。

在司法实践中,各类证据的取证并非完全分开独立进行,尤其是在未成年人被害的证据调查问题上。例如,许多国家和地区在专门场所对未成年被害人调查取证,且遵循"一次性取证"原则,减少对被害人的二次伤害。[1] 因此,参照上文基于未成年人在犯罪行为当中的不同地位对涉未成年人犯罪所作的分类,结合证据形成与未成年人的主观能动性关联度,根据未成年人在刑事诉讼证据调查程序当中的不同地位,将涉未成年人犯罪的证据分为未成年被害人作出的陈述及相关证据,未成年犯罪嫌疑人、被告人作出的供述和辩解以及相关证据,未成年人作出的证人证言及相关证据,其中,相关证据主要包括辨认笔录,在特定的犯罪调查过程中可能包含对被害人人身、心理等状况的调查取证。

延伸思考

1. 在提到的涉未成年人犯罪的分类中,哪些是证据调查的难点?为什么?
2. 除了文中提及的特征外,涉未成年人犯罪证据还有哪些特征?
3. 谈谈你对涉青少年犯罪的理解。

延伸阅读

1. 宋远升:《未成年被害人、证人言辞证据适用的忧思及规制》,载《青少年犯罪问题》2019年第3期。
2. 向燕:《性侵未成年人案件证明疑难问题研究——兼论我国刑事证明模式从印证到多元"求真"的制度转型》,载《法学家》2019年第4期。
3. 姚建龙:《未成年人法的困境与出路——论〈未成年人保护法〉与〈预防未成年人犯罪法〉的修改》,载《青年研究》2019年第1期。

---

[1] 参见樊荣庆、钟颖、姚倩男、吴海云、徐衍:《论性侵害案件未成年被害人"一站式"保护体系构建——以上海实践探索为例》,载《青少年犯罪问题》2017年第2期。

第二节　我国涉未成年人犯罪证据收集现状

我国《刑事诉讼法》第281条,是对刑事案件未成年人特别诉讼程序的相关规定。无论是犯罪嫌疑人、被告人,还是被害人、证人,在讯问、询问和审判的时候,应当通知需要出庭未成年人的法定代理人到场。无法通知、法定代理人不能到场或者法定代理人是共犯的,也可以通知未成年人的其他成年亲属,所在学校、单位、居住地基层组织或者未成年人保护组织的代表到场,并将有关情况记录在案。到场的法定代理人可以代为行使未成年人的诉讼权利。到场的法定代理人或者其他人员认为办案人员在讯问、询问、审判中侵犯未成年人合法权益的,可以提出意见。讯问笔录、法庭笔录应当交给到场的法定代理人或者其他人员阅读或者向他宣读。讯问、询问女性未成年人,应当有女性工作人员在场。审判未成年人刑事案件,未成年被告人最后陈述后,其法定代理人可以进行补充陈述。该规定是对涉未成年人犯罪的证据调查的一般性规定,同时适用于未成年犯罪嫌疑人、被告人,以及被害人、证人三种未成年的刑事诉讼参与人。下文将分别从三种未成年人参与刑事诉讼的角度出发,分析总结我国涉未成年人犯罪的证据调查现状。同时,因为辨认笔录这种证据形式,涉及被害人、证人以及犯罪嫌疑人、被告人三者,而广义证人的概念亦包括这三者,因此,辨认笔录与证人证言安排在同一部分进行介绍。

一、我国未成年被害人作出的陈述及相关证据调查现状

(一)我国未成年被害人陈述调查现状

有学者指出,我国的刑事诉讼证明模式可以简略地概括为"印证证明模式"[1],这种观点为学界普遍接受。不同于英美法系国家证据法制度中以"被害人陈述"为主证据,运用多类型的辅助证据综合审查判断被害人陈述的可信性[2]的这种"典型的自由心证","印证证明模式"将获得印证性直接支持证据作为证明的关键。在案件事实尤其是关键事实上,要求证据间有充分、直接的相互支持,且注重证明的"外部

---

[1] 龙宗智:《印证与自由心证——我国刑事诉讼证明模式》,载《法学研究》2004年第2期。
[2] 参见向燕:《性侵未成年人案件证明疑难问题研究——兼论我国刑事证明模式从印证到多元"求真"的制度转型》,载《法学家》2019年第4期。

性"而不注重"内省性"。[1] 这种证明模式,对我国未成年被害人陈述调查的影响主要体现在两个方面:一是这样相对高的证明要求保障了证明的可靠性,可以在一定程度上避免"孤证定案"带来的风险,尤其是对一些有宗族文化传统的地区的熟人犯罪,再结合未成年被害人作出的言词证据的不准确性特征,以这种证明模式指导调查实践显然具有合理性;二是这种高要求的证明模式,无疑加大了司法人员的工作量,我国是人口大国,司法资源相对紧张,以这种证明模式要求绝大多数案件的证据调查环节加剧了司法资源的紧张。

最高人民检察院发布的《检察机关加强未成年人司法保护八项措施》中第2条规定:"对于性侵未成年人等刑事案件,有条件的地方检察机关可以会同公安机关建立询问未成年被害人同步录音录像制度。"据中国裁判文书网的不完全统计,2015年至2019年,儿童性侵害案件且判决书中存在被害人陈述的一共有424件,但仅仅有10.5%的案件有录音录像。[2]

《公安机关办理刑事案件程序规定》第319条规定:"公安机关应当设置专门机构或者配备专职人员办理未成年人刑事案件。未成年人刑事案件应当由熟悉未成年人身心特点,善于做未成年人思想教育工作,具有一定办案经验的人员办理。"但是在警察和其他司法工作人员的选拔当中,并未体现对心理学等具有相关知识的专业的针对性需求,以2024年上海市公务员考试为例,《上海市2024年度公务员招考简章》《公安司法机关基层人民警察专业科目笔试考试大纲》中,前者政法类公务员考试当中未出现限定心理学和相关学科的专业要求,后者的笔试考试大纲中也未体现对人民警察心理学知识的考核要求。也有学者通过发放问卷的方式进行调查,统计了某地在职民警的专业背景,具备心理学背景的侦查人员占比极少,公安学专业86人,法学专业33人,心理学专业10人,政治学、经济学等其他专业的为23人,分别占比56.58%、21.71%、6.58%、15.13%。[3] 总的来说,目前的司法工作人员选拔工作,重点在政治素养和法律素养方面,缺乏针对未成年人思想教育工作的要求,这种状况不利于涉未成年人犯罪当中对未成年被害人陈述的收集工作。

中央综治委预防青少年违法犯罪工作领导小组、最高人民法院、最高人民检察院、公安部、司法部、共青团中央《关于进一步建立和完善办理未成年人刑事案件配套

---

[1] 参见龙宗智:《"印证"的治理》,载《法学家》2022年第2期。
[2] 参见宿兰:《性侵未成年人案件被害人陈述问题研究》,中国人民公安大学2020年硕士学位论文,第30页。
[3] 参见陈棒:《未成年犯罪嫌疑人侦查讯问研究》,中国人民公安大学2021年硕士学位论文,第28页。

工作体系的若干意见》中规定:"对未成年被害人、证人,特别是性犯罪被害人进行询问时,应当依法选择有利于未成年人的场所,采取和缓的询问方式进行,并通知法定代理人到场。对性犯罪被害人进行询问,一般应当由女性办案人员进行或者有女性办案人员在场。法定代理人无法或不宜到场的,可以经未成年被害人、证人同意或按其意愿通知有关成年人到场。应当注意避免因询问方式不当而可能对其身心产生的不利影响。"在现有的研究中,有研究者通过对某市某区司法机关 2007 年至 2013 年所办理的 38 起犯罪案件 47 名被害人的陈述进行分析,所统计案件 114 次询问中有 108 次在公安机关普通办案场所内进行,占询问总数的 94.7%,未能充分体现对未成年被害人在询问地点选择上的特殊对待。上述案件中,43 名女性被害人共接受 104 次询问,仅在派出所初查阶段对其中 8 名被害人进行的 11 次询问中有 1 名女性办案人员参与,占询问总数的 10.6%。[1]

(二)我国与未成年被害人相关的其他相关证据调查现状

"印证证明模式"的要求和指导更容易使司法工作人员在证据调查的过程中为了得到与支持未成年被害人陈述相互支持的其他证据而进行重复取证。因此,对未成年被害人进行调查所获得的被害人陈述之外的证据,在自身的证据力和证明能力之外,是否能印证被害人陈述的真实性也是考量其证据价值的重要指标。但是在一些对未成年被害人伤害巨大的案件中,如针对未成年人的性侵案件,每一次调查取证,其实都是对未成年人身心的又一次伤害。

针对这样的问题,我国在一些犯罪的证据调查环节中提出了"一站式"取证的概念。"一站式"取证是一种新的取证思路和取证模式,最早有少数一线城市在司法实践中进行了探索和运用。2021 年,宁夏回族自治区司法厅会同有关部门出台《关于建立未成年被害人"一站式"取证、救助工作机制的意见》,提出每个县(区、市)要建成一处未成年被害人"一站式"取证、救助、保护工作的专门办案场所。同年,新修订的《未成年人保护法》《中华人民共和国预防未成年人犯罪法》正式施行,未成年被害人"一站式"询问、救助机制写入法律,成为刚性规定。"一站式"取证模式,是指在性侵未成年人案件中,建立对被害人进行取证的专门场所和其他系列配套措施,尽量一次完成对未成年被害人的询问、身体检查、生物样本提取及其他重要物证、痕迹的取证工作。[2] 目前,我国的"一站式"取证流程大致分为如下几个阶段:(1)案件进入

---

[1] 参见王春风、李凯、赵晓敏:《我国未成年被害人询问工作机制构建》,载《人民检察》2016 年第 5 期。

[2] 参见刘莹、许烨:《性侵未成年人案件的证据运用——以"一站式"取证模式为视角》,载《中国刑警学院学报》2019 年第 6 期。

侦查取证环节;(2)将被害人带至"一站式"取证的专门场所;(3)对被害人进行询问;(4)若需要对被害人进行人身检查或伤情检查,则带被害人前往指定医院,进行证据提取。"一站式"取证的场所也不同于传统的取证场所,以云南省昆明市盘龙区建立的"一站式"取证与保护中心为例,其设置了询问室、身体检查室和会商室。询问室分设心理疏导区、案件询问区两个功能区块。心理疏导区的环境舒适温馨,配置了儿童玩具、书籍、沙盘、音乐治疗等心理疏导设备。身体检查室也具有取证的专业性,其环境有别于一般的医院检查室,模拟家庭儿童房的环境,配备了适于未成年人使用的检查设备和医疗用床,并符合身体检查、检材提取的卫生要求。[1]进一步精简了"一站式"取证的流程。

二、我国未成年犯罪嫌疑人、被告人作出的供述和辩解收集情况

犯罪嫌疑人、被告人的供述和辩解主要来自刑事诉讼程序当中的讯问活动。有学者对犯罪嫌疑人的讯问活动进行解构,认为"侦讯活动"包含的侦查员、嫌疑人、讯问环境3个子要素,"侦讯对策"包含的谋略、方式、手段、对话、气氛5个子要素都会综合体现于侦讯情境之中。[2]

讯问中,犯罪嫌疑人一般作为相对弱势的一方,相较于经验丰富的司法工作人员,其中的大多数对讯问会持续的时间、讯问会带来的结果、讯问是否会保障自己的各项权利都没有客观的认知,这都导致犯罪嫌疑人在讯问时的焦虑感和压迫感。未成年人记忆、理解和表达能力尚未发展成熟,缺乏足够的认知力与选择力、判断力等特质。从讯问室的环境来看,全国绝大部分公安机关讯问室的布置都有明显的高压性,多地的讯问室用铁栅栏将犯罪嫌疑人与讯问人员隔开,讯问时犯罪嫌疑人坐在禁锢双手及上半身的座椅上。[3]事实上,《公安机关办理未成年人违法犯罪案件的规定》第22条第1款规定:"办理未成年人犯罪案件原则上不得使用械具。对确有行凶、逃跑、自杀、自伤、自残等现实危险,必须使用械具的,应当以避免和防止危害结果的发生为限度,现实危险消除后,应当立即停止使用。"禁锢双手的行为实质上与使用手铐等械具并无区别,依照该规定,禁锢未成年犯罪嫌疑人、被告人双手的行为应当是在行凶等现实危险发生情况下的例外情形,原则上这种对未成年人的禁锢应当认定为违规行为。

同时,有学者进行的实证研究表明侦查人员在讯问时,往往采取最大化讯问策

---

[1] 参见张寒玉、王英:《办理性侵未成年人犯罪案件证据指引》,载《青少年犯罪问题》2019年第4期。
[2] 参见陈闻高:《侦讯情境论》,载《政法学刊》2015年第5期。
[3] 参见陈棒:《未成年犯罪嫌疑人侦查讯问研究》,中国人民公安大学2021年硕士学位论文,第18页。

略,使用恐吓策略进行审讯,如夸大或伪造证据的邪恶性质、犯罪的严重性、指控的强度,并评估可能获刑的严重程度,从而击溃犯罪嫌疑人的心理防线,进而从心理层面促使嫌疑人作出供述。在对某大城市基层审讯部门的问卷调查中发现,审讯人员更倾向于认可最大化讯问策略,并且认为这一策略并不会使犯罪嫌疑人在供述后产生不良情绪,反而会使他们在证据面前产生如释重负的平静感觉。[1]因此,有学者指出,如果侦查人员在"有罪推定"的心理下展开讯问,未成年人易受暗示性倾向影响,这使其供述的真实性和可靠性存在很大的风险。[2]

此外,有学者进行过实地调研,在实践中,受地域限制或为追求效率,"合适成年人"这一角色并非父母或律师,常常由社区志愿者担任,不能切实照顾未成年人的心理体验,反而增加其心理负担;同时,未成年犯罪嫌疑人到案后,在与侦查人员的互动中受到多种形式的施压,送看守所之前,一线民警对涉嫌暴力犯罪中未成年犯罪嫌疑人的第一次讯问更类似于一次"管教",为了能够"镇住"未成年犯罪嫌疑人,行为震慑、责骂谴责等"管教"方式时常被使用。[3]《刑事诉讼法》规定,当法定代理人无法到场,可以由未成年人的其他成年亲属,所在学校、单位、居住地基层组织或者未成年人保护组织的代表到场。如此规定的本意是至少保证了对未成年犯罪嫌疑人、被告人进行讯问的时候,能够有熟悉未成年人本身的情况或者虽然不熟悉,但是具有相关专业知识的成年人为其提供支持与帮助。而社区志愿者实质上无法完全满足立法中"合适"的要求,其一方面可能并不了解被讯问未成年人的实际情况,另一方面亦可能缺乏相关的专业知识。

三、我国未成年人证人证言以及辨认笔录收集情况

(一)我国未成年人证人证言收集情况

我国《刑事诉讼法》第62条规定:"凡是知道案件情况的人,都有作证的义务。生理上、精神上有缺陷或者年幼,不能辨别是非、不能正确表达的人,不能作证人。"该规定并没有对证人的概念加以明确,理论界一般认为,在诉讼过程中,知晓案件发生并负有举证义务的人即为证人。因此,在这样的定义下,共同犯罪的犯罪嫌疑人、被告人、被害人以及其他知晓案件真实情况并负有向司法机关告知义务的人都可以被称为"证人"。为了避免行文的重复,本部分所谈之未成年证人之内容,包括犯罪嫌疑人、被告人,以及知晓案件真实情况并负有向司法机关告知义务的未成年人这3类

---

[1] 参见许永勤:《未成年人供述行为的心理学研究》,中国人民公安大学出版社2011年版,第138页。
[2] 参见吴羽:《论讯问未成年人制度》,载《青少年犯罪问题》2019年第4期。
[3] 参见陈棒:《未成年犯罪嫌疑人侦查讯问研究》,中国人民公安大学2021年硕士学位论文,第19页。

群体的共同特征,而不讨论三者中某一群体的单独特征。

在 2012 年《刑事诉讼法》修改之前,未成年人并不具有刑事诉讼领域证人的主体资格。随着"依法治国"理念的落实,审判制度改革的推进使刑事诉讼领域发生了"以卷宗材料审查"向"以庭审为中心"的转变,未成年人出庭作证制度开始逐渐得到重视与落实。[1] 1998 年 9 月,最高人民法院发布和实施的《关于执行〈中华人民共和国刑事诉讼法〉若干问题的解释》(已失效)第 57 条规定:"对于证人能否辨别是非,能否正确表达,必要时可以进行审查或鉴定。"但是,我国立法并没有制定详细的审查标准,理论界的定义也是模糊的。[2] 事实上,不同的法官在审理不同的案件时,对证人作证资格的审查方式都不尽相同。但通常来说,在考虑未成年人的年龄、语言及行为的限制的基础上,法庭直接向证人提出与其作证能力相关的问题,或者在对证人能力进行听证时允许代理人提出类似的问题是最为直接的方式。[3] 但是,缺乏统一的成文提问标准,会使这样的提问在不同地区的相似案件当中形成不同的判断标准,甚至有可能会因此影响最终的裁判结果。

在未成年证人的权利义务的规定方面,立法亦有粗疏之处。以《刑事诉讼法》第 125 条为例,该条规定:"询问证人,应当告知他应当如实地提供证据、证言和有意作伪证或者隐匿罪证要负的法律责任。"但是 16 周岁以下的未成年人不必为作伪证的行为承担刑事法律意义上的责任,大多数情况均是责令其父母或者其他监护人加以管教。此种"法律责任"的告知,似乎并不能使证人产生因会有法律制裁而必须如实回答询问的畏惧心理。

2021 年修改的《刑事诉讼法司法解释》第 558 条规定:"开庭审理涉及未成年人的刑事案件,未成年被害人、证人一般不出庭作证;必须出庭的,应当采取保护其隐私的技术手段和心理干预等保护措施。"有学者认为,其实际上是对新《未成年人保护法》增加的第 112 条规定的衔接,更明确地规定未成年证人作证以不出庭作证为原则,出庭作证为例外,并且将在出庭作证时应当采取的保护措施具体化,这些保护措施包括保护其隐私的技术手段和心理干预等。不出庭必然会造成法官在判断儿童证人证言证明价值、证明力时过于自由任意,即可能造成自由心证的无边际性;同时也限制和剥夺了被告人对质权这一基本诉讼权利的行使,还会影响实体公正和程序公

---

〔1〕 参见王进喜、高欣:《未成年证人基本问题研究》,载《政法论丛》2016 年第 2 期。
〔2〕 参见王进喜:《刑事证人证言论》,中国人民公安大学出版社 2002 年版,第 20 页。
〔3〕 参见宋宜霖:《我国〈刑事诉讼法〉中关于未成年人作证制度的规定探究》,载《西部学刊》2023 年第 15 期。

正的实现。[1]

虽然《刑事诉讼法》还对证人及其近亲属的保护、证人作证的经济补偿等证人权益保护方面作出规定，以期从更大程度上保障证人权利促使证人积极作证。如《刑事诉讼法》第 63 条和第 64 条规定了对证人及其近亲属的保护性措施、第 65 条规定对证人因作证支出的费用和相应工资福利予以保证，但是对庭审后未成年证人和其近亲属提供具有针对性、具体有效的保护，立法上尚属空白。

(二) 我国未成年人辨认笔录的收集情况

辨认笔录在 2012 年《刑事诉讼法》修正时，被加入法定证据种类当中。我国法律对辨认笔录的规定体现在《刑事诉讼法司法解释》当中，其第 104 条规定："对辨认笔录应当着重审查辨认的过程、方法，以及辨认笔录的制作是否符合有关规定。"第 105 条规定："辨认笔录具有下列情形之一的，不得作为定案的根据：(一)辨认不是在调查人员、侦查人员主持下进行的；(二)辨认前使辨认人见到辨认对象的；(三)辨认活动没有个别进行的；(四)辨认对象没有混杂在具有类似特征的其他对象中，或者供辨认的对象数量不符合规定的；(五)辨认中给辨认人明显暗示或者明显有指认嫌疑的；(六)违反有关规定，不能确定辨认笔录真实性的其他情形。"在此之前，《刑事诉讼法》对辨认的规定属于庭审中的辨认，且仅限于当事人对物证进行辨认，不包括当事人、证人对被告人的辨认，这种辨认也仅具有核实证据的验真性质，而且在程序上，仅仅是基于确保被告人的辩护权或者防御权而设置的，旨在担保物证的客观性与真实性，与作为证据的辨认具有不同的意义。[2]

根据《公安机关办理刑事案件程序规定》和《人民检察院刑事诉讼规则》的有关规定，我国公安机关和检察机关的侦查部门在启动刑事辨认程序时，采取的都是自我授权的内部审批方式。有学者指出，这种审批方式缺乏外在的监督和制约，导致实践中审批程序沦为走过场，辨认过程中的侵权行为不易被司法机关或辩护律师发现，出现了一些由此导致的刑事错案。[3] 究其原因，是因为相较于其他法定证据，辨认笔录有其特殊性。有研究指出，当辨认人指认被告人为犯罪人而被告人否认时，除非被告人能够提出强有力的反证，否则无论是法官、检察官、警察抑或社会大众，一般都会

---

[1] 参见赵珊珊:《我国刑事诉讼中儿童证人作证模式改革研究》，载《中国政法大学学报》2022 年第 4 期。

[2] 参见肖承海:《多维视角下的刑事辨认研究》，中国政法大学 2011 年博士学位论文，第 12 页。

[3] 参见崔丽:《侦查辨认行为诱发刑事错案原因分析与制度完善》，载《中国刑警学院学报》2015 年第 2 期。

倾向于相信辨认人。[1]但是在实践当中,刑事辨认以及辨认笔录出现问题的情况并非小概率事件。有学者研究了2017年全国命案卷宗评比案例库中的160起命案,发现刑事辨认存在问题的案件为81起,占案件总数的50%。[2]

同时,上述规则没有涉及辨认对象即犯罪嫌疑人的权利保障,包括辨认前的知情权、队列位置选择权、对辨认主持者组织辨认过程中存在不符合规定的行为提出异议权,以及辨认结果知悉权在内的消极防御权和最基本的积极辩护权。[3]

目前,我国未成年人辨认当中,儿童刑事辨认被一些学者关注。一般认为,刑事辨认包括两个过程,目击记忆与事后识别,需要辨认人在目击时产生客观真实的记忆,且在辨认时准确保持并且调用这种记忆。对于不满13周岁的儿童辨认人来说:一方面,由于其身心发育的程度尚低,无法准确记忆目击的案件事实,导致在辨认时可能无法准确调用自己的记忆。另一方面,儿童具有取悦成人的心理倾向,且往往将侦查人员看作诚实的、知识丰富的、能够帮助自己的权威人士,因此,在一定程度上,儿童愿意改变自己的观点以迎合权威者的想法。此外,也有研究表明,大部分儿童作为辨认人进行辨认时,在出现其无法确定犯罪嫌疑人时,都倾向于猜一个答案,而不是告诉主持辨认的侦查人员自己无法确定。[4]

延伸思考

1. 证人证言和辨认笔录有什么异同?为什么?
2. 除文中提及的证据作用外,未成年人辨认笔录还有哪些意义?
3. 如何利用犯罪嫌疑人、被告人供述和辩解实现对侦查活动的有效监督以及对未成年人合法权益的保障?

延伸阅读

1. 彭海青、赵雨惠:《儿童刑事辨认错误的原因及应对》,载《北外法学》2019年第1期。
2. 刘文强:《刑事辨认工作的实证研究》,载《中国刑事警察》2019年第1期。
3. 宋维彬:《论刑事辨认笔录的证据能力》,载《当代法学》2017年第2期。

---

[1] 参见宋维彬:《论刑事辨认笔录的证据能力》,载《当代法学》2017年第2期。
[2] 参见刘文强:《刑事辨认工作的实证研究》,载《中国刑事警察》2019年第1期。
[3] 参见彭海青、赵雨惠:《儿童刑事辨认错误的原因及应对》,载《北外法学》2019年第1期。
[4] 参见彭海青、赵雨惠:《儿童刑事辨认错误的原因及应对》,载《北外法学》2019年第1期。

第三节 我国涉未成年人犯罪证据的收集存在的问题

一、我国涉未成年人犯罪证据的收集存在的共性问题

（一）不恰当取证的可能性依旧存在

未成年人在参与取证过程时，本身便具有易被误导的特性，加之我国公安机关在治安职能的履行上经常与人民群众接触，广大的影视作品等对公安机关刑事犯罪侦查职能的大力宣传，警察在大多数未成年人眼中均是正义、权威且在日常生活中富有亲和力的形象。积极正面的形象给警察等司法人员在取证时的操作提出了更大的挑战，任何带有诱导性的陈述，都可能影响未成年人的言词证据。

（二）录音录像制度普及程度相对薄弱

《公安机关讯问犯罪嫌疑人录音录像工作规定》已经对讯问未成年犯罪嫌疑人的录音录像制度作出明确规定。但是在实践当中，并不是所有未成年被害人被询问时都进行了录音录像，根据中国裁判文书网的不完全统计，2015年至2019年，儿童性侵害案件且判决书中存在被害人陈述的一共有424件，但仅有10.5%的案件是有录音录像的。[1]

（三）未成年取证流程中的权利义务规定尚不明确

一方面，未成年人出庭制度以未成年人出庭为例外，虽然其目的在于保护未成年人隐私，但是会造成法官在判断儿童证人证言证明价值、证明力时过于自由任意且限制和剥夺了被告人对质权这一基本诉讼权利；[2]另一方面，《刑事诉讼法》规定，有意作伪证或者隐匿罪证要负的法律责任。但是在未成年人尚未达到刑事责任最低年龄的情况下，如何负责尚无明确规定。如果只是勒令其监护人、法定代理人进行教育，似乎并不能达到与针对成年人之约束相同的效果。

二、我国涉未成年人犯罪证据的收集存在的个性问题

（一）未成年被害人相关证据的收集存在的主要问题

1."印证证明模式"下，容易造成多次取证。在证据调查的过程中，司法工作人

---

[1] 参见宿兰：《性侵未成年人案件被害人陈述问题研究》，中国人民公安大学2020年硕士学位论文，第30页。

[2] 参见赵珊珊：《我国刑事诉讼中儿童证人作证模式改革研究》，载《中国政法大学学报》2022年第4期。

员会为了得到与支持未成年被害人陈述相互支持的其他证据而进行重复取证。但是在一些对未成年被害人伤害巨大的案件当中,如针对未成年人的性侵案件,每一次调查取证,其实都是对未成年人身心的又一次伤害。

2. 司法人员无法满足未成年被害人的心理需求。《公安机关办理刑事案件程序规定》明确要求:"未成年人刑事案件应当由熟悉未成年人身心特点,善于做未成年人思想教育工作,具有一定办案经验的人员办理。"但是司法实践中,大多数司法工作人员并不具有心理学、教育学等学科背景,少有司法工作人员可以兼具法律知识与未成年人心理学方面的知识。

3. "一站式"取证场所的适用范围尚未明确。自 2021 年以来,"一站式"取证、救助、保护工作的专门办案场所的建设如火如荼地在全国各地开展。司法实务当中,许多侵害未成年人的严重犯罪已经纳入"一站式"取证场所中进行取证、调查,其中以性侵犯罪最为典型,绝大多数关于"一站式"取证的新闻报道都提到了对性侵犯罪未成年被害人的救助和保护,但是对"一站式"取证的适用范围,目前尚无明确的规定。此举可能导致不同地区对于相同类型犯罪未成年被害人保护的不平衡。

(二) 未成年犯罪嫌疑人、被告人相关证据收集存在的主要问题

1. 讯问场所的严肃性,与未成年人身心发展程度并不完全匹配。在被害人端,"一站式"取证场所的建设如火如荼,对犯罪嫌疑人、被告人的讯问场所来说,也需要与未成年人身心相匹配的建设。从讯问室的环境来看,全国绝大部分公安机关讯问室的布置都有明显的严肃性。[1]在这样的环境下,一方面,容易使未成年人作出虚假供述;另一方面,可能给其留下心理阴影,对国家公权力机关产生抵触,不利于日后的改造。

2. 最大化讯问策略,影响证据调查的真实性。实践中,有的司法工作人员使用恐吓策略进行审讯,如夸大或伪造证据的邪恶性质、犯罪的严重性、指控的强度,并评估可能获刑的严重程度,从而击溃犯罪嫌疑人的心理防线,进而从心理层面上促使嫌疑人作出供述。如果侦查人员在"有罪推定"的心理下展开讯问,未成年人易受暗示性倾向影响,故其供述的真实性和可靠性存在很大的风险。[2]

3. "合适成年人"这一角色形式化,无法保障未成年人的合法权益。如前文所言,在讯问过程当中的"合适成年人"并非父母或律师,而常常由社区志愿者担任,若他们不能切实照顾到未成年人的心理体验,反而会增加其心理负担。

---

[1] 参见陈棒:《未成年犯罪嫌疑人侦查讯问研究》,中国人民公安大学 2021 年硕士学位论文,第 18 页。
[2] 参见吴羽:《论讯问未成年人制度》,载《青少年犯罪问题》2019 年第 4 期。

📖 **延伸思考**

1. 本节关于共性和个性的标准是什么？你认为这样的分类是否合理？
2. 除文中提及的问题外，你认为"一站式"取证还可以在哪些方面发挥更大的社会效果？
3. "印证证明模式"下，对涉未成年人犯罪的证据调查会有哪些不利？

📖 **延伸阅读**

1. 赵珊珊：《我国刑事诉讼中儿童证人作证模式改革研究》，载《中国政法大学学报》2022年第4期。
2. 吴羽：《论讯问未成年人制度》，载《青少年犯罪问题》2019年第4期。
3. 龙宗智：《"印证"的治理》，载《法学家》2022年第2期。

第四节　我国涉未成年人犯罪证据的收集的优化路径

一、制度层面我国涉未成年人犯罪证据的收集的优化路径

（一）明确未成年人证词在刑事诉讼中的应用条件

可以考虑与实体法中关于刑事责任年龄的衔接，采取作证年龄与刑责年龄同步化。例如，《中华人民共和国刑法修正案（十一）》对《刑法》第17条的修改，不仅扩展了已满14周岁不满16周岁负刑事责任的罪名范围，还降低完全无刑事责任年龄至12周岁，附条件肯定了已满12周岁不满14周岁未成年人对于自己特定犯罪行为具有的认识能力和主观意志，那么在此类犯罪中，可以附条件地降低作证年龄至12周岁。因此，限制12周岁以下的未成年人在上述案件类型中的作证能力就与刑事实体法之间形成了衔接，显得自然。

（二）严格未成年被害人陈述等言词证据的获取与审查判断

一方面，需要避免因为受长辈威望的影响，或在长辈的脸色之下，或是受到司法工作人员的暗示或诱导而使未成年人不能正确阐述内心所想；另一方面，禁止单独讯问、询问未成年人，需要在禁止单独讯问和可能导致第三方进行暗示诱导之间找到使之平衡的措施。有学者提出，建议布置单面玻璃讯问室，以平衡二者之间的关系。[1]

---

[1] 参见陈柄臣：《未成年人言词证据在刑事诉讼中的应用研究》，载《青少年犯罪问题》2021年第5期。

在一般言词证据审查的内容之外,在对涉未成年人犯罪的证据审查时应额外关注是否遵守法定代理人是否到场的规定,法定代理人是否签字,讯问时间长短、次数,以此综合判断侦查人员有无采取变相措施侵害未成年人权益。

(三)去除"印证证明模式"的消极影响,构建具有整体特征的证明模式

证据相互印证带来信息的一致性,进而提升了法官的认知流畅度。认知流畅度往往直接影响认知主体的判断,而流畅度的高低取决于认知主体在信息加工过程中所感知的难易程度。[1] 有学者指出,印证证明模式与国外"整体主义"的证据分析具有重要区别。然而,印证证明模式与证据分析的"整体主义"方法的基本思维路径却有一致性,即以证据群的关联性和整体性思维,确认证据的证明力,并最终认定案件事实。目前,司法实践中存在的过度依赖印证、错误适用印证的制度倾向与做法需要进行调整。随着国家治理方式、治理能力现代化的推进,对印证的治理具有一定的现实可能性。因为我们所追求的理想治理模式并非整体主义的绝对化,而是有包容性的整体主义。[2]

二、实践层面我国涉未成年人犯罪证据的收集的优化路径

(一)保障涉未成年人犯罪证据调查过程的录音录像质量

一方面,这需要对所有刑事诉讼参与人员进行专项培训,向其明确录音的重要意义,培养操作技能。例如,了解何时录音、如何操作设备、如何保证音质质量等。同时,还需要采取加密存储与限权访问等措施,确保录音资料不外泄和不被非法更改。另一方面,针对没有进行全程录音录像的涉未成年人犯罪证据,应当明确当值人员对其调查证据的追责尺度;甚至可以考虑设立专门机构定期对录音质量进行抽查,发现问题要及时纠正。这不仅可以提升录音水平,还能起到监督作用。

(二)提升司法工作人员的专业性

一方面,可以吸收具有心理学、教育学背景的专业人士进入司法人员队伍。随着社会的发展,通常的司法人员队伍素养难以完全满足这一需求。相对于传统的法律训练,吸收具有相关学历背景的专业人士,有利于公安工作的新突破。这类人士掌握心理学与教育学的知识框架,能够透过专业视角了解案犯情况,以便进行个体化处理。尤其是在针对未成年人的案件中,其不仅可以提升案件调查的质量与效率,而且更加有助于保障未成年人的各项权利。此外,其也能运用相应理论分析案犯形成原因,为轻罪犯进行专项辅导。当然,这类人员的进入也需进行重要执法理论与实践的

---

[1] 参见谢澍:《未成年人证言审查之整体主义进路》,载《青少年犯罪问题》2019 年第 3 期。
[2] 参见龙宗智:《"印证"的治理》,载《法学家》2022 年第 2 期。

培训。公安机关若加强对相关人员的管理与带动,通过他们为司法工作注入新活力显然更有利。同时,也应给予相应政策支持与待遇,以留住优秀人才。只有司法队伍多元化,才能更好地适应社会变化和人口结构调整,服务群众的需要。

另一方面,司法机关也可以与有关学科高校携手,开设联合培训计划。让现有司法人员通过课堂与实践相结合提升能力。此外,还可以鼓励个人深造,考取心理咨询师资格证或教师资格证等。

(三)扩大"一站式"取证场所的适用范围

"一站式"取证场所在我国最早的实践,是为了保护性犯罪的未成年被害人免受"二次询问"的伤害。之后各地跟进的"一站式"取证场所建设实践,大多数也是以保护在性犯罪当中受到侵害的未成年被害人为出发点,此类案件的取证,在国内许多地区已经成为司法人员的共识。随着各地实践的深入,"一站式"询问、救助机制渐渐从性侵害未成年人犯罪案件办理扩展到各类侵害未成年人犯罪案件办理中。[1] 在涉未成年人犯罪的证据调查过程中,"一站式"取证场所的鉴定、安抚等功能,并非只是被害人的需求,一些精神受到惊吓的未成年证人,心理情况特殊的未成年犯罪嫌疑人、被告人,一些轻罪的未成年犯罪嫌疑人、被告人等,都需要且应当得到类似的支持与帮助。因此,在实践中,适当扩大"一站式"取证场所的适用范围,更有利于维护司法公正与保障未成年人的合法权益。

延伸思考

1. 未成年被害人陈述等言词证据的获取与审查判断还可以从哪些角度进行改进?为什么?

2. 司法工作人员还可以从哪些角度进行提升,从而在刑事诉讼当中保障未成年人的合法权益?

3. 如何利用犯罪嫌疑人、被告人供述和辩解实现对侦查活动的有效监督以及对未成年人合法权益的保障?

延伸阅读

1. 陈柄臣:《未成年人言词证据在刑事诉讼中的应用研究》,载《青少年犯罪问题》2021 年第 5 期。

2. 谢澍:《未成年人证言审查之整体主义进路》,载《青少年犯罪问题》2019 年第 3 期。

3. 宋宜霖:《我国〈刑事诉讼法〉中关于未成年人作证制度的规定探究》,载《西部学刊》2023 年

---

[1] 参见郭荣荣:《"一站式"办案区如何从"建好"到"用好"》,载最高人民检察院官网,https://www.spp.gov.cn/spp/zdgz/202301/t20230112_598324.shtml。

第 15 期。

本章小结

本章的主要内容是涉未成年人犯罪的证据调查,分别从涉未成年人犯罪证据概述、我国涉未成年人犯罪证据收集现状、我国涉未成年人犯罪证据的收集存在的问题、我国涉未成年人犯罪证据的收集的优化路径 4 部分展开阐述。其中,涉未成年人犯罪案件,应当指有未成年人以一定的身份(犯罪嫌疑人、被害人、证人等)参与到刑事诉讼过程当中的刑事案件。当前,我国涉未成年人犯罪证据的收集存在诱导误导取证、录音录像制度缺乏、权利义务不明确、证人审查标准缺失等弊端,因此,本书主张明确未成年人证词在刑事诉讼中的应用条件,严格未成年被害人陈述等言词证据的获取与审查判断,去除"印证证明模式"的消极影响,从而构建具有整体特征的证明模式。

第十七章　职务违法犯罪的证据调查

本章重点内容

职务犯罪监察程序调查取证的标准、职务犯罪监察程序中证据标准与证据证明标准的区别、职务犯罪监察程序中非法证据排除规则。

本章思维导图

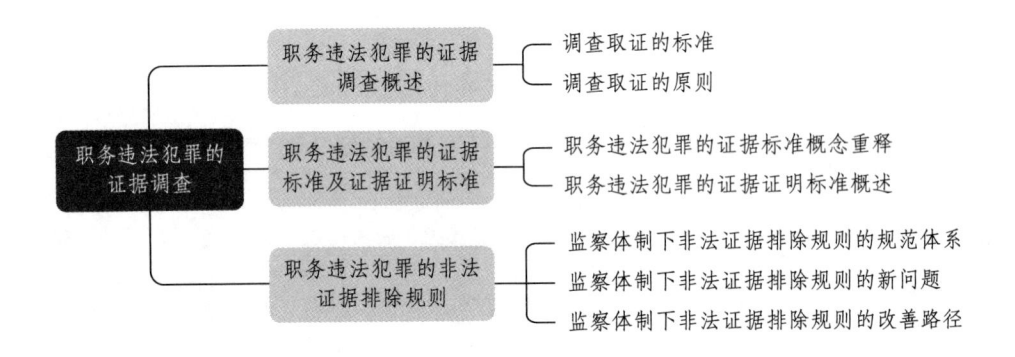

```
                    ┌─ 职务违法犯罪的证据      ─┬─ 调查取证的标准
                    │  调查概述                └─ 调查取证的原则
                    │
职务违法犯罪的       ├─ 职务违法犯罪的证据      ─┬─ 职务违法犯罪的证据标准概念重释
证据调查            │  标准及证据证明标准       └─ 职务违法犯罪的证据证明标准概述
                    │
                    └─ 职务违法犯罪的非法      ─┬─ 监察体制下非法证据排除规则的规范体系
                       证据排除规则            ├─ 监察体制下非法证据排除规则的新问题
                                              └─ 监察体制下非法证据排除规则的改善路径
```

2018 年《监察法》颁布，实现了对所有行使公权力的公职人员监督的全覆盖，推动权力反腐工作化、法治化。监察委作为独立运行的国家机关，依据《监察法》对职务犯罪进行调查。2024 年修改后的《监察法》第 18 条、第 36 条和第 43 条规定了监察机关调查取证有关职权及其程序。作为新出台的法律，必然存在亟待完善之处。明晰职务犯罪监察程序中的证据标准、证据证明标准以及监察程序中的非法证据排除规则能够促进证据理论的进一步发展。

第一节　职务违法犯罪的证据调查概述

一、调查取证的标准

监察机关在调查程序中,需要注意以下两个标准。

一是法律标准,即能否形成"相互印证、完整稳定的证据链"。具体表述为,全案的各个证据之间必须形成一个能相互印证、不互相矛盾,同时能够证明被调查人违法或者犯罪的证据链条。在我国刑事司法实践中,侦查机关审查起诉、审判机关审理案件都需要证据的相互印证,全案的证据能够相互印证是"事实清楚,证据确实、充分"要求中的最低限度标准。我国《监察法》第36条第2款规定:"监察机关在收集、固定、审查、运用证据时,应当与刑事审判关于证据的要求和标准相一致。"这就说明,尽管监察调查程序与刑事侦查程序有所不同,但是根据该条规定,调查程序和侦查程序在收集、固定、审查、运用证据时,在证据的要求和标准方面是一致的。

二是政治标准,也就是能不能经得起检察机关、法院的审查,能不能经得起历史和人民的检验。"如果证据不扎实、不合法,轻则检察机关会退回补充侦查,影响惩治腐败的效率;重则会被司法机关作为非法证据予以排除,影响案件的定罪量刑;对于侵害当事人权益、造成严重问题的,还要予以国家赔偿。"[1]也是因为这样,我国《监察法》第36条第2款才作出专门规定。这就需要用法治的思维和方式,推动反腐败案件的调查与取证工作。如果想要确保监察机关能够依法全面地收集证据,查明犯罪事实,那么最直接、最根本的条件之一,就是监察机关在采取调查措施的时候,一定要严格按照法律和相关标准收集证据,而不能等到案件即将被移送到司法机关,或者已经进入了司法程序之后,才处理证据的合法性。

二、调查取证的原则

(一)依法全面收集证据的原则

监察机关工作人员需要按照法定的程序,收集被调查人违法违纪的各种证据。总体而言有两个要求:一是要全面、客观地收集证据。调查取证工作是为了全面、客观地评价被调查人,证据调查不仅是为了确定其确实有罪,通过该程序也能够客观反

---

[1]　中共中央纪律检查委员会、中华人民共和国国家监察委员会法规室编写:《〈中华人民共和国监察法〉释义》,中国方正出版社2018年版,第189页。

映被调查人无罪或者犯罪情节轻微,从而体现证据调查的意义。我国《监察法》第52条第2款规定:"监察机关经调查,对没有证据证明被调查人存在违法犯罪行为的,应当撤销案件,并通知被调查人所在单位。"这是我国宪法规定的平等原则和《刑事诉讼法》第12条规定的"未经人民法院依法判决,对任何人都不得确定有罪"所蕴含精神的深刻体现。二是监察机关在收集证据的同时,也要对所收集的证据进行分析研究,甄别真伪,从而既保证相关证据的真实性、合法性和关联性,又能形成相互印证的完整稳定的证据链。

(二)严禁以非法方式收集证据的原则

纵观世界各国的立法实践,美国《第五条修正案》对"不能强迫自证其罪"作了明确的规定,并在此基础上推出了"不能强迫自证其罪"的宪法判例;日本和其他一些国家的宪法也都存在"不能强迫自证其罪"的规定,同时也有具体的排除规则;德国基本法是从公共权力的限制性中推导出这一规则的。[1] 为了全面保障人权,全世界都在努力制订具有普遍性的指导方针。《世界人权宣言》《公民权利和政治权利国际公约》《禁止酷刑和其他残忍、不人道或有损人格的待遇或处罚公约》等都作出了明确规定。《监察法》秉承了这些国际公约的精神,对证据收集的方式作出了否定性规定,排除了非法证据的收集,这一条文融合了《刑事诉讼法》和《中国共产党纪律检查机关监督执纪工作规则》的相关规定。如我国《刑事诉讼法》第52条规定:"严禁刑讯逼供和以威胁、引诱、欺骗以及其他非法方法收集证据,不得强迫任何人证实自己有罪……"《中国共产党纪律检查机关监督执纪工作规则》第43条第2款规定:"……严格禁止使用违反党章党规党纪和国家法律的手段,严禁逼供、诱供、侮辱、打骂、虐待、体罚或者变相体罚。"该条文与《监察法》第36条第3款"以非法方法收集的证据应当依法予以排除,不得作为案件处置的依据",共同铸就了监察领域的非法证据排除规则,既顺应了当前的潮流,又符合宪法人权保障的规定,是我国《宪法》规定的"国家尊重和保障人权"在监察法中的具体体现。

我国《监察法》第43条第2款规定:"调查人员应当依法文明规范开展调查工作。严禁以暴力、威胁、引诱、欺骗及其他非法方式收集证据、严禁侮辱、打骂、虐待、体罚或者变相体罚被调查人和涉案人员。"关于"非法方式"的内涵,应当明确如下:第一,"刑讯逼供",也就是用肉刑或变相体罚的手段。第二,其他使被调查人或涉案人员在肉体上遭受剧烈疼痛或者痛苦的方法,如较长时间冻、饿、晒、烤等方式。第

---

[1] 参见汪进元:《非法证据排除规则的宪法思考——兼评我国刑事诉讼法的修改》,载《北方法学》2012年第1期。

三,需要明确其他使被调查人或涉案人员在肉体上遭受剧烈疼痛或者痛苦的方法。《〈中华人民共和国监察法〉释义》一书中就有"长时间不让睡觉等手段"的表述,可以看出,"非法手段"并不仅仅是暴力手段。第四,其他使被调查人或涉案人员在精神上遭受剧烈疼痛或者痛苦的方法,如让被调查人服用药物、对其进行精神折磨等。第五,本条款列举的"威胁、引诱、欺骗"等方法。根据《〈中华人民共和国监察法〉释义》一书的说明,《监察法》作此规定是因为,"特别是以刑讯逼供,或者威胁、引诱、欺骗方式取得的被调查人和涉案人员的口供,是其在迫于压力或被欺骗的情况下提供的,虚假的可能性非常之大,仅凭此就作为定案根据,极易造成错案"。[1]

延伸思考

1. 监察证据调查原则与侦查证据调查原则有何异同?
2. 监察证据调查标准有何独特之处?

延伸阅读

1. 董坤:《监察与司法的衔接:理论、制度与机制》,北京大学出版社 2022 年版。
2. 赵恒:《职务犯罪案件认罪认罚从宽制度研究》,载《比较法研究》2022 年第 2 期。
3. 程雷:《监察调查权的规制路径——兼评〈监察法实施条例〉》,载《当代法学》2022 年第 4 期。

第二节 职务违法犯罪的证据标准及证据证明标准

在我国的法治实践中,经常出现将证据标准与证据证明标准、充分性标准等事实认定标准混淆的情况。[2] 监察体制改革后,国家监察委员会曾专门就监察证据标准的理解与适用问题进行了全国范围内的调研,但各地对监察证据标准的理解与适用也存在不完全一致的情况。以上情况表明,有必要通过对监察证据标准概念本身的理论探讨推动监察证据标准概念的规范化运用。

---

〔1〕 中共中央纪律检查委员会、中华人民共和国国家监察委员会法规室编写:《〈中华人民共和国监察法〉释义》,中国方正出版社 2018 年版,第 191 页。

〔2〕 参见熊晓彪:《证据标准的具象维度与实践纠偏——兼论类案证据标准的数据化统一》,载《北京航空航天大学学报(社会科学版)》2022 年第 4 期。

一、职务违法犯罪的证据标准概念重释

（一）职务违法犯罪证据标准的理论内涵

随着国家监察体制改革和《监察法》的颁布，贪污贿赂等职务犯罪案件已改由监察机关调查取证并移送检察机关审查起诉。《监察法》第 36 条第 1 款、第 2 款明确规定："监察机关依照本法规定收集的物证、书证、证人证言、被调查人供述和辩解、视听资料、电子数据等证据材料，在刑事诉讼中可以作为证据使用。监察机关在收集、固定、审查、运用证据时，应当与刑事审判关于证据的要求和标准相一致。"可见，《监察法》规定的职务犯罪案件证据标准与《刑事诉讼法》规定的证据标准具有一致性、统一性。从案件特点和司法实践看，职务犯罪案件与一般刑事案件相比，其证据标准存在一定的特殊性和差异性。职务违法犯罪证据包括了用以证明公职人员职务违法的材料和证明公职人员职务犯罪的材料。与《刑事诉讼法》规定的一致的证据标准在此不再赘述，本书主要围绕《监察法》的规定结合职务违法犯罪案件的独特性，探讨职务违法犯罪的证据标准。

职务违法犯罪证据标准的理论内涵可作如下分解：

第一，职务违法犯罪的证据收集标准。传统的法学研究主要关注庭审过程中的证据问题，对证据收集环节的关注不够。[1] 证据收集标准主要规定在程序法中，因此，取证标准是一种程序性标准。职务违法与职务犯罪证据的收集规则实际上是取证措施的使用规则。[2]《监察法》《监察法实施条例》等法律法规对职务违法犯罪案件取证活动的具体标准进行了详细规定，已经形成了与刑事侦查取证有关又有所区别的取证制度。职务违法犯罪案件的证据收集标准可以分为两类具体标准，即证据收集的实质性标准和证据收集的程序性标准。前者主要限定了证据收集的内容和主体，如《监察法》第 43 条规定的全面收集原则就是一种针对证据收集内容的具体标准；《监察法实施条例》第 113 条规定的"搜查女性的身体，由女性工作人员进行"则是针对证据收集主体的具体标准。后者主要规定了监察措施运用的程序规定，包括对案件适用调查措施类型的限制以及对监察调查措施使用的限制。

第二，职务违法犯罪的证据固定标准。证据作为"能够增加某一假说之概率的信息"[3]，其信息本质决定了证据的两大特点：一是证据信息需要以具体的媒介作为传播工具，二是证据信息可能由于时间变化或其他原因而发生信息损失。为了减少信

---

[1] 参见马方：《侦查取证规则基础理论研析》，载《社会科学研究》2006 年第 5 期。

[2] 参见阳平：《论监察取证规则的建构逻辑》，载《行政法学研究》2022 年第 5 期。

[3] Peter Achinstein, *The Book of Evidence*, Oxford University Press, 2001.

息损失，需要证据收集主体及时采取措施对证据进行固定、提取和存储；为了方便证据信息的传播和应用，必须以具体的形式固定并呈现证据信息。为了解决这些问题，立法对证据的形式作出了列举性规定，即"法定证据种类"。《监察法实施条例》第59条详细列举了8类监察证据的具体类型。而《关于查处党员违纪案件中收集、鉴别、使用证据的具体规定》第2条则规定了9种证据类型。"利用专门的法律条文对证据种类进行规定，是我国刑事诉讼证据分类的一大特色。"[1]实践中，证据是否属于法定证据类型被视为判断证据合法性的重要方面。对于每一类证据，都有对应的固定和保存标准。如《监察法》第44条第2款规定的重要取证录音录像制度，即属于证据固定标准；《监察法实施条例》第128条关于查封扣押特定物品如何保存的规定，即属于证据保存标准。更多的证据提取固定以及证据保管链条的具体标准，系由操作规程或行业规范予以规定。

第三，职务违法犯罪的证据审查判断标准。证据审查判断标准是核心的证据标准，旨在解决证据可运用性问题。在长期的司法实践中，证据审查判断标准被简单地总结为对"证据三性"的审查，形成的证据标准即为证据具有关联性、真实性和合法性。然而，在实践中，对证据的审查判断更加复杂，通常需要对证据的自然属性和法定属性进行全面审查。[2]从《监察法》《监察法实施条例》的具体规定来看，监察证据的审查标准至少包括以下几类具体标准：一是针对证据能力的具体标准，即传统证据审查标准中证据真实、合法、关联等具体标准，其旨在解决单一证据是否具备证据资格的问题；二是针对证据数量与证据性质的具体标准，如《监察法实施条例》第60条第1款规定的形成"完整稳定的证据链"以及第2款规定的口供类证据"孤证不定案"原则等；三是针对证据间关系的具体标准，如《监察法》第43条关于证据相互印证的规定，《监察法实施条例》第61条规定的审查证据间相互联系、第62条规定的"据以定案的证据之间不存在无法排除的矛盾"等。后两类具体标准均旨在解决监察证据的可信性等问题。

第四，职务违法犯罪的证据运用标准。在事实认定阶段，证据运用环节扮演着重要角色，它通过使用已经接受的证据还原案件事实。因此，职务违法犯罪证据运用标准的主要目的是满足证明特定案件事实所需的证据要求。从《监察法》《监察法实施

---

[1] 林劲松：《法定证据种类的解释视角反思——以刑事诉讼为中心的分析》，载《浙江大学学报（人文社会科学版）》2016年第4期。

[2] 参见郑飞：《证据属性层次论——基于证据规则结构体系的理论反思》，载《法学研究》2021年第2期。

条例》等法律法规的规定中可以看出,立法主要确定了两种证据的运用标准:一种标准是关于定案事实的"证据锚定"标准,即《监察法实施条例》第62条第1项规定的"定性处置的事实都有证据证实",以及第63条第1项规定的"定罪量刑的事实都有证据证明"。案件事实的范围需要通过对法定要件与案件事实的归属论证予以确认,而案件事实的确认必须依赖于证据的确凿与证实。这种要求体现了主要案件事实必须通过证据加以证明的要求。另一种标准是全案证据证明标准。通常情况下,证据证明标准的设定与案件所涉法益的重要程度有关。事实认定所涉及的利害关系越大,就需要更强有力的支持性证据,才能使其认定更具说服力。[1] 因此《监察法实施条例》为职务违法案件与职务犯罪案件设置了差异化的证据证明标准,即第62条第4项规定职务违法案件须达到"事实清晰且令人信服"的标准,第63条第3项规定职务犯罪案件须达到"排除合理怀疑"的标准。对于违纪案件的证据证明标准,《中国共产党纪律检查机关监督执纪工作规则》等党内法规、规范性文件仅就抽象证据证明标准作出了"事实清楚、证据确凿"的原则性规定。

(二)职务违法犯罪证据标准与证据证明标准之界分

在处理职务违法犯罪案件的司法实践中,监察机关经常使用证据标准取代证据证明标准。在我国,"证据标准"和"证据证明标准"这两个概念是相似的,在很长一段时间内被混用,都指的是审查认定证据材料所依据的规范。[2] 自20世纪90年代以来,随着证据法学研究的发展,证据证明标准成为证据法学研究的热门问题,证据证明标准的概念逐渐清晰化,但证据标准的概念未得到重视。在纪检监察实践中,对监察证据标准的使用频率远高于监察证据证明标准。然而,在概念内涵上二者仍没有明显区别,职务违法犯罪证据标准容易被误认为是证据证明标准的替代术语。[3] 为了加强对证据标准的理解与应用,应在理论层面解决上述概念混淆问题。

在刑事诉讼领域,证据标准和证据证明标准之间主要存在两方面的差异。首先,在适用阶段上有所不同,证据标准主要适用于审前阶段,证据证明标准主要适用于审判阶段。其次,参与主体不同,证据标准仅涉及公权力主体,证据证明标准涉及控辩审三方主体。[4] 在以审判为核心的刑事诉讼法学领域中,对证据证明标准的研究比对证据标准的研究更加深入。主要原因有两个:首先,诉讼意义上的证明仅存在于法

---

[1] 参见[新加坡]何福来:《证据法哲学——在探究真相的过程中实现正义》,樊明、曹佳、张保生等译,中国人民大学出版社2021年版,第257~258页。

[2] 参见王牧:《也谈刑事证据审查判断标准》,载《当代法学》1988年第2期。

[3] 参见秦宗文:《证据标准的双维分析:基准与动力》,载《中国刑事法杂志》2021年第3期。

[4] 参见董坤:《证据标准:内涵重释与路径展望》,载《当代法学》2020年第1期。

庭审判阶段，与审前公诉阶段无关；其次，证据证明标准可以包含证据标准无法涵盖的证明责任和证明不能等内容。然而，这种对证据标准与证据证明标准的区分是以刑事审判为基础的视角，具有一定的局限性，无法适用于纪检监察领域。大部分纪检监察案件不会进入刑事诉讼程序，这些案件没有严格意义上的"审前阶段"，且《监察法实施条例》对职务违法案件也规定了明确的证据证明标准。

适用阶段与参与主体两个标准无法成为界定监察证据标准与证据证明标准的决定性因素。[1] 对于职务违法犯罪证据标准和证据证明标准的具体区别，需要结合具体规范进行考察。职务违法犯罪证据标准的原则性规定可以在《监察法》第36条第2款中找到："监察机关在收集、固定、审查、运用证据时，应当与刑事审判关于证据的要求和标准相一致。"根据这个规定，职务违法犯罪证据标准可以概括为"监察机关在收集、固定、审查、运用证据时所需达到的要求和标准"，其具体规定可以在《监察法实施条例》的相关条款中找到，并不仅限于第62条、第63条的规定。立法并没有直接界定职务违法犯罪证据证明标准的概念，但是《监察法实施条例》对相关证据证明标准的具体标准作出了规定。根据《监察法实施条例》第62条第4项的规定，职务违法案件调查终结的证据证明标准为"综合全案证据，所认定事实清晰且令人信服"；根据第63条第3项的规定，职务犯罪案件调查终结的证据证明标准为"综合全案证据，对所认定事实已排除合理怀疑"。

综上所述，可以得出一个结论：职务违法犯罪证据证明标准是监察机关及司法机关对待证事实进行证明时必须达到的法定要求或程度；职务违法犯罪证据标准是用来确定案件的证据需要具备的最低要求，包括要件证据和必要附属证据。在实践中，职务违法犯罪证据证明标准和证据标准可以概括如下：证据证明标准是一种针对案件事实问题设定的程度性标准，仅适用于事实问题的证明，其本质是要求证明活动达到的程度和要求，在不同案件性质和处理阶段有不同的标准高低。证据标准则是一种复合性标准，适用于案件的证据收集、固定、审查和运用的全过程，用于指导证据收集，并作为预设标准对收集的证据的能力、性质、数量和形态等进行筛选判断。

二、职务违法犯罪的证据证明标准概述

（一）职务违法犯罪监察调查中证据证明标准的概念

随着国家监察体制改革的深入推进，职务犯罪案件的办理由监察机关进行，所以案件证据的发现、收集、审查主要集中在监察调查阶段，在厘清了职务违法犯罪证据

---

[1] 参见陈光中主编：《证据法学》（第4版），法律出版社2019年版，第356页。

标准与证据证明标准理论后,深入剖析在监察调查中其证据证明标准,具有深刻意义。要探讨监察调查阶段证据证明标准问题,首先应当明确何为监察证据。《监察法》第 36 条规定了监察机关根据本法收集的证据材料可以在刑事诉讼中适用以及监察证据获取和使用的标准,[1]但并没有对"监察证据"作出定义。《〈中华人民共和国监察法〉释义》中对监察证据定义采取的是"实际情况说"[2]《监察法实施条例》第 59 条规定:证据是可以用于证明案件事实的材料。由此可知,目前对监察证据比较权威的定义有"材料说"和"实际情况说",但是学界普遍认为将"实际情况说"修改为包含各种信息材料的"材料说"更具合理性。在诉讼过程中,将真假不明的证据材料一律归为"真实",这种做法不符合客观情况。随着科技的进步和信息资料的广泛应用,将证据视为事实已经难以适应时代的发展。[3] 因此,有学者将监察证据描述为监察机关在履行监督、调查和处理职能过程中依法收集的用于证明被调查对象是否存在违法犯罪行为的材料。明确了监察证据的定义后,我们需要进一步探讨监察证据的证据证明标准是什么。

证据证明标准,是指证明所需达到的程度和水平,可以参考诉讼法学中对证据证明标准的定义。在刑事诉讼法中,证据证明标准是指证明主体在刑事诉讼中使用证据证明其负有证明责任的案件事实所需达到的程度。[4] 因此,监察调查证据的证据证明标准可以被定义为法律要求使用监察证据证明案件事实所需达到的程度。英美法系国家将证据证明标准定义为负有举证责任的当事人对其所主张的事实所需达到的程度和数量,并在立法上规定了许多例外和排除规则。大陆法系国家的证据证明标准概念强调法官凭借自己的良心和理性进行内心确认,当事人的证明责任与法官对当事人争议事实的心证密切相关。证据证明标准是一个兼具主观性和客观性的概念。一方面,在诉讼中要确定的事实发生在过去,很难进行完全复原,由于时间和资源的限制更加不现实。因此,在大多数情况下,监察人员只能依赖自己对争议事实真伪的主观判断。另一方面,由于主观判断存在极大的不确定性,容易导致法官作出主观裁决并且对司法权威不利。为了使事实认定具有一定的可预测性和稳定性,需要确立某种可预测且相对稳定的标准供裁判者进行主观判断,以使其具备"客观性"。

---

[1] 参见张旭、杨丰一:《新时代腐败犯罪的法治防控研究》,载《法学杂志》2019 年第 9 期。

[2] 监察证据是指"以法律规定形式表现出来的,能够证明监察机关所调查事项的真实情况的一切事实"。参见中共中央纪律检查委员会、中华人民共和国国家监察委员会法规室编写:《〈中华人民共和国监察法〉释义》,中国方正出版社 2018 年版,第 123 页。

[3] 参见兰跃军:《论监察证据在刑事诉讼中使用》,载《证据科学》2018 年第 6 期。

[4] 参见周登谅编著:《刑事诉讼法》,华东理工大学出版社 2014 年版,第 69 页。

简单来说,证据证明标准的作用是确立一个客观的准则,以约束和指导对事实的主观认定。监察机关在收集案件事实证据时,需要收集被调查人是否有违法犯罪行为及其情节轻重的证据,并形成相互印证、完整稳定的证据链条。证据证明标准是监察机关收集证据的具体指引和事实认定的规范,在特定阶段需要根据证据证明标准进行衡量,启动和推进相关案件,同时特定的监察措施也需要经过证据证明标准的审查和控制后才能应用。因此,监察调查工作的基本趋势和运行状态在很大程度上取决于监察证据的证据证明标准。[1]

(二)职务违法犯罪监察调查中证据证明标准的功能

1. 事实认定

在证据证明标准的事实确认功能方面,一般观点认为应当根据诉讼内在的事实裁决案件,以区分客观真实和诉讼真实,考虑诉讼活动的特性,实现客观真实是困难的。[2] 然而,陈光中教授认为,在诉讼实践中,除强调客观真实外,也应该承认法律真实的必要性。适用者应基于确凿充分的证据清楚地认识犯罪事实,以实现主观认识与客观事实的统一。从上述学者的观点可以看出,证据证明标准有助于揭示真相并正确地适用法律,具有事实确认的作用。证据证明标准是用来准确确定事实的工具。监察调查程序作为一个独立完整的诉讼程序,从立案启动、案情具体审查认定到最终处置决定的作出,都需要通过证据证明标准揭示事实真相,在调查的各个阶段都需要达到相应事实确认的程度。

2. 程序推进

监察证据证明标准与监察调查程序之间是互相促进的,只有符合相应的事实认定标准,才能启动和推进监察调查程序。随着调查程序的进行,监察人员通过获取更多的证据满足更高的证据证明标准。根据《监察法》第 52 条第 4 项的规定,人民检察院在依法审查达到证据证明标准的案件后应当提起公诉,这体现了监察调查证据证明标准在推进程序方面的作用。科学合理的证据证明标准明确了举证的强度,为承担证明责任的一方在寻找证据材料时提供了明确的目标和方向,有效地激发了举证主体的积极性,保障了监察活动的顺利进行。

3. 人权保障

国家监察法的制定和监察权的行使必须遵循宪法中规定的人权保障原则。对于

---

[1]《监察法》第 43 条第 1 款规定,监察机关对职务违法和职务犯罪案件,应当进行调查,收集被调查人有无违法犯罪以及情节轻重的证据,查明违法犯罪事实,形成相互印证、完整稳定的证据链。

[2] 参见李海萍、唐良艳主编:《证据学》(第 2 版),法律出版社 2020 年版,第 122 页。

留置这一强制措施,《监察法》规定了严格的证明要求;如果案件事实不清楚,证据不充分或者对被告人的定罪存在合理怀疑,就应该按照无罪推定原则,给予被调查人有利的解释。这些要求可以确保监察机关在调查过程中达到一定程度的人权保障标准。在处理职务违法和职务犯罪的统一监察程序中,根据社会危害程度设立了不同的证明要求,以构建阶梯式的人权保障体系。适用较低标准以有利于被告人的事实,也是《监察法》第5条"保障监察对象及相关人员的合法权益"原则的应有之义。

延伸思考

1. 进一步区分监察证据标准与证据证明标准。
2. 监察证据的证明力如何界定?

延伸阅读

1. 秦前红主编:《监察法学教程》,法律出版社2019年版。
2. 马怀德:《〈国家监察法〉的立法思路与立法重点》,载《环球法律评论》2017年第2期。
3. 魏昌东:《〈监察法〉与中国特色腐败治理体制更新的理论逻辑》,载《华东政法大学学报》2018年第3期。

第三节 职务违法犯罪的非法证据排除规则

不同国家和时期的发展,导致非法证据排除规则呈现出多种形式。尽管监察体制是一项全新的制度设计,可能对现有刑事诉讼法产生冲击,但非法证据排除规则所承载的人权保障和正当程序价值应该被任何新兴制度吸收或融入。此外,非法证据排除规则也需要具备明确的属性,以避免在制度变革中引起混淆和变异。

一、监察体制下非法证据排除规则的规范体系

(一)宏观框架

在宏观层面上,针对由监察机关调查的职务犯罪案件,目前我国法律体系中形成了以《宪法》为基础、以《刑事诉讼法》和《监察法》为核心、以司法解释等规范性文件

为支撑的非法证据排除规则体系。[1] 首先,我国《宪法》确立了保护公民人身自由、财产权、人格尊严等基本权利不受侵犯的原则,为非法证据排除规则提供了宪法依据。我国通过立法保障《宪法》所规定的基本人权,并通过法律实施实现其实质效力。其次,根据《宪法》《刑事诉讼法》第56条原则性地规定了非法证据的范围和排除方式,最高人民法院制定的司法解释进一步细化了这一规定,包括最高人民法院、最高人民检察院、公安部、国家安全部、司法部发布的2010年《关于办理刑事案件排除非法证据若干问题的规定》、2017年《刑案严格排非规定》以及2018年实施的最高人民法院《人民法院办理刑事案件排除非法证据规程(试行)》(以下简称《刑案排非规程》)等。最后,虽然非法证据排除规则是一项关于证据审查判断和适用的规则,但对证据的非法性判断与取证程序规范密不可分。监察机关在职务犯罪调查过程中的调查取证程序规范由《监察法》制定,并通过国家监察委员会制定的政策性文件以及与最高人民检察院共同制定的《国家监察委员会与最高人民检察院办理职务犯罪案件工作衔接办法》等进一步细化。

(二)微观构成

在微观层面上,非法证据排除规则可以被细分为实体性规则和程序性规则。前者涵盖了非法证据的种类、认定标准和排除方法,后者则包括了非法证据排除的启动主体、启动方式、运用主体、审查方式和救济途径。监察体制改革对这两方面的规则都产生了一定程度的影响。本书将简要概述实体性规则和程序性规则的立法现状。

1. 实体性规则

(1)非法证据的类型

如前所述,非法证据排除规则的基础在于保障人权的理论。非法证据,是指以侵犯公民基本权利的方式获得的证据。根据所要保护的公民基本权利的类型,非法证据可以分为两类:一是侵犯公民人身自由、人格尊严权、意志自由等基本权利的非法证据,其取得方式包括刑讯逼供、暴力、威胁、非法限制人身自由等方法,通常表现为言词证据;二是侵犯公民财产权、住宅安宁权、隐私权等宪法性权利和《刑事诉讼法》规定的重要诉讼权利的非法证据,其取得方式包括违反法定程序的搜查、扣押等,通常表现为物证。[2] 这两类非法证据一般被称为非法言词证据和非法物证,但这两种称谓并不能准确地表明非法证据不同类型的内容,在派生证据的问题上也有所体现。

---

[1] 参见龚举文:《论监察调查中的非法证据排除》,载《法学评论》2020年第1期。
[2] 参见戴长林、罗国良、刘静坤:《中国非法证据排除制度:原理·案例·适用》(修订版),法律出版社2017年版,第73~80页。

然而,为了简洁表达,本书仍采用这两种称谓,同时也应注意可能造成的混淆和局限。

(2)非法证据的认定标准

就非法言词证据的确认而言,关键在于是否给人带来了剧烈的身体或心理的折磨,这一确认标准被称为"痛苦规则"。[1] 我国的非法证据排除制度主要是以排除非法言词证据为重点,尤其是以遏制刑讯逼供为重点。刑讯逼供作为最典型的非法取证方法,始终是非法证据排除制度规范的"首要对象",特别是在高度依赖供述的腐败犯罪案件中。由于刑讯逼供具有明显的外部特征,如肉刑和变相肉刑,因此,通过物理强制造成的痛苦在实践中可以追溯,所以对其非法证据的确认相对容易。对于通过暴力、威胁手段获取的言词证据,虽然作用于精神层面,相对较难辨识,但从逻辑上仍属于以制造痛苦的取证方式,使人在精神上遭受剧烈的疼痛或痛苦。然而,对于通过引诱、欺骗等手段获取的言词证据,由于其不具备典型的"痛苦"特征,因此,难以纳入《刑事诉讼法》及其相关解释所构建的非法证据排除制度的适用范围。可以看出,《刑事诉讼法》第52条明确将刑讯逼供,威胁、引诱、欺骗等列为"非法方法",但在排除问题上将范围局限于刑讯逼供以及与刑讯逼供的暴力、威胁方法所造成的痛苦程度相同的情况,这并没有保持法律体系的协调性。

相较于非法言词证据,非法物证的认定相对明确、易于操作。侵犯公民人身自由、意志自由的取证行为多发生于讯问、询问过程中,而讯问、询问是一项灵活主动的取证手段,不宜对其规制过多,否则会导致僵化而不利于案件的调查。侵犯公民财产权、住宅安宁权、隐私权等其他宪法性权利和刑事诉讼法规定的重要诉讼权利的取证行为多发生于搜查、扣押等过程中,对于搜查、扣押等取证行为,《刑事诉讼法》及其配套解释可以制定详细且刚性的程序规范,因此,调查取证者不应有过多的自由裁量权。此外,非法物证的认定依据存在于《刑事诉讼法》第56条第1款关于排除物证和书证的规定之中。就该项规定,有两点值得注意。

第一,非法实物证据认定的适用范围不仅限于物证和书证。根据《刑事诉讼法》第50条的规定,实物证据的种类包括但不限于物证、书证,还涵盖了勘验、检查、辨认、侦查实验等笔录,视听资料、电子数据等证据。因此,《刑事诉讼法》在这里没有提及其他实物证据,并不意味着非法实物证据认定的对象仅限于物证和书证。考虑保障人权的目标,任何实物证据都有可能存在非法收集的风险。在传统的搜查、扣押活动中,获取物证和书证可能涉及非法取证。在侦查手段不断进步发展的今天,勘

---

[1] 参见龙宗智:《我国非法口供排除的"痛苦规则"及相关问题》,载《政法论坛》2013年第5期。

验、检查活动中也可能存在非法取证的情况。同样,与视听资料、电子数据密切相关的技术侦查活动也存在类似的问题。

第二,《刑事诉讼法》第 56 条第 1 款规定了非法实物证据的认定标准,同时也规定了排除瑕疵证据的条件。排除瑕疵证据的规则是一项技术性规定,旨在确保发现真相,需要注意与非法实物证据的区分。就瑕疵证据而言,虽然其来源和真实性存在疑问,但并不涉及人权保障问题,因此,可以进行补正或合理解释。然而,对于非法实物证据而言,如果明显违反了搜查、扣押等程序规范,并且可能严重影响司法公正,那么其已经侵犯了公民基本权利,无法挽回,应被认定为非法,无法进行补正或合理解释。

(3)非法证据的排除方式

鉴于非法言词证据是通过侵犯公民的人身自由、意志自由等最基本的人权获取的,一旦确认为非法,就必须强制排除。然而,对于非法物证,认定其非法并不意味着排除该证据。因为非法物证是通过侵犯财产权、住宅安宁权、隐私权以及刑事诉讼法规定的重要诉讼权利的方式获取的,相对于基本人权的侵犯程度较低。因此,在决定是否排除该证据之前,还需要考虑该排除是否会对其他诉讼价值的实现造成严重影响,需要进行裁量。因此,对非法证据采取两种排除方式,与证据形式无关,也与言词证据和物证在客观性和真实性上的差异无关,而是因为它们所保护的公民基本权利范围存在差异。

2. 程序性规则

我国的《刑事诉讼法》和相关解释规定了非法证据排除程序的启动方式、审理方式、证明责任和救济机制等问题,形成了一个相对完整的规则体系。与实质性规则相比,由于我国的《刑事诉讼法》对非法证据排除程序的规定非常清晰,因此,在本章中不需要过多地详细说明这一部分内容。

二、监察体制下非法证据排除规则的新问题

(一)实体性规则方面

1. 非法取供多采用引诱、欺骗手段

监察体制改革后,部分检察机关工作人员转移到监察委员会,这类工作人员具有一定的司法实践经验、法律素养较高。同时,由于监察机关"推进国家治理体系和治理能力现代化"的使命,监察机关在办理案件的过程中采取刑讯逼供的可能性与公安机关相比较小。但是,职务犯罪往往在特定人群中发生,作案手段具有一定的隐蔽性,这也导致实物证据较少,案外人很难获悉作案的全过程。同时,该类案件没有明

确的被害人,所以口供成为办理该类案件的重点证据。[1] 在司法实践中,职务犯罪案件的被调查人往往内心较强大,一些人还具备反侦查能力,心理防线难以攻破,这导致采用一般的策略不能查明案件事实。所以,在实践中,监察机关为了破案,有可能会采取一些特殊的调查方案。如果监察机关迫于压力在案件办理的过程中非法获取被调查人的口供,其采用的手段会多以引诱、欺骗的方式进行。因此,在非法言词证据的排除中,防止采用引诱、欺骗获取证据比防止刑讯逼供更为重要。

2018 年,认罪认罚从宽制度在《刑事诉讼法》中确立。《监察法》在第 34 条的相关规定中将认罪认罚从宽制度引入监察调查阶段。职务犯罪案件对于口供的需求更为迫切,所以,该制度在监察调查阶段的意义则侧重于使被调查人获取从宽处理从而作出有罪的供述。在司法实践的过程中,监察机关的调查人员为了获取被调查人的有罪供述,往往会承诺给予被调查人从宽处理,但是,我们知道在监察调查阶段认罪认罚,监察机关只能提出从宽建议,至于是否从宽处理还取决于审判阶段对案件事实如何认定。[2] 因此,认罪认罚从宽制度延伸到监察调查阶段,监察机关调查人员采取引诱、欺骗的手段获取被调查人有罪供述的可能性会大大增加。

2. 以非法留置取得的供述难以认定

我国《监察法》对 12 种调查措施的规定,参考了《刑事诉讼法》中关于证据收集的规定。在程序的严格程度方面与《刑事诉讼法》的程度大体一致,对于"全程录音录像"的规定比《刑事诉讼法》更加严格。但是留置措施不同,《监察法》中规定的留置措施,对被调查人的人身限制较大,但是对被留置人的权利保障不是很到位。虽然监察机关实施留置措施需要经历内部审批、备案等严格程序,但是,这些程序仍然属于监察机关内部的自我或是上下级约束。除非法证据排除规则的非法限制人身自由型取供条款外,留置措施很少受到外部的约束限制。

从理论上说,如果监察机关采取留置措施没有达到《监察法》所规定的留置实施的条件,就构成了非法限制人身自由,那么在非法留置阶段获取的口供也应该作为非法证据进行排除。但是这一做法在我国缺乏相关较为成熟的学理解释,在实践中也缺乏可实施性。同时,对在非法留置阶段取得的供述适用非法证据排除规则,还需要面对一个无法回避的问题。如前文所述,监察机关适用留置措施是需要严格的程序的,如集体研究、提级批准。严格的适用程序当然是为了防止权力的滥用,同时这样

---

[1] 参见万毅:《侦查谋略之运用及其底限》,载《政法论坛》2011 年第 4 期。

[2] 参见闫召华:《论认罪认罚自愿性及其保障》,载《人大法律评论》2018 年卷第 1 辑,法律出版社 2018 年版。

也给后续的司法审查者施加了不容置疑的压力。内部审查的监督效果在一定程度上取决于决策者的素质,依赖于个人,那么这一效果就具有不稳定性,因此,如何提高审判机关在对留置的合法性作间接性审查上的独立性,是监察体制下非法证据排除规则需要面临的新问题。

3. 非法实物证据的审查标准不明确

(1) 合法性标准存在分歧

非法实物证据的认定标准兼有形式要件与实质要件,与非法言词证据的认定相比理应更具有可操作性。"是否违反法定的取证程序"这一认定标准虽然看似简单,但在监察体制改革的背景下存在分歧:《监察法》与《刑事诉讼法》及其配套解释分别规定了取证程序规范,那么取证程序的合法性标准是《刑事诉讼法》及其配套解释还是《监察法》?非法证据排除规则是对非法取证行为的程序性制裁,因此,取证程序规范的差异必然会影响非法证据的认定标准,在非法实物证据的认定上尤其如此。[1] 虽然《监察法》规定的取证程序规范大多能与《刑事诉讼法》保持一致,但二者也存在一些差异:其一,《监察法》的一部分证据收集的规范程度更加严格,如取证全程录音录像制度;其二,《监察法》对另一部分证据收集的规范程度更加粗疏,有的调查取证措施对被调查人的权利保障程度弱于《刑事诉讼法》,如对邮件、电报的扣押。二者之间存在差异时,必然会有产生冲突的可能,此时应当如何取舍或组合?

(2) "可能严重影响司法公正"难以判断

我国《刑事诉讼法》第56条规定,非法实物证据排除的适用条件之一是"可能严重影响司法公正"。但是"可能严重影响司法公正"这一要件太过抽象。

首先,"司法公正"既包括实体公正也包括程序公正,二者在监察体制下受到的重视和保障并不均衡。一方面,监察体制注重提高惩治腐败的效率以及惩治腐败的效果;同时,为实现反腐目标,监察机关需要与司法机关相互配合,形成利益共同体。另一方面,程序公正需要严格遵循法定的程序标准,但无论是《监察法》还是《刑事诉讼法》及其配套规定中对证据的审查判断规范,均较为粗疏。因此,在基础性规范不足的前提下,程序公正是否受到严重影响也只是泛泛而谈。

其次,关于"严重"的判断标准,虽然《刑事诉讼法司法解释》第126条第2款将其进一步细化为"违反法定程序以及所造成后果的严重程度等情况",但适用起来依旧模糊。排除非法证据需要考察多方面因素,包括取证行为的严重程度、受侵犯权利

---

[1] 参见谢登科:《监察证据在刑事诉讼中的使用——兼论〈监察法〉第33条的理解与适用》,载《中共中央党校学报》2018年第5期。

的性质和程度、证据的重要程度等诸多因素。所以,如何认定"严重",还需要一套完备的审查理论予以保证,否则,其本身就缺少内在的结构坚固性,很容易沦为一纸空文。

(二)程序性规则方面

1. 启动程序缺乏保障

在我国,非法证据排除程序采取依职权受理与依申请受理相结合的方式。一般而言,在排除非法证据方面,被告人的主观意志是最强的。法院对此则较为被动和慎重,即便发现有非法证据的可能性,一般也会因为证据不够真实而被排除在外,而不会启动非法证据排除程序。就监察体制目前的制度设计而言,辩方获取非法取证的线索或材料是非常困难的。

首先,被调查人难以获得相关线索或材料。留置场所并未在《监察法》中予以详细的规定,办案实践中,被调查人是被单独关押在专门的留置场所。专门场所具有高度的封闭性,律师难以会见,被调查人的人身自由也会在一定程度上受到限制。若在该环节存在非法取供,那么,被调查人在法庭上难以提供准确信息,同时由于是单独关押,也没有相关证人予以证实。其次,通过阅卷获取相关线索或材料的可能性也不大。目前,监察调查程序中律师难以介入,律师行使阅卷权需要到案件移送检察机关审查起诉的时候。此时监察机关的调查基本上接近于尾声,同时移送的卷宗材料也都是由监察机关制作的,难免带有有罪指控的片面立场,辩方要想从中发现非法取证的相关信息存在较大困难。最后,全程录音录像辩方难以接触到。《监察法》规定了重要取证工作的全程录音录像采取留存备查形式,对于留存备查的全程录音录像,我国的法律并未明文规定辩方可以向法院申请调取,这就降低了辩方依申请启动的可能性。

2. 取证全程录音录像的启动节点问题

《监察法》规定了重要取证工作的全过程录音录像制度。然而,由于监察机关和监察调查程序的特殊性,与一般刑事案件相比,在具体操作上仍然存在以下问题:是否应该在全程录音录像中包括监察机关在正式立案前进行的初步核实工作?根据监察机关处理职务犯罪案件的流程,取证不仅发生在正式的调查程序中,还可以追溯到立案前的初步核实程序。[1] 在初核过程中,核查小组经批准可以进行证据收集工作,采用具有调查性质的方法。以监察机关在初步核实阶段的询问、谈话措施为例,

---

[1] 参见龙宗智:《监察与司法协调衔接的法规范分析》,载《政治与法律》2018年第1期。

被认定为可能涉嫌职务犯罪的监察对象,通常已经通过初核阶段,监察对象已经初步交代了犯罪事实。这种最初的交代是确定整个调查权力行使过程中是否存在非法强迫供述情况的关键。以监察机关在初期核查阶段所采取的查阅、复制相关资料,核对财产状况及相关资料,乃至进行技术性侦查的措施为例,就是监察机关从储存在计算机、手机等设备上的数据资料中,提取证据资料,亦不受立案后的取证程序准则的限制。但是,这必然关系到作为隐私最重要的一种形式的个人信息权利的保护问题,因此,应当受到非法证据排除规则的约束。

三、监察体制下非法证据排除规则的改善路径

(一) 实体性规则方面

1. 非法供述的认定标准:确立自愿性标准

监察体制下诱导、欺骗型非法取供的确认问题和调查阶段认罪认罚从宽程序中认罪供述的自愿性问题,都反映了非法供述排除规则需要更全面地将供述的自愿性作为认定标准。与痛苦标准相比,自愿性标准无疑更符合非法供述排除规则旨在保护公民意志自由的初衷。将自愿性标准完全纳入非法供述排除规则中,关键在于对诱导、欺骗型取供的认知。

引诱、欺骗式取证或多或少都会对被调查人的意志自由产生影响,但并非像刑讯逼供一样强行压制被调查人的意志自由,必然导致被调查人作出非自愿的陈述。[1]因此,基于陈述的自愿性标准,在引诱、欺骗式取证行为中,应注意区分合法的询问策略以及非法的取证手段。换句话说,刑事审讯自身具有对抗性,引诱、欺骗在刑事审讯的背景下并非完全贬义,其可能演变为侵犯人权的非法手段,但也可以成为提高办案效率的审讯策略和技巧。因此,在确定是否存在非法证据之前,不应将引诱、欺骗式取证简单地归类为"非法取证"。至于如何辨别以引诱、欺骗方式获取的非法陈述,应该考虑以下两个要素。

首先,要考察对被调查人意志自由的作用路径,可以通过引诱和欺骗两种方式进行考察。引诱型取供行为是向对方承诺某种利益,以此驱使对方作出有罪供述。欺骗型取供行为是让对方陷入错误的认知中,从而影响或控制其意志,进而基于这种意志作出有罪供述。从行为构造上看,引诱、欺骗行为对意志自由的影响不是直接的而是间接的,容易受到相关因素的干扰和干预,因此,也会存在较大的个案差异。个案之间的差异主要表现在所承诺的"利益"、所引发的"认知误导"是否对被调查人的意

---

[1] 参见刘艳红:《职务犯罪案件非法证据的审查与排除——以〈监察法〉与〈刑事诉讼法〉之衔接为背景》,载《法学评论》2019年第1期。

志选择起到了决定性的影响作用,这也是确定引诱、欺骗型取证是否构成非法取证的关键要素。在评估是否满足这个事实要求时,应综合考虑询问的时间、地点、环境氛围,被调查者的社会地位等因素,以具体而个别的方式进行判断。

其次,在满足上述事实要件的前提下,"所承诺的好处、所导致的认知误差"是否具有不正当性,是判定引诱、欺骗型供述是否构成非法供述的关键要素。询问人员超越职权范围承诺好处的行为具有不正当性,询问人员以超越法律、政策允许范围的手段引发认知误差的行为也具有不正当性。询问人员使用诱导和欺骗手段使被调查人作出虚假陈述,只能显示被调查人受到了极大的影响,如果这些手段没有不当之处,那么对意志自由的影响就不构成"侵犯"。此外,供述的真实性只有在经过证据能力评估并结合其他证据综合判断之后才能确定,不应该属于非法证据排除规则运用阶段的讨论范畴。

2. 非法实物证据排除:借鉴三段审查基准说

我国《刑事诉讼法》第 56 条中的"可能严重影响司法公正"这一实质要件,虽然缺乏可操作性,但至少为法官提供了一个处理非法实物证据的平台,在该平台上可以尝试构建更具体的裁量模式。我国台湾地区学者林钰雄在综合考虑依附性"证据使用禁止"领域的权衡理论和规范目的保护理论后,主张一种混合模式,即"三段审查基准说"。[1] 这种模式不仅融合了多方考虑因素,还划分出层次逻辑,对于将"可能严重影响司法公正"从规范转化为实践具有方法上的借鉴意义。

以三段审查基准说为参考模型,可对"可能严重影响司法公正"的审查模式作如下建构:首先,在考察主观方面时,需要检查取证人员在实施违法取证行为时是否有意图故意犯罪,如果存在,则应认定为"非法"。其次,在没有恶意或无法确定主观意图的情况下,继续考虑相关取证规范所保护的法律权益的重要性和损害程度,如果公民的基本权利受到严重侵害,则应认定为"非法"。最后,在前两个步骤中确定了非法证据后,需要进一步权衡,考虑案件的重要性(或社会危害程度)和该证据对于查明案件事实的重要性,然后才能决定是否排除该证据。总之,第一步和第二步分别从

---

[1] 三段审查基准说主张的审查标准和顺序为:第一步,法院首先审查,追诉机关是否恶意、恣意违法取证? 答案肯定时,该证据应予禁止使用。国家追诉机关明知故犯,不惜以违法手段为代价而取证者,已经违背公平审判原则保障之最低限度,应即禁止使用证据,法官并无权衡余地。第二步,当答案否定时,继续审查被违反之取证禁止,其法规目的为何? 该目的是否因违法取证行为而终局受损? 使用该证据是否会加深或扩大损害? 如果会,则证据应禁止使用。第三步,若否,或者根本无法探知规范目的时,则得权衡个案,判断被告之个人利益与国家之追诉利益孰先孰后。追诉机关违法之程度、被告涉嫌犯罪之轻重乃其中关键之指标。参见林钰雄:《刑事诉讼法(上册 总论编)》,台北,元照出版有限公司 2010 年版,第 609 页。

程序公正和人权保障出发,第三步则关注案件的实体公正,这样可以避免将实体公正过早置于优先考虑的位置,从而导致非法证据排除规则被忽视。

当然,上述结构也有一些不足之处。然而,在理性建构之外,还可以从司法实践的自然演进中寻求帮助。随着我国逐渐将案例公布制度引入到司法体系中,最高人民法院通过公布典型案例指导法官在判案过程中的经验也变得更加成熟。通过指导性案例、《刑事审判参考》等案例公布制度,对非法实物证据的认定与排除的审查步骤在裁判要点和裁判理由方面逐渐明确,这种发展方式比起理性建构更具灵活性、及时性和可行性。[1]

(二)程序性规则方面

1. 确立讯问时律师在场制度

《监察法》对律师参与监察调查程序并未作出明确规定,但这并不意味着完全禁止律师介入。《监察法》将88种职务犯罪的刑事侦查权整合到监察调查权中,但没有将被调查人的权利保障制度转化到监察调查程序中。这是因为强调监察机关办理腐败犯罪案件的特殊性,担心律师介入可能影响调查进程,不利于高效反腐。但是,即使是涉及危害国家安全犯罪、恐怖活动犯罪的案件,也并未完全禁止律师在侦查阶段的参与,这些案件的严重性和特殊性可能远高于腐败犯罪。因此,可以考虑在监察调查环节引入律师参与。

通过以上分析,可以看出律师参与不应完全被排除在监察调查程序之外。在讯问时,律师在场对监察调查活动的影响可能不大,但其对于被调查人所作供述的自愿性能够起到重要的保障作用,同时,也能提升非法证据排除审理程序的可操作性。若能实施讯问时律师在场制度,非法证据排除程序的审理效果将得到更有效的保障。尽管我国《刑事诉讼法》未明确规定讯问时律师在场制度,但学界对此进行了广泛研究,且在2002年曾试点侦查讯问时律师在场。近年来,随着《关于开展刑事案件律师辩护全覆盖试点工作的办法》和《法律援助值班律师工作办法》的颁布,我国刑事案件的讯问时律师在场制度也迎来了良好的发展环境。

2. 通过庭前会议提升非法证据排除程序的独立性

首先,庭前会议应当以诉讼化的方式处理非法证据排除问题。[2] 在庭前会议中,应给予更大的自由度进行非法证据排除程序的诉讼化改进。控辩双方的对抗和法官的裁决是诉讼化改进的两个关键要素,因此,在处理非法证据排除问题时,庭前

---

[1] 参见陈瑞华:《刑事证据法的理论问题》(第2版),法律出版社2018年版,第147页。
[2] 参见龙宗智:《司法改革与中国刑事证据制度的完善》,中国民主法制出版社2016年版,第105页。

会议应采用类似于"准庭审"的审理方式。这种审理模式已经在2017年《刑案严格排非规定》和2018年《刑案排非规程》中初露端倪。根据《刑案严格排非规定》和《刑案排非规程》，被告方提供与非法取证相关的线索或材料时，应召开庭前会议。法院必须通知被告参加庭前会议，控方则需出示证明证据收集合法性的证据材料，并承担相应的证明责任。此外，控辩双方还可以申请播放讯问录音录像。对于控辩双方提供的证据材料，法院有权进行实质性的核实，而不仅仅是了解情况。上述规定为处理非法证据排除问题在庭前会议中建立了一种诉讼化的框架：控辩双方基于证据材料就是否存在非法取证行为进行对抗，法官则居中审核双方提供的证据材料。

其次，赋予庭前会议权力，以便对非法证据排除问题作出具有法律效力的处理决定。辩方通常申请排除的证据是能够关键性地破坏控方证据链条的证据，双方的立场存在巨大分歧，难以在庭前会议中通过协商达成共识。如果在大多数情况下无法在庭前会议中实质性地解决非法证据排除问题，控辩双方将失去积极参与对话和辩论的动力，从而导致相关取证行为的信息无法得到充分反映和流动。因此，如果我国现行法律对庭前会议处理非法证据排除问题的法律效力没有明确规定，就会限制庭前会议排除非法证据的功能实现。[1] 因此，有必要明确规定庭前会议对于非法证据排除申请的处理结果具有法律效力，这与以审判为中心和推进庭审实质化的诉讼制度改革方向并不矛盾。庭审是审判过程中最重要的一环，庭审实质化的核心在于使案件的最终处理结果形成于庭审之中，而非法证据排除问题并不是案件实体性审理的主要问题。非法证据排除是一个重要的程序问题，如果庭前会议可以提供充分的对抗机会，那么审查程序就没有必要在庭审中展开。"庭前审判"是对"审判中的审判"的具体化，因此，庭前会议和法庭审理应有更明确、更合理的分工，从而实现案件审判阶段实体正义和程序正义的价值耦合。

延伸思考

1. 非法证据如何认定？
2. 非法证据排除后如何补证？

---

〔1〕 参见邓陕峡：《我国刑事庭前会议的实证研究与理论阐释》，中国政法大学出版社2017年版，第155页。

延伸阅读

1. 陈瑞华:《刑事证据法》(第4版),北京大学出版社2021年版。

2. 姚莉:《〈监察法〉第33条之法教义学解释——以法法衔接为中心》,载《法学》2021年第1期。

3. 龚举文:《论监察调查中的非法证据排除》,载《法学评论》2020年第1期。

本章小结

本章主要梳理了职务犯罪监察程序的证据调查,包括明确调查取证的标准、调查取证的原则、职务犯罪监察调查的证据标准及证据证明标准以及职务犯罪监察程序下的非法证据排除规则。本章尝试在《监察法》《监察法实施条例》《中国共产党纪律检查机关监督执纪工作规则》等监察法律规范、党内法规规范确定的制度框架下,对职务犯罪监察程序下,调查取证的规则原则、监察证据标准及证据证明标准以及构建监察程序的非法证据排除规则等基本问题进行阐释。这仅是对职务犯罪监察程序证据调查的方向性意见,还需要进一步结合司法实践,结合监察体制改革的步伐,进一步深化、细化。

后　　记

　　行文至此，即将付梓之际，百感交集。从本书的策划，到素材的收集，写作分工的数次调整，再到确定"先案解后通论"的计划修改，吴烨彬积极承担了本书的框架优化和修改协调，如约推进了本书的各个阶段性工作，终在2023年最后一天发来汇总稿。看着案头堆积的历次修改稿文本和办公系统里那似乎永远不会清零的稿件，既感怀于时光匆匆，亦于欣慰之余，愧意渐生。

　　本书凝聚了诸多笔者长期以来的辛勤付出，不仅是对证据调查领域相关实践和理论探索的总结，更是对未来研究的一种期许。回首整个过程，从构思、撰写到精益求精的多次修订，每一步都充满了意外的挑战，也都意味着付出后的收获。

　　证据调查作为诉讼程序、非讼程序中的核心环节之一，其重要性不言而喻。在整体的编排上，除考虑结构框架的系统性与完整性外，每一章都在表达重点上作了进一步明确。不仅配备了思维导图帮助读者了解内容梗概，还在每节后辅以延伸思考和延伸阅读，以期为读者提供一个全面、深入的视角，理解证据调查的内在逻辑。在10余年证据调查课程讲稿的基础上，笔者结合众多教学资料，在历届研究生帮助下，将该理论体系进行提炼和简化。各位笔者精诚合作，分工撰写，各章节分工如下：倪铁，各章；余楚婧，第一章；刘以恒，第二章、第三章；吕婕，第五章、第六章；吴烨彬，第八章、第九章；姚浩亮，第十二章、第十五章；李士昊，第四章、第十四章；庞松洁，第七章、第十七章；刘宇哲，第十一章、第十三章；蔡逸伟，第十章、第十六章。吴烨彬学友在本书编撰分工写作、格式排版、汇总校对等各项工作进程中，进行了大量协调，在繁忙的学业之余付出了大量的精力，再次向他致以敬意！吕婕、余楚婧对本书的成稿和出版工作多有支持，在此表示谢忱之意！曾若恒、梁源、李璐学友对本书核对付出大量精力，表示谢意！

　　值得一提的是，在本书的写作过程中，华东政法大学侦查学专业的同学们提供了大量的支持！本书从筹划之初，就一直秉持"为同学服务，从同学中来到同学中去"的宗旨。在此也向各位同学表示谢意，感谢大家为配合本书的编写做出的努力，谢谢大家的积极参与！在此还要感谢那些在本书写作过程中给予无私帮助的学友们，他们的宝贵意见和建议，不仅提升了本书的内容质量，也为我们提供了宝贵的学术交流机会，在此向他们表示衷心的感谢。再次向支持本书的各位学友表示谢意，欢迎各位学者和同学多提宝贵意见，我们渴求在各位的帮助下继续探索案解这种形式的理论教学和实践教学方式。

虽然本书从酝酿到成稿耗费多年，从立项到付梓又历经波折，法律出版社法治与经济分社的具体负责老师数次更易，但陈妮、刘莹、任娜编辑老师都是一如既往的热情。再次向支持本书出版的各位编辑老师致以崇高敬意！

任何一部作品的完成，都只是新的起点。笔者本着精益求精的研究态度，从构思到成稿，慎之又慎，反复研读。写书期间，由于各种原因致使成型的书稿屡屡搁置蒙尘，历经数年，增删数次后才进入统校修改阶段。统校期间本书又反复修稿，字数不断删减压缩，所有学友都付出了时间与心血。虽数易其稿，但限于笔者的学科视野和学术能力，缺憾在所难免，也欢迎各位读者多加批评，以便进行学习改正。

倪铁、吴烨彬等

写于云间玉泊湖

2025年1月20日